首届全国优秀博士学位论文
司法部优秀科研成果奖一等奖
“十三五”国家重点出版物出版规划项目

中国当代法学家文库·吴汉东知识产权研究系列

著作权合理使用制度研究

（第四版）

吴汉东 著

中国人民大学出版社
·北京·

2019年7月摄于中央电视台《法治中国说》节目现场

总　序

我与知识产权四十年

从读书到从教，我与知识产权结伴同行已有近四十年。读书、教书、写书，一直秉持学者本色，自诩中国知识产权法学的研究者和传播者；学法、讲法、立法[①]，践行法治理想，是为中国知识产权事业的见证者和推动者（《光明日报》语）。我是“文化大革命”前的“老三届”毕业生（1967级初中毕业生），亦是恢复高考后的“新三级”学人（1977级本科生），自1982年年初从教以来，教研活动从罗马法到民法均有涉猎，而后转向专治知识产权。从我的第一本教材《知识产权法概论》（1986年编著，1987年出版）、第一篇文章《试论〈民法通则〉中的知识产权制度》（1986年）乃至新中国第一篇知识产权专题硕士学位论文（1986年）[②] 开始，我的研究成果多集中于知识产权领域，时至今日已有十多本著作、百余篇论文、百余场讲座。

近四十年来，我致力于知识产权问题研究，专注于两个方面：一是知识产权法律科学的基础理论体系，二是知识产权制度建设的重大现实问题。坚持自由探索与问题导向、坚执学理探究与术用应对、坚守专业研究与学科融通，这是法学工作者应有的学者品格和学术素养。就理论联系实际而言，我认为，知

① 笔者曾被选任为湖北省人大常委会委员、湖北省人大法制委员会副主任委员，并作为诸多知识产权法案的咨询专家，参加了地方立法工作和国家立法活动。

② 参见杜学亮主编：《著作权研究文献目录汇编》，北京，中国政法大学出版社，1995。

识产权的学术研究，既不能坐而论道，也不能就事论事，而应是学理研究和应用研究两者的结合。著名教育家蔡元培先生将学术解析为“学理”和“术用”。他认为，“学必借术以应用，术必以学为基本”。我的理解是：知识产权学理研究必须以应用为目标，如果纯粹理论探究而失去应用目的，就没有常青的学术生命活力；知识产权术用研究又要以一定的学理为指引，倘若应用研究缺乏深厚的学理，就没有可持续发展的学术生命基础。因此，知识产权学者一定要把学理研究和应用研究紧密地结合起来，既要避免学理研究中的法学浪漫主义、唯美主义和空想主义，也要防止应用研究中的法律机械主义、教条主义和形式主义。

近四十年来践行此道，虽谓有果却未有大成。2010 年，承蒙中国人民大学出版社不弃，将我的著述列入“中国当代法学家文库”，经过两年的整理、加工，先后有六部著述陆续出版。时隔 5 年，已有出版著述即告售罄，同时新的著述有望成书。在中国人民大学出版社法律分社的精心安排下，我对新老作品进行重要修订和整理，重新结集出版，它们是《著作权合理使用制度研究》、《知识产权总论》、《无形财产权基本问题研究》、《知识产权基础问题研究》（论文集）、《知识产权前沿问题研究》（论文集）、《知识产权应用问题研究》（论文集）、《我为知识产权事业鼓与呼》（演讲、访谈集）。上述作品涉及知识产权基础理论研究和知识产权主要制度研究，同时包括民法乃至法治的相关问题；写作的时间跨度从 20 世纪 80 年代到 21 世纪当下之年，多为 20 世纪 90 年代中期以后的研究成果，反映了我从事知识产权教研工作以及相关法律实务的心路历程。

该系列的出版和再版，得益于各位同行、学生乃至许多读者的帮助和支持。感谢腾讯基金会为文集精装本的出版所给予的大力资助；感谢中国人民大学出版社各位编辑的精心专业指导和辛苦编辑工作；感谢我的学生熊琦博士、李瑞登博士、瞿昊晖博士、锁福涛博士、张颖博士、宋戈博士和博士生刘鑫、周澎、司马航、李安，研究生夏壮壮、万俊、张倩、魏宵林、高婧为文集初版、再版的打印、校对、查找资料所付出的艰辛劳动；感谢全国法学界特别是知识产权界同行、读者对本人著述给予的厚爱与关注。

近四十年来，我一直在知识产权园地教书、写作，但“教习”不为晋仕途，“学究”并非为稻粱谋。微博言：今天做了明天还想做的是事业，今天做了明天还得做的是职业。我以“学术为志业”（马克斯·韦伯语），有幸将自己所追求的事业与所喜欢的职业合为一体，因而是苦中有乐，乐之不疲。我的学术生涯还在继续，我虽已过耳顺之年，但常以“70后”自居。以书为伴，书伴人生；与法同行，法行天下；释放知识产权制度“正能量”，发出知识产权事业“好声音”，这就是我——一个中国知识产权学人的光荣与梦想。

吴汉东

2019年暑期于武昌寓所

首届全国优秀博士学位论文介绍*

《论合理使用——关于著作权限制与反限制的研究》

《论合理使用》通过理论分析、制度分析、规范分析的方法，对著作权合理使用制度进行历史与现实的考察，回答了相关领域理论研究与司法实践中的重大疑难问题，将我国这一问题的研究提升到接近发达国家和地区的崭新水平。

该论文在以下几个方面取得了创造性成果：

1. 在论文研究的范围上填补国内空白，在研究方法上优于国外学者。关于合理使用，以往国内学者只有数篇短文涉及，美国学者研究已有一定水平，但分析方法多借助判例研究。该文以民法学的理论为基础，涉猎法历史学、法哲学、法经济学、比较法学、宪法学等领域，对这一问题进行了多维角度与系统深入的探讨，从而为知识产权问题的深入研究提供了一个新的视角。

2. 开拓了著作权研究的新领域。著作权研究在我国起步较晚，以往著述多为教科书类。该文择取了民法学科的五级标题做专题研究，小题大做，将现代著作权法的大主题蕴涵于合理使用的小论题中，提出了著作权法的平衡精神、合理使用的法律正义构成、精神自由优先原则、使用者权利等新的理论命题与观点。该文系国内第一部著作权专题性著述。

---

① 原载《中国人民大学学报》，2000（2）。

3. 在疑难论题中取得了突破性研究成果。合理使用被美、日学者称为世界性难题。该文瞄准国际目标，进行了深入挖掘，在合理使用制度的发展历史、法律价值、经济品性、宪法意义、私法基础以及合理性判断标准、反限制规则等方面都取得新的研究成果。

4. 融理论探讨与实务研究于一体。该文运用大量立法、判例资料与各种学术理论，对合理使用制度做了基本范畴、基本理论、基本原则等问题的探讨，从而把该课题的研究提高到了一个新的水平。

第四版说明

从 1995 年博士论文《论合理使用——关于著作权限制与反限制研究》，到 2013 年列入“中国当代法学家文库”《著作权合理使用制度研究》，二十余年来，本书几经修改、再版，一直得到学术界和众多读者的关注与垂青，作者心存感谢。

合理使用是各国著作权立法的通行制度，也是著作权司法裁判中最易引起争议而又难以为人理解的规则，以至于美国学者将著作权合理使用研究称为“世界性难题”。对重大疑难问题的解决，也是理论创新和制度创新的过程，中国法律人作出了自己的思想贡献。改革开放以来，我国知识产权研究在与西方法学思想的交流与碰撞中，已经从单纯的借鉴和移植渐步走向自立和创新。中国学者注重吸收全球法治文明思想，借鉴外国先进法律文化成果，同时思考“中国问题”，总结“中国经验”，努力实现“中国理论和中国话语”的学术追求。合理使用问题的探讨，是中国知识产权学说发展的一个片段，也是中国知识产权学者包括本人的光荣与梦想。

本书应约再版，作者对一些章节作了修改，新增“人工智能时代的著作权合理使用”，对国外和中国区域立法资料进行了补充和修正。感谢我的学生宋戈博士和博士生李安为本书修订所付出的辛勤劳动。

期待各位读者的指正与批评。

吴汉东

2019 年 8 月于中南财经政法大学文泓楼

第三版说明

——兼论著作权合理使用与学术引用规范

《著作权合理使用制度研究》是我学术生涯中的第一本个人专著。该书虽然非“十年磨一剑”，却也是“三年著一文”。在北美严寒冬日里苦读，在武汉酷暑夏夜里奋笔，付出了学术艰辛，换来了学术成果，个中滋味作者自知。微博上流行这么一句话：今天做了明天还想做的是事业，今天做了明天还得做的是职业。我以“学术为志业”（马克斯·韦伯语），有幸将事业与职业合为一体，因而苦中有乐，乐此不疲。

《著作权合理使用制度研究》是我十七年前的一本旧作，此次将之收入本人的法学文集。关于该书的内容、观点及研究方法，其学术价值几何，众家已有评说。仅就选题本身看来，笔者自认为是有学术生命力的。在著作权法制建设中，作者的思想理论可能被证实或证伪，但其中的“适当引用”规范在人文社会科学的学风建设中仍可能是有益或可用的。

对于科学来说，“新”的东西总是在“旧”的事物中生发出来的，因此学术研究中的引用必不可少。根据《高校人文社会科学学术规范指南》的规定，引用的学术意义表现在以下三个方面：一是学术发展的历史坐标。学术发展是一个漫长而持续不断的过程。借鉴旧作而创造新作，引用先知而开拓新知，是学术研究的普遍现象。“学术引用有助于人们判断这项成果的创新程度和学术价值，确立这项成果在学术史上的位置和意义”①。二是学术评价的测量指数。在当前哲学社会科学成果评价中，我们既要重视学术成果的理论价值、社会效用的内涵或实质评价，也要注意文献流量、引文分析、影响因子等形式或技术评价。② 某项成果在学术史上的价值如何与其被引用的频率有着密切关系。在国际学术界，“人们普遍把一个学者作品被正面引用的频率作为衡量该学者地位与价值的一个重要尺度”③。三是学术伦理的行为尺度。学术共同体成员必须遵守学术界规定或认可的学者职业伦理，“引用伦理正是这种职业伦理的有机组成部分”④。合理而规范的学术引用，表现了学术界对前人或他人研究成果的尊重，有助于形成严谨、清正、谦虚的学术风气。

对于引用的学术规则，《高校人文社会科学学术规范指南》也提出了相应的要求。在我看来，其要点是：以尊重原意为要，即引用应是能够证明作者原意的文字，不可断章取义；以论证观点为限，即引用是出于论证自己观点的目的，不可引用过量；以追溯原创为先，即引用应以原创的第一手资料为基础，避免辗转引用。这种学术引用规则与“适当引用”的法律规范（包括引用目的、引用限量、引用条件等），构成了学术研究中的行为准则。

长期以来，我国学术规范建设滞后、规则意识缺乏，因而学术研究中失范、违规的现象不时发生。在学术研究中，一些法学论文，甚至是研究合理使用本身的专业论文，都存在学术引用不当的问题：或是引而不注；或是引而过量；或是只注外文，俨然中国原创；或是未涉原著，实为假注。其中，既有技术层面失范的学术方法问题，也有作风层面违规的学术纪律问题，其做法缺乏对前人研究成果（包括本人著述）应具有的尊重（恕我对这些作者的尊重，在此不一一指名）。这就告诫我们：学术引用事关一个学者的学术伦理

---

① 教育部社会科学委员会学风建设委员会组编：《高校人文社会科学学术规范指南》，22页，北京，高等教育出版社，2009。

② 参见吴汉东：《完善科研评价体系 提升学术创新能力》，载《中国教育报》，2011－12－28。

③ 教育部社会科学委员会学风建设委员会组编：《高校人文社会科学学术规范指南》，22页，北京，高等教育出版社，2009。

④ 教育部社会科学委员会学风建设委员会组编：《高校人文社会科学学术规范指南》，北京，高等教育出版社，2009。

养成、学术素质塑造与学术能力提升，学术共同体成员必须熟悉、掌握并运用学术引用规范。在《著作权合理使用制度研究》重新出版的时候，作者有感而发撰言，希冀本书能对著作权法制建设和人文社会科学学风建设作出微薄的思想贡献。

吴汉东

2012年11月1日于武昌文泓楼

初版、再版说明

1991年秋，我以不惑之龄、有惑之心，开始了在中国人民大学攻读博士学位的学习生活。次年8月，我旋即作为教育部公派高级访问学者前往美国锡拉丘兹大学（Syracuse University）进修，为期近一年。本书既是我旅居美国访问研究的课题，也是我在国内攻读博士学位的成果。

合理使用制度是著作权领域的重大难题之一，它题目虽小，却蕴涵颇丰，折射出现代著作权法的理论光华。其发展历史的探索、哲学基石的构建、经济品性的透视、宪法意义的发掘、私法基础的开拓以及合理性判断标准、反限制规则、立法建议书等实务性研究，都使我在写作时激动不已，同时又深感力有不逮。拙著直抒笔者研习所得，也对相关学说有所评点。争鸣之中，有求新求真之心，无自矜自负之意，但唯恐语言唐突与论证错漏之处甚多，故恳请各位专家、学者及同仁不吝赐教。

本书于1996年被收入中国政法大学出版社编纂的“中青年法学文库”。在此之前，该书部分章节曾以专题论文先后在《法学研究》《法商研究》《法学评论》《法律科学》《法制与社会发展》《法学家》《外国法译丛》等刊物上发表，并有多篇为《中国人民大学复印报刊资料》转载。本书出版后，受到学术界的关注和好评，1998年曾获司法部优秀科研成果一等奖，1999年又被评为首届全国优秀博士学位论文。十年过去了，虽拙著几经重印，读者不时对此书有所提及，但过誉之评已成过眼烟云。笔者更为关心的是，著作权制度正值变革创新之际，昔日之作能否保持学术生命？基于这一考虑，笔者对本书进行了修订：一是增写“网络环境下的合理使用制度”一章，专题描述合理使用制度从“电子版权”时代到“网络版权”时代的变化与发展；二是补充西方诸国与中国区域合理使用制度的最新资料，在新的制度比较分析的基础上对完善这一制度提出新的建议。

本书的出版以及再版，得益于我的老师、同行及学生的帮助与支持，恕我不能免俗，开出长长的鸣谢名单：感谢导师赵中孚先生的教诲与关心，是他的激励和指点，才使我完成博士论文；感谢中国人民大学高铭暄教授、曾宪义教授、王益英教授、郑立教授、郭寿康教授对本人的学业及论文给予的指导；感谢中国社会科学研究院的谢怀栻研究员、梁慧星研究员、郑成思研究员、国家版权局沈仁干教授、北京大学的朱启超教授、中国政法大学的张俊浩教授等对论文提出的宝贵意见，感谢我的同学、朋友中国人民大学的王利明教授、张新宝教授、刘春田教授、刘兆年博士、美国哥伦比亚大学博士张传平先生、锡拉丘兹大学博士倪扬先生、克利佛兰大学访问学者周敏博士、日本京都大学访问学者王天鸿法官等为本人学术研究提供的帮助；感谢中国政法大学出版社新老领导池源淳社长、率蕴铤总编辑、李传敢社长对本书的关爱；感谢我的博士生、硕士生肖志远、肖尤丹、杨冠锋、陈明涛、司晓等为本书的再版所做的工作；感谢各位读者对本书提出的宝贵意见。

中南财经政法大学知识产权研究中心　吴汉东

2005 年 2 月于武昌南湖

目　录

细　目

导 言

在特定的条件下，法律允许他人自由使用著作权作品而不必征得著作权人的同意，也不必向著作权人支付报酬的情形，在著作权法领域被称为合理使用。合理使用作为一种对著作权权能限制的法律制度，得到现代各国著作权法的普遍认可。这一制度在英美法系国家中多称为“fair use”或“fair dealing”。加拿大著作权法将基于私人学习、研究、评论、新闻报道的目的而使用他人作品的情形概称为“合理使用”①。英国司法判例通称“合理使用”，但在其著作权法第三章中将合理使用、法定许可等情形合称为“有关著作权作品允许实施之行为”。大陆法系国家在其立法文件中一般不直接采用“合理使用”这一用语，而多将该类行为概括在“著作权的限制”的名目之中。但也有例外，如意大利著作权法称该类情形为“自由使用”，日本著作权法未采用“合理使用”的说法，但在司法判例和学说理论中有“善用”“公平地使用”之称谓。世界知识产权组织和联合国教科文组织协助制定的突尼斯样板版权法，显然受美国著作权法的影响，采用了“合理使用”的说法。

合理使用是各国著作权法的通行制度，也是著作权实务与理论研究中的一

① Stephen M. Stewart and Hamish R. Sandison, *International Copyright and Neighboring Rights*, Boston: Butterworths (1989), p. 59.

个最易引起争议而又难以为人理解的规则。[①] 我国著作权法对合理使用已有明文规定，但该制度尚未引起我国学者的足够重视，目前（截至 1995 年笔者完成博士学位论文时）仅见数篇短文有所涉及。国外研究特别是美国学者的研究已有一定水平，不过其分析方法多借助于判例研究。本书以民法学理论为基础，涉及法历史学、法哲学、法经济学、比较法学、宪法学诸领域，尝试对合理使用制度进行多维度的探讨。全书分十三章，前五章着力于理论性研究，后八章偏重于实务性研究。

第一章叙述合理使用制度产生、发展的历史过程。近代著作权立法存在“财产价值观”和“人格价值观”两种价值取向。英美法国家奉行保护作者利益与促进知识传播的双重立法目标，并对著作权采取制定法版权与普通法版权的双重性质界定。平衡精神的弘扬是英美国家法官创制合理使用规则的内在动因。合理使用制度经历了由判例法到成文法的演变过程。同时，本章对阻滞中国近代著作权制度演进的历史原因进行回顾与反思。

第二章探讨合理使用制度的法哲学基础。赋予这一规则以法哲学意义，是价值法学理论在合理使用领域的首次导入。合理使用是一个“理性的公平正义原则”[②]。合理使用制度所体现的法律正义，系由平等性（主体地位界定中的法律正义）、公平性（精神财富分享中的法律正义）、公益性（价值目标追求中的法律正义）、合理性（制度创设活动中的法律正义）等原则构成。其基本结论是：合理使用制度的价值目标，在于协调创作者、传播者、使用者三者的利益关系，通过均衡保护的途径，促进文化、科学事业的发展。

第三章分析合理使用制度的经济学意义。合理使用的经济分析是著作权研究方法的创新尝试。在合理使用领域，效益价值与正义价值有着同等重要的意义。信息—公共产品理论表明，著作权的设定使得信息的生产者通过市场交易得到成本补偿，而根据不相容使用理论和交易成本理论，构建合理使用制度的目的，在于合理划分创作者与使用者的权利区域，减少额外交易成本，实现信

---

① See L. Ray Patterson, Stanley W. Lindberg, *The Nature of Copyright: A Law of Users' Right*, The University of Georgia Press, p. 6, 1991.

② William F. Patry, *Fair Use Privilege in Copyright Law*, Bureau of National Affairs, p. 4, 1985.

息资源优化配置的良好效益。同时，采用帕累托标准、市场均衡状态、成本—收益模型等理论，概括和描述合理使用的诸规则即正当使用规则、公平诚信使用规则、有限使用规则的经济品格。

第四章评述合理使用制度的若干宪法问题。合理使用的宪法学探讨是一种开拓性研究。具体包括：著作权与言论自由权相互关系的具体表现。两种权利所共同存在的宪法基础。合理使用与公民宪法权利紧密关联，是公众利用作品进行信息交流与传播的法律形式，是公民实现表达自由的基本条件。西方国家相关立法与司法有两大趋势：一是对新闻作品进行有限的权利保护，从而造成合理使用的阻滞；二是赋予合理使用以准宪法权利的地位，对合理使用所涉及的权益予以优先保护。

第五章考察合理使用制度的若干民法问题。探讨合理使用制度的私法基础，是研究这一问题的崭新视角。作品与作品载体、作品利用与权利利用是两类不同的理论范畴，合理使用的对象是著作财产权而不是作品本身。民事权利的动态分析表明，合理使用情形广泛存在于有形财产所有权、工业产权、一般人身权等私法领域。本章还包括：对相对权合理使用理论的批判。著作财产权的实现，依赖于他人“使用权”的行使。对传统所有权以静态归属为支点、以权利回归为重心、以绝对支配为模式的诸理论的批判。“权利限制说”“侵权阻却说”“使用者权利说”是对合理使用法律性质的不同界定，使用者权是通过合理使用他人作品而享有利益的法权形式。对合理使用构成侵害著作权违法阻却事由理论的批判。

第六章对合理使用制度与相关制度进行比较研究。具体包括：在综合分析各种定义的基础上，运用民事法律行为理论，描述合理使用的基本特征，尝试将合理使用界定为一种合法的事实行为。对关于合理使用各种语义表述的分析与批判。合理使用与授权许可使用、法定许可使用、强制许可使用、侵权使用的联系与区别。

第七章对著作权、邻接权中的合理使用问题进行专题研究。具体包括：“合理复制”的类型与特点。复制权限制与反限制的原则是：对竞争者复制的限制应严于对消费者复制的限制，对现代技术复制的限制应严于对传统技术复制的限制，对视听作品复制的限制应严于对一般作品复制的限制。“适当引用”

的条件。考察适当性的标准为：新作须区别于原作，新作须独立于原作，原作的引用须适宜于新作。关于“免费表演”“免费播放”以及邻接权合理使用等问题的研究。

第八章是对合理使用制度的“合理性”判断标准的研究。具体包括：“合理性”判断是著作权界的艰深课题。[①] 著作权专家对界定标准的各种探讨。美国著作权法关于“合理性”四要素规定的意义及缺憾。“使用作品的目的”是界定规则的“灵魂”。关于商业性质的使用、社会组织的性质与合理使用、使用结果的公益性与使用目的合法性、创造性目的与消费性目的等问题的考察。对美国立法表述方法的批判。“被使用作品的性质”是一个为人理解甚少而又易混淆的问题。关于未发表作品与已发表作品、虚构作品与纪实作品、视听作品与印刷作品的性质比较。对“作品内容说”的批判。“使用作品的程度”是一种“实质性使用”规则，从作品的量与质的方面设定合理使用与侵权使用的界限。“对被使用作品的影响”是“唯一最重要的因素”，其他因素的评估取决于对被使用作品所造成的市场或价值影响，使用人是否取得“实质性利益”是判断这一要素的重要标志。对非基本要素如“善意使用”“非竞争性使用”“无其他损害的使用”“特定主体的使用”探讨。

第九章是对电子传播技术条件下合理使用制度的研究。具体包括：探讨新技术对合理使用制度的影响，具有理论开拓意义和实用参考价值。传播技术领域的革命与著作权法历史发展的关系，“印刷版权”时期与“电子版权”时期的基本特点。合理使用范围的缩小与出租权的出现，是对著作权限制的限制。若干西方国家征收复制版税与录制版税，对合理使用制度产生巨大的冲击。对各种版税制的评价与批判。现代传播技术的发展要求建立与之相适应的现代合理使用的制度：合理使用应适用于新的作品类型；某些合理使用应向法定许可使用转化；“合理性”判断应着重考察使用人是否取得“实质性利益”。

第十章是对网络传播条件下合理使用制度的研究。网络条件下出现了新型的权利形态——网络传播权，从而使合理使用制度面临了新的挑战。探索这一

① See Lloyd L. Weinreb, “Fair’s Fair: A Comment on the Fair Use Doctrine”, *Harvard Law Review*, Vol. 103, 1990.

问题的成因与对策，需要著作权法的观念更新和制度重构。以网络传播技术为背景，从权利的限制与反限制的角度分析合理使用与网络传播的关系，运用解构主义和制度发展的方法，阐释了合理使用制度所面临的变革和发展，对立法例和相关国际公约进行比较分析，提出完善合理使用制度的新构想。

第十一章是对人工智能技术条件下合理使用制度的研究。人工智能对著作权及其合理使用制度带来了巨大冲击：一方面，人工智能技术改变了作品的“阅读”和“创作”方式，扩展了著作权法的问题领域；另一方面，人工智能技术深刻地改造了著作权法自身的运行机制。本章的研究主要包括以下三个具体问题：一是机器自动地大批量“阅读”作品是否构成合理使用；二是机器自主“创作”的作品是否受著作权法保护，以及合理使用制度在人工智能“文学财产论战”中具有什么作用；三是合理使用规则能否以及在多大限度内被算法化，进而作出自动化和大批量的合理使用判断。

第十二章是对诸国合理使用制度立法的比较研究。具体包括：评介欧盟、英国、美国、德国、法国、日本、俄罗斯等国家和地区的合理使用制度。对中国内地、中国台湾地区、中国香港地区、中国澳门地区合理使用制度的基本内容、特点的评说与分析。关于我国修改与完善现行合理使用制度的指导思想和具体建议。

第十三章评介著作权法修改草案中的合理使用制度。我国著作权法第三次修改，直面国际化潮流与本土化要求。关于合理使用的规范设计，采取“概括主义”加“列举主义”的立法体例，其修法重点即是引入“三步检验法”的判断要件，重构合理使用的基本类型，增列“其他使用情形”的开放性条款。在上述原则的基础上，提出我国著作权法合理使用的修改建议稿。

第一章

合理使用制度的历史学探索

一、从出版特许权到著作权：合理使用制度产生的一般前提

“无传播也就无权利”，目前已成为著作权学界的通说。东西方的知识产权法学者，大抵认为著作权是随着印刷术的采用而出现的。[①] 而据人种史学者的考证，智力作品的所有权这一概念在印刷术发明以前几百年就得到不同方式的承认。在历史早期，在一定程度上已存在着某种“文学产权”的思想。[②] 相传，在古希腊和古罗马时期，智力劳动已同经济利益产生了某种关系。毕达哥拉斯、西塞罗等人都曾从自己的演讲或写作中获取报酬。剽窃虽无法律予以制裁，但被视为一种可耻的行为而受到指责。据英国不列颠百科全书记载，“剽窃”一词是公元 1 世纪古罗马著名讽刺诗人马歇尔创造的。他有一个警句，即把自己的诗词比作解放了的奴隶，而把将他的诗句攫为己作的对手称为骗子。这一时期，虽然人们已经意识到作者的权益问题，但文学盗窃行为只是受到道义上的谴责，并不产生法律上的后果。请求国家强制力量对著作权给予保护，最早可以追溯到公元 6 世纪。据说，宗教信徒科伦巴在拜访他的老师、修道院

① 参见郑成思：《版权法》，2 页，北京，中国人民大学出版社，1990。

② 参见联合国教科文组织编：《版权基本知识》，2 页，北京，中国对外翻译出版公司，1984。

院长芬尼安期间，抄录了芬尼安的作品《萨尔特》（Psalter）。芬尼安非常生气，要求科伦巴归还抄本，遭到拒绝后，两人诉至国王裁定。国王作出了维护作者权益的裁判："牛犊归其母牛，同理，抄本归其原作。"[①] 这个"牛犊归母牛"的原则，一再被后世主张著作权的人所引用。

据加拿大学者的考证，在北美大陆的土著居民中很早就存在保护创作者权利的习俗和制度。按照印第安人的内部规定，每个人都有自己的歌，且属其专有。他人须接受歌曲所有者击一石斧，方可使用其拥有的歌曲。这说明，北美大陆已实际承认智力成果的权利。[②]

自 15 世纪中叶，活字印刷术开始在欧洲广泛流传。外来的发明在这里起到了革命性的作用，这一新技术催生了近代欧洲著作权保护的萌芽，成为新阶级（市民阶级）取得新的财产利益的工具。关于著作权与印刷术的关系，可以从下列两层意义表述：一是随着印刷术的出现，作品的载体——图书的生产成本降低且可以成为商品，从而为印刷商（或作者）带来了收益；二是大量的复制与传播，使得印刷者（或作者）无法像控制手抄本那样管领自己的无形财产权，从而产生法律给予特别保护的需要。

近代欧洲著作权法的孕育，经历了封建出版特许权制度近三百年的长期阵痛。早在 15 世纪的威尼斯和 16 世纪的英国，当时的印刷出版商为了垄断某些图书的印刷和销售市场，防止同行的竞争，往往事先将书稿送往王室或官府审查，以获得独自印刷图书的特许权。据说，威尼斯的印刷商人吉奥范尼·戴·施德拉于 1469 年得到的为期五年的出版许可证，是西方国家第一个出版独占许可证。在英国，女王玛丽一世把皇家颁发印刷许可证的办法纳入法律程序，于 1662 年颁布了第一个许可证法。在法国，出版业得到专制王权的强有力的庇护，将作者排斥在外的巴黎书商行会成员，实际上是出版特许权垄断者。在德国，出版者一方面以支付作者报酬的方法享有与所有权原始取得相类似的复制权与发表权，另一方面经过政府审查程序将上述出版许可实际上演化为出版

① Stephen M. Stewart, *International Copyright and Neighboring Rights*, 1989.

② See A. A. Keyes and C. Brunei, A Rejoinder to "Canadian Copyright: Natural Property or Mere Monopoly", *Canadian Patent Reporter* (1979), p. 212.

特许权。这种由君主或地方政府对某些作品授予的出版专有权，是一种封建特许权，而不是法律意义上的财产权。笔者不同意将出版专有权说成是早期著作权制度，更不赞成中国封建社会即存在著作权保护制度的说法。这是因为：（1）“禁止翻版”虽是出版者呈请特许保护的权利主张，但“犹禁擅镌”也是封建文化专制的禁锢手段。在欧洲，出版特许权制度与出版审查制度紧密而巧妙地结合在一起。对作品所表现的思想进行审查，始于13世纪，在1517年宗教革命后则更甚，作品在出版前必须提交国家审查。封建统治者通过许可证制度，限制言论自由，禁止危及自己统治的作品出版，甚至通过书籍审查来获取“罪证”迫害作者。这种专制制度具有强烈的反著作权思想色彩。[①] 笔者认为，思想自由的文化政策，活字印刷的传播技术，精神产品的商品化是近代著作权法产生的基础。而压制言论自由，禁止新思想的传播，这种制度与作者的权利保护毫无关系。（2）出版特许权的主要受益者是出版商，而作者权益仅受到间接的保护。出版特许权的主要内容是，对取得特许权的作品，禁止他人在一定时期内擅自印刷和出版，有违反者，政府可以处以罚款和没收，特许权者可以请求赔偿损失。[②] 可见，出版商是封建特许权制度的真正受益人。此外，在专制政府控制言论自由、进行图书审查的管制活动中，出版商往往扮演政府同盟者的角色，以牺牲作者的利益换取政府授予的特许权。[③]（3）出版权专有虽是权利人为赢得利益而进行的抗争，但取得特许权并不是普遍的社会现象。当时，特许出版权的保护是一种官府的行政庇护，而不是法定的权利保护。在许多国家，出版特许权并未制度化，特许令状仅限于个别保护、局部保护。宗教战争后的巴黎出版商与地方出版商曾就出版特许权的垄断展开过激烈的斗争。在17世纪的德国，由于封建诸侯分立割据，皇室赋予的出版特许权也曾在许多地方失去效力。这说明，出版特许权不是基于创作行为并依照国家法律而授予的一般意义上的财产权。

出版特许权的存在意义，在于它同近代著作权制度的产生具有某种历史连

---

① 参见宋原放等：《中国出版史》，233页，北京，中国书籍出版社，1991。

② 参见［日］阿部浩二：《各国著作权法的异同及其原因》，载《法学译丛》，1992（1）。

③ See L. Ray Patterson, Stanley W. Lindberg, *The Nature of Copyright: A Law of Users' Right*, 1991.

接作用。在欧洲，出版特许权受制于封建君主的有限地域，且往往有一定的期限，因而酿成了出版商排他的出版意识。他们认为，对于印刷出版的作品，应产生一种所有权，这样出版人既可以在更大的范围内自由出版作品，同时也可以对抗擅自复制之人。这即是早期的“出版所有权”论。尔后由于封建王朝的衰落与市民阶级权利观念的进化，出版商开始主张出版物的垄断性保护不应由国王授予特许权才产生，而应基于作者精神所有权的转让而取得。他们试图以自然法思想为基础，对自己的垄断权利赋予更新的理论光环，即用“精神所有权”学说代替以往的“出版所有权”主张。“精神所有权”说认为，作者对其作品以及将作品物化的书籍均享有所有权，因而将这种权利视为所有权的一种。十分明显，“精神所有权”已具有现代著作权的基本含义了。

法律制度的进步有赖于权利观念的进化。作者对自己的作品享有独占和专有的权利，能够随意转让和处理这一权利，并分享他人使用作品所带来的利益，是18世纪资产阶级革命时期形成的现代著作权观念。著作权作为一种私人享有的无形财产权，终于在资本主义条件下得到法律的普遍认可和严格保护，并逐渐形成一种独立而系统的法律制度。不难看出，著作权法产生的历史，即是从出版人本位最终过渡到创作人本位的变革历史。在欧洲国家，经历了从尊重文学产权的社会习惯过渡到官府对出版特许权的行政庇护，继而转到保护著作权人的成文法的过程。转换过程的终结即是精神产权制度的新纪元。

二、两种价值取向：近代著作权立法思想溯源

经历了文艺复兴（Renaissance）、宗教改革（Religion Reform）、罗马法复兴（Recovery of Roman Law）“三R”运动的洗礼，欧洲国家的市民阶级终于凭借自然法理论的思想武器，在自由资本主义的土壤上，相继于18至19世纪，构造了自己保护精神产权的法律殿堂。各西方国家基于政治、社会、经济和文化意识的差异，在著作权保护领域中，形成了功能趋同但风格迥异的法律传统。关于世界范围的著作权法，当今中西方学者中有的将其分为三种制度，即市场经济国家的著作权制度、计划经济国家的著作权制度和发展中国家的著

作权制度。也有的将其分为四类法系，即普通法著作权法系、大陆法著作权法系、社会主义国家著作权法系及发展中国家著作权法系。[①] 其中起主导作用的当推以英美为代表的普通法系和以法德为代表的大陆法系两大流派。

普通法系国家的著作权法构筑在“财产价值观”的基础之上，他们奉行“商业著作权”学说，认为著作权的实质乃是为商业目的而复制作品的权利，创作者的权利在这里被表述为“copyright”（即版权），隐含有“复制权”的原意。[②] 著作权法的保护内容最初即是作品的印制权和重印权，著作权的存在即依赖于以物质形式存在的作品，著作权的价值在于它是一项可以移转于他人的财产。在英国，宗教领域里的清教改革、政治上的开明专制主义、经济中的重商主义等变革及思潮相继兴起，为18世纪初叶《安娜法令》的诞生提供了必要的社会条件。1643年，英国出版商在呈送国会的请求书中写道：“出版商之间适当管理复制品，可以促使印刷繁荣、书籍丰富和低廉。”[③] 英王爱德华七世对此评价说：“这些印刷者和出版商主要关心的是他们的硬币、先令和便士。他们的行业是赚足够的钱，并热衷于他们要赚的钱。”[④] 正是在他们的推动下，英国颁布了世界历史上第一部著作权法，一部旨在“授予作者、出版商专有复制权利，以鼓励创作”的法案。基于“重商主义”的经济垄断观念与私有财产神圣的财产权利观念，《安娜法令》的主要立法目的在于保护现代文化传播功效的充分实现，鼓励人们对生产精神产品和兴办出版业进行投资。为此，立法者将其作为“交易规则”[⑤]（trade regulation）进行精心设计，它将封建的出版

---

① 参见［美］E. W. 鲍曼、L. 克拉克·汉密尔顿：《现代版权概念和版权制度比较分析》；［日］阿部浩二：《各国著作权法的异同及其原因》；史文清、梅慎实：《简述普通法著作权法系与大陆法著作权法系的哲学基础及其主要原则》，载《青海社会科学》，1991（3）。

② copyright 从 copy right 演变而来，原意为版权，但现代法律多称之为著作权。根据《大英百科全书》的解释，copyright 有双重含义：一方面它表示复制权，另一方面它表示对原作的持有和控制，即现代意义上的“版权”。

③ L. Ray Patterson，Stanley W. Lindberg，*The Nature of Copyright*：*A Law of Users' Right*，1991.

④ L. Ray Patterson，Stanley W. Lindberg，*The Nature of Copyright*：*A Law of Users' Right*，1991.

⑤ L. Ray Patterson，Stanley W. Lindberg，*The Nature of Copyright*：*A Law of Users' Right*，1991.

特许权改造成为资本主义式的“产权”，授予作者和出版商；它含有版权的期限、版权的效力和价格的控制条款，多是出于商业贸易的考虑；它坚持 copyright 单一财产性质的传统观念，而未能顾及作者的人格利益。美国于 1790 年制定的著作权法继承了《安娜法令》的法律传统，体现了“财产价值说”的基本理论。关于其立法的动因，日本学者阿部浩二评价说，美国著作权法“对著作权的保护，不是将作者自身的保护作为第一要义，而是置于以促进科学和工艺的发展为起因的位置上”[①]。

大陆法系国家将“人格价值观”作为其著作权立法的哲学基础。他们将天赋人权思想引入著作权理论范畴，确立了以保护作者精神权利为中心的著作权观念。欧洲大陆国家著作权立法活动有着一种新的历史条件和社会背景。他们在席卷而来的资产阶级革命风暴中，高扬起天赋人权的旗帜，使自己的精神产权制度登上了崇尚权利价值的顶峰。1789 年法国《人权宣言》宣称：“自由交流思想和意见是最珍贵的人权之一，因此所有公民除在法律规定的情况下对滥用自由应负责外，都可以自由地发表言论、写作和出版。”这无疑将著作权提高到基本“人权”的崇高位置。18 世纪以来，著作权的概念在德国思想家康德等人的推动下有了进一步发展。康德认为，每个人都是独立的，是他自己的主人。应尊重人格的内在尊严，任何人都没有权利利用他人作为实现自己主观意图的工具。[②] 作品不是随便一种商品，从某种程度上讲，是一个人，即作者的延伸，作品是人格的反映。[③] 正是在这种思想的指导下，立法者刻意对个人的自然权利特别是人格权给予无微不至的关怀和保护。他们从作者本位的立场出发，将立法的重心置于个人精神利益保护的支点上。为了区别于普通法上的“版权”观念，他们创制了“作者权”的用语（英文“author's right”，法文“droir de auteur”，德文“urhebrrecht”，西班牙文“derecho de autor”，意大利文“diritto d'autore”等都是“作者权”的语义表述），强调对作者个人权利的保护，而不是对出版者权利的保护；强调法律不仅应保护作者的财产权利，

---

① ［日］阿部浩二：《各国著作权法的异同及其原因》，载《法学译丛》，1992（1）。

② 参见陈云生：《权利相对论》，115 页，北京，人民出版社，1991。

③ 转引自刘春田、刘波林：《著作权的若干理论问题》，载《法律学习与研究》，1987（2）。

更应保护作者的人身权利。在大陆法系国家中，以法国为代表的“二元论”国家认为著作权是一体两权，由相互独立的著作财产权和著作人身权所构成；以德国为代表的“一元论”国家则认为著作权是著作财产权和著作人身权的有机复合体，无法加以分割。尽管上述国家在立法指导思想上存在着某些差异，但在保护作者个人精神权益的立场上都是相同的。

审视近代有关著作权制度的立法文件，字里行间无一不浸透着自然法学派崇尚权利、崇尚个人自由的价值观念。所谓“财产价值观”和“人格价值观”的区分，只是表明两大著作权法系不同的法律价值取向。从实质上说，它们都是植根于自然法理论土壤之中，是个人权利本位思想的具体表现：

1. 著作权与其他权利一样，是不受人定法约束的、不可废除的自然权利。这种权利不是君权神授的结果，而导自作者创作活动的本源。《安娜法令》使这种权利由公法领域进入私法领域，由特许专有权转变为法律规定的可转让的财产权，这是一个质的转变；而大陆法将单一的财产权丰富为具有双重内容的作者权利，刻画了著作权本来的理性品格，无疑也是一个重大进步。

2. 著作权是创作者个人独享而不与其他人分享的权利。个体是市民社会的基本构造单位，是具有独立人格与独立法律地位的主体和民事权利的享有者。尽管《安娜法令》明文规定保护作者与出版商，但出版商的权益是派生的而非本源性权利，在著作权贸易实践中被看作作者权利让渡的结果。而大陆法极力推崇作者在著作权法中的地位，对作者即自然人、作者即第一著作权人等问题作出了近乎完美无缺的规定。

3. 著作权是具有绝对性、排他性的精神产权。保护私有财产是人性和理性的要求，合乎自然法则。由于自然法权利思想的深刻影响，著作权在这里被赋予与所有权相类似的意义。除规定的时间性限制与本来存在的地域保护限制外，著作权在权能上并无其他限制性规定。

上述三个特点表明，新兴的资产阶级通过著作权立法，追求的是一种神圣的、独受的、绝对的新权利。近代著作权立法之初对合理使用制度不加规定也就毫不为怪了。

三、平衡精神：合理使用制度的立法动因

在现代社会中，由于存在著作权限制与反限制的多元选择，存在创作者、传播者、使用者在行使权利中一定程度的对峙等现实，著作权法在实现其促进文化事业发展、保障作者及其他主体利益、实现社会公平等多重价值目标的过程中，必须统筹兼顾，平衡协调各种可能相互冲突的因素，才能真正发挥作用。从这个意义上说，平衡是现代著作权法的基本精神。平衡精神的确立是一个历史的渐进过程。被自然法权利的神圣光圈所笼罩的近代著作权法，在其初创时期，没有也不可能涉及平衡各种主体利益的基本规范，即合理使用制度及其他有关制度。合理使用规则由英美国家法官率先创制①，继而为各国法律所接受，这绝不是历史的偶然。两大法系国家的立法者奉行不同的学说理论，基于不同的立法目的，因而在调整作者、传播者、使用者三者关系时选择了不同的侧重点，在构建合理使用制度的时刻表上出现了巨大的历史差别。究其原因，主要表现在以下两个方面：

1. 著作权立法的双重目标。在大陆法系国家里，著作权被视为首先是作者之权，对作者实行第一位的最充分的法律保护。而在普通法系国家，其立法不乏对作者权利的保护，但同时对其他主体以及公共利益的保护也十分注重。《安娜法令》的一个显著特征就在于其设定了“文学艺术的公共领域”（the public domain for literature），它来自三个方面的规定：（1）规定创作是新作品取得著作权的必备条件（以保护现存作品不被出版商收回）；（2）规定著作权保护期限（以对抗出版商永久著作权的主张，保证作品在一定期间后最终自由使用）；（3）规定著作权所有人在印刷、出版和出售方面享有有限的权利（即著作权所有人在作品再次出售时著作权穷竭）。② 在出版商奉为永久性、绝对性的权利领地上，“公共领域”的设定，无疑是一道划分公共利益与个人利益各

---

① See William F. Patry, *Fair Use Privilege in Copyright Law*; L. Ray Patterson, Stanley W. Lindberg, The Nature of Copyright: A Law of Users' Right.

② See L. Ray Patterson, Stanley W. Lindberg, *The Nature of Copyright: A Law of Users' Right*, 1991.

自范围的“分水线”（watershed recognition）。关于著作权立法目的的表述，美国独树一帜地将其写进了宪法：“国会有权……对作者或发明人就其个人作品或发明的专有权利，赋予一定期限的保护，以促进科学和艺术的发展”。上述宪法条款被概括为著作权保护的三项政策：（1）促进知识的政策（the promotion of learning），即著作权的首要目的在于促进知识传播和文化发展；（2）“公共领域”保留的政策（the preservation of the public domain），即著作权被限制在一定时间和范围之内；（3）保护作者的政策（the protection of the author），即宪法赋予作者对其作品享有的专有权。美国学者认为，上述三项政策中隐含有第四项政策——“接触权”政策（the right of access），即个人有权使用著作权作品。基于授予著作权的直接目的，作者出版其作品的专有权不应排斥此类使用，申言之，著作权是一个功能性概念，其作用在于鼓励作者创作与传播作品，其目的在于推广知识与使用作品。[①] 前述三条政策的逻辑顺序表明，促进知识的政策和公共领域保留的政策优于保护作者的政策，而后者则是前两者得以实现的途径。1790 年 1 月，美国总统华盛顿向国会就著作权立法所发表的讲话深刻地描述了立法者的思想：“没有什么比促进科学和文化更值得你们去保护了。在每一个国家，知识都是公众幸福的源泉。如果一个国家的政府措施迅速收到了社会效果，那么知识一定占有重要的比例。为了捍卫自由宪章，知识正以各种方式作出贡献：说服那些不信任公共行政权力的人，使他们认识到政府每个有益的目的乃是对公众萌发的信念最完美的答复；教导人们应了解与珍惜自己享有的权利，识别和抵制对他们权利的侵犯；区别什么是压迫与必要的法律权威；区别漠视他们利益的负担与社会紧急状况下不可避免的负担；将自由精神与自由放任的心态区别开来，保护前者，避免后者；将对侵权行为保持迅速而稳妥的警惕与对法律的尊重结合起来。”[②]

2. 著作权性质的双重界定。在大陆法系国家里，著作权是一种法定权利。从学理上来说，它是一种基于创作活动即可产生的自然权利。而在英国和美

---

① See L. Ray Patterson，Stanley W. Lindberg，*The Nature of Copyright*：*A Law of Users' Right*，pp. 49－55，1991.

② T. Solberg，“Copyright in Congress 1789—1904”，*Copyright Office Bulletin No.* 8，(1905)．

国，历史上存在着制定法著作权与普通法著作权的分野，两者有着不同的理论基础。在英国，关于著作权归属及其性质认定的讼争曾引起长达四十年的“书商运动”。《安娜法令》规定该法公布前已印刷的书籍自1710年起享有为期21年的著作权。未印刷书籍自首次出版之日享有14年专有权，如保护期届满，作者健在的，可续展14年。这就意味着，待规定的时间届满，作品即进入公有领域。出版商认为永久的著作权是他们营生的基础，他们不愿将自己的专有出版权供奉在公共利益的祭坛上，因而转向法院寻找普通法上的作者“永久版权”，然后通过转让再一次取得这种权利，这即是以普通法上的著作权代替到期的制定法上的著作权。在这场漫长的精神产权的争斗中，Millar 诉 Taylar 与 Donalelson 诉 Beckeff 两案历经法院、议会的多次裁判与议决，最后以撤销普通法版权的永久禁止令而告终（英国于1911年正式取消这种版权）。“书商运动”的结束，揭开了英国著作权制度新的一页：“版权”不再被认为是出版商的权利，而是属于作者；创作活动是作者权利的“源泉”（source），但法律却是权利产生的“根据”（origin），即作者权利是一种法定的有限的独占权利。美国将英国“版权”观念引入后，也存在制定法与普通法上两类著作权。与英国不同，它是两种不同司法主权下的产物，即由州政府管理普通法著作权，联邦政府管理制定法著作权。在美国，两类著作权（普通法权利与制定法权利）与两种著作权理论（自然权利学说与法定授权学说）也引起长期的争议与冲突。美国学者认为：Millar 诉 Taylar、Donalelson 诉 Beckeff（英国案例）、Wneaton 诉 Peters（美国案例）三个案件的审理，最终创设了一项真正的普通法版权，即作者就其作品享有首次出版的权利（即首次出版权，the right of first publication），也就是凭借其创作行为的完成而自然获得该项权利。当其作品出版后，作者即丧失普通法上的权利，而依法享有法定著作权。[①] 在历史上，英国出版商购买作者的“复印权”已成惯例，而且交易明显是在转让作品手稿（包括所代表的物化载体所有权与其手稿含有的作品著作权）的基础上进行的，因此他们往往将作品与作品原件（作品的原始物化载体）混为一谈，从

---

① See L. Ray Patterson, Stanley W. Lindberg, *The Nature of Copyright: A Law of Users' Right*, 1991.

而也就混淆了作品著作权与作品原件所有权之间的区别。按照自然法理论，作品原件所有权基于创作即可产生，权利的行使具有绝对性特征，且无时间性限制；而按照法定授权理论，作品的著作权存在着本来的地域保护限制，法定的“公共领域”限制，以及当时虽未规定但在判例中存在的合理使用制度的限制。

平衡精神的弘扬，是著作权法价值二元取向的内在要求。在这里，价值取向意指著作权法所追求的社会作用。就立法目的来说，即是促进文化事业发展与保护作者权益两者并重；就著作权的设定来说，即是“保护”与“限制”两者不能偏废。平衡精神所追求的，实质上是各种冲突因素处于相互协调之中的和谐状态，它包括著作权人权利义务的平衡，创作者、传播者、使用者三者之间关系的平衡，公共利益与个人利益的平衡。我们无法苛求历史，近代国家的立法者虽未造就如此完美的著作权制度，但它们的立法文件毕竟闪烁着平衡精神的光芒。笔者有理由说，平衡精神正是英美国家法官创制合理使用规则的动因。

四、从判例法到成文法：合理使用制度创建的历史线索

合理使用制度经历了由判例法到成文法的演变过程。它肇始于英国判例法。从 1740 年到 1839 年，英国法官在其审判活动中创制了一系列规则，即允许后来作者未经前任作者同意而使用其作品，草创了有关合理使用的范围、功用及法理基础。尔后，这一制度成就于美国判例法。1841 年，美国法官 Joseph Story 在审理 Folsom 诉 Marsh 一案中，集以往相关判例法规则之大成，系统阐述了合理使用制度的基本思想，以致后来成为美国立法的基础，并对各国著作权立法产生了深远的影响。

在早期的著作权司法实践中，英国法官已认识到未经允许使用他人作品的合理性，即允许后来作者以创作新作品为目的，以诚实使用为原则，可以不经允许、不付报酬而使用前任作者的作品。英国的合理使用制度发端于“合理节略”（fair abridgement）。1740 年，在 Gyles 诉 Wilcox 一案中，被告在自己的作品中摘用了原告 275 页著作中的 35 页。法官认为，未经允许而节略使用他人作品的权利，不是一种法定权利，但由此创造新作品，可以给予《安娜法

令》的保护。关于节略使用的合理性，法官提出：(1) 真实而合理的节略、摘用有著作权的作品，将不承担侵权责任；(2) 允许此类节略使用的原因在于其具有创新、学习和评论的意义。但该判例未能阐明“合理节略”的理由，亦未对摘用的“真实性、合理性”的标准作出说明。[①]

1803 年的 Cory 诉 Kearsley 一案所表述的判决理由，是合理使用理论发展的一次飞跃。原告系《道路指南》一书的作者，他指控创作同一题材作品的被告侵权，其理由是：被告作品中某些地名及其距离同于原告之作；原告的数处错误亦出现在被告作品之中。法官认为：道路距离如系准确，两部作品必须相同。原告作品印刷错漏之处，被告作出自己的观察后已有多处纠正，因此不能视为侵权。在该案判例中，法官第一次使用“合理的使用”(used fairly) 这一用语取代“合理节略”的说法，并指出“合理节略”表述的只有对作品摘用、缩写的基本含义，而“合理的使用”意味着对他人作品提供的材料有着完全的崭新的创造，由此而产生对公众有益的新作品。[②] 后世“合理使用”的说法即导源于此。

从 1807 年到 1872 年的诸多案例中，英国法官关于合理使用的思想逐渐成熟，他们开始采用“fair dealing”的概念以表明引用他人有著作权的作品进行新的创作的合理性，反对简单的复制，从而完全脱离了“合理节略”的原意 (1839 年 Lewis 诉 Fullerton 案)；他们严格地将“合理的引用” (fair quotation) 与以往的“合理节略”区别开来，指出这种引用在新作品中是一种创造性的使用，因此可以作为侵权的抗辩理由；他们注意到合理使用必须以尊重作者权益为前提，即引用他人作品而创制的新作不得挤占原作的市场 (1807 年 Worth 诉 Wilkes 案)；引用他们的作品必须有数量的限制和价值的考虑 (1836 年 Bramwell 诉 Halcomb 案)。[③] 在 1872 年 Brodbury 诉 Hoffen 一案中，被告以原告《历史人物》一书的插图作为素材设计了具有创造性的讽刺漫画角色。法官认为，新作是一个独立作品，不依存于原作，不附属于原作，不取代原

① See William F. Patry, *Fair Use Privilege in Copyright Law*, p. 6, 1986.

② See William F. Patry, *Fair Use Privilege in Copyright Law*, p. 10, 1986.

③ See William F. Patry, *Fair Use Privilege in Copyright Law*, pp. 13, 15, 17, 1986.

作，应视为合理使用。[①] 至 19 世纪时，英国法院已普遍采用合理使用原则，以此作为侵犯著作权的例外。1911 年《版权法令》始以成文法的形式明确规定了合理使用制度。该法第 2 条 1 项 1 款规定，“用于个人研究、探讨、批评、评论、报纸登载等目的时，对原作品的合理使用不构成著作权侵犯。并以此为区别著作权侵犯的相应规定。”以后的 1956 年著作权法和 1988 年的著作权法都继承了这一规定。[②]

一般认为，1841 年美国法官 Joseph Story 在 Folsom 诉 Marsh 一案中的判决，是美国历史上第一次对合理使用原则的系统表述。这是美国历史上一个著名判例，原告将其拥有的美国总统华盛顿的公私信函整理编辑成书，并附有注释、说明和传记，全书约 7 000 页。而被告撰写了长达 353 页的华盛顿传记作品，其中摘用了原告书中 4.5%的内容。Joseph Story 法官认为，大量引用原作或是原作精华部分，必须是基于评论的目的。被告虽只摘用原书的少量篇幅，但这是该书最有趣、最有价值的部分。被告的作品不是智力创作，而在很大程度上来自轻松的摘抄。法官将英国判例法中关于合理使用的规则创造性地运用于该案并作了理论化、系统化的说明，这即是著名的合理使用三要素，即：(1) 使用作品的性质和目的。即使用他人作品的目的是促进科学文化进步并有益于社会公众，作者对新作品必须付出创造性的智力劳动而不是简单的摘抄。(2) 引用作品的数量和价值。大量的引用原作或原作的精华部分，不能视为适当。(3) 引用对原作市场销售、存在价值的影响程度。由于新作与原作往往是同一题材的创作，新作的出现有可能影响原作的销售市场，或减少其收益，甚至有可能取代原作。因此必须考虑使用的经济后果。[③]

在 Joseph Story 的影响和推动下，美国法院进一步深化了来自英国判例中“合理使用”这一普通法规则。这主要表现在：(1) 大量引用他人的作品而不加注说明、评价，只是简单的复制，不能视为合理使用（Campbell 诉 Scott，

---

① 参见［日］播磨良承、生驹正文：《有关作品合理使用之研究》，载日本《判例日报》，No. 342，1976-11-23。

② See William R. Cornish, *International Copyright Law: United Kingdom*, p. 52, 1989.

③ See John S. Lawrence, *Fair Use and Free Inquiry*, *Copyright Law and the New Media*, Ablex Pub. Corp. (1980), p. 10.

1842年)。(2) 使用他人的作品不得出于有损于原作价值或销售市场的营利动机和目的。合理使用意味着利用他人已有的材料进行有积极意义的再创作，这种创作对特定对象有一定的使用价值或意义(Scott诉Stanfore，1867年)。(3) 合理使用限于对他人作品材料的使用，而不能使用他人创作中的构思、风格和结构，否则该作品将被视为缺乏独创性(Lawrence诉Dana，1869年)。[①] (4) 对不同的作品应有不同的合理使用要求。对于未发表作品的合理使用要严于已发表作品(即允许合理使用未发表作品，但要顾及作者声誉并控制作品的公开出现)。对于虚构作品的合理使用则严于纪实作品(即对于使用现存历史资料赋予使用者较大的自由度，而对于已将事实进行搜集、筛选而编创的作品则有限制)。[②] 此外，美国法官在判例中还划分了合理使用对象的适用领域与排除领域，即在纪实作品和科学作品中，所表述思想、概念不受著作权保护，但其表达方式不能以"合理"为由而任意使用(Simms诉Stantoh，1896年);"对于没有原创性编排的信息资料，不得对抗具他人对该类作品的合理作用(Leon电话公司诉太平洋电话电报公司，1937年)"[③]。美国法官关于合理使用的思想，对著作权立法产生了重要影响。

19世纪是合理使用规则抽象化、系统化的时期。在这一时期，美国的著作权法由一系列政策、原则、规则所构成，它们来自宪法、制定法以及普通法等各种形式的"法律"。美国学者从中概括了七个原则：(1) 有限保护原则，即著作权人的权利被限制在制定法所设定的范围内。诸如摘要、节录、翻译在当时并不构成侵权，因为这些使用行为并非属于对原始作品印刷、翻印、出版的著作权范围。该原则由1790年著作权法推导出来。(2) 法定独占原则，即著作权是一种制定法上的有限的独占授权，而不是作者的自然法权利。该原则被喻为19世纪创设的最重要的原则。(3) 市场原则，即著作权保护作品的市场销售，该原则被视为前述两个原则的具体表现。(4) 合理使用原则，当时系指后来作者对前任作者的作品著作权的合理利用，亦称为公平竞争使用原则，

---

① See William F. Patry, *Fair Use Privilege in Copyright Law*, pp. 28, 33, 35, 1986.

② See Harry G. Henn, *Copyright Law: A Practitioner's Guide*, *New York: Practising Law Institution* (1988), p. 180.

③ William F. Patry, *Fair Use Privilege in Copyright Law*, pp. 40, 47, 1986.

导源于普通法实践。(5) 接触权原则，产生于推广知识的宪法政策，该权利被视为是对著作权所有人依法定独占授权所获利益的交换条件。(6) 个人使用原则，主要是指个人基于学习需要而对他人作品的使用，以别于狭义上的合理使用原则，该原则是接触权原则的深化和表现。(7) 公共利益原则，即著作权之存在首先应有利于公众，其次才是使创作者本人受益，以上原则都是公共利益的组成部分。[①] 上述原则的概括，或许重复或交叉而有失精确，但说明合理使用在当时已被奉为一项普遍的司法原则。至 1909 年，《美国著作权法修正案》取消了未经允许即进行所谓“合理节略”的规则，并在 1976 年《著作权法》对合理使用制度的目的和适用范围进行了系统的规定。

五、中国著作权制度和观念：历史回顾与思考

回顾和审视中国远古、近代的历史，我们不难发现：一方面是文化在不断地积累增长，记载着古代人民智慧的文化典籍可谓汗牛充栋；而另一方面，则无法找到有关保护创作者权利的法律制度。众所周知，与文化联系最为密切的著作权法律制度，诞生于两百年前的欧洲。导致这项制度产生的传播技术——造纸术和印刷术虽发明于中国，但它却无法在中国封建专制的土壤里催发现代权利之花。在这里笔者拟从中国传统文化的角度，遵循传播技术发展的历史线索，探讨著作权制度的成因和著作权观念的演变。[②]

1. 文学产权观念萌动时期

中国东汉蔡伦于公元 105 年发明的造纸术是中国古代为知识和文化生产而发明的一项伟大的技术。中国纸“比埃及的纸草优良，比西亚人的泥板轻便，比欧洲的羊皮纸廉价”[③]，是人类书写材料的一场革命。而在此前后，中国经

---

① See L. Ray Patterson, Stanley W. Lindberg, *The Nature of Copyright: A Law of Users' Right*, 1991.

② 关于阻滞中国近代著作权制度进化的历史原因，可参见吴汉东、王毅：《中国传统文化与著作权制度略论》，载《法学研究》，1994 (4)。

③ 王鸣生：《中国历史中的技术与科学》，63 页，北京，中国人民大学出版社，1991。

历了春秋战国、秦汉、魏晋南北朝隋唐三个文化史上的重要发展时期。① 先是诸子百家争鸣于朝野，后是儒学佛道风行于社会。造纸术的问世，图书市场的形成，推动了信息超越时空的广泛传播。它们的次第产生，既是中华文明走向繁荣的阶梯，又是中国著作权观念萌发的土壤。众多的思想家、政治家、文学家、艺术家、科学家和发明家，竞相将自己的思想、感情、经验、教训、见解"书之竹帛，传遗后世子孙"，而简册、缣帛、纸张的出现和采用，则为他们的精神产品转化为物质形态并广为传播提供了重要条件。

在著书（创作）—抄书（复制）—卖书（传播）的活动中，古代士人在其作品的财产权利得到承认以前，已率先察觉到其所拥有的人身权利。这主要表现在两个方面：（1）作品署名权利观念的朦胧。《史记·孟子荀卿列传》中记载，在春秋战国百家争鸣的时代，诸子"各著书，言治乱之事，以干世主"，为了表明自己的作者身份或学术派别，古代士人已注意到作品上的署名问题。他们或是在作品上署上自己的姓名，或署上学派始祖的姓名，如《论语》就是孔子的授业弟子和再传弟子所记叙的孔子言行录；或是直接以作者姓名或学派始祖的姓名作为作品的名称，如《老子》《韩非子》《孟子》等著述。这种署名方式，亦为后世士人所沿袭，它不仅具有区别不同流派著作的功能，而且昭示了作者与作品之间的主客体关系。（2）作者身份意识的萌动。在古代士人那里，抄袭他人陈言被视为偷盗他人财产，因而受到舆论的谴责。南朝文学批评家钟嵘编撰的《诗品》，记载了宝月抄袭柴廓之作②；唐代文学家柳宗元在《五百家注柳先生集》揭露了文子剽窃孟轲、管仲之言。③ 上述行为都是一种窃取他人精神产品的行为，因而受到古代士人的鄙夷。

古代士人的权利意识，为何拘泥于精神领域，而未涉及经济内容？究其原因说来，有以下几个方面：（1）古代士人著书立说，耻于言利，重在立言，其作品或立训垂教，济世救民；或胸怀抱负，托书言志；或有真知灼见，要公之于世。④《左传》云："太上有立德，其次有立功，其次有立言。"魏文帝在

---

① 参见谢灼华主编：《中国图书和图书馆史》，武汉，武汉大学出版社，1987。

② 参见曲辰：《困扰古人的著作权纠纷》，载《著作权》，1993（2）。

③ 参见王清：《中外版权思想、版权保护制度研究》，载《图书情报知识》，1992（2）。

④ 参见宋原放等：《中国出版史》，北京，中国书籍出版社，1991。

《典论·论文》中更申言之："盖文章经国之大业，不朽之盛事，年寿有时而尽，苦乐止乎其身，二者必至之长期，未若文章之无穷。"可见，"立言"以垂诸史册，就成了士人追求的目标和创作的动机。（2）古代著述的传播方式限于手抄复制，因其数量有限，尚不能严重损害作者财产权益；反之，由于手抄复制易于脱简、漏字，甚至篡改、伪托，却往往侵犯作者的精神权益。西汉刘向校勘《战国策》，称："所校中《战国策》书，中书余卷，错乱相糅莒，又有国别者八篇，少不足。"据《后汉书·蔡邕传》载，"邕以经籍去圣久远，文字多谬，俗儒穿凿，疑误后学。"因此，自西汉起至隋唐，历代重视典籍整理、校勘与编辑，以防"书缺简脱""礼坏乐崩"，从而维护了先人作品的完整性。（3）中国古代虽有作品原件的出让，但一般应看做"物"的买卖关系，而不是无形财产权的转让。自汉朝起，为人作文往往收取一定的实物或钱币，谓为"润笔"，这是古代文人讳言功利而臆造的雅称。西汉时期陈皇后求助司马相如作《长门赋》，以求宠于君王，因而"相如卖赋得黄金"。《隋书·郑绎传》记载郑绎所言："出为方岳，杖策言归，不得一钱，何以润笔?"唐代诗人杜甫有诗曰："故人南郡去，去索作碑钱。本卖文为活，翻令室倒悬"（《闻斛斯六官未归》）。这种"卖赋"、"作碑钱"以致"润笔"，并非著作权意义上的稿酬，而是基于物的私有观念的物物交换。

2. 封建特许权形成时期

毕昇（约970—1051）活字印刷术的发明是中国古代劳动人民对世界文明所作出的巨大贡献，也是封建专有出版权制度产生的技术动因。宋元以后，中国文化进入第四个发展时期。封建文化得到了高度发展，作品的传播方式也发生了变化。[①] 官府集收集、整理、编纂、利用为一身，私家合收书、校书、刻书、藏书为一体。各种书籍，不论是翻刻古人的，还是出版今人的，都开始大量出现，利益所在，刻家甚多，竞争之中，矛盾迭生，从而激发了作者、出版者的权利抗争和保护渴求。这种排他的知识财产观念，具有以下几个特点：（1）以不许翻印为内容，提出出版者独享专有权的要求。南宋中期著名史学家王称所著《东都事略》，其书牌记镌有"眉山程舍人宅刊行。已申上司，不许复版"的字样，内容涉及出版者姓名、版权保留声明、授权机关，是历史上最早的版权标记。自宋元

① 参见谢灼华主编：《中国图书和图书馆史》，武汉，武汉大学出版社，1987。

以来，书籍牌记常有“不许翻刻”“不许重刻”“敢有翻刻必究”“翻刻千里必究”的字样，以致“版权所有，翻印必究”已经成为我国维护著作权的专门术语，沿用至今。(2) 以寻求特许或讼争为途径，保护其专有权利的行使。据晚清著作《书林清话》记载，自宋代起，从事图书出版的“有力之家”，有呈请地方官府颁布特许令状的风气。南宋嘉熙二年（1238年）祝穆刊印《方舆胜览》，为防他人翻刻，申呈两浙转运司予以保护，其原刻本自序后有“两浙转运司录白”，云“照得雕书，合经使台申明，乞行约束，庶绝翻版之患”。这是历史上最早记载的特许令状。(3) 以维护作者声誉、读者利益为目的，呼吁尊重作品的完整权。与财产利益的主张相呼应，精神权益的追求也得到进一步扩张。宋司马光在《记历年图后》说，其著作《历年图》原稿，“杂乱无法，聊以私便于讨论，本不敢公开发表，不期他人摹刻，多有谬误。今此浅陋之书即不可掩，因刊正使复其旧而归之”（《司马文正公传家集》）。为了维护其声誉和利益，司马光只好自己出资刊印，以便纠正前书之误。元陈寀在《古今韵会举要》原刻本的牌记中称，该书共30卷，“今绣诸梓，三复雠校，并无伪误”，“窃恐嗜利之徒，改换名目，节略翻刻，纤毫争差，致误学者”（《书林清话》）。在这里，书籍牌记不但注意维护自身的著作权利益，而且顾及创作者、传播者、使用者三者之间的关系了。

在宋代，文人学者不仅表现了强烈的权利意识，而且对作品的无意巧合、作品的合理使用以及作品的蓄意剽窃等行为的鉴别已有高明的见地。叶梦得在《石林诗话》中称，“读古人诗多，意所喜处，涌忆之久，往往不觉误用为己语”，注意从主客观两方面去分析此类不自觉的误用，把握作者创作动机，以区别于剽窃。对于剽窃行为的界定，韩愈在《昌黎集·南阳樊绍述墓志铭》中申明：“惟古于词必己出，降而不能乃剽贼。”在这里，强调作品须为“己出”，已意识到应以独创性要求作为衡量剽窃与否的标准。此外，宋时对近代著作权法的合理使用问题也有涉及，魏泰在《隐居诗话》中认为，“诗恶蹈袭古人之意，亦有袭而愈工，若出于己者，盖思之愈精，则造语愈深也”。宋人主张文意相袭，然而推陈出新，后胜于前，应属合理之举。[①] 由于中国封建法制的

---

① 宋人关于剽窃、巧合、合理使用的评述，转引自袁逸：《中国古代剽窃史论》，载《著作权》，1992 (1)。

滞后，作者、出版者关于“不许复版，翻印必究”的权利主张，在很大程度上只是装饰书籍牌记的空文。他们关于合理使用、巧合及剽窃的卓越见解，在缺乏著作权保护机制的条件下，只是一种没有法律意义的道德文章。

3. 近代著作权制度草创时期

1840年鸦片战争以后，中国进入半封建半殖民地社会，中国法律文化随之进入一个新的变更时期。西方经济、科技、文化的侵入，极大地刺激了中国资本主义因素的增长。出版、文化事业的空前繁荣，为中国著作权观念的发育和制度的诞生提供了必要的条件：（1）新式印刷业的产生和发展。自19世纪初年，西方机械印刷业传入我国，逐渐取代传统的雕版印刷术。至20世纪初时，国内重要商埠如上海、汉口、天津等地的印刷业已演变成资本主义经营方式的工业企业。（2）新式出版业的崛起与繁荣。在资产阶级民主思想的激荡之下，报纸、杂志和书籍出版机构相继出现。其中，商务印书馆和文明书局是当时出版业的巨擘。此外，还出现了一些大报馆，如申报馆、时报馆、新闻报馆等，对促进出版业的发展也有积极的影响。

西学东渐，涌入国内的，除了新的商品和生产关系外，还有新的思想理论。西方名著如赫胥黎的《天演论》、亚当·斯密的《原富》、孟德斯鸠的《法意》、斯宾塞的《群学肄言》等相继译介到中国，其内容涉及社会、经济、财政、政治等各个领域。而在法律思想方面，美国传教士林乐知（Young J. Aliem，1836—1907）就是一位在中国倡导和宣传西方著作权制度的重要代表人物。林乐知1859年来华，先任上海广方言馆教习兼江南制造局翻译，后参与创办广学会，主编《万国公报》。他批驳社会上对著作权保护的盲目批评，在其著述的《版权之关系》一文中说道：“著书者瘁其心力，印书者出其资本，而共成一书以供社会，使社会之人皆得此书之益，则必思有以报之，于是乎有版权”；他主张尊重书籍著作权，反对翻印弋利。在其主编的《万国公报》上刊载的版权布告后附言：“乃闻坊间不当书贾，竟有思复刻以弋利者。西例，凡翻人著作掠卖得资者，视同盗贼之窃夺财产，是以有犯必惩”；他允许他人合理使用，转载自己“拙著之新论、选译之新事”，但要求注明出处，在其分致各报馆书文中声称："按照西例，不掠人美，不夺人利。"[①] 诚然，林乐知的著作权主张，出于其维护宗教出版权益的需要，但他所阐发的著作权思想无疑对近代中国的相关立法具有相当的借鉴作用。

随着西方法律文化的传入，中国的作者、出版者的著作权观念迅速复苏并走向成熟。其中，中国著作权保护的先行者首推严复。严复（1853—1921），近代启蒙思想家、翻译家。早年留学英国，归国后任北洋水师学堂总教习，再升总办。其在翻译出版事务中，旗帜鲜明地提出了自己的著作权主张，他率先引进西方"版权"观念并强调建立这一制度的重要意义。"外国最恶龙［垄］断，而独于著作之版权、成器之专利，持之甚谨，非不知其私也，不如是，则无以奖劝能者，而其国所失滋多"（致张元济书）[②]。"今夫学界之有版权，而东西各国，莫不重其法者，宁无故乎，亦至不得已耳……是故国无版权者，其出书必希，往往无绝"（致张百熙书）[③]。他痛斥盗版翻刻行为，"藉非区区版权为之摩砺，尚庶几怀铅握椠，命自濯磨，风气得趋以日上。乃夺其版权，徒为书贾之利，则辛苦之事，谁复为之"（致张百熙书）[④]。同时呼吁保护著作权以振兴中华文化，"使中国今日官长郑重版权，责以实力，则风潮方兴，人争自厉。以黄种之聪明才力，复决十年以往；中国学界，必有可观，期以二十年，虽汉文佳著，与西国比肩，非意外也。乃若版权尽毁，或虽未毁，而官为行法，若存若亡，将从此输入无由，民智之开，希望都绝"（致张百熙书）[⑤]。他主张必须兼顾著译者与出版者之间的利益关系，"此稿（指《原富》，笔者注）既经公学贰仟金购印，则成书后自为公学之产，销售利益应悉公学得之；但念译者颇费苦心，不知他日出售，能否于书价之中坐抽几分，以为著书者永远之利益"（致张元济书）[⑥]。以严复为代表的启蒙思想家们，疾声呐喊，奔走呼号，为近代中国著作权立法作了重要的理论酝酿和舆论准备。

---

① 李明山：《在中国积极倡导版权的外国人——林乐知》，载《著作权》，1993（1）。
② 王栻主编：《严复集·书信》，第3册，北京，中华书局，1986。
③ 王栻主编：《严复集·书信》，第3册，北京，中华书局，1986。
④ 王栻主编：《严复集·书信》，第3册，北京，中华书局，1986。
⑤ 王栻主编：《严复集·书信》，第3册，北京，中华书局，1986。
⑥ 王栻主编：《严复集·书信》，第3册，北京，中华书局，1986。

在国内资产阶级改良派和西方发达国家的压力下，清朝政府无力死守“祖宗成法”，只好循西方法例，进行了包括著作权法在内的修律活动。清政府修订法律大臣沈家本（1840—1913），提出了“参考古今，博辑中外”，“彼法之善者，当取之”，以西方资产阶级法律弥补中国法律之短。① 奉旨出洋考察宪政归国的载泽等大臣在呈请清廷的报告中主张制定有关出版、版权之法律，理由是“与其漫无限制，益生厉阶，何如勒以章程，咸纳轨物”（《出使各国大臣奏请宣布立宪折》）。戊戌变法期间，光绪皇帝颁发的一系列诏书中，提及要奖励报刊的出版，奖励科学著作。② 这样，西方的法制思想开始与中国文化事业相接轨。至20世纪初叶，中国的著作权制度，经过漫长的思想酝酿和司法实践准备，终于走出封建文化专制的铁幕，蹒跚地追随近代法制文明的潮流。

1910年的《大清著作权律》参考了两大法系主要国家的著作权法，但在立法指导思想上受德国、日本的影响最深。其基本特点是：(1) 著作权客体范围狭小，仅包括文艺、图画、贴本、照片、雕刻、模型等；(2) 受保护的主体一般是作者，但同时对合作作品、委托作品、翻译作品的权利归属也作了规定；(3) 关于作者的权利，未从正面进行规定，而是通过禁止性规范加以说明，包括作品完整权、署名权等；(4) 采取注册主义的保护方法，规定必须履行呈报注册手续方受保护；(5) 规定了著作权保护期，一般作品为作者有生之年加死后30年；(6) 对侵犯著作权行为及其处罚作了详细规定。值得指出的是，该法规定了合理使用的具体情形，凡节选众著作成书，以供普通教科书及参考之用者；节录引用他人著作，以供己之著作考证注释者；仿他人图画以为雕刻模型，或仿他人雕刻模型以为图画者；均不以假冒论，但须注明原著之出处。③

距《安娜法令》颁布两百年后，作为造纸术和印刷术发祥地的中国，在其半封建半殖民地的母床上，终于艰难地诞生了第一部著作权法。在这里，著作权法不是中国的固有法。与西方国家不同，中国出版特许权制度的存在与近代

---

① 参见张国华主编：《中国法律思想史新编》，349页，北京，北京大学出版社，1991。

② 参见宋原放等：《中国出版史》，241页，北京，中国书籍出版社，1991。

③ 参见《大清著作权律》第39条之1—3项。

著作权制度的产生缺乏历史的连接，近代中国未能完成这一历史性转变，其社会原因是多方面的，其中传统的文化心态和思维模式就是一个重要的障碍性因素。

首先，重整体精神，重公私关系，强调文化的传承性，是中国传统文化和民族心理的最高价值。在传统文化看来，精神产品的创作只是格物、致知、诚意、正心、修身、齐家、治国、平天下的一种自我修养过程；同时，自己的思想阐发无不源于古人，因而他们往往刻意淡化自己的权利意识。汉代史学家司马迁曾云："藏诸名山，传之其人。"其意为经国济世之作，有待于智者去阐扬，而不能将其据为私有。因而"传先哲之精蕴，启后学之困蒙，亦利济之先务，积善之雅谈也"，被认为是一种人生美德。所谓"文章不为稻粱谋"、"君子不言利"等均是这一思想的反映。

其次，礼作为调和人际关系的最佳方式，既是立法和司法的指导思想，又是人们日常生活的行为准则。所谓"夫礼，天之经也，地之义也，民之行也。天地之经，而民实之"（《左传·昭公二十五年》）。在人们看来，礼，是定分止争的良方，是谋求和谐的最高境界。然而也正是这种"礼"，抹杀了中国人的个性、创造力、思索力和革新精神。社会对人的角色期待是"谦谦君子"，因而也驱使人们在自己的知识财产受到侵犯的时候，往往尚和谐、求无讼，不敢提出自己的权利主张。

再次，中国传统文化是以个体农业为基础，以宗法家庭为背景，以伦理纲常为核心的传统文化。在这种传统文化中，个人既要依附于国家，还要依附于家庭，也即所谓"亲亲""尊尊""亲亲父之首"。因此，个人是包容于外物之中的，人只有在整体性（家族、集团或是国家）中才能昭示出自己的存在和全部意义，个人的意志、情感也只有在群体关系中体现出来。可见，传统文化中的伦理道德倾向，对人的另一重要影响就是将人从主体的地位下降为客体附属物。一个没有独立人格的人，是无法主张自己的精神权利的。

最后，中国传统的权利观念无力构造"著作权制度"的法哲学基础。中国传统权利观念的基本特点是：在国家权利与庶民权利的关系上，前者高于一切，重于一切。在古代，无论法定权利还是习惯权利都和人们的社会政治地位紧密联系，从而推动权利观念向着极端化发展。中国没有西方那种与生俱有的、超自然的和绝对的权利观念，在家长权利与家子权利的关系上，前者权利吸收后者权利。所谓“父母在，无私财”（《礼记·曲礼》），“子妇无私货无私蓄”（《礼记·内则》），即是男性家长对家庭财产独占权的真实写照。中国没有西方那种以个人为本位、无身份差别的私有财产观念，在权利与义务的关系上，个人总是被按照社会共同目标来考虑。不重“权利”而重“义务”，亦即强调行为安分，“己所不欲，勿施于人”。中国没有西方那种视权利为神圣的权利本位思想。

以上说明，人格独立意识的普遍缺乏，权利观念的极端淡化，传统法律文化的价值取向，是阻碍中国社会法律进步的历史惰性，也是近代著作权制度难产的重要原因。回顾和研究传统，在于构造和建设现实。对中国著作权制度及观念的历史检讨，将会激励我们作出理性的反思和创造性的努力，从而走出传统，走出误区，步入著作权法律文化的现代化。

第二章

合理使用制度的法哲学考察

一、"理性的公平正义原则"：合理使用制度的法律价值

价值，从词义上是指"起掩护和保护作用的，可珍贵的、可尊重的、可重视的"。在社会生活中，人们普遍用"真、善、美"或"假、恶、丑"等作为评断事物或行为的标准。前者对于人们来说，意味着它们（事物或行为）具有积极的意义，是值得肯定的。后者则相反。[①] 我国学者一般认为，价值是主体需要与客体适应、满足主体需要之间的一种特定关系。法律价值则是人与法律之间的一种需要与满足的特定关系。正如马克思所指出的那样，"它是人们所利用的并表现了对人的需要的关系的物的属性"，"表示物的对人有用或使人愉快等等的属性"，"实际上是表示物为人而存在"[②]。法律制度作为人创造的客体，当然与人存在一种价值关系。它越能满足人的各种需要，便越具有价值，反之则呈零价值或负价值。关于法律价值的具体含义，有的学者认为包括以下三种情形：一是法律促进哪些价值；二是法律本身具备哪些价值；三是各种价

① 参见卢云主编：《法学基础理论》，191 页，北京，中国政法大学出版社，1994。

② 《马克思恩格斯全集》，第 26 卷，第 3 册，139、326 页，北京，人民出版社，1974。

值发生矛盾时，法律根据什么标准对它们进行评价。[①] 法律价值的上述含义各有不同，但又密切相连。法律促进哪些价值，实际上就是法律的本质与目的问题；法律本身有什么价值，实质上是指法律不仅是实现一定目的的手段，同时它本身也有特定的价值；法律所促进的各类价值之间或同类价值之间必然会有矛盾，因而就有对它们进行评价、协调、选择的问题。古今中外的思想家、法学家提出过各种各样的法律价值，但归纳起来，主要有自由、平等、安全、秩序、正义、效益等。

就法律所促进的价值而言，公平正义是整个合理使用制度的基础。美国学者 William F. Patry 将合理使用称为是一项“理性的公平正义原则”，“该规则充满公平正义观念并具有弹性而无法定义。”[②] L. Ray Patterson 等人认为，合理使用制度产生之初，即是为了解决后任作者对前任作者的著作权作品的使用，“由于通常只有竞争者才希望使用一部作品的著作权，因此，合理使用规则也被称为公平竞争使用规则”[③]。日本学者播磨良承、生驹正文根据日本著作权法的精神解释道，合理使用是在“正当范围”内的使用，是“符合公平的惯例”[④]。胜本正晃基于日本宪法“公共利益优先”原则的考虑，认为对著作权的限制，即是防止其“权利滥用”；允许他人正当的使用作品，也就是“权利的公平使用”[⑤]。

公平，或说是公正、合理、正义，在词源学上含义相当，但意义强调、适用范围有所差别。法理学者在述及法律价值时，多使用正义一词。关于法律与正义的关系，有两个层次：一是法律目标的正义，在这一层次上，正义乃是法律的基本原则，它表现为法律所应追求的某种完善的目标、道德价值或理想秩序。二是法律具体规定的正义。在这一层次上，它意味着一套公正的法律规范

---

① 参见沈宗灵：《法的价值、正义、利益》，载《中外法学》，1993（5）。

② William F. Patry, *Fair Use Privilege in Copyright Law*, p. 4, 1986. 着重号系笔者加注。

③ L. Ray Patterson, Stanley W. Lindberg, *The Nature of Copyright: A Law of Users' Right*, p. 68, 1991. 着重号系笔者加注。

④ ［日］播磨良承、生驹正文：《有关作品合理使用之研究》，载日本《判例日报》，No. 342，1976-11-23。

⑤ ［日］胜本正晃：《权利的合理使用》，载日本《独协法学》，1977-10-22。着重号系笔者加注。

和原则成为人们行为的规范模式与标准。[①] 例如，当人们评价合理使用制度是否公正合理时，即是从第一层次看待法律与正义的关系；当人们评价合理使用制度是否平等适用于相同情况的人和事时，即是从第二层次看待法律与正义的关系。上述两个层次的综合，被学者称为法律正义。

在合理使用制度中，正义首先表现为一种法律理想或法律价值目标。在西方法律思想史上，正义观念与自然法理论相伴共存。从一定意义上来说，自然法即是一种追求正义秩序的信念，成为人定法权利赖以存在和有效的根据。在近代立法中，著作权被描述为一种自然法上的权利。它基于作者的创作活动而自动产生，挣脱封建特许束缚而法定存在，脱离出版商所左右而为作者独立行使，因而是符合正义的。普通法系国家在从近代法向现代法进化的过程中，寻求著作权法的平衡精神，借合理使用制度以协调作者个体之间的权利对峙，以解决作者利益与社会公共利益之间的冲突，无疑也是立法者对法律正义的追求。对此，美国著作权学者 Paul Goldstein 认为，"合理使用的目的与著作权法的基本宗旨并不矛盾，即充分发挥著作权作品的使用效益，以协调公众使用作品要求与作者权利主张的关系……法律一方面为保证作者个人利益的实现，规定了作者有权许可他人使用而收取转让费用；另一方面为保证公众利益的实现，在一定的范围内，允许其不经作者同意，不需支付报酬而使用著作权作品"[②]。美国法院在 1978 年衣阿华大学研究中心诉 ABC 公司一案中，精辟地描述了作者专有权利与公众使用权利的关系："合理使用制度的目的在确保公众对于社会信息的知悉权，公众自由获得信息的利益为法律采取著作权限制手段所承认，但是合理使用不是传播媒介随意剽窃作品的许可证。"[③]

合理使用制度的价值目标，在于通过均衡保护的途径，促进科学、文化事业的发展。因此作为独占权利的著作权，在一定的范围内不应阻滞作品的传播和使用。这一思想在构建合理使用制度之初就已展现。1803 年英国判例认为，"不经允许，不付报酬的使用之所以'合理'，在于后任作者具有创造新作品的

① 参见乔克裕、黎晓平：《法律价值论》，155 页，北京，中国政法大学出版社，1991。

② Paul Goldstein，*Copyright Principles：Law and Practice*，p. 190，1989.

③ William F. Patry，*Fair Use Privilege in Copyright Law*，p. 378，1987.

目的，这有利于促进科学文化进步和有益于社会公众"①。1976年美国国会报告在解释合理使用的立法意图时称，"合理使用的功用在于，为了非营利的教育目的，应允许他人对有著作权作品的使用到合理的程度；而在原告提出侵权诉讼时，该使用人得以此作为抗辩理由"②。

其次，正义不仅是一种法律理想和目标，也是一种现实的可操作的法律原则、标准和尺度。人们期望通过合理使用制度这样的法律规则，建立起创造者、传播者与使用者之间以及作品起源国与作品保护国之间的和谐关系。这些规则具有普遍意义和公正内容，它不仅要求人们严格遵守规则，正当和诚信使用他人作品，而且要求司法机关正确适用规则，在处理纠纷中公正无私，不偏不倚。

从"法律"的西方词源学上来说，拉丁文 Jus，法文 droit，德文 Recht，俄文 npabo 等，都兼有"公平"、"正义"的含义。这表明人们是将法律作为正义原则来对待的，同时也标志着法律正义所具有的基本内容。古罗马《国法大全》之一的《学说汇编》，在"正义和法"一章中辑录了乌尔比安的论述："对于打算学习罗马法的人来说，必须首先了解'法'（jus）的称谓从何而来。它来自于正义（justitia）。实际上（正如杰尔苏所巧妙定义的那样）法是善良和公正的艺术。"③

在中国，"法"字古体为"灋"。据东汉许慎著《说文解字》解释："灋，刑也，平之如水；廌，所以触不直者去之，从去。"从水，取其平，意即法平如水。而"廌"，"兽也，似山牛角，古者决讼，令触不直"④。从中西文中"法"的本义来看，都含有平、正、直的内容。由此，合理使用制度中的正义价值可从以下几个方面来理解，并以此概括为正义观念的基本原则或标准。

所谓"平"，即平等与公平，意味着每个人都有独立、平等的法律人格，受到法律的同等保护。同时也意味着每个人依据正当的行为规则行事，并适当得到奖赏或惩罚，从而实现主体之间的利益均衡。平等性是主体法律地位的资

---

① William F. Patry, *Fair Use Privilege in Copyright Law*, p. 4, 1987.

② William F. Patry, *Fair Use Privilege in Copyright Law*, pp. 86, 365, 1987.

③ ［意］桑德罗·斯奇巴尼选编：《正义和法》，34页，北京，中国政法大学出版社，1992。

④ 《中国大百科全书》（法学卷），76页，北京，中国大百科全书出版社，1984。

格准则，而公平性则是主体享受利益的分配准则。

所谓“正”，即公道与公益，意味着应以社会公共利益与共同利益作为合理使用的出发点和归宿点。公益性，既是这一制度所追求的目标，也是主体意志的道义要求。

所谓“直”，即正直与合理，意味着每个人的行为必须合乎法律的行为尺度要求，合理使用制度之所以合理，其本质意义在于这一制度合乎真理性和规律。合理性是评价合理使用制度正义价值的最后依据。

综上所述，合理使用制度的法律正义，系由平等性、公平性、公益性、合理性诸原则构成。提倡公平、匡正偏私，正是现代法律的精神所在。今天，一些西方国家的立法者和法学家，正以怀疑的目光评判传统的合理使用制度，提出对著作权限制的限制。为此，笔者拟从价值法学的角度，采用上述四个原则，对这一制度进行评价，以探讨其生存意义。

二、平等性：主体地位界定中的法律正义

“平等”在最广泛的意义上，意味着人的地位完全处于同一标准或水平，同样对待。平等原则是社会公正的最基本原则。亚里士多德说道：“所谓‘公平’，它的真实意义，主要在于‘平等’。”① 恩格斯也认为，平等是正义的表现，是完善的政治制度或社会制度的原则。②

平等作为古老的民法原则，最初是同奴隶制的民主政治联系在一起的。公元前5世纪，古代政治家伯里克里斯在《雅典阵亡将士国葬典礼的演说》中，热情地赞颂了雅典城邦的民主政体：“在公民私权方面，法律面前，人人平等。”将平等运用于具体的法律原则，以调整不同身份的人们之间的民事关系，始于罗马法。

在罗马法体系中，市民法和万民法曾经长期分立并存。只有罗马市民才能适用市民法，并享有市民法规定的种种权利。对于罗马臣民来说，尽管他们是

---

① ［古希腊］亚里士多德：《政治学》，153页，北京，商务印书馆，1983。

② 参见《马克思恩格斯全集》，第20卷，668页，北京，人民出版社，1971。

自由人，却只能由万民法调整，不享有市民法上的权利。直到帝国时期，罗马皇帝逐步授予各行省臣民以市民权，才开始实现自由民内部的私人平等。罗马法所确认的这种平等，是建立在私有制简单商品生产基础上的平等。商品关系的本质属性所要求的独立人格权、财产自主权、订约自由权，在罗马私法中得到充分的实现。正是“在这种平等的基础上罗马法发展起来了”①。

在资本主义社会，高度发展的商品经济要求资产阶级民法进一步确立平等原则。随着资本主义的发展，大规模的贸易要求商品所有者拥有平等权利进行交换的自由，劳动力市场要求一无所有的“自由”工人能够“平等”地与占有生产资料的工厂主订立契约。因此，资产阶级在取得政权以后，都在自己的私法领域中规定了平等原则。世界上第一部资产阶级民法典《法国民法典》明确宣布“一切法国人均享有民事权利”，并规定“民事权利的行使，不以按照宪法与选举法所取得的政治权利为条件”②。类似的条文在其他资本主义国家的民法中都有所反映。资产阶级民法的平等原则，是以自然法学说和人权思想作为其理论基础的。资产阶级把人权归结为平等、自由、安全和财产，并把这称之为自然的和不可剥夺的权利。在他们看来，民事权利不过是人权的引申和具体化。

在私法关系中，平等原则具体表述为：公民的民事权利能力一律平等；民事主体在民事法律关系中既享有权利，又依法承担义务；民事主体平等地受到法律保护。③ 著作权法的平等精神，虽然在本质上同于私法平等原则，但又有着自身的法律品性。

首先，著作权法中的平等，是一种从事创作活动的自由选择，是一种取得作者权利的机会均等。现代民法奉行的是一种程序意义上的平等观，即只要社会向人们提供了同等的机会，便做到了平等。换言之，平等是机会的平等，至于人们从事民事活动得到的结果如何，那是由人们的天赋、才能、机遇去决定的事情，应该允许存在差别。④ 作为原始取得来说，著作权只能来源于创作行

① 《马克思恩格斯选集》，2版，第3卷，445页，北京，人民出版社，1995。

② 《法国民法典》第7条、第8条。

③ 参见佟柔主编：《中国民法学·民法总则》，16页，北京，中国人民公安大学出版社，1990。

④ 参见彭万林主编：《民法学》，34页，北京，中国政法大学出版社，1994。

为。创作行为在性质上属于事实行为，而不是一般民事法律行为，它不受民事行为能力的限制，只要以自己的创作行为完成作品，即可以作者身份依法取得著作权。在私法关系中，身份曾是特权的依托，是平等的对立物。在古代社会的宗法制度下，各个家庭之间的联系多于个人之间的交往，家庭是法律调整的基本单位。罗马法赋予家长以完全独立的人格，家长所享有的一切公权和私权都是基于特定的身份而发生。著作权法中的作者身份与古代法中的家长身份具有不同的意义。后者基于一定的婚姻关系和血缘关系而产生，这种身份的存在是民事法律行为有效与否的重要条件。而在著作权法中，作者身份基于创作活动而产生，这种身份既是智力创作这一事实行为的结果，又是行为人取得精神产权的前提条件。在有关著作权的纠纷中，作者身份的确认对于权属的划分更有着重要的意义。在这里，作者身份是当事人在平等基础上自由劳动的结果，是在创作机会均等的基础上自主选择的结果。

其次，著作权法中的平等，是一种当事人权利义务关系的对等，是对社会精神财富的合理分享。著作权法的历史发展过程，是从出版者本位过渡到创作者本位的过程，同时是从单一权利主体扩充为多种权利主体的过程。1910 年的法国、1925 年的英国率先立法保护表演者权；1936 年奥地利、意大利将保护表演者扩大为保护录音制品的制作者；至 1961 年，《罗马公约》又将广播组织权与上述两种权利纳入到保护范围。[①] 在作品传播活动中，诸如出版、表演、录音录像、广播都是对原作品的传播。其中，出版是作品传播的最初形式，《安娜法令》即是针对图书出版而制定的。表演也是传播作品的重要形式，而录音录像、广播则是表演的延伸。传播者在向公众传播原创作品时，加上自己的创造性劳动或为此付出大量投资，从而使原作品以一种新方式表现出来，因而有理由要求得到保护。尽管各国在立法技术上有所不同，或单独立法，或与著作权共熔一炉，但大抵将它们纳入到著作权法体系之中。同时，现代著作权法普遍规定合理使用制度，赋予读者、消费者，或说是使用者在法律设定的范围内可以享有自由使用他人作品的利益。对于合理使用，有学者从创作者的角度分析，将其视为著作权的限制；也有学者从读者、消费者、使用者的立场

---

① 参见郑成思：《版权法》，58～59 页，北京，中国人民大学出版社，1990。

出发，将其概称为使用者权。[1] 尽管如此，就社会精神财富的利用而言，合理使用实质上是一种权益分享，以至于美国学者将一部现代著作权法描述为协调创作者、传播者、使用者权利的平衡法。[2] 在著作权法中，各主体都处于独立地位，并依据法律对作品分别享有专有使用、授权使用、法定许可使用或合理使用的不同利益。在这里，合理使用制度与其他著作权制度一起，保障和促进社会分配的正义，并把这种分配原则具体化为法律上的权利义务，从而对精神资源进行权威性的公正分配。

最后，著作权法奉行“作者国籍”“作品国籍”，对外国人实行“国民待遇”的平等保护。民事主体依国籍状况可以分为本国人和外国人。关于外国人的民事地位，古代国家采取不承认主义，即不认为他们享有本国人的权利能力。古罗马认为，凡未沦为奴隶的外国人，虽然有自由人的身份，但不能享有市民法规定的各种权利。只是随着国际贸易的发展，各国才逐渐采用了相互主义原则，即根据两国间的条约或法律，彼此相互承认对方国家的公民享有本国公民在对方国家所享有的权利。最早以国内法形式确定外国人享有平等民事法律地位的是1804年的《法国民法典》。它规定：“外国人，如其本国和法国订有条约允许法国人在其国内享有某些民事权利者，在法国亦得享有同样的民事权利。”在古典自然法学派的影响下，1829年的《荷兰民法典》也转而采用平等主义，即对外国人原则上给予本国人同等的待遇。此后各国法相继确认了国民待遇原则，但在权利范围和内容方面对此往往加以限制。例如，外国人不准取得土地权、采矿权、捕鱼权，不准从事只有本国公民才能从事的某种职业，这即是“有限制的国民待遇原则”。著作权法关于外国人的主体资格，则有不同规定：凡外国人创作的作品在一国境内首次发表的，应当享受与该国公民作品同等的保护；不是在该国境内首次发表的，则根据这个国家所承认的国际条约义务或在互惠基础上给予保护。著作权法主要是采用“有条件的国民待遇”原则，即只要符合上述规定的情形之一，外国人即可与本国人享有同等的权

---

① 关于合理使用的法律属性，可参见拙文《论合理使用》，载《法学研究》，1995（4）。笔者将在本书第四章专题论述。

② See L. Ray Patterson, Stanley W. Lindberg, *The Nature of Copyright: A Law of Users' Right*, p. 2, 1991.

利，而在权利的范围和内容上不加限制。由著作权国际公约确认的国民待遇原则，是国际法上的“法律面前人人平等”思想的体现，它将本国人与外国人都同化为国民，使后者在其选择保护的国家享有与该国国民同等的权利。这即是说，每一合格主体不仅在其本国享有著作权，而且在任何一个公约成员国享有著作权。国民待遇原则自 19 世纪以来渐次为各国所接受，时至今日已有诸多变化和发展：其一，国民待遇原则的延伸。由于某一公约成员国的国民在其他成员国享有权利与在本国享有的权利不尽一致，从而产生权利的享有不平衡，因而著作权国际公约要求各成员国著作权立法必须达到公约要求的最低标准。这即是国民待遇原则在著作权国际公约中的扩展。其二，国民待遇原则的限制。这种限制一是来自于互惠原则，即针对成员国之间保护水平的悬殊，实行“利益均衡对等”（Manus Larat Manum），在某些方面不适用国民待遇原则；二是由于某些成员国加入公约时有“保留”条款，对某项权利或几项权利予以保留，从而影响国民待遇原则的适用。其三，国民待遇原则的冲突。自 20 世纪下半叶，少数西方国家基于现代传播技术迅速发展的特殊情况，修改著作权法或在该法以外创设了一些新权利，最有代表性的首推“公共借阅权”（public lending right）与“复印权”（right of reprography）。由于前项权利尚未得到国际公约的认可，当然无从适用国民待遇原则。而复印权则是国际公约认可的基础权利，因此依公平原则和国民待遇原则，有关成员国国民有权要求得到复印补偿。但是，有的国家以公共资金或税款方式支付，事实上未给予外国作品以国民待遇。这就说明，新权利的出现，不仅使得传统的合理使用范围受到限制，而且对体现法律平等观念的国民待遇原则带来了挑战。①

三、公平性：精神财富分享中的法律正义

公平，是一种主观的评价，判断公平与否，一般是从正义的角度，以人们公认的价值观、是非观作为标准的，包括人们公认的经济利益上的“公正”、

---

① 关于国民待遇原则的演变，可参见 S. M. Stewart，*International Copyrights and Neighbouring Rights*，1983；曹新明：《试析国际著作权公约中的国民待遇原则》，载《法商研究》，1995（1）。

“合理”[①]。诚然，在阶级社会里，不同的阶级对公平与不公平有不同的看法或理解，正如恩格斯所指出的，这个公平则始终只是现存经济关系的或者反映其保守方面、或者反映其革命方面的观念化的神圣化的表现。希腊人和罗马人的公平认为奴隶制度是公平的；1789 年资产者的公平要求废除封建制度，因为据说它不公平。[②] 经典作家运用阶级分析的方法对公平观作出了深刻的揭示，尽管不同历史时期的不同国家对公平的实质和内容有着不同的评价，但在私法领域，对公平原则却有相同或类似的法律语言表述：即主体之间公平相待，交换应该是有偿互利的；经济利益合理照顾，在法定范围内应该兼顾各方当事人的利益；财产责任合理分担，当权利人的财产利益受到损害时，应该得到同等价值的补偿。

在著作权领域里，合理使用制度的设定，意在协调创作者、传播者、使用者三者的利益关系，其所追求的公平精神主要表现在以下三个方面：

第一，作品的专有领域与非专有领域。关于作品的多种属性，中西方著作权法学者对此都有共识。作品，在法律上即是带来一定个人财产利益的权利客体，或在文化上表现为一定社会精神财富的知识。由此，立法者在作品范畴中划分了两类区域：所谓著作权作品，即是作品的专有领域，创作者对该类作品有独占使用与获得利益的权利。著作权意义上作品的基本特征是：（1）在诸项知识产品中，以作品受法律保护的要求最低。科学发现在于发现未知、认识奥秘，要求具有“前所未有性”，发明应具实质性特点和显著进步，达到“非显而易见性”，而著作权作品仅要求具备“独创性”。（2）在诸项知识产品中，以法律对作品的保护方法最为简便。诸如发现、发明、商标要取得知识产权保护，须经过申请，报主管机关审查批准后方为有效。而作品的著作权，一般采取创作主义的权利自动取得原则。（3）在诸项知识产品中，以作者对作品所享有的权利最为充分。举凡工业产权，多不直接涉及或较少涉及人身权内容。[③]

---

① 张新宝：《民事活动的基本原则》，22 页，北京，法律出版社，1986。

② 参见《马克思恩格斯选集》，2 版，第 3 卷，212 页，北京，人民出版社，1995。

③ 关于知识产权的双重内容，已有学者提出质疑，认为除著作权外，其他权利仅限于财产权。亦有学者指出，即使是商标权也含有人身权内容。笔者认为，除著作权、商号权外，就大多数知识产权而言，大抵为非物质性财产权。

而就著作权来说，则包括有丰富多彩的权项内容。所谓非著作权作品，即是作品的非专有领域，包括“公有领域”与“排除领域”两类。前者指已丧失保护期而进入公有领域的作品，后者指具有公务或公益性质的作品（如法律、法规或其他具有立法、行政司法性质的文件，以及时事新闻等）、不具备著作权保护条件的作品（如一般常识性作品，包括历法、数表、通用表格和公式等）。对于非专有区域的作品，任何人都可以自由使用。

第二，作者权利的独占性与有限性。著作权是一种独占性权利（exclusive right），即是在法律规定的范围内对作品专有使用并取得利益的权利。传统理论习惯将著作权同所有权作简单的归类，赋予其绝对性、排他性的相同特点，即该项权利为作者专有，作者垄断这种权利并受到严格保护；作者以外的任何人，未经其允许，不得享有或使用该项权利；作者对这种权利可以自己行使，也可以转让他人行使。其实，著作权的独占性与有限性特点是同时具备的。对于有形财产所有权来说，法律保护所有人对该财产进行占有、使用、收益和处分的各项权能，不问客体物内容、性能、用途、价值、表现形式如何，所有人对各个客体物所拥有的基本权能是一样的。而著作权则不然，作品的类型不同，其权项内容则有所不同。例如，口述作品无所谓展览权，图形作品则无法享有表演权。更为重要的是，权利的行使范围，往往有法定的限制，诸如合理使用、法定许可、著作权穷竭、公共秩序保留即是。可见，著作权的独占性是相对的、有条件的、受到限制的。著作权的上述特性，是由该项财产的权源状态所决定的，任何作品的创作无一不是来自对已有作品的借鉴和利用。从公平理论上来说，作者是通过对公有领域作品的“侵占”（invade）来创造新作品的。因此，对这种创作不能给予其无限制的独占权利，以阻碍他人进行新的创作。换言之，作为社会公众的使用者可以“接触”（access）作者的著作权领域，进行合理的适当利用，以满足人类精神生产活动的需要。这种对“公有领域”作品的“侵占”与对专有权利的“接触”是符合民法的对价原则的。

第三，合理使用的“自由”与“限定”。在合理使用制度中，使用者对他人著作权作品的使用，究竟为何物，在著作权界尚有争议。法哲学理论认为，权利分为应有权利、法定权利和实有权利三种形态。[①] 合理使用制度的最初形态，是人们基于创作活动条件而产生的权利要求，表现为一种“应有权利”或“习惯权利”，倘若进一步发展即可以通过立法演变为“法定权利”。法定权利以符合一定意志倾向的社会规范要求为存在前提，只有通过统治阶级的国家意志，这种“应有权利”才能上升为“法定权利”。权利的基本要素首先是利益，利益既是权利的基础和根本内容，又是权利的目标指向，是人们设定该项法律制度所要达到的目的（起始动机）之所在。因此，合理使用制度所表现的利益，总是同一定形态的权利相联系。同时，自由也是权利的一个基本要素，是权利的存在形式和载体。因此，权利实际上涉及一定社会中人们行为自由的方式、程度、范围、界限和标准。因此，作品的使用自由是一种有限定的自由，“自由是做法律许可的一切事情的权利，如果一个公民能够做法律所禁止的事情，他就不再自由了，因为其他人也同样有这个权利”[②]。同时，使用自由附有相应的责任，“自由是制度的某种结构，是规定对权利和义务的某种公开的规范体系”[③]。这即是要求使用者负有不损害创作者权益和社会公共利益的义务。

四、公益性：价值目标追求中的法律正义

“公共利益”这个概念源于罗马，用罗马思想家西塞罗的话说，即“人民的利益是最高的法律。”按照国际著作权组织的一位高级官员的解释是：“公共利益这种良好愿望本身就包含着这样一种含义，多数人的利益高于个人利益，任何一个公民都应该为了全社会的共同利益而放弃个人私利。”[④] 这即是说，各个社会成员的利益与社会的整体利益应维持一种基本的平衡和协调关系，这样，社会成员和社会才能满足其发展的需要。这就要求社会成员和社会在主张和行使各自的权利时，应适当地限制在一定范围内，任何一方超过这一限度，

① 参见文正邦：《有关权利问题的法哲学思考》，载《中国法学》，1991（2）。

② ［法］孟德斯鸠：《论法的精神》，上册，15页，北京，商务印书馆，1982。

③ ［美］罗尔斯：《正义论》，192页，北京，中国社会科学出版社，1988。

④ ［英］吉利恩·达维斯：《权利集体管理中的公共利益》，载《版权参考资料》，1990（2）。

就必然会侵吞对方的权利，从而打破两者之间的平衡和协调关系。现代社会权利、义务双重本位和社会、个人双向本位的价值体系模式，要求人们在主张和行使自己的权利时，注意“度”的限制和约束，顾及他人利益和社会公共利益。[①] 关于公益性原则与法律正义的关系，当代美国法哲学家埃德加·博登海默有过精辟的论述，他认为，“共同福利”这一术语是一个无处不用的概念工具，它是用来标明外部界限的，而在分配和行使个人权利时绝不可以超越这一界限，以免全体国民遭受严重损害。[②] 他主张在个人权利与社会福利之间应创设一种适当的平衡，这是关系到社会正义的重要问题。个人权利的实现固然深深植根于人格的需要与倾向，但对权利进行某种限制同样也是公共利益的需要。“在这些情形下，正义要求，赋予人类的自由、平等和安全应当在最大程度上与共同福利相一致。”[③]

为了实现公益性目标，构建个人权利与社会公益的平衡状态，各国在私法领域中采用了禁止滥用权利原则。在罗马法中，已一定程度存在着权利不得滥用的观念，所有权虽被喻为对物的“完全的支配权”，存在着“凡行使权利者，无论于何人都非不法”之法谚。[④] 但与此同时，也存在着不少调整私人利益与他人利益关系之规定。在相邻关系问题上，法律禁止有害邻人的所有权之行使。[⑤] 此外，在物的分类中，罗马法学家以物能否归个人所有为区分标准，将共用物（res communes）与公有物（res publicae）划为不可有物。凡供人类享用的东西，诸如空气、阳光和海洋等，任何人（包括罗马市民和非市民）都可以使用，不能作为私人权利的客体；凡罗马全体市民公共享有的物件，诸如公共土地、牧场、公路、河川等，可以由罗马人使用，但不能为私人所有，其所有权一般属于国家。[⑥]

---

① 关于权利义务价值并重、社会个人本位并行与著作权的立法思想，可参见拙文《关于中国著作权法观念的历史思考》，载《法商研究》，1995（3）。

② 参见［美］埃德加·博登海默：《法理学——法哲学及其方法》，296页，北京，华夏出版社，1987。

③ ［美］埃德加·博登海默：《法理学——法哲学及其方法》，297页，北京，华夏出版社，1987。

④ 参见王利明：《改革开放中民法疑难问题》，50页，长春，吉林人民出版社，1992。

⑤ 参见［古罗马］查士丁尼：《法学总论》，60～63页，北京，商务印书馆，1989。

⑥ 参见［古罗马］查士丁尼：《法学总论》，1849页，北京，商务印书馆，1989。

处于自由资本主义时期的《法国民法典》，以其无限私有权的立法思想而闻名于世。事实上，与罗马法一样，《法国民法典》一方面强调所有权绝对，把其重点置于所有权行使自由之上，另一方面又设定了种种他物权，现实地对所有权进行了限制。代表资本主义垄断时期民事立法成就的《德国民法典》，推行权利社会化政策，确立了禁止权利滥用原则。该法典注重维护统治阶级的整体利益，对私人所有权进行了必要的限制。如法典规定："权利的行使不得只以加损害于他人为目的"；"土地所有人对于他人在其土地高空或地下所为之干涉，无任何利益者，不得禁止"；"因正当防卫或紧急避险而破坏或损坏他人所有物在必要限度内者，不为违法行为"①。这说明，对权利的必要限制，权利不得滥用的原则在私法中居于十分重要的地位。

公有制国家大抵规定了权利滥用原则。1922 年苏俄民法典规定，"民事权利的保护，以行使民事权利不违反该权利的社会经济使命为限"。这是从正面作出的义务性规定。1964 年捷克斯洛伐克法典规定，"任何人不得滥用自己的权利以损害社会或公民的利益"。这是从反面作出的禁止性规定。其他国家的民法都有类似规定。可见，公有制国家从维护社会利益出发，都十分重视对滥用权利的禁止。

在著作权法领域，立法者很少用"禁止权利滥用"的语言来表述自己的公益性目标，代之而起的是"权利的公平使用"（即合理使用）。按照日本学者的说法，滥用权利与权利合理使用是两个不同的概念，前者针对原权利的所有人而设定，后者针对原权利的利用人而设定。② 但笔者认为它们之间有着关联性，对一定权利的利用，当然意味着对原权利人的限制；对原权利人滥用权利的禁止，则可以认为对他人利益及社会公益的保护。因此，禁止权利滥用和权利合理使用，都是服务于维系个人权利与社会公益和谐均衡的立法目标的。

权衡公益与私权的关系是著作权立法的基本考量。美国众议院在就美国 1988 年《伯尔尼公约》实施法令所作的报告中宣称："著作权立法须作出如下考虑：除作品创作及专有权的保护期限外，国会尚须权衡公众因对个别权益的

---

① 《德国民法典》第 226 条、第 228 条、第 905 条。

② 参见［日］胜本正晃：《权利的合理使用》，载日本《独协法学》，1977－10－22。

保护所付出的代价和取得的利益。宪法规定设立版权的目的在于促进思想的传播以推广知识。……版权的根本目的不在奖励作者，而在于保障公众从作者的创作中受益。”[①] 日本学者在评价该国著作权法时写道：“日本著作权法第一条规定，‘本法的目的在于确定与著作物、表演、唱片、广播和有线广播有关的著作人的权利及其邻接权利，在注意公正使用上述文化成果的同时，保护著作人权利，以促进文化的繁荣和发展’。在这里，‘公正使用’一语所指的是，鉴于作品是人民可以共同享受的文化财产，人民就有权在一定范围内免费使用这些财产。根据这一原则，日本著作权法允许在一个很大的范围内利用各种作品。”[②] 我国著作权法的宗旨则表述为：保护作者的合法权益，鼓励作品的创作和传播，促进社会主义科学事业的发展和繁荣。[③] 这具体表现为三个方面：通过著作权保护，鼓励从事教育、科学技术、文学艺术和其他有关事业的公民的创造性劳动，促进社会主义现代化建设；协调作者、传播者与社会的利益，重视作品对社会的作用或影响，以及社会对作品的需求；在保护中国作品的同时，也重视对外国作品的著作权保护，以促进与外国的科技与文化交流。可见，尽管各国著作权立法各有所侧重，但在传播知识、促进文化发展的公益目标上却是一致的。

著作权保护制度的本身，即是源于公共利益的立法考虑。国际唱片、音像制作者联盟（IFPI）副主席和首席法律顾问吉利恩·达维斯认为，著作权制度的创设即是基于公共利益的目的，“如果承认创作有价值，无论艺术、音乐、文学，还是其他作品，只要这种劳动成果能够丰富我们的生活，那么，这种创作活动就应该得到补偿……版权给创作者提供了手段，鼓励了他们的文化活动，满足了公共利益”[④]。著作权法以保护作者权益为其核心立法原则，作者是作品赖以产生的源泉，不尊重创作，不维护作者利益，就会窒息作者的创作激情，就会使文化事业成为无源之水，从而最终损害公共利益。

---

① Berne Convention Implementation of 1988，H·R·Rep，No. 60，p. 100，Cong，2d Sess，23（1988）.

② ［日］广南：《日本的著作权法》，载《国外法学》，1984（3）。

③ 参见宋木文：《中国的版权保护》，载《著作权》，1991（2）。

④ ［英］吉利恩·达维斯：《权利集体管理中的公共利益》，载《版权参考资料》，1990（2）。

著作权合理使用制度的创设，更是直接出于维护公共利益的立法动机。著作权与思想、信息、知识的表述与传播有着密切的联系。正如 Patterson 和 Lindberg 两位美国版权专家所说的那样，思想是信息，信息是知识，而知识是文化的一部分。从更广泛的意义上讲，著作权法涉及社会的、政治的、经济的、教育的和艺术的各个方面。它不能专注于作者权利的保护，而应顾及广大使用者有关利益。[①] 笔者认为，合理使用制度在独占权利与公共利益之间的平衡、协调功能，主要表现在以下几个方面：

第一，独占权利与创作自由。作者的独占权利不应成为社会公众创作活动的障碍。创作活动是一个绵绵不断的历史过程。今人的创作动机受惠于前人作品的启示，现实的创作素材来源于前人作品的奉献，而这些使用得益于合理使用制度。从著作权法的发展历史来看，对权利范围的限制较之保护对象的限制严格。著作权作品的种类，从《安娜法令》时期的图书已扩大为今天的各类文学、艺术和科学作品，这一变化自 20 世纪下半叶以来尤为明显。而当时翻印、出版、出售的专有权利，在相当一段时期变动不大，只是随着作品使用方式的增多而有限地增添了权利的种类，即使如此，上述诸多权利都受到合理使用制度的限制。

第二，垄断权利与言论自由。作者的权利垄断不应危及公民言论自由的宪法权利。言论自由是一项政治性权利。从广义上讲，言论自由也是创作者的自由，它包括创作自由、学术自由、艺术自由，以及出版自由等各项宪法权利。著作权法授予创作者以专有权利，使作品得以广泛传播，保障了这种自由的实现，同时，言论自由也意味着广大使用者交流思想、传播信息资料的自由。正如美国最高法院所确认的那样，它不仅包括“说”、“读”，还包括“听”、“印”[②]，即是一种对著作权作品的“接触权”。《安娜法令》的立法意图，最初不仅在于废除出版商对书籍贸易的控制，而且力图打破图书（作品）垄断本身。它摒弃了封建图书审查制度，同时又规定了价格控制、交付图书馆样书、

---

① See L. Ray Patterson, Stanley W. Lindberg, *The Nature of Copyright: A Law of Users' Right*, 1991.

② ［美］托马斯·埃默森：《论当代社会人民的了解权》，载《法学译丛》，1979 (2)。

允许海外印刷图书进口等条款，意在保护今天所称道的为公共利益设立的言论自由。

第三，个人权利与公共教育政策。发展教育事业，为公民受教育提供必要的设施、途径和条件，是各国普遍推行的公共政策。受教育权也是公民的宪法权利。关于为教育目的而自由使用著作权作品的问题，各国立法多有分歧，但一般允许为课堂教学而合理使用。在这里，是否具有商业性质或说是营利目的，将是判断使用是否合理的标准。任何商业性使用，包括教育机构的此类性质的使用，都超出了合理使用的界限，将不能以公共教育政策为由而利用他人的著作权。

五、合理性：制度创设活动中的法律正义

法的观念在本质上是一个“合理性”的观念。合理性是人们评判一种法律制度正义性的最后依据，因此也是社会正义的基本含义之一。什么是合理性，在法的观念史上，不同时期的思想家们有着不同的理解：或强调“理”的本来蕴意，称为“合乎道理”、“合乎真理”、“合乎规律”；或强调“合”的需求动机，称为“合乎理想”、“合乎人性”、“合乎目的”。我国学者一般认为，合理性包括两层含义：一是指合乎人类主体的必然性与规律。人在本质上是自然性和社会性的统一，因此人总是按照自身的内在规定性和本质行事，来寻求自身的需要和目的的实现，它包括：人在社会和自然中的主体地位，人的需要和利益，价值和目的，以及实现上述需求的条件等等。合理性这些内涵构成了法律的本质内容。二是指合乎社会历史和自然世界之必然性和规律。关于社会历史之必然性和规律，其合理性内容概称为发展与进步，关于自然世界之必然性和规律，其合理性内容表现为人与自然关系的秩序化、合法化。一句话，社会的进步与发展，人与自然的统一和谐，乃是蕴含于法的观念中的合理性。[①]

法律，特别是民事、经济法律，根植于社会经济生活之中，作为立法者，

---

① 参见乔克裕、黎晓平：《法律价值论》，31页，北京，中国政法大学出版社，1991；严存生：《公平、改革、法律》，载《法律科学》，1990（2）。

理所当然地应尊重社会经济生活的客观“规律”，寻求认识商品生产与交换的“真理”，以制定合乎“理想”正义的法律。这正是我们创建与改造法律制度的第一要义。

在历史上，众多思想家、法学家曾极力倡导自然法精神，以追求一种合乎自然和理性的实在法。古希腊学者亚里士多德首先提出了自然法的概念，以后斯多葛学派进一步提出自然法体现人的理性的观点。罗马法学家则加以论证，并用来说明万民法与市民法的地位。根据他们的解释，自然法是合乎自然的人的理性的法律，万民法是各族共有的法律，市民法是一族特殊的法律，因此，万民法合乎自然法的本性，其地位应高于市民法。资产阶级的思想家从格老秀斯到卢梭等，将这种理论加以改造，提出了具有新的思想内容的自然法学说。这种学说的一般公式是：人类原先处于自然状态之中，由代表人类理性、正义的自然法所支配，享有各种自然权利，即天赋人权。为了更好地享有这种权利，他们通过社会契约，建立了政府。自然法学说的理论框架有三个支点：(1)“人类所共有的权利或正义体系”就是自然法。自然法是指普遍的、人类共有的法律。自然法学强调法律的统一性，并把法律统一的基础归结为正义、平等、自由、尊严、幸福权利等。(2) 强调国家制定或认可的实在法，应该属于作为权利或自然正义体系的自然法。实在法如果与自然法相抵触，就必须修改或废除，以满足自然法的要求。(3) 自然法本身是由永恒的、先验的、普遍适用的一般规则构成，或就是“被理性的自然之光照亮了各种原则构成，因而它不具有实在法普遍采纳的成文形式和国家强制”①。自然法精神的现实启迪是，法固然是统治阶级意志的表现，但这个上升为国家意志的统治阶级意志，不是恣意妄为的任性，而是要遵从社会客观自身规律，即统治阶级赖以生存的一般物质生活条件。意大利罗马法学家彼德罗·彭梵得在他的《罗马法教科书》中写道：“自然是指‘在世界上存在或发生的无须主动劳作（即人的表现）的一切情形’。”自然法是指“不是为体现立法者意志而产生的法律”，而市民法却是“至少部分表现为立法者的任意创制的法”。法律是意识和社会需要的产物。许多规范和制度准确符合目的并同它相融合，但是也有许多规范和制度

---

① 俞荣根：《自然法学说献疑》，载《台湾研究》，1990 (1)。

并不如此。前一类规范由于立法者未施加任何主动作用，因而确实像是自然的产物，并且被称为自然法，而第二类规范则为市民法。前者同“正义”和“公正”永远相符合，后者则并非总是这样。[1] 只是符合客观规律性的东西才是正确的。在这个意义上，古罗马学者保罗称自然法“永远是公正和善良的”，自然法原则是比较稳定的。应该承认，人民的需要意识和心灵均在变化之中，因而不可能有万古不变的规则。但是，规范和制度必须体现长期稳定的规律性东西，没有任何法律制度能够摆脱发展的规律。[2] 由此可见，法律精神实质上是主观性和客观性的统一，即法律不仅仅是体现统治阶级的主观意志，更要体现这种国家意志所追求的社会客观规律。我国民法学家江平将这一精神概括为“从意志本位到规律本位”[3]。

法律正义的合理性告诉我们，任何法律制度的优劣好坏，最终要看它是否具有历史必然性，是否合乎真理和理性，是否符合社会客观规律。这就为我们评价合理使用制度的“合理性”提供了基本依据。

第一，合理使用制度是著作权法发展的历史产物。著作权法早已从草创走向成熟，即将步入现代化的21世纪，其法律制度本身已经发生了很大的变化。我国知识产权专家郑成思认为，著作权是一个历史的概念。随着科学技术的发展，产生了新的著作权的权能，如音像复制权、播放权、制片权、邻接权；随着商品经济的发展，增加的著作权权项有改编权、发行权、追续权、连载权等；随着国际交往，扩大了著作权的保护范围，主要有翻译权和最终使用权。[4] 现代传播技术的出现和无形产权交易的发展，使得著作权内容日益丰富多彩，同时也使得社会公众产生了自由利用人类社会精神财富的主张和要求。这种基于一定社会物质生活条件而产生的要求，最初形态只是一种基于利益和需要的自发反映即“应有权利”，尔后立法者将它写进了著作权法而成为“法

① 参见［意］彼德罗·彭梵得：《罗马法教科书》，13～15页，北京，中国政法大学出版社，1992。

② 参见［意］彼德罗·彭梵得：《罗马法教科书》，13～15页，北京，中国政法大学出版社，1992。

③ 江平：《罗马法精神与当代中国立法》，载《中国法学》，1995（1）。

④ 参见郑成思：《著作权的概念与沿革》，载《中华人民共和国著作权法讲析》，68～87页，北京，中国国际广播出版社，1991。

定权利”，这就是合理使用制度。这一过程正如马克思所指出的那样：“各种最自由的立法在私法方面，只限于把已有的法表述出来并把它们提升为普遍的东西。而在没有这些法的地方，它们也不去加以制定。”①

第二，合理使用制度是人们促进文化发展的理性追求。文化水平是社会文明程度的标志，人类社会从愚昧走向开化，从蛮荒步入进步，是物质生产和精神生产的结果。尽管知识性创造活动伴随着人类社会的文明史，但在资本主义以前的社会，它只是作为一种技术范畴存在，而没有法律上的意义。著作权法的产生，既是近代科学技术和商品经济发展的产物，又是人们创设精神产权、推动社会文明这一理性追求的结果。理想是法律评价的参照物，促进作品传播，发展文化事业，是社会全体成员的理想目标。从一定意义上讲，这种理想也是著作权法律规范的出发点和归宿点。合理使用制度设定的本意，并非是“侵犯”创作者的权利，而意在对这种权利适当利用，以满足社会公众创造或分享社会精神财富的要求。由于静电复印、音像录制等现代传播手段的出现，作品的使用方式日益增多，作者对这种使用的控制也愈见困难，为此一些传统的合理使用有可能不再“合理”。但是，我们可以修改、完善这项制度，而无须怀疑它的存在意义和价值。

第三，合理使用制度是精神生产客观规律的反映。精神生产是依靠知识的劳动，其基本特点是：精神生产的基础以掌握一定的知识为前提，它由知识进步而引起，是科学技术和社会、生产力发展到一定阶段的产物；在劳动力输出中，智力因素占主导地位；精神生产的成果表现为体现一定知识含量的精神产品。由此可见，知识是精神生产的前提和归宿，它表现为对前人创作的借鉴与对后人创作的启迪，这即是创作活动的历史逻辑顺序。合理使用作为一项法律制度，不过是对上述客观规律的真理性认识，换言之，是立法者在认识客观规律的基础上为全体社会成员所制定的行为准则。诚然，人们对客观规律的正确认识程度受到时代和阶级的局限，也会受到立法者个人认识能力和知识水平的影响。但是，在权利制度中，人们总是通过对“应有权利”（马克思称之为“已有的权利”或“习惯权利”）的选择或整理，来对这种权利进行认定和分

① 《马克思恩格斯全集》，2版，第1卷，250页，北京，人民出版社，1995。

配，即形成法定权利。对社会成员的利益和需要进行自觉认识和概括，在创制活动中，即是法律制度的“立”、“改”、“废”过程。因此，笔者有理由认为，在现代文明国家倡导的创作自由与言论自由这一宪法原则的激励下，在现代传播技术带来的“复印版税”和“录制版税”这一反限制规则的冲击下，立法者应该对合理使用制度有一个全新的思考，其面临的主要任务即是修改与调整、补充与完善。

第三章

合理使用制度的经济学分析

一、法律制度与法律经济学

法律经济学，又称“法和经济学”或“经济分析法学”，是以经济学（主要是微观经济学）的理论和方法研究法律制度的创设、成长、结构、效率的边缘学科。作为一种崭新的法学研究方法，它不同于我国传统的法律注释方法、社会调查方法、历史考证方法和分析比较方法，因而在众多法学领域表现出其独特的理论魅力和实用价值。它通过对法律的经济问题的探讨，以揭示法律的经济本质，从而为人们认识、评价法律的功能提供了新的思维方式。

法律经济学的核心思想是“效益”。它认为，“法律所创造的规则对不同种类的行为产生隐含的费用，因此这些规则的后果可当作对这些隐含费用的反应加以分析”①。这即是说，效益与正义一样都可以作为分析和评价法律的准则。法律经济学派主张，法律制度的宗旨必须以效益为价值取向，使法律朝着促进社会经济效益最大化的方向发展。一切法律制度和法律活动，都应以有效分配和使用资源，最大限度增加社会财富为目的。

---

① ［美］罗伯特·考特、托马斯·尤伦：《法和经济学》，13页，上海，上海三联书店，1994。

追溯法律制度发展的历史，我们不难发现，正义一直是法律基本的价值目标，如同真理相对于思想体系而言，正义是法律制度的首要价值。[①] 然而，正义价值并不能完全涵盖法律的效益价值，正义的最终实现并不等同于效益最大化的成就。法律经济分析的结果表明，植根于经济生活之中的法律不仅应具备维系社会正义的职能，还应担负起实现权利资源有效配置、促进社会财富增加的使命，于是正义与效益构成了当代法律的双重价值目标。毋庸置疑，这种观点是有其合理蕴涵的。马克思主义法学理论告诉我们，经济基础对法律而言起着基本的、根源意义上的作用。法律本身就是经济问题最集中、最具体、最全面的反映。从某种意义上说，一切法律问题归根结底都是经济关系的反映与要求，任何法律无不体现经济方面的基本规律和原则。马克思主义经典作家曾精辟地指出："无论是政治的立法或市民的立法，都只是表明和记载经济关系的要求而已。"[②] "法的关系正像国家的形式一样，既不能从它本身来理解，也不能从所谓人类精神的一般发展来理解，相反，它们根源于物质的生活关系。"[③] 这就决定了法律在调整这种社会关系时，必须遵循客观经济规律的需求，并把这种客观规律上升为体现统治阶级意志的主观法则。从立法要求来说，只有反映客观规律性的东西才是正确的，还市场经济法律以其客观自身规律的本性，这是市场经济规律的第一要义。[④] 但是，某一法律制度是否准确表现社会的经济生活的条件，是否胜任促进社会经济发展的功能，还有待于一种效益评价，即对法律制度的经济分析。这即是说，应从经济的角度探讨法律制度的基本精神，并以效益最大化为目标来推动法律制度的改革。

法律经济学自20世纪60年代问世于美国，引起西方法学家和经济学家的极大关注，以致迅速传播于世界各国，它不仅带来法学研究方法的变革，而且成为一些国家创制法律规则的考量依据。[⑤] 就目前我国法学界而言，法律经济法学这门学科还处于萌芽阶段，经济分析的方法仅见于刑法、诉讼法、经济法

① 参见乔克裕、黎晓平：《法律价值论》，160页，北京，中国政法大学出版社，1991。

② 《马恩列斯论法》，17页，北京，法律出版社，1986。

③ 《马恩列斯论法》，19页，北京，法律出版社，1986。

④ 参见江平：《罗马法精神与当代中国立法》，载《中国法学》，1995（1）。

⑤ 美国里根政府曾以12291号总统令，要求对所有新制定的规章进行成本—收益分析。

等研究领域[①]，而在知识产权法方面尚无人涉及。即使是国外相关经典著作，对这一课题也着墨不多，亦更未深入到著作权法中的合理使用问题。为此，笔者拟在本章作些粗浅的尝试。

二、法律经济学与合理使用制度

一般认为，科斯定理是法律经济学的基石，因其由美国芝加哥大学法学院教授科斯创立而得名。该理论通常表述为以下三个定律：（1）如果存在“零交易成本”（zero transaction costs），不管怎样选择法律规则，有效益的结果都会出现。换言之，当交换是无代价的，并且个人是合作行动时，法律权利的任何分配都是有效益的。（2）如果存在着“实在交易成本”（positive transaction costs），有效益的结果就不可能在每个法律规则下发生。即不同的权利界定，会带来不同效益的资源配置。（3）产权的界定、安排和重新安排都存在交易成本，并且都有可能被过高的交易成本所妨碍。

在科斯定理中，效益与市场成本是两个密切相关的重要概念。所谓效益，本意是指用最少的成本去获取最大的收益，以价值最大化的方式利用经济资源。所谓成本，即是运用市场价格机制的成本，也就是与市场机制共存的，用于交易的非生产性成本。法律经济学意义上的效益，采用了帕累托标准，即效益的提高必须是对各方都有益，以损害某一方利益来改善他方利益的方法是非效益的。科斯定理认为，在零交易成本的世界里，只要权利界定明确，权利可以自由交换，主体积极合作，则无论权利属于谁，权利的配置都会发生有效益的结果。但是零交易成本只是一种假定，现实交易中存在着“实在交易成本”，这种交易成本包括获得准确市场信息所需的成本，讨价还价与签订合同所需的成本，监督合同履行所需的成本。在上述实在交换代价的情况下，有效益的结果就不可能在每个法律规则下发生，此时，合理的法律规则是使交换代价的效应减至最低的规则。

---

① 参见李贵方：《论刑罚的公正性》；张守文：《经济法学的法律经济学分析》；马贵翔：《公正、效率、效益——当代刑事诉讼的三个基本目标》等。

上述理论为我们提供了根据效益原理认识与评价合理使用制度的途径。一般说来，法律应在权利界定上使社会成本最低化，这就要求法律能选择一种成本较低的权利配置形式和实施程序。为此，著作权法及其合理使用制度，应遵循交易成本最低化的原则，调整创作者、传播者、使用者的权利配置关系，以实现促进文化发展和推动社会进步的最优效益。

依照微观经济学的供给与需求理论，文学艺术创作即是一种生产活动。人类社会的发展，首先是一个生产劳动过程，在人类的生产劳动中，包含着物质生产和精神生产两大组成部分，其所创造的物质财富和精神财富都是人类社会的宝贵财富。精神生产的目的同样是为了交换，只有经过交换，个人才能获得各类物品的最佳组合，达到效用或利益的最大化。在市场经济的条件下，文学艺术作品具有与物质产品同样的商品属性，成为自由交换的标的。这种交易活动应是高效益的价值实现和价值增值的过程。市场经济中资源的有效配置，就是依靠交易来实现的。

交易的实质不是物品本身的交换而是权利的交换。古代罗马法学家曾将抽象的权利（具有经济价值的权利）视为无形物，以区别于具有外在形体的有形物。[①] 近代西方学者往往将财产分为有形财产和无形财产。前者包括动产和不动产，后者包括与物有关的权利（如用益权、债权）和与物无关的权利（如著作权、工业产权）。[②] 当代法律经济学家也都将权利作为财富的存在形式予以肯定。因此界定产权的目的是为了交易，资源配置实质上是资源权利的配置。市场交换是川流不息的体系，也是不断发展的体系，新的交换形式的出现，必须要求受到法律的保护，即依靠建立一体遵行的强制性规范来界定交易各方的权利和义务，以实现交易各方的利益需求。这一历史过程，正如马克思所描述的那样："每当工业和商业的发展创造出新的交往形式……法便不得不承认它们都是获得财产的方式。"[③] 著作权即是这种基于知识产品私有，依法获取财产权利的新方式。一般认为，包括著作权在内的知识产权制度赖以产生的条件

① 参见周枏：《罗马法原论》，28页，北京，商务印书馆，1994。

② 参见法国《拉鲁斯大百科全书》，第3卷，168页，载《国外法学知识译丛·民法》，北京，知识出版社，1981。

③ 《马克思恩格斯选集》，2版，第1卷，134页，北京，人民出版社，1995。

是：知识产品所有人把自己的作品、发明创造等公布出来，使公众能看到、了解到、得到其中的专门知识；而公众则承认作者、发明创造者在一定时期内有独占使用、制造其知识产品的专有权利。知识产品是公开的，但知识产权是垄断的。西方学者将这一现象解释为社会契约关系，即以国家的面貌出现的社会与知识产品创造者之间签订的一项特殊契约。① 按照法律经济学的表述是，财产占有人认识到在保护财产上存在着规模经济，各方即会就组建一个用于承认和保护其产权的政府进行谈判。“一旦他们达成了协议同意建立一个以武力为后盾的政府，每个人就都能享受到更多的财富和更大的安全。哲学家把经过这些协商最终达成的谈判称为‘社会契约’，因为它建立起了社会生活的基本条款。”② 效益原理的分析结果表明，著作权的界定使得精神产品这一资源的使用实现了价值的最大化。对创作者来说，独占权利使得创作的费用得以补偿；对于社会而言，作品公开使得公众获取新的知识。换言之，全体消费者通过对所得商品和服务的自愿支付而实现了利益满足。

在著作权法中，合理使用制度涉及创作者、传播者、使用者的利益关系。他们之间的交换，或者说对精神产品这一资源的有效使用，是通过市场体系进行的，但市场体系的运转并非自动导致资源配置的优化。“福利经济学之父”、英国经济学家庇古认为，在出现“外部不经济”状态时，市场机制便会失灵。阻碍帕累托效益实现的市场失灵状态，根源在于产权不清，由此造成交易过程的摩擦和障碍。在精神产品的交易活动中，创作者与具有专属性、唯一性的出版者实质地位的不平等，创作者与利用其作品的消费者合理使用界限的不明确，都是产权未能明晰化的表现。因此，运用经济分析的方法，准确界定创作者、传播者、使用者各自权利范围，寻求作者个人利益与社会整体利益协调机制对合理使用制度的内在需求，检验合理使用制度是否蕴涵合理的经济理性，消除精神产权配置过程中的障碍，让知识产品这一资源配置流畅、有效地进行，是法律经济学的一个重要课题。

---

① 参见《国外专利法介绍》，第1册，12页，北京，知识出版社，1981。

② ［美］罗伯特·考特、托马斯·尤伦：《法和经济学》，132页，上海，三联书店上海分店，1994。

三、信息——公共产品：合理使用产生前提之分析

采用法律语言的表述方法，合理使用实质上是对他人权利的利用。美国学者 L. Ray Patterson 等认为，合理使用并不表现为是对著作权作品的个人使用，而是确认后任作者对一部作品的著作权进行合理的利用。[①] 日本学者胜本正晃认为，与滥用权利的概念决然相反，权利的公平使用是指第三者未经他人同意而利用其权利，该权利行使符合法律规定的情形，因而欠缺"违法性"而视为合理与正当。[②] 因此，合理使用的经济分析不得不以著作权研究为始点。

合理使用是著作权法中的基本法律制度，合理使用产生的前提条件是著作权的设定。关于著作权保护制度的建立，法学家们曾从"财产价值观"或是"人格价值观"的角度，对两大法系的相关制度进行了理论上概括与说明。而法律经济学则运用信息经济论的方法，为我们提供了研究这一问题的新视角。

在信息（包括作品、发明在内的精神产品）这一无形资源上界定产权，导源于经济学家关于公共产品与私人产品的分类。私人产品具有个人排他使用的特点，即一件物品在特定的时空下只能为某一特定的主体所使用。学者们形象地描述说，"一条裤子在某个时间只能由一个人穿着"，"一辆汽车不能同时朝两个不同的方向行驶"。这即是说明，"在私人产品的消费上具有对抗性"[③]。而公共产品则不然，它在消费上无对抗性。公共产品可能在某一时空条件下为不同的主体同时使用，如同一辆公共汽车，出资者与未出资者都在乘车。公共汽车公司必须为每个人提供便利，却无法辨别出乘车人是否付费，那些没有为公共产品消费而出资的人，被法律经济学称之为"搭便车者"[④]。对纯粹的公共产品来说，难以或不可能阻止搭便车者的这一事实破坏了这类产品市场的运

---

① See L. Ray Patterson, Stanley W. Lindberg, *The Nature of Copyright: A Law of Users' Right*, p. 68, 1991.

② 参见［日］胜本正晃：《权利的合理使用》，载日本《独协法学》，1977-10-22。

③ ［美］罗伯特·考特、托马斯·尤伦：《法和经济学》，147 页，上海，三联书店上海分店，1994。

④ ［美］罗伯特·考特、托马斯·尤伦：《法和经济学》，147 页，上海，三联书店上海分店，1994。

行。信息经济论认为，信息是一种特殊商品，具有公共产品的某种属性。信息的生产是有代价的，而信息的传递费用相对较小，对信息生产者来说，难以通过出售信息来收回成本。一旦生产者将其信息出售给某个消费者，那个消费者就会变为原生产者的潜在竞争对手，或是其他消费者成为该信息的“搭便车者”。这种现象在著作权领域中，即是无偿地复制他人作品的情形。①

作为著作权的保护对象，文学艺术作品具有非物质性特点。它没有外在形体，但具有内在的使用价值和价值。非物质性是知识产品区别物质产品的主要特征：它的存在不具有一定的形态（如固态、液态、气态等），不占有一定的空间；人们对它的“占有”不是一种实在而具体的控制，而是表现为认识和利用。某一物质产品，在一定时空条件下，只能为某一个人或社会组织来实际占有和使用，所有人可以有效地管领自己的有形财产，以排除他人的不法侵占；而一项知识产品则不同，它可以为若干主体同时占有，被许多人来共同使用；处分知识产品无须像处分有形财产那样需要交付实物，只要知识产品公布于众，第三人即可不通过处分的合法途径而取得利益。

基于上述情况，法律经济学告诫我们，私人市场提供的公共产品（即信息之类的知识产品）数量可能小于最优值，信息经济论通常将这一现象称为“不足”（non-appropriability）问题。鉴于消费者对信息量的需要，政府有必要在市场上进行干预，即采取特殊的公共政策，以增加所生产的信息数量。信息市场的政府干预表现在两个方面：一是政府自己提供信息；二是政府对私人提供信息给予补贴。后者的重要举措就是通过著作权、专利权等法律制度授予信息首创者以独占权。

著作权是一项重要的民事权利。如同其他财产权制度一样，著作权法的核心内容在于保护著作权不受侵犯。对于法律保障权利不受侵犯的社会功用，法律经济学的解释有其独到之处。波斯纳认为，“对财产权的法律保护有其创造有效使用资源的诱因的经济功能”②。正是农夫能够获得土地作物的财产权，

---

① 参见［美］罗伯特·考特、托马斯·尤伦：《法和经济学》，152 页，上海，三联书店上海分店，1994。

② ［美］波斯纳：《法律之经济分析》，22 页，台北，台湾商务印书馆，1987。

才有诱因促使农夫支付并尽可能节约耕种土地所需要的成本；正是创作者能够取得使用作品的垄断权，才有诱因激励其在文学艺术方面投资。不仅如此，波斯纳还提出财产权制度的效益标准，即普遍性（各种具有稀缺性的资源皆为人们所有）、排他性（排除他人无成本使用的可能）、可转让性（使资源从无价值使用往有价值使用转移）。[①] 可以想象，没有财产权，信息产品“不足”的现象将十分严重。这是因为，在没有法律保障的情况下，作品一旦公开，则信息生产者很难对付不付费的“揩油者”。后者对信息生产者创造的作品享受利益但不向其支付费用，结果信息生产者不能通过市场交易得到足够的收益，以补偿他们投入的成本。著作权的设定减少了与文学艺术创作相关联的公共产品无偿利用问题。对此，法律经济学家形象地说，著作权是“为了发给作者奖金而对读者征的税”[②]。

毫无疑问，著作权是信息生产者获取财产的新方式。法律意义上的权利，具有“主体凭借法律实现利益的可能性”的严格规范意蕴。而在法律经济学家看来，权利是一种资源，是人们享有财富的特定方式。在一定的社会里，任何财富的实现都将是某种权利的实现，任何物质与精神财富的享用都是一定权利的享用。对此，马克思指出，仅仅占有某物并不表明占有者能够从中受益，因为别人也可以同样再去占有它，只有将占有确认为占有者的占有权时，才具有真正的意义。“私有财产的真正基础，即占有，是一个事实，是无可解释的事实，而不是权利。只是由于社会赋予实际占有以法律规定，实际占有才具有合法占有的性质，才具有私有财产的性质。”[③] 科斯认为，人们通常注意到商人得到和使用某种实物，而忽视这一行为是在行使权利。“我们会说某人拥有土地，并把它作为生产要素，但土地所有者实际上所拥有的是实施一定行为的权利。”[④] 上述理论表明，权利是一种财富，是一种作为制度产品的有用资源。既然如此，权利资源如同自然资源一样具有某种稀缺性。就著作权领域而言，

---

① 参见［美］波斯纳：《法律之经济分析》，24～25页，台北，台湾商务印书馆，1987。

② ［美］罗伯特·考特、托马斯·尤伦：《法和经济学》，191页，上海，三联书店上海分店，1994。

③ 《马克思恩格斯全集》，2版，第3卷，137页，北京，人民出版社，2002。

④ ［美］罗纳德·科斯：《企业、市场与法律》，123页，上海，三联书店上海分店，1990。

相关立法与司法如何保证资源的优化配置，如何保证精神产品效益的最大化提高，这是需要我们认真思考的问题。

四、合理使用构建理由之分析

（一）不相容使用与权利安排

财产从自然的事实占有状态到产权归属的界定，表明了人类权利观念的进化。但是，传统的财产权理论的价值取向和思维模式，崇尚物的归属性，强调以所有权为重心，其运用法律调整经济的方式，从起点到回归都落脚于所有权。罗马法学家将所有权视为一种最完全的物权，并抽象出其绝对性、排他性、永续性三个特点。近代学者认为“所有权是文明人民组织经济的基础”，将权属界定看做是一切法律关系的前提。① 然而，现代著作权制度不能将其支撑点架构于精神产品保护的静态归属之上，而要在确认创作者占有与支配财产的同时，促进财产的动态利用。著作权概念是对社会精神财富的法律抽象，它是对创作者独占地位的评价，其本身并不意味着精神财富的增值。社会精神财富的增长是以财产的高速运动和资源的合理使用与优化配置为条件的，摆脱传统财产权理论的窠臼使财产由抽象的支配转向具体的利用（包括他人利用），是现代著作权立法的重要课题。

著作权的立法目的，在于保护作者的合法权益，促进作品的广泛传播。著作权的这种双重作用相辅相成。正如世界知识产权组织总干事鲍格胥博士在《伯尔尼公约指南》一书前言中所指出的那样，“民族文化遗产的丰富程度取决于对文学艺术作品的保护水平，保护水平越高，对作者创作的鼓励就越大；一个国家智力作品的数量越大，它的名望就越高；文学艺术作品生产量越大，图书、唱片制造业和文化娱乐事业就越兴旺发达”。可见，著作权法担负着保护作者权益和促进文化交流的重要任务。它调整着作者行使“专有权利”与促进作品广泛传播的矛盾，协调着作者个人利益与消费者群体利益的关系，是促进社会经济和文化发展的一个重要因素。

---

① 参见吕来明：《从归属到利用——兼论所有权理论结构的更新》，载《法学研究》，1991（6）。

传统的理论研究，将著作权法仅仅理解为一种个人权利法，将著作权法功能的视野局限于作者权益的保护是不够的。法律经济学曾对信息产权的设定提出一个悖论。它认为，在信息方面确立产权的每一种方法的显著经济特征，在于这些产权都是垄断权。一般来说，垄断性产业比竞争性产业缺乏效益。一方面，新信息的生产者在一个不受管制的市场中回收其价值是困难的。通过给予信息的生产者以垄断权，该生产者就有一种强有力的刺激去发现新信息。另一方面，垄断者对产品索取高价将阻止该产品使用，消费者可能难以支付费用去充分使用信息，从而无法实现资源配置的最优效益。简而言之，这一问题的困惑在于，“没有合法的垄断就不会有足够的信息生产出来，但是有了合法的垄断又不会有太多的信息被使用”[①]。笔者认为，解决这一两难困境的法律途径是，在保护著作权的基础上对著作权实行必要的限制，在保证作者独占使用其作品的前提下允许他人合理使用其著作权作品。

关于市场运行中实际摩擦的必然性以及由此形成的交易费用对经济行为的影响，科斯理论作出了深刻的说明。这一理论对于我们分析合理使用制度的经济合理性或许是大有裨益的。科斯理论认为，在未经产权界定的情况下，交易无法进行，相关行为的效益最差。虽然在私有制社会中，财产的所有权关系是十分明晰的，但在某些经济区域内，往往出现“不相容使用”（incompatible use）的情况，由此产生权利利用的冲突。例如，工厂排放烟尘的权利与附近居民保持空气洁净的权利；对同一作品，创作者、传播者、使用者（即消费者，下同）所享有的著作权、邻接权与使用者权，往往存在着权利的分配与利用的冲突。随着信息资源利用方式的拓展，诸如静电复印技术的出现，音像录制设备的产生，公共图书馆的普及，将使得侵权使用与合法使用的权利界限变得模糊起来，因此有必要从法律上对各主体的权利作出重新安排。

科斯理论主张，在不相容使用的关系中，权利的安排或分配应以效益最大化为依据。解决不相容使用可以有多种配置模式：在上例中，可以确认工厂排放烟尘的权利而否认居民保持空气洁净的权利，也可以作出相反安排。此外，

---

① ［美］罗伯特·考特、托马斯·尤伦：《法和经济学》，185 页，上海，三联书店上海分店，1991。

还可以保持工厂的烟尘排放，而同时授予居民获得损害补偿的权利，或者可以作出相反安排。由于不同的权利资源配置方式会产生不同的效益，因而效益最大化应是选择某种模式的出发点。合理使用制度及其相关制度的创设，正是解决不相容使用的一种途径。我们知道，著作权效益的实现，既不可能产生于静态归属，也大抵不来自于创作者自己使用。创作者要取得精神生产成本的回报，取得最大限度的利润，要凭借出版者、表演者、音像制作者和广播组织的广泛传播，要依赖社会公众对作品的广泛使用。作品传播的范围越为广泛，使用的方式与数量越是充分，创作者的收益就越见丰硕。著作权法关于权利的一般配置方式是：创作者享有复制、公演、播放、展览、发行、摄制、演绎等独占使用作品并由此获得报酬的权利；传播者通过自愿交易与法定许可，在付酬的条件下以各种传播方式再现原创作品，并对自己的传播成果享有利益；社会公众作为消费者，可以通过各种途径，有偿或无偿地获得著作权作品，供个人学习、研究、娱乐之用，或满足文化教育、司法公务、慈善事业等公共利益的需要。合理使用制度的效益价值在于：在著作权作品中，划出有限的范围，供非著作权人无偿使用，虽使自己受益，但并未损害创作者，因而在此情形下每个成员的欲望都得到最大限度的满足。

（二）交易成本与权利利用

在创作—传播—使用的著作权法律链环中，对他人有著作权作品的利用，可能是正当的使用（合理使用），也可能是不正当的使用（侵权使用），这一现象在微观经济学中表述为，某个生产者或消费者的行为会影响到其他生产者或消费者的利益。这即是庇古所提出的外部性问题。

所谓外部性，是指“一人或多人的自愿行为在未经第三方同意的情况下强加于或给予他们的成本或收益”[①]。外部性造成的问题实质是导致消费者的效用最大化和生产者的利润最大化行为的无效益。信息的生产者拥有天然的优良资源（创造能力），在精神产品紧缺的条件下，可能运用精神产权的垄断性，而获取各种“经济学租金”（economic rent，即垄断利润）。他们力图使自己的

---

① ［美］罗伯特·考特、托马斯·尤伦：《法和经济学》，231页，上海，三联书店上海分店，1994。

私人利益达到最大化，却可能忽视其行为所带来的社会后果；而信息的使用者基于使用与消费信息的需求，可能利用信息的公共产品属性，去追逐信息利用的最大化，从而损害信息生产者的利益。总之，采用损害他人利益的方法来增加自己的利益，是不符合帕累托效益原则的。对这种情况采取什么对策，正是法律所要回答的问题。

科斯理论运用交易成本概念分析法律制度对资源配置的影响，提出了权利的界定与权利的安排在经济交易中的重要性。当人们在面对甲损害乙这类问题（即外部性问题）时，往往因袭庇古在《福利经济学》中提出的方式，考虑应如何阻止甲的行为。其阻止方法：（1）要求甲向乙赔偿损失；（2）根据致损情况向甲征税；（3）责令甲停止损害行为。但是上述方法并非适宜，其结果既不是人们所需要，也不是人们所满意的。这是因为阻止甲的行为，可能使乙免遭损害，但却有可能使甲遭受损失。正确的考虑是，要使当事人所遭受的损失都尽可能的小。科斯指出："我们正在分析的问题具有相互性，即避免对乙的损害将会使甲遭受损害。必须决定的真正问题是，是允许甲损害乙，还是允许乙损害甲？关键在于避免较严重的损害。"① 妨害行为具有相互性，如何避免较严重的损害，科斯对此作了实证分析。假设：某一农场主与另一牧场主在毗邻土地上经营。当土地之间没有任何栅栏的情形下，牛群规模扩大增加了农场主谷物的损失。假定：在市场运作充分完好，即零交易费用的情况下，存在着牧场主对农场主的损失承担赔偿责任（即牧场主无权让牛群去吃农场主的谷物），或牧场主不向农场主进行补偿（即牧场主有权让牛群吃农场主的谷物）的两种结果。② 由此科斯得出的结论是：两种结果相同，即都能使生产总价值最大化。因为在有对权利的最初明确界定后，参加谈判的双方就会利用市场机制，通过订立协议，而寻求使各自利益损失最小化的协议安排。换言之，如果市场交易是有费用的，在产权已有明确界定的情况下，相互作用的各方也会通过协议寻求到费用较低的制度安排。制度安排的选择以他所能带来的生产价值的增

---

① ［美］罗纳德·科斯：《社会成本问题》，载《财产权利与制度变迁》，4、5～9页，上海，三联书店上海分店，1994。

② 参见［美］罗纳德·科斯：《社会成本问题》，载《财产权利与制度变迁》，4、5～9页，上海，三联书店上海分店，1994。

加大于其运作所带来的费用而定。

在零交易成本的情况下，效益最大化与法律状况无关。科斯理论的本意不在于此，其论证所要揭示的是，“我们应该明确地将实在的交易成本引入经济分析领域，以便研究实在的世界”[①]。科斯认为，在有交易成本的情况下，法律权利的初始界定具有十分重要的意义。如果有交易成本甚至交易成本很高，人们就要从实现资源配置最优化的原则出发，选择合适的责任制度（即权利初始界定），以减少不必要的交易成本。

就著作权领域而言，社会在权利界定与分配上实行“专有区域”（exclusive zones）与“自由区域”（free zones）的划分。[②]“专有区域”在权利资源中涵盖面极广，作者是这一领地的“独占者”，他人使用著作权作品既要征得作者同意，又要向其付酬（如著作权转让与使用许可）。这一区域的设定，带来创作成本的回报，维系作者的创作激情，因而是有效益的。“自由区域”在权利资源中所占比例较小，使用者是这一范围的“自由人”。在法律规定的条件下，使用他人著作权作品，既无须征得创作者同意，又无须向其支付报酬（即合理使用）。这一区域的构建，并不导致作者的利益损害，却有助于公众的创作活动，促进信息畅通与文化传播，因此也是有效益的。反之，任由“专有区域”独占全部权利资源，悉由创作者控制作品传播与使用，将会造成过高的交换代价；或是消费者无力每次取得授权或支付垄断价格，从而拒绝使用作品（假定1）；或要付出诸如获得作品市场信息、讨价还价与签订合同、诉请法律监督执行等各种成本（假定2）。显然，这是一种无效益的选择。著作权法的当代使命不仅要保护“蛋糕”分享的公正性（合理分配社会成员的权利、义务、资源、收益），更需要促使人们努力增加“蛋糕”的总量（有效利用资源，增加社会精神财富）。

由此推论，人们在设计与选择著作权保护与限制的制度安排时，要权衡各方面得失，以求得总的效益最大化。合理使用制度的构建，减少了额外的交易

---

① ［美］罗纳德·科斯：《企业、市场与法律》，15页，上海，三联书店上海分店，1990。

② See Edward W. Ploman, L. Clark Hamilton, *Copyright Intellectual Property in the Information Age*, London: Routledge & Kegan Paul, p. 197, 1980.

成本，合理划分了作者与使用者的权利区域，以“侵权抗辩”为理由解决了著作权妨害问题，从而带来信息资源优化配置的良好效益。

五、合理使用规则之分析

（一）帕累托标准与正当使用

在微观经济学中，对效益本身的判断标准主要有帕累托标准与卡尔多标准。帕累托标准认为效益的提高必须是对各方都有利，以损害某一方利益为代价，改善他方利益的方法实质上是没有效益的。卡尔多标准认为，效益带来的改变，即使是在有人受损有人受益的情况下，也可能是可取的。法律经济学主张采用帕累托标准，因为效益并非是法律的唯一价值目标。帕累托标准在讲求效益的同时不允许损人利己，兼顾了公正或正义，因此比卡尔多标准更符合法律的需要。

帕累托效益（Pareto Efficiency）是根据19世纪经济学家和社会学家维尔弗雷多·帕累托的名字命名的。这一概念可用做评估资源配置的方法，它通常表述为：“如果没有方法可使一些人境况变得更好一些而又不致使另一些人境况变得更差一些，那么这种经济状况就是帕累托有效的。”[①] 在微观经济学家那里，关于帕累托效益实证分析的范例是住房分配：假设1：甲得到一套城区住房，而乙得到一套城外住房。但后者有取得城区住房的需求。假设2：乙愿意出价（即高于甲的主观价值，低于乙主观价值）[②] 与甲交换住房，甲并不注重城区住房，因此交换并取得“交易收益”。在这种情况下，甲和乙的需求都得到满足，交易中所有的收益都已经取尽，这种分配的结果即是帕累托效益。[③]

---

① ［美］H. 范里安：《微观经济学：现代观点》，24页，上海，三联书店上海分店，1994。

② 在西方经济思想史上，有客观价值论和主观价值论两种学说。前者以劳动价值论为基础，主张劳动是物品固有的一种不受环境或人类估价行为影响的价值。后者认为价值源于产品的使用价值，实质上指人们主观评价的效用，即产品能满足人的欲望的能力。大陆法系合同法多采客观价值论，英美法系合同法主张主观价值论。法律经济学持后一学说。

③ 参见［美］H. 范里安：《微观经济学：现代观点》，20页，上海，三联书店上海分店，1994。

著作权法学者在评价合理使用制度时，一般多从公平正义观念出发，仅仅作出“禁止权利滥用”，“对著作权进行必要限制”之类的法律分析。基于合理使用是自由使用、无偿使用的特点，人们极易得出这样的结论：该制度是作者权益的让渡，其结果仅对使用者有利。按照帕累托标准看来，合理使用只有对作者与使用者都有利时方属“合理”，否则将因“经济合理性”的欠缺而导致无效益。

合理使用制度的初衷，在于解决后任作者以创作新作品为目的而如何利用前任作者的作品的问题，我们知道，作品是作者创作的，它是作者个人的精神财富，同时又是社会财富的一部分，既体现了个人的创造精神，又吸取了前人的创作成果。就作者的创作活动来说，具有以下两个特点：（1）创作是人类大脑通过思维进行的知识变换过程。与物质生产那种重复再现型劳动不同，它是以依靠前人积累的知识为劳动资料，以抽象知识产品为劳动对象的精神生产劳动，劳动者的知识拥有量与创造性思维在劳动过程中紧密结合。在这里，创作活动表现了独创性探索的特点。（2）创作是继承前人知识基础上的人类认识的深化过程。个人拥有的知识量的大小在于他对前人知识的吸收程度。掌握知识在于创造新知识，新知识的形成是在前人知识基础上对知识本身的改造，创造活动具有连续性、继承性的特点。[①] 在这里，笔者尝试将以劳动者、劳动资料、劳动对象为要素的精神生产过程图示如下：

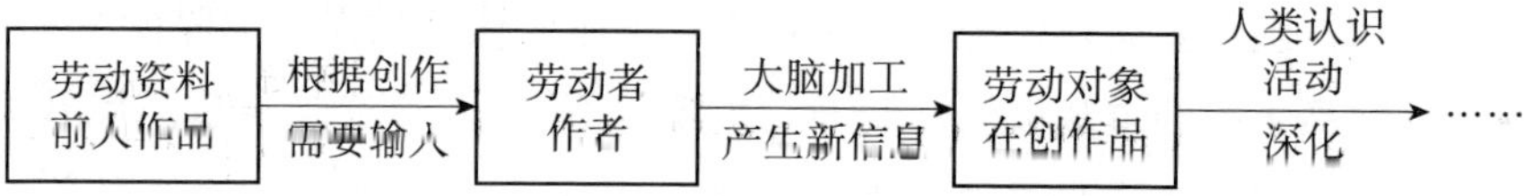

人类的创作活动是一个流动的过程。如果我们对此作出动态分析的话，每一作者在合理使用中都有“支出”同时又有“收益”。某一特定作者在创作过程中因利用其前任作者的作品而取得“收益”，而其作品又将为后任作者提供合理使用的材料而“支出”。就人类创作活动的总体而言，在合理使用基本规则界定的条件下各方都取得效益，并不存在损害某一作者利益而增加另一作者利益的情形。以交易收益与合理使用为线索的交换过程图示如下：

① 参见张和生：《知识经济学》，沈阳，辽宁人民出版社，1992。

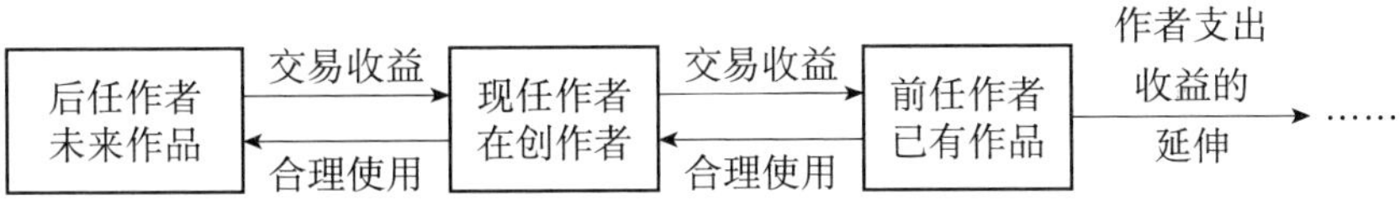

在这里，笔者借用帕累托标准，不仅意在说明合理使用制度的“经济合理性”，更重要的是寻求合理使用规则的尺度，即正当使用。正当使用原则是关于著作权作品利用的目的及性质的规定。这种使用最初表述为“以创造新作品为目的”，以后又扩展为“以非营利的学习、研究、教育为目的”，即应符合著作权的立法宗旨：促进科学文化事业进步，有益于社会公众。在著作权领域中，日本学者古泽博曾经将对他人作品用之于自己作品的情形概括为三种类型：（1）本人“创作”的作品是他人已创作品的复制品（包括原封不动的复制与改头换面的复制）；（2）本人创作的作品是他人原始作品的二次作品（即对原作进行翻译、改编、摄制电影、广播以及其他演绎方式所创作的作品）；（3）本人创作的作品不从属于他人作品，是体现本人创作个性特征和表现本人思想的独特蕴意的新作品。①在第一种情形中，复制品因不具备独创性而不能视为作品，复制行为构成对他人著作权的侵犯；在第二种情形中，二次作品虽含有后任作者的智力成果在内，但未改变原作之创作思想的基本表现形式，该类作品具有从属性。将原始作品改造成二次作品须取得原作者授权。与上述相反，在第三种情形中，虽然使用了他人作品提供的材料，但已改变原作的表达方式，从而形成了具有独立意义的新作品，属于合理使用范畴。因此，作者对于自由使用他人作品创作的独立作品可不经被使用的作品的著作权人的同意予以发表或使用。②

依照帕累托标准的评价，在对他人作品的利用中，擅自复制、演绎的结果均会使原创作品的作者的“收益”难以得到补偿，由此而引起的“损害”，即后任作者对原作者带来的“损害”大于该作者从前任作者那里取得的“收益”，不合帕累托效益原则。而基于合理使用创作的新作品并未取代原作品，对他人作品的利用既对自己有利，且对他人无损，因而符合帕累托标准。由此可以提

---

① 参见［日］古泽博：《关于利用他人作品的著作权问题》，载日本《独协法学》，1977-10-22。

② 参见《德国著作权法》第24条之规定。

出以下结论：正当使用原则，即以学习、研究、教育为目的的使用，应当作为作品使用是否合理的判断标准。这一规则的经济分析依据在于，目的正当的使用对原作者并无不利，目的非正当使用对原作者将造成利益损害，因而是没有效益的。

（二）均衡状态与公平诚信使用

微观经济学中有两个相互关联的基本概念，即最大化与均衡。最大化被看做是每个经济活动个体的目标：消费者的目标被假定为使效用达到最大，使利润达到最大；均衡是指每一方都同时达到最大目标而趋于持久存在的相互作用形式。[①] 均衡是一种普遍的社会现象，在经济活动中，每个人都想通过交换获得能提供最大满足欲望能力的物品组合，他们彼此之间就欲望的满足形成一定的价格，互相制约，逐步达到需求等于供给，从而出现价格不再变动而持久不变的情形，这是一种使社会财富持续、高效递增的状态。

均衡是法律制度所追求的效益目标。现代著作权法没有拘泥于18世纪那种绝对的、放任的“个人本位”，而是在保护作者的著作权与限制作者的著作权中寻求均衡，即合理地消除作品创造者、作品传播者、作品使用者之间的冲突，力图实现在维护作者权益基础上的三者利益的均衡保护。因此，在为作者提供必要的创作条件和动力的同时，也保护传播者充分合理地利用作品传播的技术手段，保证大众广泛利用作品的渠道，从而推动整个社会创作繁荣与文化进步。

在这里，我们不妨采用法律的语言描述均衡的具体经济形态：(1) 均衡状态中的作者。著作权法以维护作者权益作为其核心的立法原则。作者的权利是第一位的权利，是本源性权利。但这种权利既不是无限空间的绝对权利，也不是毫无期限的永恒权利。著作权的行使，以不违反公共利益或侵犯他人权益为限；著作权的保护对象，既不涵盖作品的思想内容本身，也不及于著作权作品的排除领域。(2) 均衡状态中的传播者。传播媒介是联系作者与使用者之间的桥梁。传播者以物化与人化的形式再现了原创作品，他们或是付出了创造性劳

---

① 参见［美］罗伯特·考特、托马斯·尤伦：《法和经济学》，22页，上海，三联书店上海分店，1994。

动，或是支付了相当的物质代价，因而不同程度地受到法律保护。凡编辑、改编、翻译、摄制他人作品而创作了新作品，将依法享有著作权。凡表演、录制、广播而使用了他人作品，法律则授予其邻接权，传播者在行使上述权利时，不得侵犯原作者的利益。(3) 均衡状态下的使用者，使用者是已有作品的消费者，也是未来作品的创造者。著作权法赋予其在一定范围内自由使用他人作品的利益，这种利益不是一种事实的占有状态而是法律认可的权利。西方一些著作权学者往往将其称之为“使用者权”①。当然，使用者在利用他人作品时必须遵守相应的义务，尊重作者的其他权利。著作权（作者)、邻接权（传播者)、使用者权（使用者）的相继产生与完善，即是人们寻求最大化满足各方利益需求，进行创作作品与分配作品利益的制度安排的均衡结果。对此，著作权法学家曾这样宣称，自 18 世纪英国率先制定有关版权的《安娜法令》以来，著作权法已经发展成为协调作者、传播者、使用者三者利益关系的平衡器。②

均衡的法律要求在合理使用制度中表现为公平原则。“公平”一语具有强烈的道德色彩，普遍被认为是道德观念对法律的渗透。但在经济分析的透视下，这一原则却充满了经济理性的光华。所谓公平即是“以利益均衡作为价值判断标准来调整民事主体的物质利益关系，确定其民事权利和民事责任的要求”③。在权利资源的配置过程中，协调使用者权与著作权的冲突，不能偏离均衡模式的坐标，而公平则是校正这个坐标的尺度。合理使用在价值评价的意义上说来，应是一种公平使用，其具体表现是：利用他人作品创造的新作品，在进入市场后必须是与原作品公平竞争，不能损害原作者的利益④；对他人作

① 关于使用者权利的学说，参见 L. Ray Patterson，Stanley W. Lindberg，*The Nature of Copyright*：*A Law of Users' Right*，1991；Paul Goldstein，Copyright Principles：*Law and Practice*，1989；John S. Lawrence，B. Timberg，*Fair Use and Free Inquiry*：*Copyright Law and the New Media*。本书将在第五章详述。

② See L. Ray Patterson，Stanley W. Lindberg，*The Nature of Copyright*：*A Law of Users' Right*，p. 12，1991.

③ 徐国栋：《民法基本原则研究》，中国社会科学院研究生院博士学位论文，1991。

④ 参见［日］播磨良承、生驹正文：《有关作品合理使用之研究》，载日本《判例日报》，No. 42，1976-11-23。

品的利用，实质上是一种财产权的使用，与创作者的精神权利无涉，由于精神权利的不可转让性，因而不得利用，也就无法用公平价值尺度衡量；利用他人作品限于法律规定的方式。传播技术的涌现与使用方法的增多，只是昭示作者权益系统日益丰富，并不当然意味着使用者可以对上述方式自由利用。在考察使用是否公平的问题上，主要评判创作者的支出与收益是否均衡，使用者与创作者所获取的利益是否均衡。倘若使用者得到很大效用而创作者得到的效用较小，那么这种权利配置是无效益的，也是不会持久的。可见，公平是著作权领域达到帕累托最优化的内在要求。

诚信是均衡的另一法律要求，亦为合理使用制度的原则。从语义上说，诚信是对民事活动的参加者不进行任何欺诈、恪守信用的要求。[①] 但作为“一般条款”而言，它具有内涵的模糊性与外延的不确定性特征，且具有强制性的法律效力。因此可表述为，要求主体在民事活动中维持双方利益平衡，以及当事人利益与社会利益平衡的立法者意志。概言之，诚信原则是立法者实现上述三方利益平衡的要求，日的在丁保持社会稳定与和谐的发展。[②] 在合理使用制度中，诚信原则在两个方面发挥着作用。首先，它是对使用人利用他人作品时必须具备诚实、善意的内心状态的要求。所谓善意是指无损害原作著作权利益之心，凡意在简单的复制而不进行创新，即推定为恶意，这就意味着背离了作品使用中的公平尺度，违反了当事人对交易权利的主观需求。其次，它是对使用人利用他人作品时必须适度有限的行为规范的要求，主要用以评价使用行为对均衡状态的影响效果。就合理使用而言，使用者与创作者的权利交易不是一对一的对手交易，而是社会制度安排下的特定创作者与不特定的使用者之间就权利资源分配所进行的交换。由于作品的非物质性或说是公共产品属性，创作者很难控制自己的作品在公众中的使用情况，在有关交易权利信息不充分的情况下，当事人会因此增加交易成本，从而使权利交易受阻，从而无法达到帕累托效益。这即是说，如果使用者向作者隐瞒作品使用信息或提供虚假作品使用信息，就意味着使用者以信息偏在为基础，而将创作者置于不确定的状态中，这

① 参见张新宝：《民事活动的基本原则》，24页，北京，法律出版社，1986。

② 参见徐国栋：《民法基本原则研究》，中国社会科学院研究生院博士学位论文，1991。

样的权利资源利用显然就是不公平的。为了保障当事人在信息上的均衡以实现利益的均衡，使用人对他人作品的利用必须遵守诚信原则。

在合理使用制度中，公平是均衡状态的交易价值内容，是平衡使用者与创作者利益关系的尺度，而诚信原则是均衡状态的交易行为内容，是规范使用者正确进行交易行为的尺度。概言之，公平、诚信原则是均衡概念在合理使用制度中的法律表现。

（三）成本收益模型与有限使用

在微观经济学那里，诸如著作权合理使用制度与著作权合同制度、侵犯著作权制度的设定，都可视为是某种经济行为，因而可以置入一个成本收益模型中加以考察。上述制度通过产权设定、利用、保护等多种手段，改变了信息资源的分配方式，由此激励信息的精神生产活动，促使信息产品效用的充分实现，给社会带来某些利益，这即是收益评价。同时，上述制度又需要由社会进行监督和实施，因而要支出一定的费用。它可能是社会所实际负担的著作权立法及实施的费用，如因执法者行为而使市场主体承担的著作权管理规费、著作权纠纷诉讼费等；也可能是社会在著作权制度选择中所产生的社会成本，如不选择市场自发调节而选择一项特定的著作权制度进行交易所带来的利益差别，这即是成本评价。

制度选择隐含着社会成本问题。机会成本是指把一定的资源用于生产某种产品时所放弃的生产另一种产品的产量的价值，或说是利用一定的资源获得某种收入时所放弃的另一种收入。微观经济学的任务之一，就是研究把稀缺的资源分配于相抗衡的各个目标之间的过程。对于权利配置与制度安排决策者来说，机会成本理论的意义在于：在追求效益最大化的同时，必须考虑选择某种制度产品而非另一种制度产品所放弃的机会。对于上述问题，“相对优势定律”断言，“人们应该从事某机会成本低于其他所有事情的事情”[①]。例如某个老练的律师同时又是个熟练的打字员，在职业选择方面，相对优势定律主张“专注”，即在法律事务收益较高的情况下，应专注于法律事务而放弃打字。循此

① ［美］罗伯特·考特、托马斯·尤伦：《法和经济学》，47页，上海，三联书店上海分店，1994。

例，在著作权立法中，合理使用制度的构建则意味着相关市场自发调节手段的放弃。同样是对他人作品的利用，法律监控下的有限利用，与无相关制度下使用者不能合理利用的情形相比，显然，前者的机会成本要小。

机会成本的分析是回答制度产品选择问题，如果考察某一法律制度的实施效益，还必须分析“市场失灵”带来的外在成本。与生产经营中所耗费的投入即私人成本不同，外在成本是外部强加于生产经营者的额外费用。微观经济学家认为，外部因素是市场失灵的来源。市场内部交换是自愿和互利的，而外在市场交换的经济效应则可能是非自愿和有害的。① 通常的事例是任意排放污染给他人带来净化水质的额外费用，而外部因素制造者不必为损害付出代价，因此导致市场失灵。现在的问题是，在著作权作品的利用中也有“污染”的情形：使用者为了追求自身效益的最大化，可能超越合理的界限（或是因合理界限不明而行为失范，或是有意规避制度而行为非法），擅自扩大自由使用的范围，增加无偿使用的方式，这就使得合理使用制度实施的成本加大。

对于市场主体来说，外部不经济性因素将导致私人成本与社会成本之间的差异。社会成本即是上述私人成本与外在成本之和。在私人成本一定的情况下，社会成本大小是由外在成本的大小决定的。降低外在成本的方法主要有两个：一是求助于著作权法其他制度（机会成本最小化）。即国家可以强化著作权的保护，制止侵权行为。加强产权转让和许可使用制度，规范有偿使用行为；对于外部不经济性行为，可以制定公共政策征税（如西方国家在传统的合理使用范围内，对作品使用征收的“公共借阅版税”、“复印版税”、“录制版税”等），使得信息生产经营的私人成本接近社会成本，迫使使用者与创作者回到权利有效配置的水平上。二是有赖于合理使用制度本身的健全与完善（外在成本内部化）。立法者必须提高著作权立法质量，完善合理使用制度的规定，如明晰合理使用的识别标准，确认自由使用的有效区域，减少不合理使用带来的“污染”成本，使使用者与创作者比较容易交易各自依法产生的法定权利。由此可见，外在成本的内部化，要求合理使用制度确立有限使用原则。如果外

---

① 参见［美］H. 范里安：《微观经济学：现代观点》，702～713页，上海，三联书店上海分店，1994。

在成本不能通过合理使用制度的“内部化”而降低，即造成合理使用制度失灵以及外在成本增加，就会迫使人们不得不作出新的立法决策，按照效益原理重新配置权利资源。

有限使用原则意味着必须严格合理使用制度的效力范围。在著作权法中，有三种基本的使用制度，即授权许可使用、法定许可使用、合理使用。根据法律经济学原理，凡授权许可使用范围的著作权，可以适用财产规则和责任规则，以保护创作者的利益。财产规则以使权利所有者能够以禁止他人损害的方式来保护权利，除非所有者愿意以相互可以接受的代价放弃权利（如许可使用合同）。责任规则则允许无权使用者以客观上确定的代价，按照损害补偿的原则，去取得他人的权利（如侵权损害行为）。[①] 凡法定许可使用范围的著作权，仅适用责任原则，即他人无须取得所有者同意，在给予相应代价补偿的条件下自行使用。这是因为法定许可使用的情形，主要涉及创作者与传播者的关系，交易成本很高，适用财产规则很可能无效，从而阻滞权利向更有效益的方面转换。合理使用的范围则是著作权的“排除领域”，使用者既不要征得创作者同意，又无须向其支付代价。相比较而言，著作权授权许可使用的范围最大，由创作者享有利益；法定许可使用的范围较小，由传播者与创作者分享利益；合理使用的范围最受限制，系创作者让渡利益，使用者取得利益。因此，使用者只能在有限区域使用他人的作品，一旦步入法律误区，将损害创作者权利，即承担侵权责任。

---

① 关于财产规则、责任规则的适用，可参见张文显：《当代西方法学思潮》，119页，沈阳，辽宁人民出版社，1988。

第四章

合理使用制度的宪法学评析

一、“一枚硬币的正反面”：著作权与言论自由权

美国学者曾形象地指出，著作权与言论自由权可以看成是一枚硬币的正反面。前者涉及财产所有权问题，后者却具有社会政治权利的属性。它们之所以联结在一起，在于两者都与知识的传播有关，不过一个注重利益，另一个着眼自由。①

言论自由，即公民对于国家和社会的各项问题有自由发表意见的权利。狭义的言论自由纯粹是指通过语言形式表达思想和见解的自由，区别于以出版物形式表达思想和见解的出版自由。从广义上讲，则包括语言形式与文字形式的表现自由，即以报纸、杂志、绘画、服饰、照相、电影、音乐、唱片、收音机、电视机、电脑等一切手段发表思想的自由。为了叙述的便利，在这里笔者采用广义说。言论自由较早出现在法国《人权和公民权利宣言》中。该宣言第10条规定：“意见和发表只要不扰乱法律所规定的公共秩序，任何人都不得因其意见甚至信教的意见而遭受干涉。”第11条规定：“自由传达思想和意见是

---

① See L. Ray Patterson, Stanley W. Lindberg, *The Nature of Copyright: A Law of Users' Right*, p. 123, 1991.

人类最宝贵的权利之一；因此，每个公民都有言论、著述和出版的自由。”《美国宪法修正案》第 1 条规定：“国会不得制定关于下列事项的法律：确定宗教或禁止信仰自由；剥夺人民言论出版的自由；剥夺人民和平集会以及向政府请愿的权利。”《日本宪法》第 21 条规定：“保障集会、结社、言论、出版及其他一切表现的自由。”根据荷兰法学家亨克·范·马尔赛文等人的统计，在 142 个国家的成文宪法中，有 124 部宪法规定了发表意见的自由，占 87%。[①] 即使没有相关规定的国家，在过去几年的修宪活动中也发生了变化。可以说，言论自由权几乎是世界各国普遍认可的宪法权利。

早期著作权制度，即特许出版权是同封建图书审查制度而不是言论自由权联系在一起的。自 15 世纪印刷术传入欧洲至 18 世纪《安娜法令》颁布，整个欧洲存在着长达三百多年的出版特许权制度。印刷业的出现，不仅催生了特许出版权，也引发了政府对印刷出版物的控制和审查。当时的封建国家经常对印刷物进行监视，规定作品在发表前必须提交政府审查，经过审查的出版许可与出版特许权得到巧妙的结合。尽管出版特许权是一个私人财产概念，其本身并非为政治需要而创设，但在封建专制主义的条件下却成为思想审查的工具。这样，两种不同性质制度的结合，很快风靡了中世纪欧洲。

具有近代意义的著作权法——《安娜法令》，改变了封建出版特许权时期“求知受到压制，出版受到控制，作者却无任何权利”的状况，既着力于保护作者权利，防止出版商对书籍贸易的垄断；又着眼于杜绝思想审查，鼓励作者发表思想和公众使用作品的自由。一句话，《安娜法令》摒弃了封建特许出版与封建图书审查制度，深刻体现了促进作品传播、保障表现自由的法律价值。正是在这个交汇点上，具有财产意义的著作权原则与显示政治意蕴的言论自由权共存于资本主义宪法的熔炉之中。美国宪法的制定者创建了“推广知识、公众领域保留、保护作者权利”三项著作权政策，这在本质上与言论自由权是一致的，其著作权法所设定的有限独占权利的原则、合理使用原则、进入权原则等都体现了言论自由的宪法精神。美国宪法修正案有两个重要条款：一方面规定国会不得制定有关法律以剥夺人民言论出版的自由以及其他自由权利，另一

---

① 参见［荷］亨克·范·马尔赛文等：《成文宪法的比较研究》，北京，华夏出版社，1987。

方面又授权国会制定著作权法，授予作者以一定期限享有独占垄断权利。美国学者对此评价说，两个宪法条款都涉及作品，但保护自由与授权独占又似乎是矛盾的；不过究其立法精神而言，“表现思想自由”这一共同的法律价值，使上述立法条款得以协调。具体说来，表现思想自由在宪法的权利条款中体现为言论、出版的自由权利，而在宪法的著作权条款中具体为公众“听”“说”“读”“印”作品的权利，即合理使用。加拿大作为英联邦成员国，其制定的《权利法案》最初只是作为加拿大议会通过的普通法案，因而被视为仅有宣言性质。尔后最高法院赋予该法案以准宪法地位，以此作为保护公民权利的最高法律依据。《权利法案》有两条规定分别涉及作者的著作权与公众的参与权：一是每个人都拥有自由参加社会文化生活的权利，以享受艺术与分享科学进步的利益；二是每个作者都有权维护其科学、文学及艺术作品所产生的精神利益和物质利益。[①] 公众的参与权，说到底就是使用作品、获取知识、传播信息、交流思想的自由，在一定情况下可能与作者关于垄断作品使用与传播的著作权有相抵之处。因此，立法者必须寻求法律途径以协调两者利益，平衡两个相互冲突的目标。这一平衡器首先来自于合理使用制度。《日本宪法》是依据“公共福利优先”的原则来协调言论自由权与著作权之间的关系的。该法第 12 条规定：“本宪法所保障的国民的自由及权利，国民必须以不断的努力保持之。此种自由与权利，国民不得滥用，并应经常负起为公共福利而利用的责任。”第 13 条规定：“一切国民都作为个人受到尊重。对于国民谋求生存、自由以及幸福的权利，只要不违反公共福利，在立法上及其他国政上都必须予以最大尊重。”根据宪法精神，《日本民法典》第 1 条规定：“法应服从公共福利。”《日本著作权法》第 1 条规定，在注意公正使用文化产品的同时，保护著作权人等的权利，以促进文化的繁荣与发展。日本学者认为，《日本宪法》第 13 条规定乃是立法性纲领。民法典的规定说明，私权的行使不得违反公共福利的宪法原则，否则构成权利滥用。这里讲的私权，理应包括著作权等无形财产权。著作权法的规定，也是从公共福利的目标出发，将作品视为人民可以共同享受的文

---

① See A. A. Keyes and C. Brunei, A Rejoinder to “*Canadian Copyright*: *Natural Property or mere Monopoly*”, Canadian Patent Reporter (1979), p. 213.

化财产，并将一定条件下的自由、无偿使用称为“公正使用”[①]。

我国宪法是社会主义的宪法，国家重视保障公民的言论自由，并为公民实现言论自由权提供了必要的社会条件。现行《宪法》第35条规定：“中华人民共和国公民有言论、出版、集会、结社、游行、示威的自由。”公民的言论自由有着可靠的法律保障和实现途径，如《宪法》第4条规定：“各民族都有使用和发展自己的语言文字的自由”；第22条规定，“国家发展为人民服务、为社会主义服务的文学艺术事业、新闻广播电视事业、出版发行事业、图书馆博物馆文化馆和其他文化事业”，从而为公民提供了言论阵地和言论传播手段；此外宪法权衡利弊，从维护安定团结、维护人民利益的目的出发，取消了“大鸣、大放、大字报、大辩论”的言论表现方式。同时，国家根据宪法精神，制定了著作权法以保护著作权以及与著作权有关的权益，鼓励作品的创作和传播，促进文化和科学事业的发展。

宪法条款的比较分析表明，言论自由权与著作权的保护都体现了当代立宪精神。言论自由权是一种政治权利，是宪法赋予每个公民的基本权利。每个公民不论性别、年龄、民族、职业、宗教信仰，均享有该项权利，言论自由权始于公民出生，是生来权利。而著作权是一种特殊的民事权利，是公民表达思想，行使“言论自由”等政治权利的必然产物。著作权不是每个公民都实际享有的权利，只有进行了创作活动并创作出作品的人才能享有著作权。因此著作权是“后来权利”[②]。上述两种权利有着密切的联系，从一定意义上讲，著作权的各项制度，有的是言论自由宪法权利的具体表现，有的是与言论自由宪法思想一脉相承，有的则与言论自由权限制的宪法原则紧密相连。

第一，以发表权为中心的著作人身权制度是言论自由的私权形式。关于公权与私权的划分始于古罗马法学家乌尔比安。后世西方国家的学者也采用这一分类，但标准各异。按照他们的见解，公权可以分为国家公权（如下命权、强制权、公物权等）和公民公权（如生存权、自由权、参政权等）。[③] 言论自由

---

① ［日］胜本正晃：《权利的公平使用》，载日本《独协法学》，1977-10-22；［日］广南：《日本的著作权法》，载《国外法学》，1984（3）。

② 王光：《言论出版自由与著作权》，载《当代法学》，1992（2）。

③ 参见栗劲主编：《中华实用法学大辞典》，326页，长春，吉林大学出版社，1988。

作为宪法权利，当属于公民公权（在现代法学语汇中，即是公民享有的政治权利）的一种。而著作人身权是一项民事权利，属于私权范畴。其中，发表权既是著作人身权的重要内容，又是著作财产权产生的基础，是言论自由的私权表现形式。所谓发表权，即决定作品是否公之于众的权利。作品在创作过程中或在未发表之前，始终是作者的秘密，是否泄露这个秘密应为作者的个人自由。因此，是否愿意发表作品，是作者的第一种权利。作者有权决定以出版、广播、上演的形式发表作品，或是以其他的形式使用作品；有权决定是在取得经济报酬的条件下发表作品，还是在不索取报酬而满足其他要求的条件下发表作品；有权决定将其某种作品全部发表，还是发表该作品的某些部分。著作人身权的其他权能，如署名权、修改权、保护作品完整权，都以发表权的成立为前提；同时作品借助发表权的行使而进入传播与使用领域，使著作财产权得以实现。可见，没有发表权制度，公民的言论自由在文化领域将会毫无实际意义。

第二，著作权作品的排除领域来源于防止言论自由权滥用的宪法精神。各国宪法对言论自由的内容及行使均设定有限制。这种限制有的是基于保障社会公共利益而设，如不得利用言论自由泄露国家机密，进行反动淫秽宣传等；有的则是基于保障他人合法权益而设，如不得利用言论自由诽谤诋毁他人人格尊严等。在立法技术上，有的采取禁止性的表述规范，如《意大利宪法》规定："违反善良风俗之出版物、文艺演出和其他一切表演均予禁止。"有的则采取原则性的一般规范，如《苏联宪法》规定："公民行使权利和自由不得损害社会和国家利益以及其他公民的权利"。宪法关于言论自由的限制性规定，即是著作权作品排除领域的立法和司法依据。对于法律禁止传播的作品，各国有两种做法：一是在著作权法中明确规定何种作品不予保护，二是著作权法不作直接规定，而交由法院或著作权主管机关依法作出拒绝保护的判决或裁定。根据禁止言论自由权利滥用的宪法原则，创作非法作品应视为违宪行为，当然不受著作权法保护。我国著作权立法，一方面依照宪法精神将依法禁止出版、传播的作品列为著作权客体的排除领域；另一方面鉴于著作权法自身功能所限，对涉及思想内容的违禁作品未具体列举，而由其他有关法律予以规定。

第三，以合理使用为主的著作权限制制度是言论自由的具体法律保障。从立法意义上讲，合理使用是公众对著作权专有领域的"接触权"，是对创作与分享社会精神财富的“参入权”。它通过对著作权进行必要限制，主要从以下几个方面保障言论自由权利的实现：一是保证个人学习、研究中的合理使用，为个人创作活动及发表思想提供必要的条件；二是保证评论、新闻报道中的合理使用，使社会公众通过传播渠道和媒体交流思想，获取信息和情报，实现其知情权；三是保证科学研究、课堂教学、公共图书馆等文化科技活动中的合理使用。这些对于寻求、接受、传递信息和思想，促进社会文化和科教事业的发展也是必不可少的。

二、合理使用：新闻自由与资讯自由的法律途径

新闻自由是宪法规定的公民言论自由在新闻活动中的体现。[①] 它作为言论出版自由的重要组成部分，已为各国宪法所确认。在美国，《宪法第一修正案》关于禁止国会制定剥夺人民言论自由的规范，是管理大众传播和实行新闻自由的法律根源。美国法官和学者从该宪法条款中概括出两项原则：“意思之自由交换”与“表现自由之接近完全保障”[②]。前者指公民有充分获取资料、交流思想、发表意见、监督政府的自由；后者指最大限度而非绝对地保障表现自由。在日本，宪法规定保障公民的表现自由，并确认在言论、出版等外部表现出现以前，不准公共权力事前介入或压制，即规定对一切表现自由不得进行检查。我国宪法充分保障公民的各项自由权利，新闻自由作为言论自由权利的重要组成部分已被法律所确认。早在1949年中国人民政治协商会议制定的《共同纲领》中就规定：“保护报道真实新闻的自由。”现行宪法明确规定公民的言论和出版自由。在我国，新闻自由是广大新闻工作者基于人民的委托所享有的依法自由从事采访、写作、发表新闻作品并不受他人非法干涉的权利。而人民群众也基于新闻自由原则，广泛了解各种新闻和信息，撰稿发表意见，监督政府及其工作人员的工作。可见，新闻自由也是广大公民所享有的权利。[③] 可以

---

① 参见《中国大百科全书·新闻出版卷》，421页，北京，中国大百科全书出版社，1990。

② 傅崐成等：《美国大众传播法》，台北，一二三资讯有限公司，1991；杜钢建：《论表现自由的法律保障》，载《中外法学》，1995（2）。

③ 参见王利明：《论人格权保护与舆论监督的相互关系》，载《法学家》，1994（5）。

这样认为，新闻自由的保护不仅在于新闻出版界本身，而且还在于公众“获得信息和思想的权利”。从宪法的立法目的来说，新闻自由的保护是以社会公众的利益而不是新闻出版界的利益为价值取向的。[①]

资讯自由与新闻自由有着密切联系。公民获取资讯的自由，在西方国家被称为“了解权”“知情权”。1766 年瑞典依照《新闻自由法》赋予报刊转载公文的自由，向市民提供了解属于公家情报的渠道。1951 年芬兰制定的《文件公开法》将人民的了解权从报道的自由权分离出来，作为独立的权利予以确认。[②] 公民在不损害国家安全和公共利益的情况下获得信息资料，这是公民行使言论自由权利的基础。资讯自由在西方国家被喻为是一种新的政治性权利。在美国，尽管对这一权利的解释引起很大争议，但“了解权”被作为“保护和扩大‘言论自由’权利的理由”而被广泛利用。它被美国人看做导源于确保自治的人民充分了解国家政治的较广泛的社会目的，又被最高法院从无此措辞的宪法中“发现”的一种权利。[③] 美国学者认为，了解权主要包括两项内容：一是听的权利，即是听、读、看以及接受他人传播消息的权利；二是基于向他人传播需要而取得情报资料的权利。[④] 资讯自由是言论自由权利的延伸和发展，从一定意义上说，它反映了西方国家社会公众参与政治活动和实现自身权利的追求。

新闻自由与资讯自由兼有政治权利与社会权利的性质，是一种具有宪法性质的公民权。它们都是现代社会的产物，也是法治国家的重要标志。一方面，新闻自由与资讯自由是一种能动权利，是公民言论自由的动态表现。它不仅只为法律所确认，还必须不断为人民所行使，才具有实际意义。在社会生沽中，透过大众传播媒介所作出的新闻传播、评论等，可以向人民告知各种情况，提供形成民意渠道、监督政府的行为方式。获得必要的信息资料和拥有充分发表思想意见的途径，这是公民行使言论自由权利的前提和保证；另一方面，新闻

---

① See Harry N. Rosenfield, Free Inquiry, and The Law, *Fair Use and Free Inquiry*, Ablex Pub. Corp, pp. 296 - 297, 1980.

② 参见［日］片冈宽光：《情报公开的有效性及其课题》，载《法学译丛》，1983（3）。

③ 参见王人博：《近现代西方权利观念的演变》，载《外国法学研究》，1993（2）。

④ 参见［美］托马斯·埃默森：《论当代社会人民的了解权》，载《法学译丛》，1979（2）。

自由与资讯自由是两种不同属性的权利，必须采取不同的保护措施。新闻自由是一种“消极权利”，应受到政府的充分保护而不能非法加以禁止和干预。现代国家对新闻自由逐渐取消了事先限制，不准公共权力预先介入或压制，转而采取事后惩罚措施，以防止新闻自由权利的滥用。资讯自由是一项积极权利，即个人的权利必须借助于政府的积极行为才能实现。宪法赋予公民享有参政、议政和参加国家政治生活的民主权利，对国家重大问题享有表达个人见解和意愿而不受政府非法限制的自由。这种参政权的行使是以了解权的实现为基础的。除事关国家安全、公共利益、个人秘密等有关资料外，政府有义务向公民报告或提供必要的信息和情报。由此可见，新闻自由与资讯自由从积极与消极两个方面体现了言论自由的宪法精神。

新闻自由、资讯自由与合理使用有何种关系呢？它们从根本上就是一致的，都是公民个人权利的重要组成部分，基于表现自由而发生，但具有不同的权利形态。从支配对象来说，它们都是体现 定思想内容的信息，在不同的使用领域，或称为新闻，或称为情报，或称为作品。各种自由权利都与这种信息的生产与传播有关；从权利性质来看，它们都具有宪法意义或从宪法权利派生而来，因而在公民权利类型中居于重要地位。但这些权利的行使在内容、方式、范围等方面都有必要的限制。下面试分述之：

合理使用是公民实现表现自由权利的基本条件。言论和出版自由的前提是对信息的掌握与交流。信息的范围很广，包括消息、意见、观念、知识、资料、数据等。信息有赖于传播，即进行传递、输送、沟通、交流信息的活动。在传播学看来，传播形式主要有内向传播，即人的自我信息活动，如感知以及由感性到理性的意识和思维活动；人际传播，即个人之间的信息传递；群体传播，即社会公众之间的信息活动；组织传播，即各种社会组织，如政党、社团、机关、学校、企业等内部的信息活动；大众传播，即大众传播工具（包括报纸、期刊、书籍等印刷传播媒介和广播、电视、电影等电子传播媒介）的信息传播活动。[①] 著作权法合理使用制度的功用在于，在法律允许的范围内，自由而无偿地使用信息、接受信息。基于学习、研究的目的、非营利的教学目的

① 参见张隆栋主编：《大众传播学总论》，12页，北京，中国人民大学出版社，1993。

以及评论、新闻报道的目的而合理使用他人的作品，无一不是传播活动的具体体现。作为消息、知识、资料形态出现的信息，在著作权法中往往表现为享有专有权利的作品，但这种权利不应成为思想和信息交流的障碍。对此，美国学者 Patterson 教授认为：在使用他人作品的情形中，"以营利为目的的使用构成侵权，但非营利使用则不然。著作权提供的保护可以对抗非法的竞争者，但不能阻碍公众对作品的合理使用……信息的公开传播非常重要，因此不能使自由之公益和民主社会屈从于传统著作权观念下的私人独占权"[①]。

新闻传播与资讯获取的对象，即信息，往往涉及著作权领域的受保护客体，即作品。关于著作权法的保护对象，是作品的形式或是内容，抑或两者有之，国内外学者多有分歧。在著作权领域提出"内容"与"形式"的区分，并认定保护其中一个方面的主张，遭到很多学者的批评。日本学者古泽博认为：凡是作品中体现作者个性特征的部分，都可成为著作权法的保护对象，即包括有创意的内容或形式。我国学者郑成思认为：著作权法应当保护"带有独创性的作品"，即除了传统的"思想表达形式"外，还应包括作品中确实带有独创性的内容。[②] 作品的内容一般包括题材、素材、概念和事实、情节、构想等。学者们对于作品的哪些内容不给予著作权保护有共识之处：(1) 题材：即作品中所描绘的能够表现主题思想的具体社会现象，如社会题材、军事题材、爱情题材等。题材存在于社会之中，是作者表达思想的客观条件，不宜由某一作者独占；(2) 概念和事实：前者指作品所要传授给社会的作者的想法和对事物的评价，后者则是作者所要告诉社会某一事物的发展过程和规律。二者都是作者所要传播的知识，从实际功能的角度讲，不必提供保护；(3) 素材：即存在于作者之外的不具备作者个性特征的材料，或是来自作者所处的自然与社会之中，或是取自历史文化遗产。对于素材，法律也不能给予保护。至于其他要素，即主题（贯穿作品的中心思想或作品所显示的总的思想意义）、情节（展示事物、人物性格、表现人物相互关系的系列事件的发展过程）、构想（对作

---

① Harry N. Rosenfield, Free Inquiry, and The Law, *Fair Use and Free Inquiry*, p. 302, 1980; ［日］古泽博：《关于利用他人作品的著作权问题》，载日本《独协法学》，1977-10-22。

② 参见郑成思：《"形式"、"内容"与版权保护范围》，载《中国法学》，1992 (6)。

品总体的组织和安排）等，确实具有独创性特点、表现作者创作个性的，学者们认为不应将其一概排斥在保护范围之外。笔者认为，作品的内容有的属于"公共领域"，任何人都可以自由使用；有的虽属于"专有领域"但其他人也可以合理使用。著作权法的上述制度，特别是合理使用制度，为公众利用著作权作品进行信息传播与交流提供了可靠的法律形式。

合理使用是一种与公民宪法权利相关联的法律制度，它的宪法学意义正逐渐为学者所认识和揭示。对此，美国学者叙及较多。Patterson 等人写道：使用者权利可能是著作权法中最不为人理解的部分。其实，宪法在规划著作权制度，即通过授予作者专有权利以促进知识进步时，就预先规定了公众对著作权作品予以个人使用的权利。[①] Nimmer 教授认为："合理使用之范围和外延完全应由国会斟酌决定。著作权法上的合理使用，其复制活动应以不对著作权作品带来实质性损害为限。但是基于宪法修正案言论自由条款而使用时，尽管作品著作权因之削弱，但仍得以行使。"[②] 版权专家 Rosenfield 更是将合理使用抬高到"准宪法权利"的重要地位。他说，《美国宪法》第一修正案和第九修正案赋予著作权作品的使用者，在印刷和视觉形式上以合理使用该作品的直接的宪法权利和自由资讯权。[③] "合理使用"不仅仅是在著作权法领域对使用者提供的法定保护，而且应作为一种法律手段，使得合乎宪法的公共利益优先于著作权法保护的独占权利。[④] 美国学者的论述概由其国情使然，在此不置评说。但它反映了一个值得注意的现象：西方社会在个人价值的基础上，强调权利的社会特性。其中权利制度的发展既有某种权利的扩张，又有某种权利的限制，比较注重不同主体之间的利益协调。在著作权领域，虽然新的复印技术、录制技术对传统的合理使用制度带来了强大的冲击，大有"范围缩小，征税扩大"

---

① See L. Ray Patterson, Stanley W. Lindberg, *The Nature of Copyright: A Law of Users' Right*, 1991.

② Harry N. Rosenfield, "*Free Inquiry, and The Law*", *Fair Use and Free Inquiry*, p. 87, 1980.

③ See Harry N. Rosenfield, "*Free Inquiry, and The Law*", *Fair Use and Free Inquiry*, p. 300, 1980.

④ See Harry N. Rosenfield, "*Free Inquiry, and The Law*", *Fair Use and Free Inquiry*, p. 287, 1980.

的趋势[①]；但在公民宪法权利的有关方面，合理使用却独步于专有权利领域，得到有力的保护。上述情形虽只是见之于若干判例，且在著作权学界有所争议，但它对将来著作权立法的影响却是不可忽视的。

三、新闻作品的有限保护与合理使用的阻滞

新闻活动与合理使用中所涉及的新闻，称谓不同，含意有异。诸如“新闻作品”“新闻报道”“时事新闻”，在法律上往往具有不同的属性，不能等闲视之。《辞海》的表述是：“新闻”，即“报社、通讯社、广播电台、电视台等新闻机构对当前政治事件或社会事件所作的报道。形式有消息、通讯、特写、记者通信、调查报告、新闻图片、电视新闻等”[②]。从其述及的表现形式看，与新闻作品同义。据世界知识产权组织编写的《版权和邻接权法律术语词汇》解释，“新闻消息”（news of the day）是指“通过报纸、广播或其他适当的工具报道关于最新事件或事实的单纯消息。这是没有资格取得版权保护的作品”[③]。由我国版权主管机关组织编写的《中国著作权手册》将其称之为“时事”（current event），“根据伯尔尼公约，成员国可将纯时事报道排除在版权保护之外”[④]。在这里，“新闻消息”、“时事”都是指时事消息报道，与上述广义上的“新闻”有明显区别。它虽具有作品的一般形式，但不受著作权法保护。

新闻报道没有著作权，已经为许多国家的著作权法所承认。《英国著作权法》第1条规定，著作权存在于具有原创性的文学、戏剧、音乐或艺术作品、录音、影片、广播或电缆节目，以及版本之版面安排。据该法关于作品种类的解释，新闻报道不在著作权保护范围之内。《法国著作权法》第3条采取列举性规定，第4条、第5条采取说明性的特殊规定，均未涉及新闻报道的著作权客体资格问题。《日本著作权法》第10条则明确规定，只是传播事实的杂闻和时事报道，均不属于著作权客体的范围。《德国著作权法》第49条则明文宣称

---

① 参见郑成思：《信息、新型技术与知识产权》，89～99页，北京，中国人民大学出版社，1986。

② 《辞海》，1483页，上海，上海辞书出版社，1980。

③ 沈仁干编：《国际版权手册》，58页，成都，四川人民出版社，1984。

④ 曹三明等主编：《中国著作权手册》，63页，成都，四川教育出版社，1993。

无限制允许复制、传播和公开再现对现实的综合报道和通过新闻媒介或中介发表的每日新闻。[①] 我国《著作权法》第5条规定，时事新闻不适用于著作权法保护。

对新闻报道不给予著作权保护，其目的是保护大众获得知识和信息的权利，从传播学的角度看来，新闻的本源是事实，正在发生的变化或潜在的变化是构成新闻事件的重要因素。“新闻是单纯的记事，意见必须与新闻明确地分开。”[②] 而新闻的目的是传播知识，报道新闻，引导社会舆论，影响人们的思想和行动。这与大众传播的基本社会功能，即“守望环境功能、社会整合功能、决策参与功能、社会动员功能、科学与教育功能、娱乐与服务功能”是完全一致的。新闻的本源和功能决定了“新闻报道”不应成为著作权意义上的作品，不宜为著作权所有人独占使用。对此，联合国教科文组织编写的《版权基本知识》一书认为，由于社会政策方面的原因——即社会需要获得知识和有关世界大事的情报——授予的版权保护是有限制的；除了由于版权保护期限已过而属无版权状态的作品外，还有两大类作品为了公众利益不受保护，这就是官方法令（在某些情况下是政府文件）和日常新闻；为了鼓励公开传播消息和新闻，长久以来一直承认版权保护的某些例外情况，每日发布、广播或公开传播的新闻不受保护。[③] 以上说明，作为时事报道的新闻，应视为公共财产，不能纳入某一特定主体的“专有权利”范围。尽管如此，西方一些国家的立法者与裁判官并没有拘泥于著作权法理论的上述观点，而是采取种种方法为新闻提供有限的保护，或是规定严格的条件制约合理使用。究其方式说来，大体有以下三种。

第一，将无著作权的新闻限制到最小的范围。日本著作权法虽然规定时事新闻不受保护，但通过司法解释对时事新闻的含义和外延作了严格限定，并对其他新闻作品采取了分类保护。据日本文化厅在《新版权概要》所作的行政性

---

① 上述国家著作权法的有关规定，引自《中外版权法规汇编》，北京，北京师范大学出版社，1993。

② ［美］威尔伯·施拉姆等：《报刊〈四种理论〉》，71页，北京，新华出版社，1980。

③ 参见联合国教科文组织编：《版权基本知识》，29～31页，北京，中国对外翻译出版公司，1984。

解释："所谓'只是传播事实的杂闻和时事报道'，是指关于人事往来、讣告、火警、交通事故等日常消息。这些东西没有版权。一般的报道、通讯、新闻照片，不属于这个范围，应作为作品加以保护。"[①] 这样，报纸上刊载的新闻作品分为三类：一是完全没有著作权的新闻作品。诸如动态新闻、简明新闻等不受保护，其他报刊、电台、电视台等都可以自由转载或播送。二是有著作权但附有条件自由使用的新闻作品。社论在没有声明禁止转载的情况下，其他报刊等可以自由转载，但要注明出处，尊重作者的其他权益。三是有著作权但不得随意使用的新闻作品。诸如新闻通讯、特写、书评、剧评、影评及其他专栏文章都属于这一情形。日本著作权法此种规定，有其特别之处。它对时事新闻作了极其严格的限定性解释，而将一些传统的新闻报道作为作品保护。至于特写、通信等专栏文章则视为著作权作品，与其他国家立法并无二致。据说，日本著作权法扩大新闻作品的保护范围，受到该国新闻界的普遍欢迎。但在世界范围说来，这样规定尚不多见。在这里需要指出的是，上述时事新闻虽无著作权，但若经过记者或编辑创造性编排，其编排、形式可受保护。美国判例承认，原始新闻（raw news）以及资讯（information）不受著作权拘束。凡当天的新闻实质资料，基于公共秩序之缘故，任由公众采用。但编辑制作新闻资讯之方式，包括文字之使用，采访者或出版者出版新闻、资讯之形态，则享有著作权。[②] 日本也有类似做法，凡动态消息、简明新闻没有著作权，但有创造性的版面设计和修改编排，其组成的整个版面，却产生了编辑著作权。[③] 我国著作权法未涉及这一问题，但在实施条例第 38 条中规定：出版者对其出版的图书、报纸、杂志的版式、装帧设计，享有专有使用权。

第二，对无著作权的新闻提供其他法律保护。新闻报道无著作权，其立法目的在于保障社会公众获取知识和信息，防止大众传播途径发生阻滞。但是，新闻也是一种产业，存在着同业竞争的情况。如果某一传播单位投入人力物力采访制作的新闻消息，无偿为另一传播单位使用，未免有失公平。对此，一些

① 童关：《新闻与版权》，载《新闻学刊》，1987（2）。

② 参见傅崐成等：《美国大众传播法》，27～28 页，台北，一二三资讯有限公司，1991。

③ 参见童关：《新闻与版权》，载《新闻学刊》，1987（2）。

国家转而寻求与著作权类似的法律保护，以实现利益的平衡。《意大利著作权法》确认在新闻报道中禁止不正当竞争行为。该法第101条规定："在注明出处和不违背新闻业公共惯例的前提下，可以复制新闻报道。"但是，在通讯社对其新闻公报注明有确切的发布日期和时间的情况下，他人"在实际公报发布16小时内，或在通讯社授权发布的报刊发行前，转载与广播通讯社发布的新闻公报的，应视为非法；报刊社或广播组织为营利目的系统地转载或广播的已刊载或广播的新闻报道"，也在禁止之列。[①] 与意大利不同，美国是通过法院判例来解决这一问题的。1918年，美国最高法院即通过一项指导性原则，规定新闻为"准财产"（quasi property），因此剽窃新闻的行为适用于商业上的"不公平竞争"原则；即使竞争者可以模仿对手的商业行为、过程、方法，但法律虽然保护竞争，却不鼓励对竞争者投资与辛劳的篡夺。在美联社诉国际新闻社一案中，法庭确认：被告承认整体引用了原告的新闻材料，而这些材料乃至新闻是原告耗费人力、财力获得的，并且在传播给客户过程中有商业利益。被告未经允许"引用"并出售，其出售对象是与原告客户竞争的报纸，这种侵占行为构成了对原告合法商业利益的损害。为此，联邦法院作出判决，新闻不具有著作权，但以衡平法来裁定，该行为属于商业上的"不公平竞争"。美国学者将这一原则具体表述为：新闻通常不享有特定的著作权，在新闻采访、报道的过程中使用其他新闻机构的新闻是可以的，但实体"引用"则属于不公平竞争，法律不予保护。[②] 值得注意的是，诉诸法律的有关纠纷，多涉及那些颇具新闻价值的独家新闻、专访新闻，当事人一般是各种传播组织。对无著作权的新闻资料提供有限的法律保护，虽出于维系新闻媒介组织之间的公平竞争，但客观上限制了公众获取信息渠道的畅通。

第三，规定新闻报道中合理使用的严格条件。基于新闻报道目的的合理使用，在各国著作权法中都可以见到。《英国著作权法》第30条允许为时事报道之目的而合理使用——作品（不包括照片），在附加了充分说明的条件下不侵

---

① 意大利著作权法的有关规定引自《中外版权法规汇编》，北京，北京师范大学出版社，1993。

② 参见［美］Dan M. Gilimor：《传播法》，1984。转引自童关：《新闻与版权》，载《新闻学刊》，1987（2）。

犯作品之任何著作权。但是，用录音、影片、广播或电缆节目手段进行时事报道无须附加说明。《美国著作权法》第 107 条规定，为了新闻报道等目的而合理使用有著作权的作品，包括用复制成复印件或录音制品，或者该条中所规定的任何其他方式来使用有著作权的作品，不构成侵犯著作权。《法国著作权法》第 41 条规定，合理使用的具体情形是：通过报纸、无线电广播的时事报道，全文或部分地传播在政治、行政、司法或学术性会议上及在政治性群众集会、官方仪式上的演讲。[①] 立法文件并不是新闻报道中自由使用的通行证。一件作品用于新闻报道，是否“合理”合法，在很大程度上取决于法官对个案的审理情况。美国学者评论道，国会立法虽已确认新闻报道中的合理使用，但法院对更多的案例却判为侵权。[②] 对于合理使用之主张，法院提出三条规则作为拒绝理由：（1）对有著作权作品的使用缺乏创造性；（2）使用了有著作权作品的精华和实质部分；（3）使用有恶意（bad faith），即存在营利目的或排挤竞争对手的用意。1947 年在 Phillips 诉 Constitution 出版公司一案，被告完整地引用一位在监服刑的作者所创作的一首诗，被视为侵权。法院认为，完整的诗歌被复制不是合理的引用或摘录，也不符合该作品用来回顾和评论的性质。在 1976 年 Wainwright 证券公司诉华尔街誉印公司一案中，被告作为一家经济新闻的出版商大量引用他人的经济新闻分析，被法院拒绝。法院认为，“这不是新闻事务的合理使用范围，被告的目的在于谋取利益，除此别无解释”。而 1985 年哈珀与罗出版公司诉“国家产业”杂志一案则更有典型意义。原告拥有美国前总统福特回忆录的出版权，包括首次连载权、摘编出版权。被告未经许可，抢先在该书出版与合法受让人摘编发表前刊载相关文章，引用约 1/20 的篇幅。地区法院判被告侵权，上诉法院却认为属于合理使用，其理由是：“被告登载的不过是涉及一位美国前总统的重要政治事件而已。著作权法不应阻碍普通公民了解国家生活中时事和历史情况的渠道。”最高法院作出最后判决，认定被告已构成侵权，不属于合理使用。判决首先认定被告“一般的目的

---

① 上述诸国著作权法的有关规定，引自《中外版权法规汇编》，北京，北京师范大学出版社，1993。

② See William F. Patry, *The Fair Use Privilege in Copyright Law*, pp. 410 - 411, 1986.

确实是新闻报道，但特定的目的则是排挤著作权持有人首先出版而享有商业利益的权利”；同时认为，“回忆录是一部尚未发表的作品，摘取任何一部分发表，均侵犯了原告的首次出版权及首次摘编权”[①]。以上判例提供了新闻报道中合理使用的一般规则：（1）使用目的仅限于报道时事新闻；（2）被使用的作品必须是已经发表的；（3）符合“引用”的数量限度和实质性要求；（4）在报道中一般应注明被引用的作品出处。这些做法对我们处理相关纠纷不无借鉴意义。

四、“价值冲突”：法益优先保护的选择

言论自由在基本人权体系中占有突出重要的地位。宪法学者认为它不仅是人作为主体的文化的存在所不可欠缺的自由，而且是民主社会得以确立的前提，相对于经济自由等权利，言论自由应当具有“优越地位”，即应看做是具有优先性的法价值。[②] 言论自由优于经济自由的原则在美国宪法判例以及日本、韩国的宪法理论和实践中都得到承认。

从学理上讲，法哲学的自然权利论与宪法学的代议民主论是言论自由优先性原则的基础。根据自然权利理论，表述思想的自由是“人类最宝贵的权利之一”。精神自由是最高的自然权，保障思想自由较之维系经济自由有着更为重要的意义。根据代议民主论，思想表现自由是代议民主制的前提，从“主权在民”的政治信念、立场出发，对精神自由需要加以特殊的保护。对此，资产阶级的思想家们都有过论述。英国启蒙思想家约翰·弥尔顿在1644年发表的《论出版自由》演说中说道，人们运用理论，就可以辨别正确与错误，区分好坏，而要运用这种才能，人们就必须不受限制地去了解别人的观点和思想。只要让真理参加自由而公开的斗争，它就有战胜其他意见的力量。[③] 约翰·洛克从理论上论证了资产阶级的“天赋人权”的原则，形成“人民主权”的学说。

---

① 傅崐成等：《美国大众传播法》，台北，一二三资讯有限公司，1991。

② 参见杜钢建：《论表现自由的保障原则》，载《中外法学》，1995（2）。

③ 参见［英］约翰·弥尔顿：《论出版自由》，46页，北京，商务印书馆，1958。

他断言，在自然状态下每个人都享有普遍的天赋权利即生命权、自由权和财产权。其中，人们享有自然的自由包括思想自由、信仰自由和言论结社自由。[①]在他看来，在民主政体下立法权属于代议机关，它的权力是受社会即大多数人的委托而执行的。其立法的目的之一，在于维护和扩大公民的自由。法国启蒙思想家卢梭发明了所谓“社会契约论”，认为人民之间为成立政府而缔结的一份“公约”是一切法律的基础，而政府则不过是“臣民与主权者之间所建立的一个中间体，以便两者得以相互适应。它负责执行法律并负责维持社会的以及政治的自由”[②]。美国资产阶级革命家托马斯·杰弗逊在《权利法案》中着重强调了人民的自由民主权利。他认为，一个民主政府必须尊重人民的思想言论自由，而不能禁锢和压制人民的思想。人们的思想言论自由是人性使然，是理性的要求。当人们的意见变为公开行动之前，政府不应该干涉意见的发表，这是自然法的要求，也是由于人民是理性动物。政府应当相信人民的良知会辨别是非的。只有让他们自由地表达意见，社会的真理才会愈辩愈明。[③]

如果说，近代启蒙思想家们强调表达思想的自由，只是论证了这种自由赖以存在的基础和价值意义，那么，现代西方国家的政治法律学说对思想言论自由的推崇，则达到无以复加的地步。在美国，新闻界称“出版自由”[④] 为“第一自由”，认为其他各项自由赖之以争取，其他各项自由赖之以捍卫。“言论与出版自由是全部自由的中心……它是其他自由的保卫者和促进者……（美国）宪法第一修正案将出版自由与言论自由并列显然是有道理的。”由此，西方新闻学者众口一词：“出版自由”是现代国家的一个象征。[⑤]

马克思主义的经典作家对于资本主义国家宪法关于保障各种自由的规定，早有深刻的批判和精辟的述评。由于论题所限，在此不作赘述。我们需要探讨的是，言论自由的优先性原则对合理使用制度的影响。

---

① 参见王哲：《西方政治法律学说史》，194、206、207 页，北京，北京大学出版社，1988。

② ［法］卢梭：《社会契约论》，76 页，北京，商务印书馆，1980。

③ 参见王哲：《西方政治法律学说史》，218～219 页，北京，北京大学出版社，1988。

④ 传播学理论认为，“出版自由”常被用作“言论出版自由”的简称，“新闻自由”则是“出版自由”的通称。此处采用“引文”中的表述方法。——笔者注

⑤ 参见张隆栋主编：《大众传播学总论》，57 页，北京，中国人民大学出版社，1993。

在美国，自1976年《著作权法》明文规定合理使用以后，围绕这一制度引发了一系列敏感和颇有争议的问题：《宪法》著作权条款（即授权国会立法保护著作权）与《宪法第一修正案》（即言论自由条款）存在什么关系？在言论自由权利与著作权发生冲突时，何种法益具有优先性？合理使用除受制于著作权法外，是否具有宪法意义？在此期间发生的三个判例即是人们关注和争议的焦点。

1976年Thomson州长竞选班子诉讼案

支持Thomson再次当选州长的竞选班子，拥有一首“生死随缘”歌曲的著作权，并将该歌曲作为竞选广告的片头和结束曲。竞选对手也制作了广播竞选广告，并在开头使用了这一歌曲，于是成讼。联邦地区法院援用《宪法》条款，判决被告系合理使用而不构成侵权。判决认为，《宪法第一修正案》提供了对政治自由表达的广泛保护，以保障公众进行有关政治与社会变革的思想交流。著作权所有人的专有权利不能对抗基于信息传播所产生之公共利益，它们之间的冲突可以依合理使用原则解释。被告的使用具有非商业性质，是对原告政治广告的合理使用。

1978年意大利人图书公司诉美国广播公司（ABC）案

被告在一报道街头游行的电视新闻中，使用了一首未注明作者身份的著作权歌曲，声称其为合理使用。地区法院作出有利于被告的判决，但未涉及宪法条款而将其视为所谓的合宪行为。

1978年Triangle出版公司诉Knight——Ridder报社案

原告出版了有关节目信息的“电视节目指南”。而被告作为一家报社，在为其“星期日专版”所作的促销电视广告中，显示了原告刊物的版面样式，以用于识别其出版物。原告诉称该行为构成侵权。法院对被告行为虽未认定为著作权法上的合理使用，但却给予其宪法性的保护。其理由是：在比较式广告宣传中，被告虽以过激的方式使用他人作品，但系为消费者提供重要信息来源。在这种情况下，保护言论自由的宪法原则，要优于保护专有权利的著作权原则。[1]

---

① 上述案例详见：Harry N. Rosenfield，Free Inquiry，and The Law，*Fair Use and Free Inquiry*，pp. 288－292，1980.

Thomson 案和 Triangle 案在法律逻辑上是互相补充的。前者利用宪法性原则扩充传统“合理使用”概念的内涵。后者则对不构成著作权法要求的“合理使用”认定为宪法意义上的合理性使用。Triangle 一案最终由最高法院在未加任何自己意见的情况下维持原判，但是关于使用合宪问题却引起广泛的讨论与争议。

《美国著作权法》自 1790 年公布，历经 185 年，始在 1976 年将“合理使用”作为一项法定权利确定下来。在长期的司法实践中，法官依靠自由裁量形成了合理使用的基本规则，即在特定的情形下，使用者能对抗著作权所有人的独占权利，不经其许可而使用作品。为何美国人如此钟情合理使用，将这一英国草创的判例规则改造成有丰富内容的使用者权制度，并引申为具有宪法意义的权利制度？这并不是偶然的。

崇尚美国宪法权利，以《宪法第一修正案》作为衡量使用是否合理的最高依据，也许是回答上述问题的最直接答案。美国学者 G. T-Hunt 写道：对公众而言，言论之权利意味着“听”并“了解”的权利，进一步说暗含有“使用之权”①。最高法院进一步指出，宪法所保护的“知情权”较之智力创造领域有限使用自由要大得多。它的基本目标是，质询自由，即公开有关讨论中的所有思想观点，此种公开又需要对著作权作品合理使用。② 倘若含有合理使用的言论自由权与著作权发生冲突，如何选择优先保护的权益呢？美国国会、法院、版权登记机关共同采用的原则是：公众利益应优先于著作所有人的利益。1909 年国会在著作权立法报告中宣称：著作权之存在首先应有利于公众，其次才是使作者本人受益。③ 这即是被奉为美国著作权法的首要原则——“公共利益原则”。最高法院在一系列的判决中多次重申，著作权法将……著作权所

① Harry N. Rosenfield, “The American Constitution, Free Inquiry, and The Law”, *Fair Use and Free Inquiry*, p. 298, 1980.

② See Harry N. Rosenfield, “The American Constitution, Free Inquiry, and The Law”, *Fair Use and Free Inquiry*, p. 298, 1980.

③ See L. Ray Patterson, Stanley W. Lindberg, *The Nature of Copyright: A Law of Users' Right*, p. 70, 1991.

有人的经济报酬作为第二位考虑。[①] 审判结果表明，在著作权所有人之法定权利与使用者之宪法性权利的平衡上，一般向后者倾斜，即强调著作权所有人的利益较之公众利益为次要与从属。版权登记机关向国会呈报：把作者的利益限制于公众的利益之中。当他们发生冲突时，公众利益应居于优势。[②]

美国著名著作权专家 Rosenfield 法官对合理使用的宪法问题进行了系统化、理论化的概括，他认为：（1）美国宪法的著作权条款并未直接授予著作权所有人以独占财产权利，它仅赋予国会以权力制定著作权法。著作权是法定的独占权利，而非宪法性权利；（2）美国宪法修正案赋予著作权作品的使用者，在印刷和视觉形式上以合理使用作品的直接的宪法性权利和自由咨询权，这些权利较之著作权所有人的法定权利有优先效力；（3）在使用者宪法性权利与著作权所有人法定权利之间的权衡上，法院应以使用者享有的合理使用和咨询自由的权利为重；（4）著作权法上的合理使用既是一种法定的权利，又是实现公众利益优先性宪法保护的重要途径。[③]

Rosenfield 法官的观点尚未成为通说定见。实际上，在不同法院的判决中，往往有不同的见解：一是"传统说"，即依然适用著作权法规定的合理使用准则，认为宪法修正案未能弱化著作权法的约束力，不能依宪法条款作为合理使用的抗辩依据；二是"结合说"，即是将《著作权法》与《宪法第一修正案》结合起来，认为合理使用已包含了保障言论自由的立宪意图，完全摒弃使用者的宪法保障似不适宜；三是"扩大说"，即在著作权法合理使用条款以外，存在着一种合理的宪法意义上的使用者权，它直接依宪法条款而产生效力。

美国著作权界的这场争议并没有结束，但它将给美国相关立法的走向与其他国家合理使用制度的改革和完善带来重要影响。笔者以为，对合理使用宪法意义的发掘，是西方社会民众争取将抽象的宪法权利具体化的结果。权利的

---

① See Harry N. Rosenfield, "The American Constitution, Free Inquiry, and The Law", *Fair Use and Free Inquiry*, p. 218, 1980.

② See Harry N. Rosenfield, "The American Constitution, Free Inquiry, and The Law", *Fair Use and Free Inquiry*, p. 218, 1980.

③ See Harry N. Rosenfield, "The American Constitution, Free Inquiry, and The Law", *Fair Use And Free Inquiry*, p. 300, 1980.

“个人主义”性质没有改变，但权利的社会特性被突出。如果说，近代权利的“个人主义”表现为自由主义的话，那么现代权利的“个人主义”则表现为民主主义。[①] 在美国，“知情权”的出现，被喻为言论自由权的扩大和延伸；而这一权利的行使，又有赖于信息与资料在广泛的程度上被自由使用。这样，合理使用制度被笼罩了一道宪法的神圣光环。纵观美国著作权法的历史，“版权”历来被视为一种财产权利，而事实上这一权利又多为具有作品传播实力的印刷出版商、广播电台老板、电视、电影公司巨头所把持。在这种情况下，对著作权所有人的垄断财产权利实行必要限制，为公众使用作品以获取知识与信息的权利提供倾斜性保护，无疑有着进步的意义。从宪法学角度看来，在两种法益发生冲突的时候，采取精神自由优先于经济自由的原则也是合理的。当然，“真理向前跨进一步就会成为谬误”。合理使用制度的法律价值和存在意义在于它的“合理”性，它不应也不可能成为恣意侵害他人合法权利的借口。宪法保护的自由权并不当然意味着行使这一权利时个人责任的免除，它本身有着一定的规制和制约。正如 Sigmund Timberg 所言：宪法并不能确保作品的使用者在著作权领域内自由通行。对于公众的使用者权，每个人不应无限制地延伸。[②] Eugene N. Aleinikoff 也强调，商业利益对于合理使用判断是重要的，享有著作权的作品不能在合理使用的保护伞下，任由他人超越法定目的而使用。[③] 因此对于公众合理使用的权利，我们应该予以承认与保护。法律工作者的任务是改造与完善这一制度，而不能采用简单否认的态度。

---

① 参见王人博：《近现代西方权利观念的演变》，载《外国法学研究》，1993（2）。

② See Sigmund Timberg，“A Modernized Fair Use Code for Visual Auditory，and Audiovisual Copyrights”，*Fair Use and Free Inquiry*，1980.

③ See Eugene N. Aleinikoff，“Fair Use and Broadcasting”，*Fair Use and Free Inquiry*，1980.

第五章

合理使用制度的民法学思考

一、合理使用的对象：作品抑或权利

在著作权法领域特别是合理使用制度中，作品与作品载体、作品利用与作品权利利用的区分是非常重要的。基本范畴的混淆容易导致对法律制度的误解。作品是作者创作构思活动的最终形态，是作者思想或情感的直接反映，属于知识产品的范围。作品虽然具有非物质性的特点，但总是要通过一定的形式表现出来，使得作者以外的其他人能够了解，这种表现形式具象为文字著作、舞台表演、绘画、雕塑、音像制品等，是为作品的载体。作品与作品载体是不同财产权利的客体。在近代著作权法中，印刷权、翻印权、出版权和出售权构成了著作权的全部内容，行使其中任何一项权利即是对著作权的行使，如未经许可而利用，则视为侵权。但是，上述的“出售权”（the right to vend the copyrighted work），实质上是一种“首次出售权”（the right of the first sale），即著作权所有人有权决定作品第一次销售，但无权控制作品的后续买卖。换言之，购买者对作品载体拥有所有权，可以自由地处分该标的物。但是，购买者利用手中的书籍进行翻印，则是对作者思想表现形式即作品本身的利用，涉及复制这一专有权利的使用问题。由此我们可以看出，作品的使用实际上与著作权的利用相关联，而作品载体的使用实际上是有形财产所有权的行使。

作品利用与作品权利利用也是两个不同的范畴。后者是对他人著作权的使用和限制，是一种具有法律意义的行为；前者是对他人创作的作品采用某种方式和用途（如引用、复制等）进行利用的行为，它可能引起某种法律后果发生，也可能不引起某种法律后果的发生。一般来说，著作权的使用必然涉及作品的使用，抽象的权利利用正是法律对作品使用这一事实行为的确认；而作品的使用，则不一定涉及著作权的利用。凡对作品中所含有思想内容的使用，对著作权客体排除领域作品的使用，对已进入公有领域作品的使用等，都是不具有法律意义的行为。

两对范畴的区分是我们把握合理使用制度的理论前提。如何认识合理使用的社会本质，它表现的是人与作品的关系还是人与人的关系？如何认识合理使用的自身规范，其支配对象是作品还是权利？这是需要我们进一步深入探讨的问题。

马克思指出："一切生产都是个人在一定社会形式中并借这种社会形式而进行的对自然的占有。"① 人们要从事精神生产活动，就要实行劳动者（作者）与劳动资料（知识）的结合，这种人与物的占有关系，在法律上表现为一种权利关系。合理使用制度的本质并不是人与作品的关系，而是人与人之间的社会关系。正如马克思批判蒲鲁东的财产权社会观所指出的那样，"对象是为人的存在，是人的对象性存在，同时也就是人为他人的定在，是他对他人的人的关系，是人对人的社会关系"②。这即是说，人与作品的关系是一种表象，在它的背后存在着创作者与使用者之间的社会关系。因此我们不宜将合理使用以至整个著作权制度单纯地作为"人与作品"的关系加以考察，而应正确把握著作权法及其相关制度的本质。同时，我们也应看到，合理使用制度本身是一个法律范畴，它在反映和表现上述财产关系时又必须遵循立法技术自身的规律，即通过规定主体（使用人）对客体（作品）有限的使用，来确认和保护主体为追求一定利益而采取一定行为的资格和可能性。著作权法以直观的、具体的行为

① 《马克思恩格斯选集》，2版，第2卷，5页，北京，人民出版社，1995。

② 《列宁全集》，2版，第55卷，13页，北京，人民出版社，1990。

规则形式，规定对他人作品的合理使用，即采取了主体支配客体的立法语言。但这并不妨碍我们对创作者与使用者之间基于作品的占有、使用所产生的社会关系，进行深层次的研究和探讨。因此笔者认为，合理使用关系首先是一种人与人之间的权利义务关系。

基于作品合理使用所形成的创作者与使用者之间的权利义务关系，是一种民事法律关系。在该类民事法律关系中，其权利义务所共同指向的对象是作品还是权利？这一问题尚未引起我国学者的足够重视。什么样的事物可以作为客体，法律对何种对象予以保护，是由统治阶级的国家意志以及人类社会的物质生活条件所决定的。在民法的发展过程中，最初只有动产才可以作为民事权利的客体。早期罗马的“克里维特”所有制，保留着土地公有的外壳，其所有权的客体仅限于妻子、儿子、奴隶、牲畜以及世袭住宅。这些东西在当时的人们看来是重要的财产，因此才作为客体。[1] 随着奴隶制经济和私有制的发展，不动产诸如土地、森林、牧场等重要的生产资料也被确认为财产权利的客体。奴隶制国家的民事客体制度的显著特点是，它不仅把物件作为民事权利的客体，而且也把人的本身（如家长对子女、主人对奴隶）也作为民事权利的客体。民事客体制度在资本主义社会得到充分的发展。为了协调资产阶级私人之间的财产关系，大陆法系国家（如法国）继承了罗马法的传统，把所有权以外的其他财产权视为无形物，即是将权利本身作为民事法律关系的客体；为了加速生产的集中和资本的积累，使财产的流转更为简便，他们创造了股票、票据等有价证券，将其作为一种特殊的种类物，列入了民事客体的范畴；为了刺激科学技术在资本主义条件下发展，调整知识形态的产品在生产和使用过程中的社会关系，他们把这种科学技术成果称为知识财产，也作为民事权利的保护对象。一句话，资产阶级大大拓宽了传统民法的权利客体范围。

在我国民法学界，关于客体是否构成民事法律关系的要素，以及民事法律关系客体包括哪些类别，都是颇有争议的问题。根据多数学者的观点，由于存在物权关系、债权关系、知识产权关系、人身权关系等多种类型的民事法律关系，其客体也具有多样性特点。它包括物、行为、知识产品，以及人格、身份

---

① 参见谢邦宇主编：《罗马法》，155 页，北京，群众出版社，1983。

等。鉴于合理使用是一种使用者权关系而不是著作权关系，因此，作为法律范畴的合理使用，其支配对象是权利而不是作品。对此国外学者多有论述。美国学者认为，合理使用规则最初并不适用于个人使用的情况，它仅允许后任作者对一部作品的著作权进行合理的使用，即意味着他在行使著作权人通过另一种方式所持有的某种权利。[①] 日本学者将著作权法中的合理使用概称为“权利的公平使用”，并将英美法上创制的这一概念引申到其他私法领域。[②] 我国学者对合理使用的对象未作深入探讨。一般教科书认为，合理使用是指在特定的条件下，既不征求著作权人同意，又不支付报酬而使用他人的作品。从语义上来看，合理使用的对象似乎是文学、艺术和科学作品，而与著作权本身无涉。这种表述是一种“语义说”，与上述的“法理说”具有明显的区别。笔者认为，伴随着人类社会文明的出现，知识性的创作活动就已客观存在，但在商品交换极不发达、传播手段十分落后的条件下，尚未产生对与作品创造和利用相联系的社会关系进行法律调整的必要。因此，在没有著作权存在的情况下，对他人作品的使用并无法律上的界限可言，而只是自然状态下人对作品的支配。著作权法意义上的合理使用，涉及作者“专有领域”中的作品，实质上是对其专有使用权利在一定条件下的无偿利用。在著作权转让和许可使用制度中，著作权所有人移转的并非是自己的作品，而是自己的专有权利；受让人或被许可人只有取得这种权利，才能按照一定的方式或用途使用该种作品。与合理使用不同，这种权利的利用经常是一种有偿利用。概言之，上述制度都涉及著作权的动态利用，其共同利用的对象是作者的财产权利。

在民法理论上，赋予财产意义的往往是著作权而不是作品，或者说并非作品的全部。西方学者在述及民事权利客体时，往往将财产分为有形财产与无形财产，或是动产、不动产与知识财产，并把它们统一到客体“物”的概念之中。他们认为“凡能构成财产的一部分并可占为己有的财富即为物”[③]。在这

---

① See L. Ray Patterson, Stanley W. Lindberg: *The Nature of Copyright: a Law of Users' Right*, p. 68, 1991.

② 参见［日］胜本正晃：《权利的合理使用》，载日本《独协法学》，1977-10-22。

③ 法国《拉鲁斯大百科全书》，第3卷，168页，转引自周枏主编：《民法》，北京，知识出版社，1981。

里，著作权与工业产权被视为无形物，[①] 而成为财产的组成部分。当著作权作为无形物时，人们对此类客体所产生的是财产权，即所有权与债权；而知识形态的作品，存在着“公有领域”、“排除领域”、“专有领域”的诸多划分，前两者即为全社会的公共财富，任何人都可以自由使用；而作为“专有领域”的作品，人们依法享有的则是具有人身和财产双重内容的著作权。只有这一部分作品的使用，才与作者的专有权利相联系，其使用才具有法律意义。因此，并非所有的作品都具有个人财产价值意义，而著作权本身作为无形财产，理所当然成为他人使用或者利用（包括授权使用、合理使用等情形）的对象了。

二、权利动态考察：私法上合理使用的一般情形

如前所述，合理使用是一种对他人权利的利用，本为英美法所创制，尔后成为各国著作权法所通行的制度。这种权利利用的基本特点是：在权利人不知情（包括不必知情或不能知情）的情况下利用了该项权利；权利人的利益未受到损害或受到损害极小，权利的利用为法律规定所许可。在这个意义上说来，权利利用的情形也表现在其他民事法律制度之中。

1. 对所有权的利用

在所有权领域中，相邻关系是关于该项权利限制和利用的典型情形。所谓相邻关系是指两个或两个以上相互毗邻财产的所有人或使用人，在行使占有、使用、收益、处分权利时发生的权利义务关系。这里的财产是指不动产，如土地、建筑物等。在相邻关系中，相邻各方依法享有法律规定的相邻权，同时亦依法承担法律规定的义务。相邻权的权源，为相邻不动产的所有权或使用权，其实质是对相邻不动产所有权的限制或使用权的延伸。相邻关系由法律直接规

① 某些学者认为，知识产权与其他财产权利的根本区别在于其无形性，所谓独占性、时间性、地域性等特征皆由此派生而成。严格地说，权利作为凭借法律实现的某种利益，皆为无形。罗马法学家曾将具有一定财产内容的权利视为无形物，以别于具有外在形体的有形物；近代民法学者则将财产分为有形财产与无形财产，前者包括动产与不动产，后者包括各种财产权利。因此，知识产权与相关权利的本质区别，不是该项权利本体的无形性（任何财产权利本身作为客体时都是一种无形物），而在于其权利客体即知识产品的非物质性。

定，因其与地役权颇为相似，立法例上有将相邻关系作为一种地役权来加以规定的。[①] 在罗马法中，地役权的设定，即是需役地所有人或使用人为了满足自己的某种便利而使用他人土地的一种物权，亦是在相邻关系中对供役地所有权的必要限制。地役权是罗马法中最古老的物权制度。分为乡村地役权和城市地役权。前者包括通行权（inra itinerum）、用水权（iura aquarum）等、后者包括通水权（iura stillicidiorum）、立墙权（iura parietum）、采光权（iura luminum）等。在相邻关系中设定他物权，限制所有权，来源于公平正义的法哲学思想。罗马法学者对这一制度的理论基础进行了深入的探讨，并提出“争斗行为论”和“正常使用论”两种学说。前者是中世纪理论，根据这一理论，所有人不得实施具有损害他人之恶意的行为，如遮挡光线，禁止通行等。以主观恶意标准为基础的限制规范在罗马并不存在，学者们认为，这一理论属于法哲学的范围。后者则是近代学者根据古典法学家的某些原始法律所创制的，它禁止所有人实施任何可能对相邻土地有害或令人生厌的行为。一切正常的使用，即符合一定社会的现实条件的使用，才是合法的。[②] 法国民法典称相邻关系为法定地役权，“系为另一所有权人的不动产的使用及需要而对一个不动产所加的负担”。该法典规定了“由于现场的自然情况”产生的天然地役权，以及“由于法律规定的义务”产生的法定地役权，以别于“由于所有权人之间的契约”而产生的约定地役权。在英国法中，地役权（easements）和收益权（profits）相当于大陆法的地役权范围。前者是在他人土地上行使通行、采光、水流等便利的权利，后者指在他人土地上取得沙土、树木、孵石等自然物质的权利。上述权利可以由法律规定明示或暗示的授权创设，也可以基于长期使用或默认的授权而产生。[③] 我国《民法通则》第83条规定：“不动产的相邻各方，应当按照有利生产、方便生活、团结互助、公平合理的精神，正确处理截水、排水、通行、通风、采光等方面的相邻关系。”这一规定的目的，意在不动产“利用”

---

① 参见钱明星：《物权法原理》，194页，北京，北京大学出版社，1994。

② 参见［意］彼德罗·彭梵得：《罗马法教科书》，245～248页，北京，中国政法大学出版社，1992。

③ 参见［英］戴维·M·沃克主编：《牛津法律大辞典》，278页，北京，光明日报出版社，1989。

关系的协调，而不在不动产“所有”的归属认定。上述情况说明，所有权与相邻权的设定具有功能互补的效益；前者在于确认权利主体对财产的占有和支配。后者在于促进财产的动态利用，即以相邻共存为目标，通过对他人权利的利用，实现资源的合理利用和优化配置。

2. 对工业产权的利用

工业产权与著作权同属于知识产权领域。各国法律将两者并列，其基本出发点有三个：第一，它们保护的对象都是人们智力活动创造的成果，其权利一般产生于科学、技术、文化等精神领域；第二，它们都具有排他性和绝对性的特点，是一种独占使用和禁止他人未经许可而仿制、使用智力成果的专有权利；第三，它们的保护方式都是侵权行为诉讼，即针对他人剽窃或仿冒智力成果而采取请求赔偿、停止侵害、恢复原状的保护方法。

在工业产权领域中，专利权与著作权有着类似的合理使用情形。专利权在其创始之初即被称为“垄断权”，1623 年英国议会通过的相应法律就称之为《垄断法规》。但是，这种排他性的垄断权利也依法受到种种限制，“不占有某项专利的人，在有些情况下利用它，可以看做是合理的”①。这即是专利权的合理使用问题。关于专利权的利用，各国规定或做法不一。《保护工业产权巴黎公约》仅在“临时过境的使用”问题上，对各成员国作了普遍要求。综合各国立法规定和司法实践，对专利权利用的情形，大致有以下几种：一是先用权人的使用。在适用先申请原则的国家，对于相同的发明，专利权只能授予其中的最先申请人。如果在专利申请日前，他人已经制造相同产品，使用相同方法或已经做好制造、使用的必要准备的，多数国家赋予其先用权，即允许先用权人在原有的范围内继续制造、使用已授予专利的该项发明。先用权人的使用必须具备以下条件：先用权人必须证明其发明是在申请日之前由其独立研究出来的，该项发明与专利权人无涉；先用权人已在使用发明或为使用发明作了必要准备；先使用权人限于在原范围内继续使用，既不能超过原使用时所达到的生产能力，也不得将这一技术向其他人转让或许可使用。二是非商业性目的的使用。凡专为科学研究和实验而使用有关专利的，属于合理使用范围。为科学研

① 郑成思主编：《知识产权法教程》，39 页，北京，法律出版社，1986。

究和实验而使用专利，是一种非商业性目的的使用，即允许他人以已有的专利资料为基础，进行新的发明创造活动，这种使用包括非工业方式的使用、非营利教学活动中的使用以及基于个人和家庭兴趣的使用等。这种专利权的利用，其目的在于发展科学技术，教育培养人才，对发展公共利益有利，又不损害专利权人的利益，因而视为合理使用。三是临时过境的使用。凡临时进入或通过一国领土、领水、领空的外国交通工具，虽未经许可，但是为了运输工具自身需要而在其装置和设备中使用了该国专利的，不视为侵犯专利权，这一规定符合国际惯例，是各国专利法关于合理使用的普遍规则。

在工业产权中，商号权也涉及合理使用问题。商号，即企业名称、厂商名称，是企业进行工商经营活动时用于表现自己并区别他人的标志。现代各国的民法或商法都对商号作了规定，《保护工业产权巴黎公约》将商号纳入了工业产权的保护范围。关于商号权的性质有两种学说：(1) 单一权说。它又分为两种，主张单一人格权说的认为商号系厂商主体人格的象征，与特定主体相联系而存在；主张单一财产权说的认为商号是商誉的载体，是一种无形财产权；(2) 复合权说，即商号权兼有人格权与财产权的双重内容。认为商号权既不同于一般财产权，往往与特定主体人身相联系；又区别于自然人的一般姓名权，代表一定商誉的商号具有相当的财产意义。[①] 基于此，工业产权法将其纳入调整的范围。商号权虽为工业产权之一种，具有绝对性的特点，但仅在其有效登记的范围内有排他效力，较之普通绝对权可以对抗一般人而言，其效力范围有限，故日本学者片山氏称之为相对的绝对权。[②] 对商号权的利用，一种是授权使用，即根据合同将商号的使用权在一定的期间内出让他人利用，在国外多称为“商号出租”，是为商号权的相对转让；另一种是非授权使用，即在公务或司法活动中使用他人商号，或在新闻报道或舆论监督中使用他人商号，虽未经权利人许可，可自由使用而不构成侵权，是为商号权的合理使用。

在工业产权领域，合理使用制度还适用于商标权、商业秘密权、集成电路

---

① 关于商号权的性质，可参见王利明主编《民法·侵权行为法》、马俊驹《法人制度通论》、关今华编著《损害赔偿实务》等书。

② 参见张国键：《商事法论》，102页，台北，台湾三民书局，1980。

布图设计权等其他范畴。

3. 对人身权的利用

人身权与著作人身权都是以人身利益为内容，但两者并不完全相同，其区别表现在：一般人身权因人的出生或其他法律事实的存在而享有，而著作人身权则因作品创作而产生，并非所有的人当然享有；一般人身权只与特定人相联系而存在，著作人身权则与作者及其作品紧密相关；一般人身权中的某些权能在主体消亡后很难再与人身相依附，而著作人身权则在作者死亡后仍与作品相依附而得到法律的永久保护。在人身权领域中，权利的利用主要涉及姓名权和肖像权。姓名权是公民的一项主要的人格权，包括姓名的命名权、姓名的使用权、姓名的变更权。姓名是一公民区别于其他公民的符号，是公民特定化的社会标志，是公民人格的外在表现。保护公民姓名权，是保护公民的主体地位的需要。肖像权则是公民通过造型艺术或其他形式在客观上再现自己形象所享有的专有权利，包括肖像占有权、形象再现权、形象完整权和肖像使用权。肖像是公民真实形象及特征的再现；是公民个性的有形识别标志，法律对该项人格利益同样予以保护。对姓名权和肖像权，可依法在下列情况下无须权利人本人同意而自由使用：（1）使用具有新闻价值的人物姓名或肖像；（2）为行使正当舆论监督而使用他人姓名或肖像；（3）因司法活动需要而使用他人的姓名或肖像。在此类情况下，姓名或肖像的使用，事关社会公共利益的需要，是为专有权利的排除领域，即无须征得本人同意，也阻却其违法性。

关于私法上权利的公平利用，日本学者曾列举了无因管理、正当防卫、紧急避险三种情形。[①] 对此笔者有不同看法。无因管理是指没有法定或约定的义务，为避免他人利益受损失，自愿管理他人事务或为他人提供服务的行为。该类行为与合理使用行为有相似之处：都是未经许可而进入他人的权利范围，并为法律所承认而不构成侵权。但是两者有着性质的不同，合理使用是为了自己的利益，行为人的结果属于行为人本人，其权利义务关系发生在所有权人与使用权人之间；而无因管理则是为了他人的利益，行为的结果归之于行为人的相对人，其权利义务关系是一种债权债务关系。笔者以为，合理使用从其本来意

① 参见［日］胜本正晃：《权利的合理使用》，载日本《独协法学》，1977－10－22。

义说来，既是“擅自”使用，也是无偿使用，不存在利益补偿问题。因此，它仅发生在绝对性权利之中。至于正当防卫和紧急避险，在各国民法中一般作为侵权责任免除或减轻的抗辩（enrede exception）事由。而著作权法中的合理使用以及其他权利限制，在有些国家也是“被指为侵权时的辩护依据”（defendant to infringement）①。就其阻却违法性，不以侵权行为论处这一意义上来看，它们确有共同之处。所谓正当防卫是指当公共利益、他人或本人的人身或其他利益受到不法侵害时，行为人所采取的一种防卫措施。正当防卫是基于本人的或他人的人身和财产这一原权所派生出来的，即在这些权利受到侵犯时产生了正当防卫权。从这个意义上来看，正当防卫是一种救济权。② 而紧急避险是指为了公共利益、本人或他人的合法权益免受现实和紧急损害危险，不得已而采取的致他人或本人损害的行为。这一行为的目的在于以损害较小的利益来保全较大的利益，只要避险行为没有超过必要的限度，则避险行为本身是正当的。正当防卫、紧急避险与合理使用都是公平原则在私法制度中的具体化，但它们有着明显的区别：其一，正当防卫和紧急避险都是排除损害的合法行为，而合理使用则是取得利益的合法行为；其二，正当防卫和紧急避险设定的目的在于正确地分配责任，而合理使用的设定在于正确地分配利益；其三，正当防卫和紧急避险一般发生在行为人与加害人之间，属于相对权的债权法范畴，而合理使用的场合见之于使用权人与所有权人之间，属于绝对权的有形财产所有权或无形财产权（主要是知识产权）的法律领域。

三、从抽象支配到具体利用：著作财产权的实现途径

按照民法的理论，著作权与所有权都是一种针对不特定的任何人主张权利的绝对权，由于其客体的物质性与否，它们分别被称为无形财产权和有形财产权，学者往往赋予它们相同的法律品性。拘泥于传统理论的思维定势，对两种权利作出上述简单的类比显然是有缺陷的：

---

① 郑成思：《伯尼尔公约与我国著作权法的权利限制》，载《法律科学》，1992（5）。

② 参见陈兴良：《正当防卫论》，北京，中国人民大学出版社，1987。

第一，传统理论偏重于所有权内部的自我满足、自我实现，将所有权视为“人对物最完全的支配权”，强调和突出人对物的支配、控制和管领。而在商品经济日益发达与所有权逐渐社会化的今天，所有权关系已由人对物的简单支配关系外化为所有人与非所有人之间的权利义务关系。所有权的行使和实现，往往通过非所有权途径如他物权的设定和债权的发生而进行。由所有权转换为其他权利形式，是实现财产利益的基本途径，而不可能只是表现为所有人对客体的内部享用关系。这即是说，社会经济生活的财产关系由静态的所有权中心转化为动态的债权中心，所有权发生各种权利转换而丧失原有的地位。[①] 著作财产权的价值实现，并非作者对作品的支配，而是一个创作——传播——使用的过程。在现代信息化社会，社会分工细密，一部作品由同一主体以所有方式传播或使用几乎是不可能。因此，著作权人往往要借助他人的意思和行为来实现自己的利益，才能使著作财产权不仅具有法律意义，而且具有实际意义。这即是说，著作财产权的实现，紧紧依赖于他人“使用权”的实现。

第二，传统理论偏爱于所有权静态的归属性和本体的完整性，在重视财产权相对稳定的同时，未能对财产权的动态流转给予充分的关注。所有权是经济运行活动中法律调整的重心与出发点，在崇尚所有权观念的影响下，支配权被视为所有权的核心和灵魂，其他各项权能的分离是暂时的分离，最后都会在支配权的呼唤下重新回归所有权；同时，遵从“一物一权”的古训，同一物上只能存在一个所有权，这一规则保证了财产权利的相对确定，但未能顾及财产动态利用的趋势。[②] 现代财产权制度的立法目的，不仅在于确认权利主体对财产的占有和支配，而且意在促进财产的动态利用，以最大限度地发挥资源效用。这就需要突破原有的理论框架，承认所有权权能不同层次的分离状况，所有人支配力不仅表现为所有权状态的回复，而更多是其他财产权的实现。在所有权动态运行的情况下，就会摆脱一物一权的限制，实现不同主体对同一财产各自享有特定内容的权利的状况。在著作权法领域，由于著作权具有人身权和财产权的双重内容，而各类权利又有其丰富多彩的权能，这就使得著作权在一定的

① 参见董开军：《所有权转换现象研究》，载《法律科学》，1991（1）。

② 参见吕来明：《从归属到利用》，载《法学研究》，1991（6）。

范围内为不同的主体所分享。就主体而言，作者应是第一个著作权所有人，是原始著作权主体，既享有人身权利，又享有财产权利。通过合同、继承等方式取得著作权的，则是继受著作权主体，后者不能继受专属于作者的人身权利，而只能取得著作权的财产利益。就权能而言，包括复制、表演、播放、展览、发行、出版、摄制、演绎等各项权能，可以由众多主体独自行使，从而在同一物件上出现数个"使用权"并立的状态。

第三，传统理论偏好于对所有权绝对性、排他性、永续性法律特征的概括与抽象，并将其严格区别于他物权、债权，置于财产权制度的重要位置。罗马法对所有权没有明文的法律定义，但法学家认为所有权是"物权中之至高无上的权利"[①]。1804 年《法国民法典》规定所有权是对物有绝对无限制地使用、收益及处分的权利，但法律所禁止的使用不在此限，从而确立了所有权绝对无限性原则。1896 年《德国民法典》规定所有权的权能以不违反法律和第三人的权利为限，物的所有人得随意处分其物，并排除他人的任何干涉。[②] 这说明它仍然肯定了私有财产不可侵犯的原则，但摒弃了"神圣不可侵犯"以及"绝对"、"无限制"的说法。现代各国民法接受了罗马法所有权的观念，但没有像《法国民法典》那样把所有权作为一项绝对的权利，而是根据社会发展的需要进行了相应的限制。著作权在它创始之初，尽管被作为一项自然权利看待，但从来不是无限制的。以至于有些著作权学者将该项权利称为"有限的独占权利"。首先，所有权的排他性是绝对的，而著作权的排他性是相对的，最先它来自地域和时间的限制，以后又在权能上受到种种限制。其次，禁止所有权滥用，主要是指所有权的行使不得妨害他人的合法权益；而禁止著作权滥用，则意味着允许他人适度"接触"著作权人的合法权益（法定许可或合理使用）。

传统所有权理论以静态归属为支点、以权利回归为重心、以绝对支配为模式，这种价值取向和思维定式难以适应现代社会市场经济发展的需要，因而引起众多民法学者的诘问和反思。当所有权制度自身面临理论变革和观念更新之时，我们当然不能简单套用有形财产权的传统学说，以诠释具有无形财产性质

① 丘汉平：《罗马法》，36 页，上海，上海会文堂新记书局，1935。

② 参见《法国民法典》第 544 条，《德国民法典》第 903 条。

的著作权。

著作权制度的构建，只是表明主体对财产的支配和控制状态获得认可和保障。但是著作权人的这种权利，只有通过特定的权利义务关系的建立，才能促成其对法定权利的真正享有，成为体现一定法律效果的“实有权利”，进而实现个人精神财产的动态利用和社会精神财富的流动增值。

著作权的利用分为两类：

第一类，基于合同约定而产生的利用，主要有：(1) 转让，即著作权人将作品著作财产权的部分或全部转让给受让人，从而使受让人成为该作品部分或全部著作财产权的新的权利人的法律行为。承认著作财产权的可转让性，主要是英美法系国家，也包括某些大陆法系国家和公有制国家。例如，《英国著作权法》第 90 条第 1 款规定：“版权可以像动产一样地以转让、遗嘱处理或执行法律的方式转移。”《法国著作权法》第 35 条规定：“作者可全部或部分转让其作品所拥有的权利。”《南斯拉夫著作权法》第 55 条规定：“在整个著作权有效期间或其中某一段时间内，作者可以有偿或无偿将其作品的使用权全部或部分转让给个人和法人。”著作权的转让，从内容上说，可以分为全部转让和部分转让。所谓全部转让，即著作权所有人将作品的全部财产权转让给受让人，使受让人取代作者行使对作品利用的各种专有权利；部分转让，即著作权所有人将作品的部分财产权转让给受让人，而自己同时保留其他使用作品的权利等。从时间上说，著作权的转让可以分为无期限转让和有期限转让。无期限转让，即在整个著作权有效期内将作品的财产权转让给他人，受让人行使这些权利直到著作权保护期终止；有期限转让，即在作品有效期以内的约定期间转让作品财产权，受让人的使用专有权可因约定期间届满而终止，该权利到期后仍回归原著作权所有人。在允许著作权转让的国家里，英美等国家实行自由转让原则，著作权所有人既可以全部转让，也可以部分转让；而法国、南斯拉夫等国家一般不采用全部转让的方法。我国 1990 年《著作权法》没有关于著作权转让的明确规定。《著作权法修正案》2001 年增加了著作权转让合同的规定。(2) 授权使用，亦称著作权许可使用，即著作权人授权要求使用自己作品的人以一定的方式、在一定的时期和一定的范围内使用其作品的行为。关于授权使用，将在第六章另作论述。(3) 设定质权，质权是指债权人因债权担保而占有债务人或第三人移交的财产并就该财产优先受偿的权利。一般来说，质权主要是一种动产担保物权。《法国民法典》将质权分为动产质权和不动产质权，没有权利质权，这是因为法国民法将债权、著作权、股份等视为动产或无体动产。[①] 因此，动产质权中已含有权利质权。《德国民法典》中的质权则分为动产质权与权利质权。包括著作权在内的权利，可以作为质权标的，但学说上多称权利质权为准质权。该质权因订立合同而产生，设定之后，如合同无特别规定，质权人不得行使或处分著作权，如债权消灭则著作权回归出质人。(4) 设定信托。信托本是普通法系的一个特有制度，即受托人接受委托人交付的信托财产，按照约定的目的进行管理或其他处分的行为。在此项关系中，受托人实际控制财产，但同时负有义务为委托人的利益运用此项财产。作为信托标的的财产，包括动产与不动产、有形财产与无形财产。信托的作用在于使财产的经营管理与财产的利益享受相分离，从而满足人们的特殊需要。在信托关系中，著作权属于受信托人，但受托人必须按照信托目的行使著作权。设定著作权信托，多见于德国、美国、日本、英国等国的一些著名的著作权集体管理组织。

第二类，基于法律规定而产生的利用，主要有：(1) 法定许可使用，又称法定许可证制度。即在法律规定的条件下，以特定的方式使用作品，可以不经著作权人的许可，但应当向著作权人支付使用费，并尊重著作权人的其他各项权利的制度。关于法定许可使用，将在第六章另作论述。(2) 继承。即是将死者生前的财产和其他合法权益转归有权取得该项财产和合法权益的人所有。在继承关系中，死亡自然人所遗留的个人合法财产为遗产，包括著作财产权，遗留遗产的死亡自然人是被继承人，其在生前应为著作权人。继承人通过继承转让可以成为著作权的新的权利人，其方式既可以是法定继承，也可以是遗嘱继承。遗产受益人还可以是接受遗赠。著作权的继承与一般财产继承不同：第一，该继承限于在著作权的有效期内，即著作权人死亡后，其作品的使用权和获得报酬权在法律规定的保护期内，可依照法律规定移转；第二，该继承限于在著作财产权范围内，著作人身权虽不能继承，但其中的署名权、修改权和作品完整权可由著作权人的继承人或受遗赠人保护，如无人继承又无人受遗赠

① 参见《法国民法典》第529条。

的，上述权利由著作权行政管理部门保护。至于著作人身权中的发表权，如果作者生前未发表的作品，作者生前未明确表示不发表的，其发表权由继承人或受遗赠人行使；没有继承人或受遗赠人的，其发表权由作品原件的合法所有人行使。(3) 因执法而移转。属于此类情况的有：一是因离婚而分割财产。世界各国婚姻法关于夫妻财产制，有夫妻共同财产制与夫妻分别财产制两类。如属前者，著作财产权应当划归夫妻共同财产之列。在发生离婚的情形时，可否将著作财产权加以分割，对此多数国家法律持否定态度，如法国民法、日本民法等。这是因为，该类财产具有个人专属性特点；且财产的取得基于作品的完成，创作过程不一定发生在婚姻关系存续期间。我国法律虽无规定，但有学者认为：婚姻关系存续期间已行使著作权而取得收益，可作为共同财产分割；尚未行使的著作权，不论将来是否行使，均不得作为共同财产处理。① 笔者以为，上述主张可作为一般规则，但是，如果另有约定，一方声明为对方创作的作品或自愿将作品部分或全部权利转让对方的，可不在此限。或者一方从事创作，另一方承担主要家务，为对方创作提供有利条件的，在分割时可给予适当补偿。二是因破产而清算财产。当债务人因其全部财产不足以清偿债务时，法院依债务人或债权人的申请，宣告资不抵债的债务人破产，并指定清算人管理破产人的财产并进行清算。各债权人应在一定期限内向清算人申报债权，由清算人确定破产人的资产负债额；清算后的全部财产按规定的顺序和比例，分配给债权人抵偿债务。如果债务人持有著作财产权，该项权利即成为破产财产的组成部分。从宽泛的意义上讲，合理使用同法定许可使用一样，也是依法对著作财产权的利用。与各种转让及使用不同，合理使用是一种无偿使用，仅对使用人有利。但正是这种广泛的有偿利用或有限的无偿使用促进了资源的合理分配和有效利用，使著作权人的财产利益得以实现，使精神生产活动得以顺利进行。

四、三种学说：关于合理使用性质的探讨

关于合理使用法律属性的探讨，其意义在于进一步明确合理使用制度在著

---

① 参见郑成思：《版权法》，211 页，北京，中国人民大学出版社，1990。

作权法中的地位，分清使用者与创作者之间的权利义务关系，寻求合理使用行为自身的民法学归宿。根据笔者的见解，国内外著作权法学者对合理使用性质的评述，可以分为以下三种类型：

1. “权利限制”说

即是将合理使用看做是著作权的限制，这一观点是从行为对象主体而不是行为自身主体的角度来阐述的。国内外学者多数持此种看法。联合国教科文组织编写的《版权基本知识》认为：“版权的授予是一种有限制的独占——在授予权利的范围和期限上都有限制。”“不经作者同意而使用有版权的作品，从这一点来看，这是对版权保护的限制或约束。”[①] 世界知识产权组织撰写的《知识产权纵横谈》，将“合理使用”、“法定许可”、“强制许可”、等都视为“版权保护的限制”[②]。美国学者 John S. Lawrence 等人认为，基于使用者利益的立场出发，合理使用不是对版权这种独占权利的排除，而是对版权的一种最重要的限制。[③] 中国学者郑成思认为，作者的专有权利不是绝对的，而是要受到种种限制，这种限制包括保护期上的限制，以及权利的限制。其中合理使用即是对著作财产权的限制。[④] 沈仁干也持类似观点，他将我国著作权法对作者权利的限制概括为合理使用、准法定许可和法定有限转让。[⑤] 在我国台湾学者中，“权利限制说”较为流行。杨崇森认为：“为了保障作者或艺术家创造之动力，以促进学术文艺之发展，须对著作权加以保护，但在另一方面，亦不宜保护太过，以免阻滞了一般知识的利用与资讯的传播，所以各国法律，基于社会公益之理由，对著作权加以种种限制，”其中，“合理使用乃法律对著作权人权利最重要且应用最广泛的限制。”[⑥]

---

① 联合国教科文组织编：《版权基本知识》，29～30 页，北京，中国对外翻译出版公司，1984。

② 世界知识产权组织编：《知识产权纵横谈》，228～229 页，北京，世界知识出版社，1992。

③ See John S. Lawrence，“Fair Use and Free Inquiry”，*Copyright and the New Media*，p. 271，1980.

④ 参见郑成思主编：《知识产权法教程》，124 页，北京，法律出版社，1986。

⑤ 转引自江平、沈仁干等主讲：《中华人民共和国著作权法评析》，201 页，北京，中国国际广播出版社，1991。

⑥ 杨崇森：《著作权法论丛》，177～179、181 页，台北，华欣文化事业中心，1983。

2. “侵权阻却”说

即认为合理使用是著作权侵害的违法阻却事由。这一观点首先假定合理使用即是侵权行为，概因法律的规定，推定其违法性失效，因而不以侵害他人著作权论。日本学者胜本正晃认为，权利的公平使用本应属于不法行为，但由于其违法性失效，因而成为非违法行为。阻却违法性的事由，应由法律直接规定，诸如合理使用、无因管理、正当防卫、紧急避险、道路通行权等，都属于此类情形。① 美国学者中也有人认为，合理使用是可以原谅的最少侵害，因此是著作权形式上的侵害。② 我国台湾学者张静对此阐述比较全面，他认为“合理使用行为本质为侵害行为，只是既经注明出处后不以侵害论而已”，“合理使用与强制授权之区别，仅在于前者为无偿利用，后者为有偿利用，强制授权是阻却违法事由，合理使用亦当如此”。“以著作权之本质言，乃独占排他权，理论上任何人未经同意不得利用，即是合理使用亦然，否则与排他权有所不合。唯国家基于公益，不得不予著作权以限制，但所能限制者，仅是从实质违法之观点，予以阻却违法，并不能阻却其行为之侵害性”③。

3. “使用者权利”说

即认为合理使用乃是使用者依法享有利用他人著作权作品的一项权益。这一学说从合理使用关系的主体的角度出发，立足于合理使用即是合法行为的观点，将主体这种“法定利益”称之为“特权”、“权利”。美国学者对此论述较多，《著作权与文学产权的法律》一书的作者认为，合理使用是“著作权人以外之他人，以合理方式使用有著作权资料而不经其同意之特权”④。另一学者在《版权原理：法律与实践》中写道：“所谓合理使用即是作者以外的其他人对版权作品，不经作者同意而以合理的方式加以使用的特殊权利。”⑤ 美国学者中，以《版权本质：使用者权利的法律》一书的作者阐述得最为系统而深刻。他们认为“现代著作权法乃是平衡创作者权利、出版商权利与使用者权利

① 参见［日］胜本正晃：《权利的合理使用》，载日本《独协法学》，1977-10-22。

② 参见杨崇森：《著作权法论丛》，181页，台北，华欣文化事业中心，1983。

③ 张静：《著作权法评析》，241页，台北，水牛图书出版事业有限公司，1983。

④ 杨崇森：《著作权法论丛》，180页，台北，华欣文化事业中心，1983。

⑤ Paul Goldstein，*Copyright Principles：Law and Practice*，p. 182，1989.

的产物”，有理由认为，著作权法作为一种法律制度，必须重视在创作、传播与使用作品过程中所有个人的权利；“使用者也有权利。否认个人的使用权将会导致以著作权控制社会公众的行为，从而出现为少数人谋取所谓经济利益的结果。”“著作权法若要服务于公共利益，必须包容两种时常冲突的私人权利——创作者向公众传播其作品的经济回报权与使用者因利用著作权作品而提高其知识水平的学习权利”①。

笔者以为，“权利限制说”与“使用者权利说”各执一端的表述，实际上是对合理使用法律属性不同角度的分析。在这里，我们可以借用有形财产关系中的物权理论，来考察合理使用制度，或许“它山之石，可以攻玉”。在物权体系中，所有权与他物权有着不同的地位，前者是全面支配标的物的物权，是不依附于他人之物而独立存在的物权；后者是于特定方面支配标的物的物权，是在他人之物上设定的权利。因此他物权既是对所有权设定的负担，起着限制所有权的作用；同时，也是对他人财产所享有的利益，具有利用他人财产权利的功能。

有形财产关系的他物权理论，对于我们分析无形财产关系中的合理使用制度是具有启迪意义的。第一，合理使用是使用人对他人著作财产权的一种利用，表现为使用人对他人的著作权作品所享有的不经同意，不必付酬而加以使用的某种利益。这种利益（抑或是权利）得到法律的确认，但以不得损害该著作权人的其他合法权益为前提；第二，合理使用是社会对他人著作财产权的一种限制，表现为在著作权人的专有权领域内，由于法律的直接规定，在使用条件或方式上划分一定的“自由”范围，允许他人合理适当地利用这一权利。就立法宗旨而言，著作权法是以权利本位为基点，以保护作者权益为核心的法律。因此立法语言将合理使用表述为“著作权的限制”，当为顺理成章之事。但就法理学研究而言，合理使用应视作是一种利益，即非著作权人依法享有的某种利益，这也为题中应有之意。概言之，著作权法中的合理使用，从著作权人方面来看，是对其著作财产权范围的限定，从著作权人以外的人（即使用

① L. Ray Patterson，Stanley W. Lindberg，*The Nature of Copyright*：*A Law of Users' Right*，pp. 2，4，193，207，1991. 译文中的着重号系笔者所加。

者）来看，则是使用他人作品而享有利益的一项权利。

从另一意义上说，“侵权阻却说”与“权利限制说”也是从不同方面对合理使用法律属性的认定。与“使用者权利说”截然相反，该说认为，合理使用本身系侵害行为，只因基于实质违法之考量，认为其为社会所容，而予以阻却违法，即不以侵害著作权论。在这里，我们有必要说明什么是违法性，合理使用究竟本身系合法行为，还是其本属不当但构成阻却违法。

在侵权行为法理论中，行为的违法性是构成侵权民事责任的一个要件。造成损害事实的行为，必须具有违法性质，行为人才负有赔偿责任，违法行为有两种表现形式，即作为的违法行为和不作为的违法行为。前者是指行为人作了法律所不允许的行为，后者指法律要求行为人作而没有作的行为。判断行为人有无不作为的违法行为，首先要查明行为人在法律上是否有作为的义务，其次应分析负有一定义务的人在当时是否具备了履行的条件。行为人只有在法律上负有义务，并且具备履行条件而不履行的情况下，才能认定其有不作为的违法行为。在侵权行为法立法例中，对于行为违法性是否单独成为侵权责任的要件，并无一致意见。法国民法认为侵权责任产生的根据在于行为人的过错，过错是个客观的概念，它包括了行为的违法性。而德国民法认为，过错与违法是两个不同的责任构成要件，即过错是一个主观因素，违法是指客观的行为或结果。我国民法学者大都认为违法性应作为独立的侵权责任构成要件，但也有学者主张过错包括行为的违法性概念。[①] 尽管存在上述立法与理论上的差异，但我们可以将违法性的基本含义作出如下概括：(1) 法律对行为人规定有作为与不作为的义务；(2) 行为人违反上述义务而造成对他人的损害；(3) 行为人无权或缺乏对他人造成损害的抗辩。纵观合理使用制度的规定，系由法律授权使用人在一定条件下可以不经著作权人许可（即某种行为“自由”），不向其支付报酬（即某种“利益”取得）而使用他人有著作权的作品，这是一种授权性规范。而合理使用在立法中往往又被冠名为“著作权的限制”，这种具有限制内容的义务性规范乃是对著作权人设定的。简言之，合理使用是依法行使某种权利的行为，无侵害性可言，当然不能认为违法。对此，两岸著作权法学者多有

① 参见王利明主编：《民法·侵权行为法》，160～161页，北京，中国人民大学出版社，1993。

评说。大陆学者认为，“对著作权的限制，意味着著作权人在享有著作权同时，应对社会承担一定的义务，以促使作品更广泛地被社会利用”①。“著作权的合理使用，亦称一定范围内的适当使用”。“这种使用作品不构成侵犯著作权，这就是为了社会公众的利益而使用作品，这既是作者的权利，也是社会赋予作者的义务”②。我国台湾学者认为：“合理使用乃为公共福祉的需要，对于他人之权利为正当使用之谓。所谓权利的正当利用，系指为达到教育上的目的，在自己的著作中，有限（轻）度的利用他人著作物，但不损及原著作人的人格权及财产权之行为。”③“使用著作物如并未妨碍著作人所有之独占利用，应认为是正当的，而不构成侵害著作权之问题。故区别侵害与合理使用，应视其目的、程度与对著作权人之影响，而不在于其行为本身。”④“认许自由利用制度，即他人为了便于学术研究，文艺批评或其他正当理由，可适度地引用或复制别人的著作。如果他人引用著作权人著作未逾合理使用之程度，只须注明出处，可以不必征得原著作人之同意，而不构成著作权之侵害。”⑤

上述论点表明，合理使用是一种合法行为，无侵害性，当然无所谓违法性，更谈不上阻却违法之事由。“侵权阻却说”认为，违法有形式意义之违法与实质意义之违法的区分。前者系对法律、法规之违反，后者是对公共秩序、善良风俗之违反。形式违法与实质违法密切相关，在行为未有阻却违法事由时，侵害性行为即是违法性行为，依形式违法判断即可。如行为具有违法阻却事由时，则须从实质违法观点判断，即是应考虑其行为有无符合社会共同生活所承认的目的，如未构成实质违法则不予处罚。该学说主张著作权法中的合理使用本为侵害行为，但因实质违法之考量，不以侵权论。⑥ 上述观点值得商榷，其理由在于：首先，合理使用不具有侵害性。侵害，或称之为损害。《说

---

① 黄勤南主编：《新编知识产权法教程》，421页，北京，中国政法大学出版社，1995。

② 阙如生等主编：《知识产权法教程》，263页，南京，南京大学出版社，1993。

③ 曾华松：《谈著作权的限界》。转引自张静：《著作权法评析》，240页，台北，水牛图书出版事业有限公司，1983。

④ 江锦秀：《影印与著作权》。转引自张静：《著作权法评析》，240页，台北，水牛图书出版事业有限公司，1983。

⑤ 杨崇森：《著作权之保护》，102页，台北，正中书局，1977。

⑥ 参见张静：《著作权法评析》，221～222页，台北，水牛图书出版事业有限公司，1983。

文解字》诠释："害，伤也"，"损，减也"。在民法上，侵害是指因一定行为或事件使某人受到法律保护的权利或利益遭到某种不利益的影响。可见，侵害的对象须为法律保护的权益。著作权是一种有限的独占性权利，法律对作品的使用设定有"专有区域"与"自由区域"。合理使用不涉及著作权的"专有区域"，换言之，合理使用是法律要求著作权人让渡其某些微利益的结果。因此，合理使用的范围，也就是使用人自己的利益范围，无所谓侵害他人利益可言。其次，合理使用不具有违法性。它是著作权法认可的行为，不构成形式违法；同时这种行为符合正义、公平、公益、合理的社会生活准则（参见第二章：合理使用制度的法哲学考察），也不构成实质违法。"侵权阻却说"的理论逻辑是，使用他人著作权作品构成形式违法，由于合理使用阻却事由出现，不构成实质违法。在此，我们研究的对象不是一般意义上的作品使用，而是具有特定含义的合理使用。这种使用的对象、范围、条件具有明确的规定且为法律所认可。失去了形式违法的前提，实质是否违法的结论也就难以成立。

五、使用作品利益的法权形式：使用者权

使用者依法自由使用他人作品而享有的利益，是否具备权利的本质性特征，或说是否具有权利的基本要素，这是我们考察使用者权利的基本理论前提。

传统法学对于权利的本质主要存在以下几种认识：(1) 自由说，即自然权利说。认为权利即自由，凡在自由范围内的行为，即为权利。自然法学派所主张的就是这种学说。(2) 范围说，认为权利为法律允许的人的行为的范围。依此说，凡法律许可的行为都是权利。(3) 意思说，即意志说。德国法学家萨维尼、温彻德主张，权利是法律所赋予人的意思力或意思支配力，无主张之意思则无权利。(4) 利益说，此说为德国法学家耶林所创。认为权利就是法律所保护的利益，这种利益可以是物质利益，也可以是非物质利益。(5) 折中说。法国学者伯克、耶律内克认为意思说和利益说都失之偏颇，因此提出此说将两者

折中，即权利是保护利益的意思力，或依意思力所保护的利益。[①] 上述众多学说从不同方面对权利的本质特征进行了概括。由于权利现象本身的复杂性，不同时期的不同国家的法学家很难形成一致的意见。综合以上学说的精髓之处，笔者认为，作为法律制度基本元素的权利至少应具备以下基本成分：

第一，法律所保护的利益。利益既是权利的基础和根本内容，又是权利的目标指向，是人们享受权利要达到的目的之所在。美国著名法学家罗斯柯·庞德将利益作为权利的一种基本含义，并将利益区分为个别利益（直接涉及个人生活的要求或需要或期望并被断定为是这种生活的权利）、公众利益（涉及一个政治上有组织的社会的生活的要求或需要或期望，并断定为是这一组织的权利）和社会利益（涉及文明社会的社会生活的要求或需要或期望，并被断定为是这种生活的权利）。[②] 另一位美国著名法学家埃德加·博登海默认为：在个人利益中，有个人自己的生命、私有财产、签订合同的自由、表达自由等利益。他将上述利益进行“质量的评价”，即生命的利益是保护其他利益（特别是个人所有利益）正常的先决条件，它有权要求先于财产利益。健康利益显然排列的位置要高于娱乐利益。[③] 上述理论表明，尽管利益有类型、次序的区分，但任何权利都有一定的功利目的，即与某种利益相联结。

第二，法律所允许的行为自由。行为自由是权利的存在形式和载体。权利实际上是一定社会中所允许的人们行为自由的方式、程度、范围、界限、标准。西方法律思想家认为，所有的法律都是以自由概念为中心而建立起来的。约翰·洛克认为“法律的目的不是废除或限制自由，而是保护和扩大自由”[④]；卢梭宣称：“人是生而自由，但却无往不在枷锁之中”[⑤]；康德确信，自由是

---

① 参见陈云生：《权利相对论》，6～7页，北京，人民出版社，1994。

② 转引自［美］埃德加·博登海默：《法理学——法律哲学与方法》，135～136页，上海，上海人民出版社，1992。

③ 参见［美］埃德加·博登海默：《法理学——法律哲学与方法》，357～358页，上海，上海人民出版社，1992。

④ ［英］约翰·洛克：《政府论》。转引自［美］埃德加·博登海默：《法理学——法律哲学与方法》，258页，上海，上海人民出版社，1992。

⑤ ［法］卢梭：《社会契约论》。转引自［美］埃德加·博登海默：《法理学——法律哲学与方法》，258页，上海，上海人民出版社，1992。

"唯一的和根本的权利，它由于人性之故而属于每一个人"[①]。在当今世界的许多国家，法律承认了公民的某些基本自由，这些通常包括言论自由权、集会自由权、迁徙自由权、财产获得权和合同签订权。[②] 在西方法哲学那里，这种自由被认为是人的一种"自然权利"。埃德加·博登海默认为，如果承认一种根植于人类社会的自然倾向的自由权利，那么不管怎样，都不能把这一权利解释为绝对的、不受约束的。[③] 法律是保障人们的自由的，但在某种情况下为了公众利益而分配各种自由或限制各种自由，对法律来说也是必要的。[④] 因此，自由作为权利的基本要素，既包括其质的规定性，即允许何种行为自由，又含有量的规定性，即允许多大的行为自由。如同没有不受一定限制的自由一样，也没有无相应义务的权利。

第三，法律所认可的意志。意志，或说是意思力、意思支配力，是权利的主观意志性特征。权利并不纯粹是实体范畴，它是上升为国家意志的统治阶级的意志要求。任何一种权利，都必须符合一定社会的阶级、集团和人们的意志倾向性，即符合一定的价值标准。关于意志与权利的关系，黑格尔指出："一般说，权利的基础是精神，它们的确定地位和出发点是意志。意志是自由的，所以意志既是权利的实质又是权利的目标，而权利体系则是已成现实的自由王国。"[⑤] 在黑格尔看来，所有权是主体的抽象权利转化为现实权利，实现自由意志的定在，使人格具有客观性的基本形式，其标准表达是：人把他的意志体现于物内，这就是所有权的概念。[⑥] 梅因在《古代法》一书中概括的结论是"所有进步社会的运动，到此处为止，是一个'从身份到契约'的运动"[⑦]。按

---

① [德] 康德：《正义形而上学原理》。转引自 [美] 埃德加·博登海默：《法理学——法律哲学与方法》，258 页，上海，上海人民出版社，1992。

② 参见 [美] 埃德加·博登海默：《法理学——法律哲学与方法》，259 页，上海，上海人民出版社，1992。

③ 参见 [美] 埃德加·博登海默：《法理学——法律哲学与方法》，261～265 页，上海，上海人民出版社，1992。

④ 参见 [美] 埃德加·博登海默：《法理学——法律哲学与方法》，261～265 页，上海，上海人民出版社，1992。

⑤ 转引自夏勇：《人权概念起源》，40～41 页，北京，中国政法大学出版社，1992。

⑥ 参见吕世伦：《黑格尔法律思想研究》，34 页，北京，中国人民公安大学出版社，1989。

⑦ [英] 梅因：《古代法》，96 页，北京，商务印书馆，1984。

照梅因的见解，身份是一个固定条件，在这一条件下主体与他的意志没有关系。而契约则是以个人意志为基础的，“凡是权利的主体，必须是意思的主体”，“意思是权利主体的实质，也就是法律上人格的骨子”[①]。如同庞德所说的那样，在以契约为基础的社会制度里，“权利、义务和责任都出自自愿的行动，并且都是权利人的意志的结果”[②]。马克思主义经典作家对权利中的意志要素表述则更为深刻。他们认为，权利与法作为这样一种意志，是作为统治阶级的整体意志，即国家意志，其实是“取得胜利、掌握国家政权的阶级的意志的表现”[③]。同时，它们作为社会上层建筑归根到底受到社会经济关系所制约和决定，“权利永远不能超出社会的经济结构以及由经济结构所制约的社会的文化发展”[④]。由此可见，权利是一种根植于统治阶级物质生活条件的意志的产物。

运用权利构成理论分析合理使用制度，我们不难看出使用者权利具备利益、自由与意志三种元素：所谓利益，体现为物质性与非物质性利益，是对他人著作财产权的利用，虽具有基于学习、研究、教育等正当目的而使用他人作品的功利性内容，但不具有商业性质和营利目的[⑤]；所谓自由，既包括作为，又包括不作为，即在法律设定的“自由区域”内，有限地无偿使用他人作品的相对自由；所谓意志，即使用著作权作品的个人意志，得到社会关于促进作品传播、发展文化事业这一整体意志的许可和承认，并采取了使用者权这一国家意志的存在形式。

具备基本元素的使用者权，也符合一般民事权利的基本特征。

首先，使用者权意味着主体在一定范围内的意思自由。在“合理使用”这

---

① 吴传颐：《法国、德国和苏联的民法》，20～21页，美吉印刷社，1948。

② ［美］埃德加·博登海默：《法理学——法律哲学与方法》，84页，上海，上海人民出版社，1992。

③ 《列宁全集》，第13卷，304页，北京，人民出版社，1959。

④ 马克思：《哥达纲领批判》，单行本，14页。

⑤ 使用著作权作品的利益，可以是物质利益，也可以是非物质利益，但主要是非物质利益。在个人学习与研究、作品介绍与评论、时事新闻报道以及公务、慈善活动中，受惠于他人作品，以满足使用者某种特定需求时，其所取得的利益多不直接涉及财产内容。倘若使用者取得“实质性的物质利益”或著作权人遭到“财产上不利益”之影响，该种使用不能视为合理。

一特定范围内，使用者可以做他所希望的事情。相反，合理使用是对著作权人的限制，在这一民事法律关系中，著作权人负有相应的民事义务，即服从使用者的意思而进行的作为或不作为（主要表现为不加禁止与干涉他人合理使用的不作为）。与一般民事权利一样，使用者权首先是一种自由权，法律对该项权利的设定，就是为了划定创作者、传播者、使用者之间自由的界限，使各民事主体的自由不致相互妨碍，从而实现精神领域社会关系的有序化。

其次，使用者权意味着主体实现一定利益的可能性。使用者享有自由权并非最终目的，其目的在于运用这种自由权来实现自己的利益。在现实生活中，并非所有的利益都表现为权利，但使用作品的利益是使用者权的目的，该项权利的本质就是由著作权法保护的某种利益。在民法领域，一切法律关系都归结为利益关系，当事人为自己设定、受让权利，不过是将其作为实现自己利益的工具。同此理，使用者权是依法而存在的权利，同样具有利益的功利目的。

最后，使用者权具有法律保障性。没有法律保障的权利为“裸体权利”，仅是一种事实状态。因此，凡权利必具有合法性，否则不成其为权利。使用者权之所以受法律保障，乃因为它是法律所设定的。法律之所以保障该项权利，其原因在于使用者权所反映的利益不违背立法者的要求，因而得到其认可并为法律赋予相应的救济措施。

从法律科学的观点看来，使用者权概念不仅意味着某种权利，还理应蕴涵某种义务。传统法学理论注重权利与义务的区别，多从权利概念推演义务概念，认为义务与权利是相对应的，即权利主体要享有和行使权利，就需要相对人承担作为或不作为的责任；同样，为了保证相对人享有和行使权利，该权利主体本身也必须承担作为或不作为的责任。在这里，权利主体与义务主体的身份会出现“易位”。近年来，我国一些学者，注意到权利和义务的相互“关联”作用，强调权利与义务的同一性。即是将义务视为权利的特殊形态，是对象化了的权利，是主体和内容发生转化的权利，申言之，每一权利主体只有尽其义务才有条件实现其权利并维护其权利。① 这一理论对我们全面准确把握使用者

① 参见沈宗灵：《对霍尔菲尔德法律概念学说的比较研究》，载《中国社会科学》，1990（1）；文正邦：《有关权利问题的法哲学思考》，载《中国法学》，1991（2）。

权概念是大有裨益的。就合理使用而言，权利是精神财富（利益）分配的法律技术手段，而义务则是保证这种精神财富分配正常进行的另一法律技术手段。各国著作权法大抵规定，在法律明确规定的情况下使用作品，可以不经著作权人许可，不向其支付报酬，但应当指明作者姓名、作品名称，并且不得侵犯著作权人依法享有的其他权利。这表明，使用者权是一种有限制的利用权，只有履行了相应的义务，方可行使设定的权利。“没有无义务的权利，也没有无权利的义务”，意即如此。综上所述，合理使用制度中关于作品的使用范围、条件、方式等义务性规范，不是孤立存在的，它既设定了使用者取得权利的义务性前提条件，又具有防止使用者获取非正当利益的规范功能。

对使用他人作品而享有利益进行一种“权利”性质的概括，反映了社会公众关于精神产品利益需要的某种追求，“在实施普通法律的时候，合理的习惯法不过是制定法所认可的习惯，因为法并不因为已被确认为法律而不再是习惯，但是它不再仅仅是习惯”①。使用者权不过是法律对这种习惯的认可，但它不是统治者主观任意的结果。同时，对使用者权的探讨，也是把握现代著作权法时代脉搏的需要。我们有必要遵从权利和义务并重的法律价值观，从保护权利与协调利益相结合的角度，来探讨现代著作权制度。正如日本学者满田重昭所说的那样，将法学者的主要任务局限于强调著作权法的重要性的时代已经过去了。今天，我们不仅需要说明著作权的重要性，更要深入考察著作权的本质。②

---

① 《马克思恩格斯全集》，2版，第1卷，249页，北京，人民出版社，1995。

② 参见［日］满田重昭：《关于作品的自由利用》，载日本《工业所有权法研究》，1976（8）。

第六章

合理使用与相关制度的比较研究

一、科学定义的寻求：什么是合理使用

我国著作权法理论缺乏对合理使用概念的深入研究，现有著作和教材多着重于语义表述，其定义概括主要以下几种：（1）“合理使用是指为了个人学习、研究或欣赏目的，为了教育、科学研究、宗教或慈善事业，在不征求作者与著作权人同意，不支付报酬的情况下使用他人已发表的作品”①。（2）“合理使用指在利用有版权的作品时，既不需要取得权利人的同意，一般也不需要支付报酬，而且不构成侵权”②。（3）合理使用是“在法定情况下，可以不经作者同意，甚至不必支付报酬而使用作品”③。（4）合理使用即“他人为了便于学术研究，文艺批评或基于其他正当理由，可适度地引用或复制他人的著作”④。（5）合理使用是“在公平合理之范围内，可不经同意而引用或复制他人之著作物”⑤。从内容上看，以上对合理使用概念的表述，大体可以分为三类：一类

---

① 沈仁干：《关于对著作权的限制》，载《中华人民共和国著作权法讲析》，199页，北京，中国国际广播出版社，1991。

② 郑成思：《知识产权法通论》，124页，北京，法律出版社，1986。

③ 段瑞林：《知识产权法概论》，289页，北京，光明日报出版社，1988。

④ 杨崇森：《著作权之保护》，102页，台北，正中书局，1977。

⑤ 张静：《著作权法评析》，234页，台北，水牛图书出版事业有限公司，1983。

突出概念对象的本质属性（内涵），即“既无须征得同意，又无须支付报酬”；另一类强调概念所包容的一切对象（外延），采取“正当目的”、“公平合理范围”的概括表述方法；还有一类兼顾概念的内涵和外延，将“正当目的使用”和“自由与无偿地使用”结合起来进行说明。应该指出的是，除个别学者指明合理使用“不构成侵权”，即采用否定性判断的定义外，均未对合理使用作出定性说明，即合理使用应归类于何种法律事实，它是否属于一种行为，是何性质的行为。

笔者以为，表述合理使用这一概念，应注意把握以下几点：

第一，使用有法律依据。或说是对著作权人财产权利的限制，或说是对使用者权利的授予，都是来自法律的直接规定。

第二，使用未经著作权人同意。法律推定著作权人当然许可或应该许可，且事实上使用人无暇取得许可或难以取得许可。

第三，使用不需要对价。在一般情况下，这种使用不必向著作权人支付报酬，但不得给著作权人造成利益损害。

第四，使用须出于正当目的。该目的须非商业性目的，具体表现为“学习与研究”的目的、“批评与评论”的目的、“教育”的目的等。此类目的概为公共利益所必需。

第五，使用是一种能够产生法律上效果的行为。它不是以意思表示为基本要素的民事法律行为，也不是以违反法律规定为基本特征的侵权行为，而是一种合法的事实行为。

由此，可以试对合理使用作出如下界定：“在法律规定的条件下，不必征得著作权人的同意，又不必向其支付报酬，基于正当目的而使用他人著作权作品的合法行为”。在这里，需要强调的是，合理使用是一种合法的事实行为。关于这种定性分析，我国著作权法理论多忽略不论。

在民法理论中，事实行为是与法律行为相对应而产生的概念。我国大陆学者认为，“事实行为是指行为人主观上不一定具有发生、变更或消灭正常民事法律关系的意思，但客观上能够引起这种后果的行为”①。台湾地区学者通常

---

① 佟柔主编：《中国民法学·民法总则》，63页，北京，中国人民公安大学出版社，1990；彭万林主编：《民法学》，54页，北京，中国政法大学出版社，1994。

也认为："事实行为者，基于事实之状态或经过，法律因其所生之结果，特付以法律上效力也。"[①] 从文意上看，海峡两岸的民法学者对事实行为的内涵概括是大体相同的。但是，对于事实行为的外延包容，学者们的认识却不尽一致。按照大陆民法理论通常的列举，事实行为主要指"撰写作品、技术发明创造、发现埋藏物、拾得遗失物"等行为，即是将事实行为与非法行为统一到"非表意行为"概念之下并作出严格的区分。也有一些学者以意思表示为要素，作出民事行为与事实行为的划分。前者有合法行为，即民事法律行为；也有不合法行为，即无效的民事行为，后者亦可作出合法的事实行为与不合法的事实行为的分类。[②] 而我国台湾地区民法学说却认为，事实行为不仅包括引起物权关系发生或变动的行为，而且包括引起债权关系变化的构成行为，甚至还包括引起责任关系的构成行为。[③] 在这个意义上，诸如事实上的处分行为、无因管理行为、不当得利行为，以致侵权行为都可以视为事实行为。

合理使用作为一种事实行为，具有区别于一般法律行为的基本特征：

首先，合理使用是某种客观行为，不以意思表示为其必备要素。在法律行为中，意思表示是行为人设立、变更和终止民事法律关系意图的外在表示。有效意思表示必须以行为人的意思能力为基础；意思表示的内容必须在法律允许的范围内；行为人的内在意思必须与外部表示一致。法律行为之所以以意思表示为要素，在于意思表示体现了行为人的意志、目的和愿望，即能够产生行为人预期的法律后果。而在合理使用行为中，具有法律意义的不是行为人的意图，而是行为的客观结果。当事人使用作品的目的并不在于追求某种法律后果，而是出于学习、研究、教育的意图。因此，著作权法对合理使用行为的构成要件，并不强调行为人的意思能力状况，也不考虑行为人的具体意思内容。合理使用的行为客观性特征表明：法律后果不是当事人通过意思表示追求的结果，而是客观上依照法律规定发生的结果。任何行为都是人有意识的活动，事实行为也不例外，问题在于，表现意志内容的动机与目的不是事实行为产生法

① 史尚宽：《民法总论》，272页，台北，正大印书馆，1980。
② 参见王利明等：《民法新论》（上），121页，北京，中国政法大学出版社，1988。
③ 参见董安生：《民事法律行为》，108页，北京，中国人民大学出版社，1994。

律后果的条件。以合理使用为例，行为人的动机是使用作品，其目的或为学习、研究，或为评论，或为教育，法律在所不问。产生相应法律后果的原因，不在于行为人意志内容如何，而在于其行为本身状态如何。

其次，合理使用依法律规定而直接发生法律后果，不存在当事人预期的意思之效力问题。在著作权法中，存在着各种合理使用的情形，它们仅有类的划分而没有质的差别；只要行为人的客观活动构成某一合理使用行为，即依法在当事人之间产生规定的权利义务关系。例如，为介绍、评论某一作品或者说明某一问题，在自己的作品中适当引用他人已经发表的作品；只要上述客观行为成就，即可产生“不必征得著作权人同意，不必向其支付报酬”的法律后果。相反，在著作权许可使用制度中，许可使用作品的方式、许可使用权利的性质、许可使用的范围与期间、付酬标准与办法以及违约责任，概由双方当事人的意思表示而设定。概言之，法律行为依行为人的意思表示内容而发生效力。事实行为与法律行为在法律效果上的这一区别反映了意思自治（法律行为）与法定主义（事实行为）两种调整方式的本质差别。正如有的学者所言，“民法典对于法律行为的法律效果只能给予抽象的效力评价，至于其具体效果只能容认意思表示加以明确，而对于事实行为的法律后果却可直接作出明确而具体的规定，它使得当事人的权利义务内容有先定力和公示力”①。

在著作权领域，存在着各种使用作品的情形，它们分属于法律事实的各种类别，依照民法理论对作品使用行为进行分类，对于进一步探讨合理使用与相关制度的联系与区别是大有裨益的。

关于表意行为、非表意行为与合法行为的交叉关系，法律行为、事实行为与违法行为的逻辑关系，在民法学界中尚有不同看法。笔者对法律事实进行分类的出发点是，首先采用表意性标准，分为表意行为（民事行为）与非表意行为（事实行为）；然后采用合法性标准，将前者分为民事法律行为与无效的民事行为，将后者分为合法的事实行为与非法的事实行为。② 下面，试将各种使

---

① 董安生：《民事法律行为》，111页，北京，中国人民大学出版社，1994。

② 类似分类方法可参见郑玉波：《民法债编论文选辑》（二上），305页，台北，五南图书出版公司，1984；王利明等：《民法新论》（上），121页，北京，中国政法大学出版社，1988。

用作品的行为分类如下：

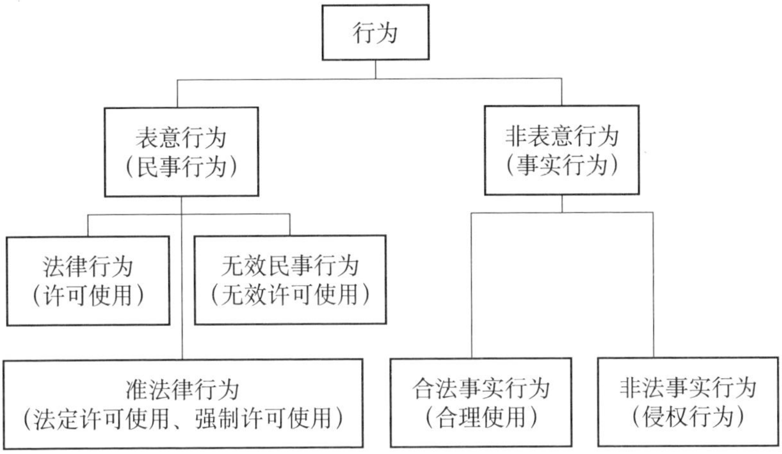

二、合理使用与许可使用：制度比较研究（一）

许可使用又称授权使用，即著作权人授权他人以特定方式对作品进行使用。许可使用与合理使用，从行为性质来说，是著作权法领域中法律行为与事实行为的对应关系。一般认为，著作权的许可使用是一种重要的法律行为，可以在许可人与被许可人之间建立权利义务关系。相对合理使用而言，许可使用是一种具有设定权利意图的表意行为，许可使用行为依当事人的意思表示内容而发生效力。这即是说，法律承认许可使用行为之效力，乃在于许可人与被许可人之间形成的效力意思。许可使用这一法律行为通常表现为许可使用合同，著作权人利用许可使用合同可以将著作财产权中的一项或多项内容许可他人使用；同时，向被许可人收取一定数额的著作权使用费。这种情况被称为著作权许可证贸易。许可使用是作品使用的常见方式，著作权许可证贸易也是著作权人实现其著作财产权的主要途径。

作为法律行为的许可使用具有以下几个特点：

第一，许可使用是双方法律行为。许可使用应为合同形式，当事人双方相对应的意思表示达成一致方可成立。合同行为通常由两个意思表示构成，并须为合致；意思表示的内容，即双方的权利义务设定具有相对性。

第二，许可使用是诺成法律行为。许可使用合同一般应采用书面形式，在双方当事人意思表示一致时即可成立。这就是说，许可使用合同的成立，不以作品交付为成立条件，只要一方当事人的意思为对方当事人所同意，即可产生法律后果。

第三，许可使用是有偿法律行为。许可使用存在着对价关系，著作权人将自己的作品交给他人使用，使用人则应支付相应的报酬。在有偿合同中，债务人责任较重。

著作权的许可使用与转让不同。其区别主要表现在：

著作权转让的标的是著作财产权的所有权，这种所有权通常可以部分转让，也可以全部转让。转让的结果是使得受让人在法律上成为著作财产权所有人，受让人可以以自己的名义行使权利，并于侵权行为发生时单独提起诉讼；而使用许可关系的标的是著作财产权中的使用权，它并不转移著作权的所有权，被许可人在法律上不能成为著作权所有人。被许可人在一定期限、一定范围享有著作权所有人授予的权利，且仅限于作品的使用权，而不包括禁止权。一般认为，当侵权行为发生时，被许可使用人必须依赖于许可人权利的存在才能对抗第三人。

著作权许可使用合同从授权主体来划分，有“作者合同”与“集体许可合同”两种。凡以著作权本人或其代理人的名义授权他人使用作品的合同，在大陆法系国家多称为“作者合同”。“集体许可合同”，是以著作权集体管理组织作为信托著作权人授权他人使用作品的合同。概言之，“作者合同”是以自己的名义授权，为其本人利益而签订；而“集体许可合同”是以受托人的名义授权，其利益由著作权人与著作权管理组织分享。

著作权许可使用合同从使用权性质来划分，可以分为专有许可与非专有许可两种。专有许可，又称独占使用许可，即是作者授权他人在一定期限和范围内，以特定的方式独占使用作品。著作权所有人在发出专有许可证之后，即无权再向第三方发放许可证，任何人（包括作者本人）都不得再以许可证所列举的方式使用作品。非专有许可，又称一般使用许可，即作者授权若干人在一定期限和范围内以特定方式非独占地使用作品。著作权所有人在相同的地域内可以发出两个以上的一般使用许可证，在使用权范围内被许可人之间不得相互排斥。

著作权许可使用合同是以权利作为标的的民事法律关系。专有许可与非专有许可的根本区别在于标的性质，即是一般使用权还是独占使用权。非专有许可是著作权让渡其使用作品的利益的行为，是普通债权。这是因为，被许可人对著作权作品的使用权，是一种相对权，其效力只能对许可人发生，而无法对抗第三人。在对同一作品设定多个使用权的情况下，相互之间无排他权。专有许可则不然，由于具有独占权利的授予，产生了足以对抗第三人的效力。于是，本来作为债权内容的使用人之用益权成为一种特别债权，即获得只有物权才具有的效力，这一现象，民法学者通常概括为“债权物权化”。有的著作权法学者将这类合同称之为“准用益权设定合同”[①]。独占使用权之物权化，当然应具有类似物权的效力：一是优先权效力，即同一标的物上有数个利益相互矛盾、冲突的权利并存时，具有较强效力的权利排斥或先于具有较弱效力的权利的实现。这意味着独占使用权不仅可以排斥一般许可使用权，而且可以排斥设定在后具有相同内容的权利，在效力上也优先于著作权本人的使用权。二是物上请求权效力，即物权的权利人在其权利的实现上遇有某种妨害时，有权对造成妨害其权利事由发生的人请求除去妨害。依此效力，在第三人侵害有关著作权时，通常同时构成对被许可人独占使用权利的侵害。在这种情况下，被许可人可以以自己的名义单独提起诉讼。应该注意的是，独占使用权虽具有准物权的某些效力，但有别于著作财产权的转让。因此，获得专有许可的使用权人无权将该权利再许可给第三人行使。这是因为被许可人取得的是著作权的使用权，尽管具有专有性质，但不是著作权的所有权，权利的最终处分权能依然掌握在著作权人手中。因此，在专有许可情形中，使用人许可第三人行使同一权利，必须征得著作权人的同意。

在规定著作权许可使用制度的国家里，专有许可和非专有许可有各自的适用范围。一般来说，图书出版权不适用非专有许可，作者必须以独占许可证的方式授权某出版人使用作品，而不能以一般许可证方式向两个以上的出版人授

---

① 刘波林：《作品使用授权合同刍议》，载《著作权》，1995（1）。

权，即不得“一稿两投”。但对于报纸、期刊，有的国家允许作者采取非专有授权形式，将同一部作品交由若干报刊发表使用，即可以“一稿两投”。使用许可是否具有专有性质，可由当事人自行选择，并在合同中加以规定；合同未作明确规定的，使用许可应推定为非专有许可。在我国，专有许可和非专有许可均为知识产权贸易通用方式，商标权、专利权的利用即是如此，著作权的利用也概莫能外。笔者考虑，有以下几点值得注意：第一，图书出版权在我国历来具有专有出版的性质，且著作权法已有明确规定，因此作品出版一般要签订书面合同，并采用专有授权的形式。报纸、期刊等其他出版物使用作品，事前多不签订合同。报刊社需要专有授权的，应在报刊上作出声明。未有声明的，应推定适用非专有许可形式。第二，对于适用专有授权的出版物，作者不得一稿两投，如由此造成同一作品重复出版，作者应承担赔偿责任。享有专有授权的使用单位则应在规定的期限内决定是否采用稿件，逾期不作处理的也应承担责任。第三，对于适用非专有授权的出版物，作者可以一稿多投，投稿人有义务向报刊社声明这一情况，并有权取得同一作品多次使用的报酬。第四，应规定专有许可与非专有许可不同的著作权使用费标准，享有专有出版权的使用单位往往因图书再版或他人转载作品可能多次收益；享有非专有授权的使用单位一般只使用一次作品，并可能由于几家报刊社同时使用该作品而影响其报刊发行量。因此，非专有许可的著作权使用费要低于专有许可的著作权使用费。

著作权许可使用合同，涉及不同作品的不同权利的利用问题，因此在合同订立时必须遵循一定的规则。多数英美法系国家没有在著作权法中作具体规定，而大陆法系国家以及东欧国家的著作权法中却含有一些指导性条款。归纳各国立法，著作权许可使用合同的指导原则有以下几点：

1. 许可使用须在著作权有效期限内。也就是说在著作权有效的全部期间或其中某一特定期间，作者可将其作品使用权的一项或几项许可给他人。超过著作权保护期或由于其他原因已丧失著作权的，其许可无效。

2. 作品的许可使用权一般须由受让人本人行使。权利未经著作权所有人的同意，被许可人不得将作品使用权再许可给第三人。

3. 许可使用的权利仅涉及约定的著作财产权。也就是说，所许可的权利以合同约定的范围为限度，不得以未被许可使用的方式使用作品。使用权不涉及作品原件的所有权或其他著作财产权。

4. 许可使用合同一般采取书面形式。该类合同包括出版合同、广播合同、上演合同、电影合同等；专有许可使用合同如为口头合同，应视为无效。

5. 许可使用合同须包括必要条款。这些必要条款，或规定在著作权法中，或载明于著作权主管部门制定的标准合同中。一般包括：合同双方的姓名，著作权作品的名称，使用作品方式，支付报酬的数额、期限，合同的有效时间，违反合同的法律责任，等等。

三、合理使用与法定许可使用：制度比较研究（二）

法定许可使用，是指根据法律的直接规定，以特定的方式使用已发表的作品，可以不经著作权人的许可，但应向著作权人支付使用费，并尊重著作权人的其他权利的制度。世界知识产权组织编写的《版权和邻接权法律术语词汇》将其称为“法定许可证”（statuary licence），以别于一般“许可证”（licence）即许可使用。法定许可使用与许可使用的主要区别来自于作品使用的权源。许可使用是一种意定授权，即是由著作权人或其代理人授权他人使用作品；而法定许可使用是一种法定“授权”，即是法律推定著作权人可能同意并应该同意将作品交由他人使用，因而由法律直接规定许可。此外，许可使用的作品多为未发表作品，而法定许可使用一般限于已发表作品。这说明，作品是否发表、何时发表、怎么发表，悉由著作权人“意定”，而对已发表作品的再次使用则可在一定范围内“法定”。这一规定体现了著作权法对发表权的尊重与保护。

法定许可使用不同于法定免费使用，但两者区别不仅在于是否付费，而且在于它们是否具有“合理使用”的相同品性。所谓法定免费使用是指法律允许特定机构非营利性使用他人作品，可以不经权利人许可，不向其支付报酬的一种制度。在东欧一些国家，广播电台、电视台等都属于非营利性组织，因而要它们向著作权人支付使用费存在着一定的困难。故这些国家的著作权法规定，凡是以广播、电视等途径传播已经发表的作品，均无须取得权利人许可，也不必向其支付报酬。法定免费使用实际在上述国家构成合理使用的内容。但多数国家未作出这种规定，两个著作权国际公约甚至暗示这种使用是不合理的。[①] 所以法定免费使用既不同于法定许可使用，又不能归类于传统的合理使用。需要强调的是，在知识产权保护一体化程度不断提高的情况下，现今世界各国基本上没有保留法定免费使用，而仅是规定了合理使用制度。

法定许可使用与合理使用通常被视为对著作权的限制。学者们对其区别一般概括为，合理使用既无须征得同意，又无须付费；而法定许可使用虽无须征得同意，但要付费。从法律事实的类别讲，合理使用是事实行为，而法定许可使用应属于准法律行为。民法学者史尚宽先生将法律事实中的表意行为分为“知之表示行为”、“情之表示行为”、“意之表示行为”。诸如表示某一事物观念的“观念通知”，请求他人行为的“意思通知”等均属于准法律行为。[②] 可见，准法律行为是一种虽无严格意义的意思表示，但又有向相对人表意之行为，因而发生与法律行为相同后果的一种法律关系。法定许可使用具有准法律行为的一般特征：第一，许可使用的“授权”意思虽由法律直接规定，但法律对此类行为未像事实行为规定的那样对其法律后果作出具体描述。申言之，法律规定必须支付报酬，但付费的数额、方式、时间仍需“意定”。第二，被许可人只要有表意行为，即承认他人著作权的存在，有使用作品和支付报酬的表示行为，即可认定法定许可使用成立。可见，表意在法定许可使用中是具有法律意义的，因而能产生与许可使用类似的法律效力。

法定许可使用是各国著作权法普遍推行的一种制度，其所涉及的权利项目包括表演权、录制权、广播权、汇编权等，但各国法律规定不尽一致。

《德国著作权法》关于法定许可有 3 条规定：（1）为宗教、培训和教学目的而将已出版的短篇或单篇的语言作品、音乐作品、艺术作品等编入集体作品中，为此而复制或传播（第 46 条）。（2）复制或公开传播单篇广播评论和报纸文章等，其内容应为日常的政治、经济或宗教问题，且文中未注明不许转载（第 49 条第 1 款）。（3）如果根据作品的性质，预料作品将会通过录制广播节目、转录现有录制品的方式进行复制而用于个人的使用，则该作者有权向这些

① 参见郑成思：《版权法》，269 页，北京，中国人民大学出版社，1990。

② 参见史尚宽：《民法总论》，台北，正大印书馆，1979。

录音、录像设备的制造商或进口商就提供此种复制机会而索取合理的报酬。此项权利可通过收费机构行使（第 54 条）。

《意大利著作权法》规定比较简单：在学术性文选中复制作品未超过条例所规定的范围并依规定付给合理报酬者，得予以复制（第 70 条）。

《加拿大著作权法》规定了两种情形：(1) 已出版的作品，其作者去世 25 年后允许复制，但复制者必须将其复制的意图按规定作出书面通知，并按规定支付版税（第 7 条）；(2) 任何音乐、文学或戏剧作品制成磁带、唱片或其他类似制品，若该制品以前已由著作权所有人制作或经其同意制作，或者制作人已按规定通知了制作意图并已支付规定的版税，则其制作不应认为是对作品著作权的侵犯（第 19 条）。

《匈牙利著作权法》的规定主要涉及播放权和录制权，即广播和电视组织有权通过支付适当报酬而以原有的方式播放任何已经公开发行的作品，除非对剧院使用作品有相反的合同约定，广播和电视组织亦有权转播公开演出的节目（第 22 条）；此类组织还有权将拥有广播权的作品制成录音和录像制品（第 23 条）。①

《苏俄民法典》规定了法定许可的四种情形：公开演出已经出版的作品；为了公开复制或发行，用胶片或其他方式录制已经发表的作品，但不包括通过电影、广播或电视使用作品；作曲家利用已经出版的文学作品创作有文字的音乐作品，在工业产品中利用造型工艺作品和摄影作品（第 495 条）。但 1993 年 7 月颁布的《俄罗斯联邦著作权和邻接权法》取消了上述关于公开表演作品、录制作品、使用已出版文学作品创作带词的音乐作品以及在工业品中使用美术作品和摄影作品的法定许可规定。②

需要说明的是，美国、日本等国著作权法未对法定许可使用作出规定，但它们有强制许可使用的详细条款。

我国 1990 年《著作权法》关于法定许可使用的具体规定是：为实施九年

① 上述国家关于法定许可的规定，引自世界知识产权组织编：《世界各国版权法概论》，北京，中国政法大学出版社，1990；《中外版权法规汇编》编写组编：《中外版权法规汇编》，北京，北京师范大学出版社，1993。

② 参见焦广田：《一部新型的现代化的俄罗斯著作权法》，载《著作权》，1995 (2)。

制义务教育和国家教育规划而编写出版教科书，除作者事先声明不许使用的外，可以不经著作权人许可，在教科书中汇编已经发表的作品片段或者短小的文字作品、音乐作品或者单幅的美术作品、摄影作品，但应当按照规定支付报酬，指明作者姓名、作品名称，并且不得侵犯著作权人依照本法享有的其他权利。该规定适用于对出版者、表演者、录音录像制作者、广播电台、电视台的权利的限制（第 23 条）。凡是著作权人向报社、杂志社投稿的，作品刊登后，除著作权人声明不得转载、摘编的以外，其他报刊可以转载或者作为文摘、资料刊登，但应当按照规定向著作权人支付报酬（第 33 条第 2 款）。录音制作者使用他人已经合法录制为录音制品的音乐作品制作录音制品，可以不经著作权人许可，但应当按照规定支付报酬；著作权人声明不许使用的不得使用（第 40 条第 3 款）。广播电台、电视台播放他人已发表的作品，可以不经著作权人许可，但应当支付报酬（第 43 条第 2 款）。广播电台、电视台播放已经出版的录音制品，可以不经著作权人许可，但应当支付报酬。当事人另有约定的除外（第 44 条）。

综观各国著作权法关于法定许可的规定，可以看出这一制度具有以下特征：

第一，使用者多为表演者、录音制作者、广播组织者等，法定许可使用所涉及的是著作权人与传播者的关系，该制度即是为简化著作权手续，促进作品广泛迅速传播而设定。

第二，使用的对象只能是已发表作品。因此，法定许可使用实际上是作品的“二次使用”（secondary use），这种使用未损害著作权人的发表权。如果著作权人事先声明不许使用的，所谓法定许可使用就不能成立。

第三，使用不得损害被使用人和原著作权人的权利。

第四，使用者应该向著作权人支付报酬，其支付方式为：或直接支付给著作权人，或支付给著作权集体管理机构。

四、合理使用与强制许可使用：制度比较研究（三）

强制许可使用，是在特定条件下，由著作权主管机关根据情况，将对已发表作品进行特殊使用的权利授予申请获得此项权利的使用人的制度。在国际著作权公约中，强制许可使用又被称为“强制许可证”(compulsory licence)。

强制许可使用与合理使用，是两种不同的限制著作权的法律制度。就使用性质说来，强制许可使用也是一种非自愿许可使用，但著作权人须承认必要的“授权”，即是经主管部门批准，许可使用即可成立。而合理使用无须取得著作权人的许可，也无必要经主管部门批准，是使用人依法对著作权作品的直接使用；在使用目的上，强制许可使用是一种营利性使用，它限制了著作权人的许可权，但维持了他的获酬权。而合理使用无须向著作人支付报酬，因此不得以商业目的使用作品；此外，在使用条件方面，各国对合理使用制度的规定甚为严格，其适用的作品范围虽无多少限定，但其使用方式及使用数量都极为有限。在强制许可使用中，各国法对作品的适用范围规定不一。国际公约对外国作品，仅允许对印刷出版物、视听作品颁发强制许可证。其使用方式一般为复制、翻译、广播等，但对使用数量不作限制性规定。

强制许可使用与法定许可使用都是对著作权的限制，两者在法律事实上都是一种准法律行为。但在著作权法中，它们具有明显的区别：第一，从使用者来看，法定许可使用无特定的范围，任何人都可以行使；而强制许可使用面向特定的使用者，即只有申请并获批准的人才可以行使。第二，从权源来看，法定许可使用是法律直接授予的；而强制许可使用是由主管机关授予的。第三，从许可程序来看，法定许可使用一般无须事先申请或通知，凡符合条件者即可自行使用；而强制许可使用则须履行申请批准的程序。第四，从使用形式来看，法定许可使用的形式主要是涉及转载、录制、表演、广播等；而强制许可使用的形式则表现为翻译、复制、改编等。

多数国家的著作权法规定了强制许可使用，但适用范围和使用条件不尽相同。

《美国著作权法》关于强制许可使用的规定比较详细，计有通过有线广播系统的二次播送（第 111 条）；制作和传播非戏剧的音乐作品的录音制品（第 115 条）；通过自动点唱机公开演奏非戏剧的音乐作品（第 116 条）；使用某些与非商业性广播有关的作品（第 118 条）。

《加拿大著作权法》规定适用强制许可使用的具体事由包括：已故作者的

作品著作权所有人拒绝重印或者不允许公开演出该作品（第 13 条）；对有著作权的书籍，著作权所有人不能在加拿大印刷此书或使之印刷，或者不能提供加拿大人对该书的合理需要数量（第 14 条）；此外，对于系列性的出版物也可授予类似的许可证（第 15 条）。

《德国著作权法》的强制许可使用主要涉及录音、翻译、改编等，其具体规定是：音乐作者或乐谱作为商业目的授权他人制作或销售该作品的录音制品时，则该作者或专有许可证持有人也应向其他录制人授予同样的许可证（第 61 条）；根据使用目的的需要，允许对作品进行翻译、摘录或者对乐曲进行改编，同时根据复制方式的需要也可以对艺术作品和照片进行修改（第 62 条）；如果是以出版或公开传播的方式利用作品，则必须清楚注明作品的来源，包括作者的姓名。在一定情况下，如果作品中对出版人或广播组织已有注明，则利用作品时亦应予以注明。如果对作品进行删节或删改，也应注明作品的名称（第 63 条）。《日本著作权法》从第 67 条到第 74 条详细列举了强制许可证的范围、程序及付费方法等。强制许可证可用于：著作权所有人姓名不详的作品，对已发表作品进行广播或通过有线装置进行传播，在某些场合下录制已经发行的唱片或磁带。[①]

关于强制许可使用制度，《伯尔尼公约》和《世界版权公约》都予以承认，从而形成对发展中国家使用作品的“优惠”条款。其主要内容是：

第一，关于设定的目的。为了教学、学习、研究活动和公众需要的目的，需要使用外国作品的使用人，在无从得到外国著作权人的许可时，可以通过一定的程序，从本国著作权管理机关获得强制许可证，即无须取得著作权人的许可，便可以特定方式使用有关外国作品，但仍需向著作权人支付报酬。

第二，关于许可使用的对象。颁发了强制许可证的客体，仅限于外国作品中的印刷出版物以及仅为系统教学用的视听作品。与此相应，许可使用的类型仅为翻译许可、翻译广播许可、复制许可。强制许可证不适用于其他作品，也

---

① 上述国家关于强制许可使用的规定，引自世界知识产权组织编：《世界各国版权法概论》，北京，中国政法大学出版社，1990；《中外版权法规汇编》编写组编：《中外版权法规汇编》，北京，北京师范大学出版社，1993。

不得采用其他内容的许可。

第三，关于强制许可的条件，在规定的期限内，作者本人没有，也没有授权他人将其已出版的作品在该国一般国民中销售。关于期限规定视作品的类别或其使用方式而异，翻译权强制许可须为 1 年，复制权强制许可须为 5 年。但有关外国作品属于科学作品则由 5 年缩短到 3 年，如属于文学艺术作品，则由 5 年延长为 7 年。

同时，著作权国际公约对强制许可证优惠条款作了严格的限制，这些限制包括，有权发放强制许可证的国家，须是联合国大会所确认的发展中国家，且该国又是两个公约的成员国，享受优惠条款的国家必须在批准参加公约时或以后，向公约的管理机关、世界知识产权组织与联合国教科文组织递交要求享受优惠待遇的“通知声明”。使用人在申请强制许可证时，须证明自己无法找到著作权人，或虽与著作权人联系但未能取得授权，如果外国作品的作者行使了“作品收回权”，即停止其作品在市场的发行，则不得再发放强制许可证。强制许可使用是非独占性的，一旦发现著作权人自己使用或授权他人使用，则被强制许可人享有的使用权即行停止。

发展中国家出于发展本国文化教育事业，改善在国际著作权贸易中地位的迫切需要，也逐步在其著作权法中制定和修改了强制许可使用有著作权作品的法律条款。例如，阿尔及利亚“广播已经合法出版的作品”。巴巴多斯“对一部已经经作者同意录了音的音乐作品的再录音”。塞浦路斯“广播已经出版的作品和对已经录制的音乐作品的再录音”。厄瓜多尔“在公开演出的场合使用唱片；在作者死后 15 年以后允许重新出版或者翻译其作品”。马里“广播已经合法出版的作品，公共图书馆对作品的复制”。菲律宾“对教育、科学或者文化方面的材料都给予总的强制许可证”。斯里兰卡对“已录音的音乐作品的再录音；作品的广播”。苏丹对“作品的广播以及在公共场所的表演”。概括地说，发展中国家实行强制许可证的范围，主要涉及印刷品复制、音像作品复制、作品翻译及广播等方面。除国内著作权立法外，发展中国家为了教学和科研目的，依国际著作权条约的所谓优惠条款，争取获得对发达国家已出版作品所颁发的翻译权和复制权强制许可证。但是，由于申请获得许可证的时间相当长，而且手续非常复杂，同时还要以“国际可兑换”的货币支付报酬，发展中国家实际上难以享受这种“优惠”待遇。至今，只有少数国家提出享受强制许可证“优惠”待遇的要求。

我国著作权法没有规定强制许可使用制度，但是我国已参加两个主要著作权国际公约，因此可以适用上述公约关于强制许可使用的规定。

五、合理使用与侵权使用：制度比较研究（四）

侵权使用归属于民事侵权行为的范畴。在现代民法学说中，有学者主张依事实行为理解侵权行为的性质，认为禁止性规范应“着重违反行为之事实行为价值，以禁止其行为为目的”；甚至主张一切违法行为“恒为特定事实行为”①。依笔者之见，侵权使用与合理使用具有事实行为的共同特征：第一，侵权使用不以意思表示为要素，与合理使用一样都是一种客观行为，即业已实施并在客观上对外界造成影响与后果的行为。第二，侵权使用的法律后果依法律规定而发生，与合理使用一样，不反映行为人追求之直接目的，不存在行为人预期之意思效力。第三，侵权使用因符合法定事实要件而成立。其“未经授权，又无法律许可，擅自利用他人著作权”与“在法律规定的范围内，基于正当目的而利用他人著作权”的构成要件，虽有内容合法与非法之分，但在本质上都是一种法律构成行为，因此在法律事实的类别中，合理使用是合法事实行为，侵权使用是非法事实行为。

关于侵权使用的概念，法律上并没有明确的定义，学理上也有不同观点。有的认为：侵犯著作权，是指“未经作者或著作权所有人授权，又无法律许可，擅自对享有著作权的作品剽窃、篡改、假冒或以其他非法手段行使作者的专有权利”②。有的主张“凡未经作者或其他著作权人许可，又不符合法律规定的条件，擅自利用受著作权法保护的作品的行为，即为侵犯著作权的行为”③。有的则提出，侵犯著作权，是指“未经著作权人许可，在法律允许的

---

① 董安生：《民事法律行为》，117页，北京，中国人民大学出版社，1994。

② 阙如生主编：《知识产权法教程》，261页，南京，南京大学出版社，1992。

③ 黄勤南主编：《新编知识产权法教程》，448页，北京，中国政法大学出版社，1995。

范围之外，擅自使用其著作权的行为”[①]。笔者以为，著作权的内容既包括著作人身权，又包括著作财产权，凡违反法律规定而损害著作权人权利的行为，均为侵犯著作权。在这里需要指出的是，侵权行为主要表现为对著作权作品的擅自使用，但作品的擅自使用并不包容所有侵权行为。例如，制作出售假冒他人署名的美术作品的行为，构成对著作权的侵犯，但是，侵权行为并非直接作用于他人的著作权作品。即是说，是擅自行使他人的“权利”，而不是使用他人的“作品”。因此，将侵权行为表述为“擅自行使他人著作权”较之“擅自使用著作权作品”更为确切。

“侵犯著作权，以著作权的存在为前提。”[②] 有学者提出质疑，认为构成侵权行为的对象只能是受法律保护的著作权，而非所有的著作权，其理由是：在境外发表但根据对等原则不受我国法律保护的外国作品，依法在我国禁止出版、传播的作品，即使发生侵害之事实，也不构成侵犯。这是因为有无著作权与著作权是否受法律保护是两个不同层次的法律概念。[③] 笔者认为，对上述情形不能一概而论，而应作具体分析。首先，著作权受到地域性限制，即具有严格的领土性，其效力只限于本国境内。按照一国法律，获得承认和保护的著作权，只在该国发生法律效力。除签有国际公约和双边互惠协定外，著作权没有域外效力。其他国家对这种权利没有保护的义务，任何人均可以在自己的国家内自由使用该作品，既无须取得权利人的同意，也不必向权利人支付报酬。质言之，根据对等原则不受一国保护的外国作品，在该国领域内即是“没有著作权”的作品。由于地域性的限制，它不可能是所谓“有著作权但不受法律保护的著作权”作品；其次，依法禁止出版、传播的作品，即反动淫秽的作品，因符合作品构成的实质条件，根据著作权自动取得原则，自该作品完成之日起即依法自动产生著作权。由于反动淫秽的作品被行政机关“禁止出版、传播”，因而又成为不受著作权法保护的对象。在这里需说明两点：第一，作品违禁是一个事后概念，其“禁止出版传播”须经行政机关认定，不受著作权法保护的

---

① 郑成思主编：《知识产权法教程》，112页，北京，法律出版社，1993。
② 王利明主编：《民法·侵权行为法》，333页，北京，中国人民大学出版社，1993。
③ 参见万峰、张红林：《著作权侵权行为问题初探》，载《著作权》，1995（2）。

情形产生于作品创作完成即取得著作权这一事实之后；第二，违禁作品虽依法自动取得著作权，但又因为法律的规定而不得出版、传播，其财产性权利不受保护。但是，有关作品的署名权、修改权和完整权则不在禁止行使之列。有的学者认为，反动淫秽作品，其内容违反法律，不为法律肯定和保护，因为创作内容违法的作品，民事上属于无效法律行为。[①] 尽管创作行为应为事实行为，将其认定为法律行为与法理不符，但该文所得出的结论基本上是正确的。应该看到，在一般民事权利领域，凡是权利皆以法律保护为前提，不受法律保护的"权利"，只是一种事实状态。而在著作权这一特殊领域，确实存在着某些产生权利而又不受保护的情形。对违禁作品的上述理解，是符合著作权取得的基本原理，也是遵循著作权国际公约的基本规则的。

侵权使用，或说是侵犯著作权行为，与一般侵权行为有着相同的性质，又有着相似的法律后果，但其表现形式却有明显的差别。在侵权行为中，对于有形财产的侵犯主要表现为侵占（即非法占有他人所有物的行为），妨害（致使所有人无法充分行使权利的行为）和毁损（侵犯他人所有物使其遭受灭失或损坏的行为）。

这些行为往往是直接作用于客体物的本身（如将他人的财物毁坏，对他人财物强占），与客体物之间的联系是直接的、紧密的；侵权行为所侵犯的权利内容，涉及占有、使用、收益和处分各个方面。对于著作权的侵犯，则主要表现为剽窃、篡改和仿制。这种侵权行为作用于作者的思想表现形式，而与作品的物质载体无关。例如，非法将他人创作的字画攫为己有，它涉及的是物体本身，即创作的物化载体，该行为应视为侵犯财产所有权的行为。如果行为人虽未占有这一字画，但擅自将其翻印出售，则该行为涉及的是无形财产，即作者的思想表现形式，该行为应视为侵犯著作权的行为。与有形财产的侵权行为不同，对无形财产的侵权行为在形式上似乎并不影响作者的权利行使。如作品的非法"占有"，并不意味着权利人同时失去这种占有；对作品的非法利用，也不排斥权利人对自己创作物的继续使用。这种行为之所以构成侵权，主要在于它是对著作权所有人"专有"、"专用"权利的侵犯，是对著作权绝对性和排他

① 参见刘春田：《关于著作权立法的几点意见》，载《版权参考资料》，1990（6）。

性的违反。

侵犯著作权的行为，可以分为直接侵犯著作权和间接侵犯著作权两种。在直接侵犯著作权的情况下，不法行为直接涉及受著作权法保护的作品。由于侵犯著作权人实施这一行为，造成对作者专有权利的损害，如擅自发表、复制、广播、表演、展览、发行、翻译、改编或以其他方式使用受著作权保护的作品的行为。在间接侵犯著作权的情况下，不法行为并未直接涉及受著作权保护的作品，但为侵犯著作权的行为提供了条件，从而对作者的专有权利造成损害，例如进口或出售非法复制的图书、唱片，为他人擅自表演有著作权的作品提供演出场地等行为。

对于侵犯著作权行为的规定，有两种不同的立法体例。有些国家的著作权法只是采用“任何人侵犯本法第×条所列之专有权，均应视为侵犯著作权”之类的概括性规定，至于侵犯著作权行为的具体类型则由司法机关裁决；而有些国家的著作权法，对应受惩罚的侵犯著作权行为作了详尽的描述，逐项加以列举。《英国著作权法》第 16 条列举了复制作品，公开发行作品之复制件，公开表演、放映或播放作品，对作品进行改编或针对改编作品实施上述任何行为等五种情形，它既是作品之著作权人专有权利的具体规定，也是“版权禁止的各种行为”的相关条款。《日本著作权法》对一般侵权行为，即侵犯“著作人人格权、著作权、出版权或著作邻接权”作了概括性规定，但同时列举了“进口侵权著作物、发行侵权著作物，在业务性电子计算机上使用侵权复制品”，以及以损害著作人人格的方法使用该著作物等四种行为，将其“视为”侵权。我国著作权法列举规定各种侵权行为，并规定其相应的民事责任、行政责任以及刑事责任。具体而言，计有擅自发表、侵占他人作品、强行署名、歪曲篡改作品、擅自使用、拒付报酬、剽窃、非法复制、侵犯专有出版权、假冒作品等。

在著作权法领域中，与合理使用易于混淆的侵权使用，首推非法复制与剽窃。在合理使用中，允许非商业性的复制使用，此种合理复制的条件概由法律规定。侵权使用中的非法复制，是指以营利为目的，擅自采用翻印、翻录、翻拍伪造等手段复制他人有著作权作品的行为。这种使用在主观上表现为以营利为目的，在客观上有擅自复制而损害他人的行为事实。一般来说，营利性的复制肯定是非法复制，但非营利性目的的复制也不一定属于合理复制。在少数西方国家，个人使用如出于娱乐欣赏的目的，也视为非法复制。此外，复制的数量通常不作为侵权使用的构成要件，而在侵权诉讼中作为制裁侵权人和补偿受害人的参考因素。但在有的国家，基于个人使用目的的复制以一份为限，是为合理复制，超过限度则为非法复制。非法复制的行为，在著作权法中称为“海盗行为”（piracy），按照《版权和邻接权法律术语词汇》的说法，“海盗行为”是指“未经正当授权，为了公开发行而采取不适当的方式复制已出版的作品或唱片以及重播他人的广播节目”。非法复制在侵犯著作权行为中是较普遍较严重的一种，这种行为一般不涉及作者的人身权利，但往往给著作权所有人造成重大的经济损失。在国际图书贸易中，“海盗版”（piratical edition）问题还常常引起国家之间的纠纷和冲突。

引用与剽窃也是难以区分的两种使用。合理使用中的引用，即在自己的作品中适当地引用他人有著作权的作品，仅限于介绍、评论、报道之目的。引用的部分应为适度，且不能损害作者的其他合法利益，侵权使用中的剽窃，即把他人的作品当做自己的作品发表的行为，既包括完全照抄他人作品的行为，也包括在一定程度上改变其形式或内容的使用行为。剽窃是一种严重侵犯他人著作权的行为，同时也是在著作权审判实践中较难认定的行为。在确认剽窃行为中，往往需要掌握以下界限：作者利用另一部作品中所反映的主题、题材、观点、思想等再进行新的创作，使新作品区别于原作品，这在法律上是允许的，不能认为是剽窃；对他人作品所表达的历史背景、客观事实、统计数字等可以自由利用，但是不能完全照搬他人描述的客观事实、历史背景的文字。此外，著作权法保护的是独创作品，而不要求是首创作品。类似作品如果是作者完全独立创作的，不能认为是剽窃。关于合理使用中引用与侵权使用中剽窃的区别，可考虑把握以下几点：一是看使用作品的意图，是标明出处，用作评论与介绍，还是不说明来源，有意与自己的作品混同；二是看使用作品的程度是引用适当、合理，还是引用他人作品的主要部分或实质部分；三是看作品的关系，如引用的结果创造了新作品而不是取代原作品，是为合理使用，反之，则构成侵权使用；四看作品的个性与风格，如果两部作品在构思、风格、技巧方面雷同，如无相反的证明，则可能属于剽窃。

第七章

著作权、邻接权中的合理使用

一、"合理复制"：复制权中的合理使用问题研究（一）

复制是作品利用的最古老的方式之一，它几乎与"版权"的概念同时产生，复制在英文中称为"copy"，意为书籍的翻印。在汉语中则称之为"复版""翻版"等。在印刷版权时代，复制的形式限于印刷、临摹、拓印等空间性再现作品的行为。随着社会经济、技术的发展与进步，复制的手段越来越多，已远远超出"copy"的原始含义，因此各国立法者纷纷对复制重新定义并进行多种分类，以达到完善复制权制度的目的。

各国著作权法一般采取列举式的方式来解释复制。《法国著作权法》第28条规定，"复制指用各种可使公众间接得知的办法对作品加以有形的固定。尤其是：印刷、绘画、雕刻、摄影、铸模。所有平面和立体造型艺术方法、电影或磁性录制。建筑作品的复制也指重复使用图纸或标准设计"。《日本著作权法》第2条第15款规定，复制"指使用印刷、照相、复印、录音、录像或其他方法进行有形的再制作。以上列举的事项包括下列行为：（1）脚本及其他同类戏剧著作物：对著作物的演出、广播或有线广播进行录音或录像。（2）建筑著作物：根据与建筑有关的图纸建成建筑物"。《俄罗斯联邦著作权法》第4条规定，“作品的复制，即以任何物质形式制作一部作品或者该作品之一部分的一份或更多份复制件，其中包括录音、录像形式，将二维作品制成一份或更多份的三维作品，将三维作品制作成一份或更多份的二维作品，将作品录入电子计算机存储器也是复制”。我国《著作权法实施条例》第5条第1款作了类似规定，“复制，指以印刷、复印、临摹、拓印、录音、录像、翻录、翻拍等方式将作品制作一份或多份的行为”。但也有的国家对复制采取概括定义的方法。例如世界知识产权组织和联合国教科文组织协助制订的《突尼斯样板版权法》规定，复制是“以任何物质形式包括任何录音或录像对文学、艺术或科学作品制作一份或数份复制品”。各国著作权法关于复制的说明并无多少实质性差异。一般说来，所谓复制应具有以下基本特点：

第一，作品内容的再现性。所谓再现是对作品内容的再现，使用人利用作品时没有改变作品的内容，同时也未隐匿变更作品的出处。就复制方式而言，无论是印刷、照相、拓印，还是录音、录像，其目的都是制作与原作品内容相同或相近的复制件。诸多立法者与法学家都注意到这一问题。我国台湾地区1985年“著作权法”第3条第23款明确指出，复制权即是“不变更著作形态而再现其内容之权”。我国学者郑成思亦认为复制是作品的再现。[①] 美国学者Patterson等认为复制有两个含义：（1）重制原件（如用复印机）；（2）仿制原件（如从原作品中引用一部分）。[②] 这些规定或看法表明，再现是作品内容的重新表现，作品内容是部分或是全部再现，是相同再现或是相近再现，则在所不问。

第二，作品表达形式的重复性。所谓重复是指使用人通过物质形式再次制作同一作品的表达形式。首先，重复是作品表达形式在物质载体间进行的。它意味着复制权的行使通常涉及两个载体，作为复制件的载体有两种表现形式：一是与原载体有同样形式，如复印、翻录等情形即是重复所涉及的载体；二是与原载体有不同形式，如照相、立体复制等情形，即是将相同的表现形式附着

① 参见郑成思：《版权法》，96页，北京，中国人民大学出版社，1990。

② See L. Ray Patterson, Stanley W. Lindberg: *The Nature of Copyright: A Law of Users' Right*, p.146, 1991.

于不同的载体。其次，重复是作品表达形式在物质载体上的增加，即复制行为会产生除原作以外的复制件，且不论复制件数量的多少。在著作财产权中，复制权与展出权都是一种重复作品表达形式的权利，但是复制重复的是作品的复制件，而展出重复的是作品的原件。

第三，作品复制行为的非创造性。使用人再现作品内容与重复作品表达形式时没有进行创造性劳动，或者说，作品的复制品不是具有独创性的新作品。非创造性特征并不否认某些复制行为也会有智力劳动因素，如从三维作品到二维作品复制时，关于构图、线条、色彩等技巧的运用；在计算机软件复制中，对计算机的测试、运行、程序的修改等，都要付出一定的智力劳动。但这些劳动的目的不是改变作品内容并进行新的创作，而是在于保证复制品再现原作品内容的真实性或完美性。这即是说，复制行为从本质上讲不是创作行为，这是它区别其他再现作品行为的重要特征。众所周知，再现性并非复制的独有特征，其他著作财产权的相关行为都是直接或间接再现作品内容。有鉴于此，日本、我国台湾地区的一些学者认为广义上的复制权不仅指以有形形式重制作品之权利，而且指将作品再现为使第三人所感知之表现形式的权利，甚至包括以直接让公众看到听到作品为目的而上演或演奏等权利。[①] 这无异说，著作财产权都是复制权。广义说虽有失精当，但它表明，在再现作品内容方面，复制行为与其他相关行为并无二致，关键在于表演行为、改编行为、翻译行为则是创造性行为，有可能构成二次作品，而复制行为却不具有这一特征。有基于此，前者的行为人可能依法享有邻接权和新的著作权，而后者的行为人则不能成为新的著作权人。

作为著作权中最基本的财产权利，复制权是著作权人决定是否复制或许可他人复制并由此获取报酬的权利。这种复制权依作品表达形式不同而分为三种情形：一是以图书、报纸、期刊等印刷品形式复制和传播作品的权利，即人们通常所说的出版权；二是以唱片、磁带、幻灯片等音像制品形式复制和传播作品的权利，即录音录像权或机械复制权；三是使用临摹、照相、雕塑、雕刻等方法复制和传播作品（主要是美术作品）的权利，即狭义上的复制权。

---

① 参见张静：《新著作权法释论》，113～117页，台北，中华征信企业有限公司，1988。

在合理使用中，涉及复制权限制的情形最多。《伯尔尼公约》第 2 条之 2 规定，为提供信息之目的，允许在各成员国中将讲课、讲演等公开发表的口头作品，以印刷、广播等方式复制并向公众传播；第 10 条之 2 规定，为时事报道的目的，允许在各成员国中通过报刊及无线广播或有线广播，复制报纸杂志上关于经济、政治、宗教等时事性文章，以及同类性质的广播作品。《世界版权公约》第 4 条之 2 规定了包括复制权在内的各项专有权，准许各成员国“在合理程度上提供有效保护”的情况下，对复制权等“作出符合本公约精神及条款的例外规定”，即是有关限制上述权利的合理使用规定。综观各国著作权法，凡是规定有合理使用制度的，无一例外都含有对复制权的限制性规定。这主要有以下三种情形，一是以个人使用目的复制少量作品；二是为课堂教学目的复制少量作品；三是为图书馆保存与替代需要复制少量作品；除此以外，还包括广播节目的临时录制、计算机为保存备用软件的个别复制等。

各国著作权法大抵规定，无论复制基于任何事由，均不得为商业目的。如个人复制，不得用于出售、出版；图书馆、档案馆等文化机构的复制，须出于陈列或保存版本的需要；教育机构以营利为目的的复制，则不属于合理使用。但在复制数量的规定上，各国著作权法差异较大，有的国家，如《巴西著作权法》、《埃及著作权法》、《墨西哥著作权法》等规定为个人使用的目的复制一份为合理使用；有的国家却不限于此，如《冰岛著作权法》规定“为个人使用目的，可复制至多三份”。而《日本著作权法》规定，供个人使用的复制，除使用为公众专门设置的自动复制机器外，系使用者自己进行复制的，无数量的限制。有的国家还对私人少量复制作出了其他条件的限制，如《德国著作权法》规定：“允许为私人使用制作著作的零星复制物”，“但涉及的著作至少脱销两年以上”。英国著作权法则规定对有著作权作品不允许完整的复制，而只能复制其中摘取的选段。

在对著作权限制的限制中，合理使用范围内的复制发生的变化也最为明显。一些西方国家征收复印版税、录制版税，其目的就在于限制合理使用，维系复制权的独占效力。为此，有的学者断言，复制著作权作品的情形将从合理使用中消失。其实不然，关于复印版税与录制版税征收制度，由于东西方国家科技、经济发展水平的差异，并未成为各国著作权法的通行做法；即使在西方发达国家，相关复制是否征税、如何征税，对此看法也不尽一致。此外，版税制并未涵盖合理复制的各种情形，除自动复印与机械录制外，其他复制仍可以适用合理使用规则。

如何在复制权的专有保护与适当限制的冲突中寻求平衡，是众多立法者和法学家颇费思量的问题。现代传播技术的发展，使得著作权人无法有效地控制他人的复制行为，因而法律有必要对复制权加强保护；同时，信息流通和知识传播的需要，又要为社会公众提供使用作品的途径，因此法律不得不为复制权设定必要的限制。基于这种认识，在复制权的限制与反限制的问题上，似应遵循以下几个原则：

第一，对竞争者复制使用的限制应严于消费者复制使用的限制。美国学者认为，在著作权作品市场中，复制使用者可分为竞争者和消费者。[①] 竞争者复制作品旨在销售，即是为他人使用而复制，且有营利目的；消费者复制作品则由于个人需要，即是为了自己使用而复制，不具有商业动机。对于前者应将其排除在合理使用范围之外，该行为构成著作权法所制裁的盗版行为。相反，对于消费者个人的复制使用，法律则应采取相对宽容的态度。

第二，对现代技术复制的限制应严于传统技术复制的限制。“电子版权”时代拥有与“印刷版权”时期完全不同的传播手段，其复制技术的创新既丰富了复制权的内容，也影响到各种合理复制行为的命运。同样是非商业目的的作品使用，诸如绘制、拓印、翻印、翻拍、雕刻、铸模等复制行为，一般不会对著作权人的作品市场构成威胁；而采用现代复制技术则具有普遍性、经济性、隐蔽性的特点，即使使用人无营利之目的，但以复制作品取代购买作品复制件，却对著作权人有损害之结果。因此，较之传统复制行为而言，对该类复制是否保留在合理使用范围内应持严格态度。

第三，对视听作品、电影作品复制的限制应严于对一般作品复制的限制。与一般作品不同，视听作品、电影作品是众多创作者智力劳动成果的综合物。正是在这个意义上，有的国家如澳大利亚、新加坡等将上述作品视为“产品”，

---

① See L. Ray Patterson, Stanley W. Lindberg: *The Nature of Copyright: A Law of Users' Right*, p. 155, 1991.

即通过现代化传播技术将各种作品综合起来的“产品”。同时，作品著作权涉及剧本作者、导演、摄影师、作曲家、布景制作者、服装设计者等。他们对各自创作的部分，在不影响整体作品著作权行使的情况下，可以独立享受权益。此外，该类作品的创作，一般须借助现代传播技术手段，并投入相当的人力物力。有鉴于此，一些国家对上述作品作了特殊规定。例如，1956 年《英国著作权法》曾将录音、录像、电影等划为客体的第二部类，该类作品不适用合理使用规则，以别于文学、艺术、美术等第一部类作品。尽管现行法已无这种区分，但是在合理使用问题上，对视听作品、电影作品的自由无偿复制应有更为严格的规定。

二、“适当引用”：复制权中的合理使用问题研究（二）

引用，即为了介绍、评论某一作品或者说明某一问题，在作品中适当引用他人有著作权的作品。从本来意义上讲，合理使用制度即是为了促进新作品的创作，基于对原作品的引用需要而设定的。在英国判例法中，真实而合理地摘用他人的作品，最初被称为“合理节略”（fair abrigement），具有对原作品“节略”、“摘用”、“缩小”的基本含义。如此类使用具有创新意义，将不承担责任。而后，法官又创制了“合理的引用”（fair quotation）概念，反对简单的复制，以此与以往的“合理节略”区别开来，强调这种引用在新作品中是一种创造性的使用，因此可以作为侵权的抗辩理由（详见第一章“四、从判例法到成文法：合理使用制度创建的历史线索”）。

引用作为作品利用的一种方式，具有何种法律性质？对此，我国已有若干著作述及。郑成思在解释《伯尔尼公约》关于权利限制的规定时，认为在有限的条件下，以复制（包括摘录）、翻译与广播三种方式的使用，才可能构成“合理”使用。[①] 沈仁干在评述引用的适当性标准时，提出“过量的引用，就

---

① 参见郑成思：《版权公约、版权保护与版权贸易》，119 页，北京，中国人民大学出版社，1992。

不是合理使用中的引用，而是未经授权的复制行为”[1]。以上观点似将引用与复制联系在一起，即是将引用看做一种合理的复制。也有学者不同意将摘录作品的章节视作复制。其理由是：如果引用行为属于复制，那么在自己作品引用他人作品片段并出版发行的情况下，原作品著作权人得享有禁止权。[2] 至于引用属于何种性质的行为，观点持有人未作进一步说明。笔者以为，引用应归属于复制，但有别于一般复制。首先，引用是对复制权的一种限制。著作权法产生之初，其保护的作品拘泥于印刷作品，而财产权利也主要是复制权。英国法官所创造的合理使用规则，从“合理的节略”到“合理的引用”，无一不是基于创造新作品的需要而对复制权设定的限制。当时，后任作者以合理节略的名义，将他人的长篇作品摘录缩写为一部短篇作品，只要具有创新意义，法官即可给予司法保护。可见，引用属于复制权限制的范畴。其次，引用是一种特殊的“合理复制”行为。现代著作权法意义上的引用，不仅包括引用印刷出版物中的文字内容，而且包括引用广播节目的段落、电影作品的镜头。就作品内容的再现与作品表达形式的重复而言，引用与一般复制具有类似的特点。上述行为是否合理、适当，不在于引用与复制的类型划分，而在于合理复制与非法复制的性质界定。换言之，并非所有的复制行为都是对著作权的侵害，合理使用中的复制即是一种例外。因此，我们不宜将引用与复制绝对地对立起来。最后，引用是创作新作品的需要。引用本身不是一种创造性行为，但为创作活动所必需。引用他人的作品在于说明某一问题，或是为了评论、介绍的目的，他作与新作有醒目的区别（如说明作者姓名、标明作品出处），又构成新作的有机组成部分。使用人基于创新目的而引用他人作品，这是引用与一般复制的根本区别所在。

引用与转载在著作权限制领域中，也是两种不同的行为。根据我国著作权法的规定，广义上的转载包括两种情形：一是合理使用中的转载，即报纸、期刊、广播电台、电视台刊登或者播放其他报纸、期刊已经发表的社论、评论员

---

① 沈仁干：《关于对著作权的限制》，载《中华人民共和国著作权法讲析》，202页，北京，中国国际广播出版社，1991。

② 参见陈传夫编著：《著作权概论》，84页，武汉，武汉大学出版社，1993。

文章；或是在作者未作出反对声明的情况下，报纸、期刊、广播电台、电视台刊登或者播放在公众集会上发表的讲话。该类使用无须向作者支付报酬。二是法定许可使用中的转载。凡是作者向报纸、期刊投稿的，作品刊登后，除作者声明不得转载、摘编的外，其他报刊可以转载或作为文摘、资料刊登，但应当按照规定向作者支付报酬。无论属于限制复制权的哪一种转载，或这种转载是全文刊登还是部分摘录，使用人只是客观地再现原作品，在转载中无须付出创造性的劳动。而引用的效果固然也是再现他人作品的内容，但使用人引用的目的却是创造新的作品。此外，转载行为在遇有著作权人反对声明时，该行为即发生阻却事由；而引用行为则不然，除引用未发表作品外一般不发生法律障碍，对于作者声明禁止转载的作品，也可以因介绍、评论、说明的需要而在合理的范围内适当引用。

适当引用得到著作权国际公约及各国著作权立法的普遍承认。《伯尔尼公约》第 10 条第 1 款规定：本公约准许从公众已经合法获得的作品中摘录原文，只要摘录行为符合公平惯例，摘录范围未超过摘录目的所允许的程度；所谓摘录，包括以报刊提要形式从报刊杂志上进行摘录。《日本著作权法》第 32 条将引用分为两种情形：一是学习研究中的引用。即为了报道、评论、研究上的目的，允许对已发表的作品引用，但引用必须符合公正的惯例。二是公共宣传中的引用。即国家或地方公共团体机关以让公众知晓为目的而以自己的名义编写并发表的宣传资料、调查统计资料以及报告书等作品，除声明表示禁止外，允许报纸、刊物作为解说材料引用。《德国著作权法》第 51 条含有关于引用的三项条款：第一，为说明内容而在独立的科学著作中采用已出版的单独著作；第二，在独立的语言著作中引用已发表的著作的片断；第三，在独立的音乐著作中引用已出版的音乐著作的片断。《法国著作权法》第 41 条第 3 款的有关规定则比较简单，所谓引用即是在评论、论述、教学、科学和情报作品中进行分析和简短引用，或在报刊评摘中使用作品。《意大利著作权法》第 70 条也作了类似规定，即为评论、论述或教育目的，可以在符合上述目的的限度内，摘录、引用或复制一部作品的片断或部分章节，但不得与该作品经济使用权相竞争。《俄罗斯联邦著作权法》第 4 条之规定涉及引用的主要有两项：一是评论与新闻中的摘用。即为科学、研究、政论、批评与新闻之用，可以以原文和译文的形式摘录已正当发表的作品，但篇幅与摘录的目的相符，其中包括以报刊概述的形式转载报纸和杂志文章的段落。二是教学性质的引用。即在教学性质的出版物、广播电视节目、录音录像制品中，作为说明问题的例证资料而使用已正当发表的作品及其片断，篇幅与既定目的相符。

综观适当引用的立法例，我们不难看出：法律一般对被引用作品并无太多的限制，其适用范围大抵为文学作品、音乐作品、电影作品，有的国家甚至扩大到广播电视节目、录音录像制品等。就引用的适当性要求说来，须具备以下几项条件：(1) 引用的目的正当，即通常是为了说明自己的思想观点或情感而引用；(2) 引用的程度适宜，即所引用部分不能构成引用人作品的主要部分或实质部分；(3) 引用的作品须已经发表，如引用未发表作品，有可能导致侵犯作者的发表权以及其他人身权；(4) 引用的作品来源明确，即引用他人的作品须指明作者姓名、作品名称，标明作品的出处。

引用的"适当性"判断在司法实践中颇具操作难度，日本学者将引用称作合理使用中出现频率最高且留有疑点最多的问题。[①] 笔者以为，上述四项条件集中反映了被引用作品与新创作品的关系，换言之，在相关两部作品关系中考察"适当性"的具体标准，或许有助于我们分清引用与抄袭的界限。这主要表现在以下三个方面：

第一，新作必须区别于原作。这即是说，引用他人的作品，必须忠实于原作。在文学作品中，如是原文照搬，须采用"双引号"标明；如果摘录引用，则须符合创作原意。总之，引用人不得断章取义，曲解原作。无论是何种引用，均应指明所使用作品之作者姓名以及所引用资料的出处。这即是向公众宣示，所引用的部分不是自己的创作而是他人的创作。在创作中，不标明作品来源的使用，将会导致两部作品混为一体，从而产生被引用作品即是新创作品的误认，有侵权使用之嫌。

第二，新作必须独立于原作。《德国著作权法》对引用后产生的作品，作出了质的规定性要求，即须为"独立"的科学著作、"独立"的语言著作、"独立"的音乐著作，这一"独立性"要求明确界定了引用后新作品的地位，有可

---

① 参见［日］古泽博：《关于利用他人作品的著作权问题》，载日本《独协法学》，1977-10-22。

取之处。正如日本学者古泽博所评说的那样，“要使引用合法化，就必须使引用后的作品成为独立存在的作品”①。这就说明，引用他人的作品必须比例适当，两部作品在内容上要有实质性区别。如果整段地摘引他人的作品，或是将他人的多部作品加以拼凑，倘若删去所引用部分，自己的本质性创作不复存在或难以独立存在时，这种引用就不能视为合理。

第三，原作的引用必须适宜于新作。被引用的作品与引用后的新作品应有内在的有机的联系，即引用作品的目的正当，是为了介绍、说明与评论的需要。德国慕尼黑外国版权研究所专家 Oekonomidism 认为，引用的目的不可能只是对原作品的传播，而是对被引用资料的使用，即用以阐明自己或别人的观点。② 在实践中，超出上述目的的使用，两部作品即可能构成不适宜性。例如将他人的科学作品的一部分用于自己商业性的产品宣传文章，或是在自己的文学书籍上采用他人的美术作品作为封面插图，就不能视为合理使用。

三、免费表演：表演权中的合理使用问题研究

与复制一样，表演也是作品利用与传播的最初方式。所谓表演，即是根据规定的情境和人物的思想感情，运用声音、表情、动作等创造角色形象，再现作品的活动。可供表演的著作权作品不及复制那样广泛，诸如图形作品、绘画作品、雕塑作品等就无法作为表演权的客体。《伯尔尼公约》第 11 条规定，表演权主要涉及戏剧作品、戏剧音乐作品以及音乐作品，具体说来，表演有以下几种形式：(1) 戏剧、曲艺作品的演出；(2) 音乐作品的演奏、演唱；(3) 舞蹈作品的表演；(4) 文学作品如散文、诗歌的朗诵；(5) 电影、视听作品的公开播映。此外，世界知识产权组织认为杂耍艺人的表演也是著作权法意义上的表演。③

各国立法实践对表演范围的规定有所不同。《日本著作权法》第 2 条第 3

---

① ［日］古泽博：《关于利用他人作品的著作权问题》，载日本《独协法学》，1977-10-22。

② See Demetrius Oekonomidism, “The Freedom, to Quote According to German Law”, *Fair Use and Free Inquiry*, 1980.

③ 参见陈传夫编著：《著作权概论》，武汉，武汉大学出版社，1993。

款规定，表演是指“将著作物用戏剧形式演出，以舞蹈、演奏、歌唱、曲艺、朗诵或其他方法演出的行为（含虽不根据著作进行演出，但有艺术性质的类似行为)”。《法国著作权法》第27条规定，“表演主要指通过下列方式将作品直接向公众传播：公开朗诵；演奏演唱、戏剧表演；展览；以各种方式传播语言、声音、图像；公开放映；用在公共场所安置的扩音器或电视屏幕转播广播作品”。《意大利著作权法》第15条将表演解释为“以任何方式演出音乐、戏剧作品，放映电影作品，展示其他适宜公开展览的作品，或朗诵口头作品”。《德国著作权法》第19条从广义上将表演分为三种：一是朗诵，即“通过个人表述公开表达语言著作”；二是表演，即“通过个人表述公开表达音乐著作或以戏剧形式公开演出著作”；三是放映，即“通过技术设备使公众感知到造型艺术著作、摄影著作、电影著作或科学技术种类的各种表现形式”。上述朗诵和表演还包括“在个人表述的场所之外通过银幕、扩音器或类似技术设备使公众感知到朗诵、表演”的行为。《英国著作权法》第19条第2款界定表演的范围为：“包括在讲课、演说、讲话及布道时宣讲作品，以及总体上，包括所有以可视或可听方式所进行的演示，其中包括以录音、影片、广播或电缆节目方式对作品的演示。”《俄罗斯联邦著作权法》第4条规定，“表演，即通过演奏、朗诵、歌唱、舞蹈进行活表演或者借助于技术设备（电视与无线电广播、电缆电视及其他技术设备）再现作品、唱片、表演演出；连续放映视听作品（有伴音或无伴音的）镜头。”

各国著作权法关于表演及表演权的规定虽有些许差异，但也存在诸多共同之处：

1\. 表演的作品

《伯尔尼公约》规定表演权的客体为戏剧作品、戏剧音乐作品以及音乐作品，但该项规定只是一项“最低要求”，它并不妨碍其成员国扩大表演权所适用的范围。由于表演的传播特性所致，有些作品如地图作品、绘画作品、雕刻作品等实际上无法用于表演，但表演却可能延及其他类型的作品。除《伯尔尼公约》规定的三类作品外，大多数国家著作权法将表演作品的范围扩大到文学作品、表演艺术作品、电影作品、视听作品等。

2. 表演的方式

表演一般是直接传播作品的方式，但现在也包括利用技术设备再现作品的间接方式。在我国著作权学者著述中，有的强调表演是一种“舞台表演的形式”①；有的则认为表演包括舞台或非舞台形式，但一般是指活人表演（不包括唱片、电影、录像）。② 也有的认为表演包括三种情形：上演，即剧本、乐谱、小说、故事等作品的演出；演奏，即利用声音或乐器再现音乐作品的乐曲、乐谱及视听作品的唱片、录音等；上映，即以技术设备放映电影、幻灯片等。③ 从大多数国家的规定来看，所谓表演，既有直接传播作品的方式，即现场演出活动；也有间接传播作品的方式，即通过电台、电视台以及其他技术装备向公众传播演出活动。

3. 表演权的分类

大部分国家将表演权视为一项独立的著作财产权，但也有的国家将表演权视为传播权的一种。例如《突尼斯示范版权法》第 4 条第 3 款明确指出，作者的传播权系指以表演或广播等非物质的形式向公众传播作品的权利。《伯尔尼公约》及多数国家将朗诵权与表演权分开加以规定，但有的国家如我国《著作权法》第 5 条第 2 款、《新加坡著作权法》第 22 条第 1 款则将朗诵视为文学作品的一种表演活动。此外，世界知识产权组织编写的《版权和邻接权法律术语词汇》将音乐作品的表演权分为“大权利”（法文 grands droits）与“小权利”（法文 petits droits），前者系对一切音乐作品及“音乐戏剧”作品以任何形式进行演奏或表演的权利，后者则仅指对音乐作品演奏或演唱的权利，不包括音乐戏剧作品的表演权。

表演权是合理使用的重要领域之一。著作权国际公约未对表演权的合理使用作出明确说明。《世界版权公约》在规定表演权及其他著作财产权的同时，允许成员国对上述权利作出适用合理使用规则的例外规定。综合各国著作权法的有关条款，属于合理使用的“免费表演”主要有以下几种情形：（1）为教学

① 阙如生主编：《知识产权法教程》，246 页，南京，南京大学出版社，1993。

② 参见许超：《著作权人及著作权的内容》，载《中华人民共和国著作权法讲析》，188 页，北京，中国国际广播出版社，1991。

③ 参见张静：《著作权法评析》，70～72 页，台北，水牛图书出版事业有限公司，1983。

目的的演出。凡非营利性的教学机构，可以以合理使用的名义表演他人的著作权作品，但该作品的演出应与教学内容有关，且在教室或有关教学的活动场所进行。(2) 为宗教或慈善目的的演出。凡在宗教集会上表演非戏剧性的文学、音乐作品或具有宗教性质的音乐戏剧作品，以及为满足盲人或其他残疾人的特殊需要而表演著作权作品，均视为合理使用。(3) 非营业性播放录音制品。非营利性的广播电台、电视台播放已经出版的录音作品，可以不征得著作权人同意，也无须向其支付表演权使用费。(4) 非营业性的公开演出。以不特定的观众或听众为对象进行的表演，但无商业目的，即不向观众或听众收费，也不向表演者支付报酬或变相报酬，属于合理使用范围。例如，文艺团体或表演者个人为了国家、社会团体或国际性的庆典活动而进行的免费表演。

对于戏剧、音乐作品的作者来讲，表演比复制有着更为重要的经济意义。多数国家著作权法对作为合理使用的表演一般限制较严。美国著作权法规定，非营业性的教育机构演出他人的作品，限于在教室或专用于教育的类似地方，且演出与教学内容有关；在宗教集会场所的演出，限于非戏剧性文学、音乐作品或具有宗教性质的音乐戏剧作品。为盲人或其他残疾人的演出，则限于他们通过正常途径无法欣赏的作品。《意大利著作权法》允许国家军乐队和意大利青少年乐队非营利地演奏乐谱或音乐作品中的部分乐章，其他人的演出则不在合理使用范围之内。关于合理使用的演出，日本则作出了比较宽泛的规定。该国著作权法规定，“不以营利为目的，且不收取听众或观众的费用（指不以任何名义收取提供或提示著作物的对价报酬时），可公开上演、演奏、口述或上映已发表的著作物”。

近年来，一些国家对传统的表演权限制（包括合理使用）进行了反限制，这主要表现在两个方面：一是限制商业性的二次使用。在公共场所播放音乐作品或演奏音乐作品，过去一直属于合理使用，但现在许多国家认为，以这种方式表演作品，虽未直接收费，但实际是一种招徕顾客的营业手段，具有间接营利性质，因此应排除在合理使用范围之外。使用人不仅应向录音制作者付酬，还应向作品原创者付酬。二是限制商业性的出租。即在音像制品的出租业领域，不再适用“著作权穷竭”原则。凡是将表演的作品录音录像后制作的复制品进入发行渠道后又用以出租的，也属于表演权的范围，出租人应当向著作权人支付表演使用费。

四、“免费播放”：播放权中的合理使用问题研究

在作品的利用方式中，播放与现代传播技术有着紧密的联系。一般认为，播放是通过电台、电视台的无线发射、有线发射或类似技术设备来传播作品，是一种间接的非物质形式再现作品的方式。

“播放”与“广播”两个概念实际上应是种属关系。在有些国家著作权法中，相关权利被称为广播权。按照《版权和邻接权法律术语词汇》的解释，广播是指通过无线电波传播声音和（或）图像，以便广大公众收听收看。考虑到保护邻接权《罗马公约》的需要，广播也泛指通过任何无线电方法供公众收听收看而传播的声音或声音与图像。在传播史上，广播确实是通过电磁波、激光、微波等传播作品的主要方式。但随着录制技术的发展，在电台、电视台或有线广播、电视中播放录有广播、电视节目的音像制品，其效果和作用与传统的广播手段无异。[①] 因此从概念范畴上讲，“播放”比“广播”在表述利用作品的同类方式上更具有包容性。

“播放”与“表演”则是有所联系又相互区别的一对概念。有学者认为，播放权从实质上讲是表演权的一种形式，即是通过电台播音员或演员的表演，以电波为载体，供观众、听众收看、收听作品。[②] 也有学者认为播放与表演有严格区别：从目的上看，表演是为了“再现作品”，而播放是为了“传播作品”；从行为上看，表演主要靠声音、动作、表情等方式，而播放，主要借助有线电视、无线电波等。[③] 诚然，播放与表演有许多相似之处，为区别以物质形式利用作品的“复制”，有的国家将播放与表演的控制权合称为“传播权”（参见本章“三、免费表演：表演权中合理使用问题研究”）。在一些国家的立法中，播放与表演也存在交叉重叠之处。但是，播放应是有别于表演的独立形

---

① 参见郑成思：《版权法》，122～123页，北京，中国人民大学出版社，1990。

② 参见许超：《著作权人及著作权的内容》，载《中华人民共和国著作权法讲析》，188页，北京，中国国际广播出版社，1991。

③ 参见陈传夫编著：《著作权概论》，88页，武汉，武汉大学出版社，1993。

式，表演主要是以表演者的人体表演活动公开再现作品，即使是借助技术设备直播或转播，也是为了向公众再现这种现场表演；而播放的传播方式不取决于“活人表演”，而主要通过无线发射或有线发射的电波或信号来传送作品。因此，播放权适用的作品包括文字作品、口述作品、戏剧、曲艺作品、美术作品、电影作品、视听作品等。由于其不具备可表演性要求，播放作品的范围较之表演作品更为广泛。

播放权控制下的播放活动，在国际公约及各国著作权法中的表述不尽相同。《伯尔尼公约》第 11 条之 2 将广播分为三类：一是无线广播，即通过空间传播电磁波进行的广播，“广播其作品，或以任何其他无线电传送信号、音像的方式将作品传播给公众”；二是有线广播，包括世界知识产权组织所认定的电缆广播，即“原广播组织之外的广播机构，将其作品以有线传播方式向公众传送，或向公众重播”；三是使用扬声器的广播，即“以扬声器向公众传播或以同类传播信号、音、像的工具传播其作品”。《英国著作权法》第 6 条将“广播”解释为用无线电系统对可视影像、声音或其他信息的传输。按照规定，这种传输应当能够被公众或成员合法地接收，或者为向公众成员呈现而进行。该法认为，对广播的接收包括对通过电信系统传输之广播的接收。《意大利著作权法》第 16 条规定，专有播放权的对象是在一定距离内以任何传播方式的使用，如电报、电话、广播和其他类似方式。《俄罗斯联邦著作权法》第 16 条将播放权分为无线电播放权与电缆公开传播权。依该法第 4 条的说明，无线电播放即无线电或电缆播放组织通过无线电或电视播放（电缆电视除外）向公众传播作品、唱片、表演、演出及其播放的节目，包括通过卫星信号播放上述作品。而电缆公开传播，即通过电缆、电线、光学纤维或者借助于类似的设备，向公众传播作品、唱片、表演、演出、无线电或电缆播放节目。《日本著作权法》第 23 条将播放权称为广播权、有线播放权。所谓广播，是指以公众直接接收为目的而播出的无线电通讯；而有线播送，则是指以公众可直接接收为目的而实施的有线电讯的播送。这种播送不包括下列情形：在同一建筑物内分设不同部分的有线通讯设备而进行的传播；或该建筑属于两个以上的所有人时，上述设备设置于属于同一个所有人的建筑内进行的传播。

以合理使用的名义而对播放权进行限制的情形，较之作品的复制、表演而言要简单得多。在播放领域中属于无偿而自由的使用行为主要有：（1）临时录制。《伯尔尼公约》以及许多国家规定，为广播目的而暂时录下有关作品，视为合理使用。凡广播组织为自己播放服务的需要，可以对某一播送节目制作少量复制品（有的国家限定为一份）或录音制品，并在该播送节目首次公开播放之日起的一定期间内（通常为六个月）销毁。临时录制如出于广播组织存档保存的目的，则不在此限。（2）教育广播。为教育目的而使用著作权作品进行特定范围的播放，在一些国家不视为侵权，但有严格的限制性规定。《德国著作权法》规定，广播主体限于学校、师资培训机构以及其他教育组织，播放范围限于在学校范围之内，作品使用限于录制单篇作品或转录音像作品，播放时间应截至本学年结束，并将上述录制节目消除。美国版权局认为，合理使用中的教育广播须用于教学讲解、示范的目的，或说是含有广播内容的教学活动为学校广大听众所必需。美国国会则将教育广播归类于该国版权法中的“转播”（1976年版权法第110条）与“临时录音”（1976年版权法第112条），并提出适用教育广播的作品限于视听作品。在适当场合下，亦可适用以静态画面或幻灯片表现的非连续表演。① （3）非营利性广播。严格地说，教育广播即是一种非商业广播。此处所讲的非营利性广播，特指法定免费使用的情形。在少数国家（主要是原公有制国家），广播电台、电视台等都属于不具有商业性质的社会组织，因此非营业性播放已经出版的录音制品，可以不经著作权人、邻接权人的同意，也不必向其支付使用费。

五、著作邻接权中的合理使用问题研究

邻接权是国际上对作品传播者所享有权利的通称。英文 Neighboring Rights，法文 Drits Voisins，意大利文 Diriti Cnessi，意为相邻、相关或相联系的权利。作为法律用语，它专指与著作权相邻的权利，主要包括艺术表演者对其表演的专有权利，录音制作者对其录音制品的专有权利和广播组织对其广播节目的专有权利。

---

① See William F. Patry: *The Fair Use Privilege in Copyright Law*, pp. 381 - 382, 1986.

邻接权同著作权一样，是为文化领域中的知识产权，同样具有严格的地域性。只有在国家法律承认邻接权的地域内，艺术表演者的表演、录音制作者的唱片和广播组织的广播节目才能依法定条件获得保护。邻接权与著作权都属于知识产权的范围，它们之间的不同点在于：著作权保护的主体是智力作品的创作者，而邻接权保护的主体是以表演、录音、广播方式帮助作者传播作品的辅助人员。后者在向公众传播创作者的作品时，加上了自己的创造性劳动或是为此付出了大量投资，从而使原作品以一种新的方式表现出来，具有新的创造性，因此有理由要求得到新的法律保护。

邻接权制度是现代传播技术的产物。在录音录像技术和无线电技术出现以前，表演的重复性意味着只能是表演者亲自多次地登台演出，表演者无法取得现场表演报酬以外的任何权利。随着录制技术和传播媒介的发展，艺术表演活动不再仅仅停留在人们的记忆之中，而可以存储、复制和再现。由于高新技术的采用，公众只要借助于唱片或广播即可欣赏艺术表演，这一状况不但减少了表演者现场表演机会，而且使得表演者失去了对自己表演的控制，于是产生了保护表演者权利的法律需求。此外，随着音像录制技术的发展，唱片出租与私人复制活动不断普及，“海盗行为”亦日益猖獗，从而导致录音制作者和广播组织的利益受到严重损害。

在这种情况下，录音制作者和广播组织也提出保护自己权利的法律要求。于是在20世纪上半叶，一项专门保护作品传播者的法律制度即邻接权制度，相继在各国产生。对于邻接权的保护，各个国家采取的方法不尽一致，有的国家采用劳动法、禁止不正当竞争法或合同法解决，有的国家则运用民事赔偿或刑事处罚的方法解决，但大多数国家是通过知识产权法来加以保护。采取知识产权保护制度的国家又分为两种：一种是通过专门法规来保护邻接权，如巴西、卢森堡等少数国家；另一种是把邻接权作为著作权法的一部分，如日本、德国、俄罗斯等多数国家。1961年，在国际劳工组织、联合国教育科学及文化组织以及世界知识产权组织的共同努力下，《伯尔尼公约》和《世界版权公约》的部分成员国在罗马签订了《保护表演者、录音制品录制者和广播组织罗马公约》(以下简称《罗马公约》)，自此形成了对邻接权的国际保护。

1. 表演者权与合理使用

著作权法意义上的表演者，是指依法能够对其表演活动享有权利的人。《罗马公约》将表演者界定为“演员、歌唱家、音乐家、舞蹈家和表演、歌唱、演说、朗诵、演奏或以别的方式表演文学艺术作品的其他人员”。上述人员是公约规定成员国必须保护的表演者，至于表演者权是否扩大到那些不表演文学艺术作品的表演者，系由各成员国自主决定。因此，关于表演者的范围，国外法律的规定不尽相同，大体可以分为三种情形：一是从事作品表演的人方可视为表演者。这即是恪守《罗马公约》规定的必须保护范围，将非作品的表演者排除在邻接权之外。例如，《德国著作权法》第 73 条规定，本法所称艺术表演者指朗诵或表演一部著作或参与朗诵或表演一部著作时起艺术作用的人。二是将表演者扩大到从事其他项目表演的人。这即是在遵守《罗马公约》最低限度保护的基础上，将作品的表演者以及其他从事表演活动的人都纳入表演者的范围。例如，《法国著作权和表演者、音像制品制作者、视听传播企业的权利的法律》（以下简称《法国著作权和邻接权法》）第 16 条规定，表演者指表演、演唱、背诵、朗读、演奏或以其他方式表演文学艺术作品、各种节目、马戏、木偶节目的人。三是将虽具表演性质但无“艺术性”特征的体育比赛的从事者也视为表演者。[①] 由于某些体育比赛具有较高的观赏价值，少数国家即援用表演者权以保护相关人员的利益。例如《巴西著作权法》第 100 条规定，运动员的组织者享有如同其他文学艺术作品表演所享有的权利。

表演者权含有人身权与财产权的双重内容。关于人身权部分，各国规定差异不大。它主要包括两项权利：一是表明表演者身份的权利，即表演者有权要求他人尊重其姓名，按照惯例公布其表演者身份；二是保护表演形象不受歪曲的权利，即表演者有权禁止他人歪曲、丑化表演形象，除进行宣传外禁止他人将表演形象用于其他目的。在立法例中，有的国家仅规定第二项权利，如《德国著作权法》第 83 条关于“防止歪曲的保护”之规定。也有的国家对上述权

① 在日本，判断表演活动是否受到保护的关键在于其是否具有“艺术性”。据此，日本著作权法对表演者的范围作了宽泛的解释。参见［日］半田正夫、纹谷畅男等编：《著作权法 50 讲》，北京，法律出版社，1990。

利作了系统规定，如《俄罗斯联邦著作权法》第37条列举的“署名权”与“保护表演或演出免受任何歪曲或其他有损于表演者名誉和人格之侵害的权利”。关于财产权部分，绝大多数国家赋予该财产权以专有性质，即对表演的使用，包括录制、复制、播放等，既要征得表演者同意，又要向其支付报酬。例如《德国著作权法》第74条、第75条、第76条规定使用表演的三种情形，如“屏幕与扬声器转播”、“复制”、“电台播送”，都必须“经艺术表演者的许可”才能进行。也有个别国家将这一权利解释为“向使用表演的人索取报酬的权利”。例如《意大利著作权法》第80条规定，“戏剧、文学和音乐作品的演出者，不论所演出作品是否进入公有领域，除演出报酬外，有权就其演出用于播放、录音、制片要求合理报酬”，但该法对“使用表演须经权利人许可”未作要求。尽管存在上述差异，各国关于表演使用权的类型却大体相当，包括播放权，即许可或禁止他人从现场传播其表演的权利；录制权，即许可或禁止他人对其表演制作录音、录像的权利；复制权，即许可或禁止他人复制含有表演的录制品的权利。

关于表演者权的合理使用，仅限于财产权部分。对此，各国著作权法的规定存在较大差异。以法国为代表的一些国家，对表演的合理使用范围作出较为狭窄的规定。《法国著作权和邻接权法》第29条列举了三种情形：一是仅在家庭范围内进行的私人无偿表演；二是仅限于复制者个人对表演进行的复制；三是在说明资料来源的情况下，在评论、论述、教学、科学和情报作品中对表演进行分析和简短引用。以德、日等国为代表的一些国家对表演的合理使用则作出比较宽泛的规定。根据《德国著作权法》第84条的规定，除“制作音像载体的强制许可证”条款外，对著作权的限制性规定亦适用于表演权，属于合理使用范围的计有：(1) 司法使用；(2) 学校广播使用；(3) 对公开演说的使用；(4) 广播评论；(5) 时事报道中的使用；(6) 适当引用；(7) 公开再现；(8) 私人复制；(9) 广播组织的临时复制；(10) 经营音像载体的商业机构有条件地复制和公开展现；(11) 对附属作品的使用。《俄罗斯联邦著作权法》第42条，除准许表演者权适用著作权限制的一般条款外，还特别规定了无偿使用表演的三种情形：一是为了综述时事而摘用表演的短小片断；二是纯为教学或科学研究之用；三是为新闻报道之用摘引表演的短小片断。我国《著作权和邻接权法》第 22 条规定，关于著作权限制的条款，同样适用于各项邻接权。

2. 录音录像制作者权与合理使用

录音录像制作者是指声音、形象或声音与形象的结合首次固定于物质载体上的人。关于录制者的资格，各国著作权法不存在类似表演者问题的差异，一般都认为自然人和法人均可以成为录制者权的主体。在我国，录制者分为录音制作者和录像制作者，前者仅指将声音首次固定在物质载体之上的人，后者指将声音和形象首次固定在物质载体之上的人。

作为录制权客体的录制品分为两类：一类是录音制品，即纯声音的原始录制品，包括唱片、录音磁带和激光唱片等；另一类是录像制品，即除电影、电视、录像作品以外的任何有伴音或无伴音的连续相关形象的原始录制品，包括以剧本为基础，与电影制作过程类似，由多人共同创作完成的录像片，以及将表演活动机械录制下来的录像等。

录制者权是一种财产权，即录音录像制作者对其制作的音像作品享有许可他人复制发行并获得报酬的权利。保护录制者权现已成为世界上大多数国家著作权法的重要内容，相关国际公约对各成员国也提出保护录制者权利的最低要求。1961 年缔结的《罗马公约》仅规定了复制权，即许可或禁止他人直接或间接复制其录音制品的权利。1971 年缔结的《日内瓦公约》（即《录音制品公约》）要求成员国至少保证录制者享有下列权利：禁止他人未经许可而复制其录音制品；禁止他人进口未经许可而复制成的录音制品；禁止他人销售未经许可而复制成的录音制品。其间涉及复制权、进口权、发行权等各类权项。1994 年，关贸总协定各缔约方通过的《与贸易有关的知识产权协定》专门列入了著作权国际保护条款，其中规定：录音制品制作者有权许可或禁止直接或间接复制其录制品，有权许可或禁止以商业目的出租其录制品。对于出租权，如成员国在其立法中已有不含出租权的合理付酬制度，则可不作规定。

关于录制者权的权利内容，各国著作权法或单行的邻接权法作了不同的规定：第一类仅规定了复制权与发行权。例如我国《著作权法》第 42 条规定，录音录像制作者对其制作的录音录像制品，享有许可他人复制发行并获得报酬的权利。第二类仅规定了复制权与传播权。例如《德国著作权法》第 85 条规定，音像载体制作者有复制和传播音像载体的专有权。第三类规定有复制权、传播权与出租权。《日本著作权法》第96条、第97条规定录制者享有复制其唱片的专有权，对商用唱片二次使用的获酬权以及向公众出租唱片复制品的专有权。《法国著作权和邻接权法》第22条、第26条分别规定了唱片制作者和录像制品制作者除享有复制权外，对录音录像制品的出售、交换、出租等均享有许可或禁止的权利。第四类规定复制权、改制权、发行权、出租权、进口权。《俄罗斯联邦著作权法》第38条作了上述规定。

关于录制者权的限制，一般同于有关表演者权的规定。《罗马公约》规定在利用他人邻接权时可以不经权利人许可，也无须支付报酬的四种例外情况，即私人使用；在时事报道中适当引用；暂时录制；教学、科研目的的使用。《日内瓦公约》鉴于有的成员国不采用著作权立法的方式保护邻接权，因此对合理使用规则的适用未作要求，交由成员国自行决定。在各国相关立法中，有的对录制权的限制特别作出规定，如法国。有的除作出特别规定外，还准许适用著作权限制的一般规定，如俄罗斯。大部分国家则采取与著作权限制的相同规定。例如，《日本著作权法》第102条、《德国著作权法》第85条、我国《著作权法》第22条均规定，对著作权合理使用的限制性条款适用于录制者权。归纳起来，主要有以下情形：(1) 仅供个人或家庭使用而复制；(2) 图书馆、档案馆等非营利性复制；(3) 为了报道、评论、研究而在有关作品中引用；(4) 为了教学活动需要而播放或复制；(5) 广播组织为自己广播需要而临时录制；(6) 为了立法、行政、司法活动需要而复制。

3. 广播组织权与合理使用

广播组织权的主体是依法设立的各类传播企业，包括广播电台、电视台、广播电缆组织、卫星节目转播站以及其他具有播放节目功能的传播企业。

广播组织权的客体是广播组织自己制作的广播电视节目。在这里，“自己制作”区别于“转播”，它是指广播组织采取拍摄、直播、剪辑、加工、综合等手段自己编制并首次播放的节目。广播组织在使用他人著作权作品编排广播电视节目的过程中，必须采用上述制作方式，并付出一定创造性劳动和进行相当的投资，才能将文学艺术作品转换为广播电视节目形式。为保护广播组织的合法权益，制止他人任意录制、转播的“海盗行为”，各国著作权法普遍对广播组织权予以确认。

国际邻接权公约大抵规定了广播组织权的内容。《罗马公约》提出的权项有：许可或禁止他人同时转播其广播节目；许可或禁止他人将其广播节目固定在物质形式（包括录音、录像等）上；许可或禁止他人复制固定后的节目载体。1974 年缔结的《关于播送由人造卫星传播载有节目的信号的公约》（以下简称《卫星公约》），对广播组织权的保护未直接规定，但对成员国规定了相应义务，即成员国有义务防止本国有关组织（或个人）非法转播其他成员国国民提供的卫星节目。《与贸易有关的知识产权协定》规定，广播组织有权许可或禁止将其广播加以固定（包括录音、录像等），或复制有关固定后的节目载体；有权禁止以无线电或电视转播其广播节目。各国著作权法或单行邻接权条例，对广播组织权一般规定有以下内容：（1）复制权，即复制其制作的广播电视节目的权利。（2）播放权，即对其制作的广播电视节目进行重播或转播的权利。除以上基本权项外，一些国家还扩大保护范围，如《德国著作权法》规定了录制权，即对广播电视节目进行录制而固定到音像载体上的权利；《法国著作权和邻接权法》规定了出租权，即向公众出租广播电视节目复制品的权利；《俄罗斯联邦著作权法》规定了上映权，即在收费场所公开传播其广播电视节目的权利。

邻接权国际公约与各国相关立法都规定了对广播组织权的限制。根据广播电视节目的使用方式的不同，其合理使用情形大体分为："合理复制"，包括个人复制、图书馆非营利性复制、为教育目的的复制、司法活动中的复制等；"免费播放"，包括学校教育节目之播放，报道、评论中的播放等；"无偿录制"，主要指广播组织为自己广播服务需要而进行的临时录制。

第八章

合理使用制度的“合理性”判断标准

一、“合理性”判断：立法上的缺憾与司法中的窘境

美国资深著作权律师、学者 Mehile Nimmer 曾在他编写的案例书中，以一幅陈旧的漫画故事来隐喻合理使用的艰深探讨：一位疲惫的朝圣者，向年长的圣人询问正在攀登却很遥远的高山，这位朝圣者所提的问题是：“什么是合理使用?”① 关于合理使用的界定，在著作权界是一个令人迷惑不解而又争论不休的问题。自从 1841 年美国法官 Joseph Story 提出著名的合理使用三要素以来，经过一个多世纪司法实践的深化和总结，这一“合理性”界定规则被写进了 1976 年美国著作权法，这就是为世界上众多著作权学者所称道的判断合理使用的四条标准。

Story 法官的三要素见解并不是关于合理性判断的唯一学说。在美国历史上，也有学者将合理使用的指导性原则概括为八项：（1）利用他人作品的形式；（2）利用他人作品的目的；（3）使用给原作品带来的影响；（4）使用者所付出的智力劳动；（5）通过使用所获得的利益；（6）引用他人之作而创造的新

① Lloyd L. Weinreb, “Fair's Fair: A Comment on the Fair Use Doctrine,” *Harvard Law Review*, Vol. 103, 1990.

作品性质；（7）使用作品的数量；（8）使用部分与整个作品的价值比例。①

还有的学者提出以下的识别标准：（1）原作者著述的目的、特征（创造性作品、纪实性作品、诗歌等）；（2）使用者的目的及地位（研究者、批评家、编辑、作家等）；（3）从使用作品质和量两方面对使用程度的评估；（4）使用作品对著作权人利益的影响，该使用是用于竞争，还是用于非竞争等，产生何种结果，是否减少原作品的价值；（5）有无剽窃的意图，尤其是否有注明出处的标记。②

我国台湾地区学者杨崇森认为，合理使用与侵权使用并无不变之规。但从司法判例中，仍可归纳出如下合理使用认定之因素：（1）所使用之样态；（2）使用之目的；（3）对原作品之影响；（4）使用人所费劳力之多寡；（5）使用人所获得利益之大小；（6）所涉作品性质；（7）所使用资料之数量；（8）相对价值之多寡。③

在立法史上，美国版权法最先引入了合理使用的判断规则。美国版权法第107条规定："在任何特定情况下，确定对一部作品的使用是否合理使用，要考虑的因素应当包括：（1）使用的目的和性质，包括这种使用是否具有商业性质或者是为了非营利的使用目的；（2）有版权作品的性质；（3）同整个有版权作品相比所使用的部分的数量和内容的实质性；（4）这种使用对有版权作品的潜在市场或价值所产生的影响。"合理使用构成要件的学说及规定，是对长期司法实践经验的高度概括，也是界定合理使用还是侵权使用规则的系统阐述。从理论上说，以立法形式确认合理性的判断标准，使得各种使用作品情形的裁量有了统一的原则和明确的方法，这不能不说是合理使用制度的一大进步。

但是，合理使用四条标准的规定，并没有使美国相关案件的审理一蹴而就，相反由于存在规则适用上的诸多混乱，其受到法官和学者的一些诘难。究其原因，主要有以下几个方面：

第一，对合理使用规则概括的困难。合理使用是一个充满"公平主义的理

① 参见［日］胜本正晃：《权利的公平使用》，载日本《独协法学》，1977-10-22。

② 参见［日］播磨良承、生驹正文：《有关作品合理使用之研究》，载日本《判例日报》，No.342，1976-11-23。

③ 参见杨崇森：《著作权法论丛》，181～182页，台北，华欣文化事业中心，1983。

性规则”。在英文中，“fair”有着“合理”与“公平”的双重含义。什么是公平或说是合理，其理念色彩浓厚，模糊度大，有赖于法官凭借自由裁量权在具体事实中予以考量。一般来说，英美法国家法律规则的发展多通过对具体情况的归纳，而往往不是对抽象原则的演绎。由于合理使用的事实本身具有千差万别的特点，每一情形是否“合理”，须作具体裁定。这就给合理性标准的高度概括和抽象带来困难。

第二，立法者对合理使用规则界定的缺憾。从立法技术来说，四条标准的规定并不是完美无缺的。关于使用作品的目的，法律未能圆满回答什么是使用的合理性目的，因为条款所说“非营利的使用目的”并不等于“合理”、“正当”的目的；关于使用作品的性质，法律未对已发表作品与未发表作品、虚构性作品与纪实性作品的使用区别作出指导性说明；关于使用作品的程度及对市场、价值的影响，尽管促使人们注意到原作品与新作品的关系，但未能提供可以操作的尺度。以致有学者这样评价：“成文法规定试图消除普通法上的不确定性，并且，最高法院对该规则作过多次权威性解释，但结果是，法律规定只是加剧了普通法中的不确定性”①。

第三，法官对合理使用规则认识的分歧。美国成文法的规定并没有为法官带来合理性识别的一致见解。关于合理使用的在先判决对后来的判决很少提供有价值的依据，从而失去普通法“先例原则”的意义；撤销的判决与充满分歧的法庭十分普遍，法官对合理使用的判断不是受统一原则的支配，而更多源于对各个事实类型的直觉反映。② 一句话，合理使用规则尚存在认识上的误差和适用上的混乱。为解决成文法的不足，推动司法实践的发展，美国国会曾提供判断合理使用的三个方法，即“简单地直接适用合理使用规定；通过事例来界定什么是合理使用；描述某一特别使用是否合理时所应考虑的特别要素”。上述方法本身就是“变化不定”的③，这使得规则更加难以被理解和掌握。

---

① Lloyd L. Weinreb, “Fair's Fair: A Comment on the Fair Use Doctrine,” *Harvard Law Review*, Vol. 103, 1990.

② See Pierre N. Leval, “Toward a Fair Use Standard,” *Harvard Law Review*, Vol. 103, 1990.

③ See Lloyd L. Weinreb, “Fair's Fair: A Comment on the Fair Use Doctrine,” *Havard Law Review*, Vol. 103, 1990.

第四，作品使用新方式的出现对传统合理使用规则的冲击。合理使用规则的创制活动落后于传播技术和传播产业的发展。进入20世纪以来，诸如有声电影、电视、磁带录音机、自动点唱机、电缆电视、照相、微缩胶卷等相继产生，给构建在传播印刷技术基础之上的合理使用规则带来不少疑难问题。人们不仅疑虑，依照现代传播手段的制作，究竟是“出版”还是“复制”；而且担心合理使用与侵权使用的界限在新技术、新传媒中消失。这一情形模糊了合理使用的范围，还可能危及著作权本身，以致一些著作权人疾呼：“当我查不出是否有人，以及在什么时间、什么地点制造复制品时，阻止他人复制我的作品的法律权利还有何用!”[①]

第五，宪法原则对合理使用规则的干预与指导。在“了解权”这一宪法权利的激励下，合理使用不仅成为著作权法中公众使用作品的权利，而且被赋予保护资讯自由的宪法意义。一些学者认为，信息的公开传播非常重要，以至于不能使公众的自由权利屈从于传统著作权观念所产生的私人独占权。著作权提供的保护可以对抗竞争者的使用，但不能阻碍公众的合理使用。在一些判例中，法官提出，作品的使用不应拘泥于著作权法上的合理使用规则，甚至可以根据宪法修正案来解释。概言之，无论在文字作品方面，还是在视听作品方面，存在著作权法和宪法上双重意义的合理使用。[②] 这一现象虽然使合理使用制度在法律地位上得以升华，但同时在一定程度上带来合理性判断标准的多样化。

一些著作权法学家，包括法官、律师与学者，渴望合理使用规则从混乱走向秩序，从歧见趋于共识，因此从不同的角度提出解决上述问题的方法和途径。美国地方法院法官 Pierre N. Leval 主张根据基本的著作权原则来解释合理使用规则。他认为，著作权的目标是“促进知识，鼓励创作”，而合理使用是著作权目标的重要组成部分。合理使用只能是符合上述两条原则的使用，即使用必须服务于著作权鼓励创造性思维与公共教育启迪的目标。[③] 换言之，凡是

---

① ［英］R. F. 沃尔等：《版权与现代技术》，载《国外法学》，1984（6）。

② See Harry N. Rosenfield，“The American Constitution，Free Inquiry and the Law”，*Fair Use and Free Inquiry*，1980.

③ See Pierre N. Leval，“Toward a Fair Use Standard，” *Harvard Law Review*，Vol. 103，1990.

合理的使用都是服务于著作权目标的使用，凡不是服务于此种目标的使用不能被视为合理使用。服务上述目标的程度对使用的合理性判断具有重要影响，成文法合理使用的四条标准，可以从这种功用性目标来解释。哈佛大学法学教授Lloyd L. Weinreb 则主张一个不拘于原则、不拘于先例的合理使用概念。他认为，Leval 法官提出的两项一般性原则对判断合理性是有益的，但合理使用的要素不能拘泥于著作权功能目标的实用主义解释。合理使用的构成条件并不排除与著作权功用无关的因素。可以说合理使用是服务于著作权目标的使用，但是并非所有符合这一目标的使用都是合理使用。因此他呼吁不要采用实用主义的做法，而要从合理使用本身所蕴涵的“合理”、“公平”价值中，去寻求“统一地适用”的、“普遍理解”的、“各自分立又彼此相连”的合理性判断规则。[①]

另一著作权法学者 Sigmund Timberg 针对法定规范准则的不完善性，提出新媒体下的“现代合理使用规则”，即适用于视觉、听觉、视听作品合理使用的新标准：（1）复制者是否属于致力于推动科学、技术和工业进步或处于宪法修正案保护的信息和思想的传播者的范畴？如果答案是肯定的，那么，（2）复制的性质和数量是否与推动科学、技术和工业进步，以及宪法修正案保护的信息和思想传播的目的而不是剽窃的目的相一致？如果答案是肯定的，复制者即享有合理使用的抗辩以及对抗著作权人的复制禁止请求，剩下的问题仅是使用者应否支付报酬。（3）复制者的使用是否对有著作权作品的潜在市场或商业价值产生不利影响？如果答案是肯定的，那么，（4）著作权作品的使用是否给复制者带来实质性利益，是否应出于公平考虑而给予著作权人补偿？如果答案是肯定的，则应规定支付报酬的适当条款；如果是否定的，使用者应被允许无偿复制著作权作品。[②] 与美国现行著作权法规定的合理使用要素相比较而言，所谓现代合理使用规则有两个特点：一是它将禁令救济与使用付酬区别开来，从而使得使用者在不同的场合采取不同的举措，或是继续使用但享有合

---

① See Lloyd L. Weinreb, “Fair's Fairs: A Comment on the Fair Use Doctrine,” *Harvard Law Review*, Vol. 103, 1990.

② See Sigmund Timberg, “A Modernized Fair Use Code for Visual, Auditory and Audiovisual Copyrights,” *Fair Use and Free Inquiry*, 1980.

理使用的抗辩，或是继续使用但要给予适当的补偿；二是判定使用者是否向著作权所有人补偿，只需考察后两个因素，即：使用是否对原作品的潜在市场和商业价值带来不利影响，使用是否给复制者带来实质性利益。

关于合理使用规则的论战，留下许多值得思考的问题，尽管目前没有一个完满的句号，但它丰富了合理使用的理论，为著作权立法提供了有益的思想资料。

合理使用的判断规则是一个具有理论意义和实用价值的课题，在我国尚有待开拓研究。我国著作权法仅列举了合理使用的具体情形，但尚未涉及使用的“合理性”判断标准；且司法实践反映的问题不够，积累的经验不多，学术界也未形成理论化、系统化的学说观点。有鉴于此，笔者试以美国著作权法关于合理使用四要素的规定为线索，对合理性判断标准作一粗浅的探讨。

二、使用作品的目的：“合理性”判断标准之一

按照美国学者的解释，美国著作权法规定的合理使用第一要素，即“使用的目的和性质，包括这种使用是否具有商业性质或者是为了非营利的教育目的”，是整个合理使用界定规则的“灵魂”。

为了将这一规定具体运用于司法实践，美国法官作出了各种解释。在Salinger诉Random House公司一案中，法官将使用目的定型化为“批评的”、“学术的”、“研究的”三类。凡上述三种目的的使用即为合理使用。[①] 就上述目的说来，法院的认定结果是正确的，但将其分类引申为指导性原则却难以令人信服。首先，使用目的按其行为类型的不同而有所区别，它可能是上述三种目的，也可能是“公务的”（国家机关为执行公务而使用作品）、“社会的”（公共图书馆为陈列或保存而复制作品），“慈善的”（将已发表的作品改成盲文出版）等等。因此这种列举或规定，未能包容各种使用目的的全貌，有一定的局限性。其次，诸如“批评的”、“学术的”、“研究的”目的使用，都是非营利性使用。与商业性相对而言，这里的“利”显然指物质利益。但是，使用人虽无

① 参见傅崐成等：《美国大众传播法》，32页，台北，一二三资讯有限公司，1990。

谋取物质利益之心，但意在取得非物质利益，也未必“正当”与“合理”。在另一判例中，美国法院毫不含糊地宣称，任何商业性使用都将是不合理的。但他们未作出相反的推断，即非营利性使用都是合理使用。[①] 因此，Salinger 一案对使用目的的定性判断与定量分析有失精当。

此外，Leval 法官从鼓励创造性活动的立场出发，将合理使用作品的目的界定为“变异使用”（transformative use），也是代表性学说。其主要观点是：（1）使用是否达到著作权法促进知识传播、鼓励创作的目标，这是考察使用目的的核心问题；（2）使用如果是以与原作品不同的方式或是为了与原作品不同的目的，即是“变异使用”；（3）变异使用使新创作品不同于原作品，因而是创造性的，属于合理使用。[②] Leval 法官的理论遭到一些学者的批评，在此姑且不论。仅就其主张的使用目的说来，也有商榷之处。首先，合理使用所涉及的不仅是前任作者与后任作者的关系，而且包括著作权人与一般使用者的关系。对于后者来说，“变异使用”或说是“创作性”目的，并不反映他们使用作品的内在需求。其次，所谓“变异性使用”并非一定是正当目的使用，如未经允许而对作品的改编、翻译等。正如有的学者所指出的那样，“有些变异性使用也有可能不具备合理使用的条件，因为这种使用是著作权人独占权利范围内的使用”[③]。因此，将使用目的局限为后任作者“变异使用”的创作目的，显然缺乏概括性和包容性。

笔者认为，把握使用目的的“合理性”，有必要弄清以下几个问题：

1. 商业性质的使用、非营利使用与合理使用。美国著作权法将“具有商业性质或是为了非营利的使用目的”作为识别使用目的“合理性”的标准，这种表述有推敲的余地。运用逻辑语言的方法，我们可以这样认为，凡商业性质的使用肯定不是合理使用，但非营利的使用则未必是合理使用。这是因为，合理使用是一种无偿使用，不允许他人以营利为目的使用有著作权的作品。商业性质的使用将取代著作权许可使用、法定许可使用等形式，最终损害著作权人的

---

① See William F. Patry, *The Fair Use Privilege in Copyright Law*, 1986.

② See Pierre N. Leval, “Toward a Fair Use Standard,” *Harvard Law Review*, Vol. 103, 1990.

③ Lloyd L. Weinreb, “Fair's Fair: A Comment on the Fair Use Doctrine,” *Harvard Law Review*, Vol. 103, 1990.

财产利益。“商业性质的使用”在表述方法上是一种排斥法，凡符合这一情形，即不属于合理使用范围。相对而言，“非营利的目的”的规定，则是一种归纳法的表述，即所有非营利目的的使用，都推定为合理使用，这在逻辑上有失周延，与实际情况也难以吻合。在有的判例中，使用人并未“营利”，但有意“窃誉”，既不愿从事艰苦的创作劳动，又想获得所谓的“作者资格”或“学术地位”，因而不正当地使用他人的有著作权的作品，就可能不具备目的的“合理性”。因此，我们不难理解，美国法院在解释使用目的时，为什么推断商业性使用的“不合理”，但拒绝做出“非营利使用即为合理”的结论。

2. 社会组织的性质与合理使用。社会组织的性质并不意味着某一使用作品的性质，对此美国上诉法院曾提出过有价值的观点：具有商业性质的组织可能出于符合合理使用规则的目的而使用作品，例如商业性的传播者在新闻报道、时事评论中引用他人有著作权的作品，就是一种非营利的“合理性”的目的；而非商业性质的组织则可能从事营利性目的的使用，例如教师协会本身虽为非营利团体，但对其成员出售解析他人计算机软件的复制品，即超出合理使用的范围。[①] 这就是说，具有商业性质的使用者如果证实其使用的目的正当及使用未造成损害结果，就可能以此主张合理使用的抗辩。反之，非商业性组织的使用，如具有营利目的，则可能构成侵权。

3. 使用结果的公益性与使用目的的合法性。作品的使用有合理使用与侵权使用之分，其权利义务及责任发生在著作权所有者与作品使用者之间，但在大多数情况下，作品使用和传播的后果却涉及社会公众。在这个意义上说，无论使用是否合理都可能为公众带来知识和信息。因此，在合理使用的认定中，使用者是否获得实质性利益或是否具有商业动机，与公众是否从这种使用取得利益无关。美国国会在 1976 年的报告中对使用的目的和性质解释道：“使用是否具有商业性质，在关于合理使用的认定中具有重要意义。”“但使用他人作品是否具有商业动机与公众是否从这种使用中取得利益无关。”[②] 换言之，对有著作权作品的使用，可能使公众受益，却未必说明使用目的的合法性。例如，

① See William F. Patry, *The Fair Use Privilege in Copyright Law*, p. 365, 1986.

② William F. Patry, *The Fair Use Privilege in Copyright Law*, pp. 365, 417, 1986.

使用者取得一部未发表作品的手稿复制件，未经作者授权即公开出版，其行为固然为公众带来利益享受，但并不能视为合理使用。

4. 创造性目的与“消费”性目的。作为个人对作品的使用有两种情况：一是基于学习、研究的需要，他是原有作品的使用者，也可能是未来作品的创造者；二是基于欣赏、娱乐的需要，他仅是具有“消费”目的的一般使用者。关于个人使用在不同国家中有着不同的规定，有的国家将个人使用与合理使用并列，合理使用的限制性规定仅适用于合理使用之情形；多数国家的合理使用采广义说，包含个人使用的一般情形。在合理使用制度确立之初，法律对个人使用的规定比较宽松，容许在个人及其家庭的有限范围内对作品进行复印、录制、表演等各种行为。但现在的立法趋势是，个人使用已有学习目的与娱乐目的的划分。不少国家规定，凡是为娱乐目的而复制，即使是个人使用，也不属于合理使用的范围。

综上所述，笔者认为，作为合理性判断标准的使用目的，似可在立法中表述为：“使用的目的必须正当，包括不具有商业性质和非营利的使用目的”，采用目的是否正当的说法比是否以营利为目的的说法，具有更大的包容性和概括能力，即不正当目的的使用，首先是商业性质即营利目的的使用，也包括其他损害著作权人利益的非法使用。诸如“教育的”、“批评的”、“学术的”目的是否属于合理使用，不能一概而论，必须联系其他因素综合分析。

三、被使用作品的性质：“合理性”判断标准之二

“著作权作品的性质”作为合理使用的构成要件，是一个人们理解甚少而又极易混淆的问题。在美国，“立法史和判例法涉及这一因素的内容很少，最高法院也无进一步的指示”①。

关于著作权作品性质与合理使用的关系，学者们也并未形成一致的意见。一种观点持“作品内容说”，即将不受著作权保护的思想内容，作为合理使用的对象。美国学者 Patterson 教授认为，“著作权作品的性质”之所以成为合理

① William F. Patry, *The Fair Use Privilege in Copyright Law*, p. 417, 1986.

使用的要素，原因在于该作品应能服务于公共利益。“无论作品采用什么形式，只要该作品是由公共领域的资料或与公共利益有关的资料所构成，那么该作品的性质即满足合理使用的条件”。他列举三类资料与公共利益有关，即政府公务性资料、社会信息性资料以及历史上的创作作品。“这些资料或作品，有的属于著作权作品的排除领域，有的则进入公共领域，但它们中的大部分以一种有规则的方式出现在著作权的作品中。”① 按照 Patterson 教授的见解，在考虑作品的性质时，“应根据作品中所蕴含的材料而不是根据作品本身的属性才是有用的”②。日本学者古泽博有类似说法。他认为，作品中含有的“素材”，是人类文化的共同财富，也是自由使用的对象。素材是自然界或社会、历史所赋予的创作资料。如自然界给艺术家提供线条、色彩、形状、材料及模型，给学者提供研究和发展对象，给作家提供灵气和感受。此外，人类社会生活也给创作带来许多主题材料，诸如历史事实、新闻事件、人文景观、家庭生活等社会现象，科学家发现的宇宙原理、自然规律、哲学原理、道德规范等都属于这个范畴。这些素材的本身并没有表现作者的创作个性，即使它们包含在著作权作品之中，其他人也可以自由使用。③

另一观点持“作品类型说”，即对不同类型的作品，主张不同程度的合理使用。Pierre N. Leval 法官认为，分析著作权作品的性质，即“意味着一定类型的著作权作品比其他类型的作品更适于合理使用”。著作权法保护不同类型的作品，诸如高品位的小说、研究社会问题的报告、私人信件乃至书面通知都是具有著作权意义的作品。由此他主张，应严格区分为向公众发表而创作的艺术性、教育性作品与未准备发表仅为个人目的而创作的私人文件。对于前类作品，应提供有力的著作权保护，并对其合理使用做出严格解释；反之，对于另一类作品，为了评论、传记的创作需要，应允许对这些有著作权资料的使

① L. Ray Patterson，Stanley W. Lindberg，*The Nature of Copyright：A Law of User's Right*，pp. 202，203，1991.

② L. Ray Patterson，Stanley W. Lindberg，*The Nature of Copyright：A Law of User's Right*，pp. 202，203，1991.

③ 参见［日］古泽博：《关于利用他人作品的著作权问题》，载日本《独协法学》，1977－10－22。

用。[1] 这就是说，尽管该类作品的作者未考虑发表，但有充分的合法理由使用，且使用未对作者的权利造成严重损害的，应视为合理使用。

“作品内容说”与“作品类型说”，都是对有关“著作权作品的性质”的探讨，无疑都有其“合理性”成分。但是，“作品内容说”似乎偏离了立法者的本意。这是因为，被合理使用的作品是有著作权的作品，法律保护的作品本应为著作权人独占使用，却又可在法律认许的条件下由他人适当利用，这正是合理使用制度的本旨所在。而进入公共领域、属于排除领域的作品，已不是著作权客体意义上的作品，任何人都可以自由使用，无须遵循一定的构成条件。至于将一部作品划为合理使用与著作权保护两大部类，也未见正确。在一些国家里，经过整理加工的“材料”也受著作权保护，而被列入保护范围的“构思”、“情节”，却并不排斥他人适当地引用和借鉴。相比较而言，“作品类型说”注重不同的作品适用不同的合理使用要求，较好地把握了作品性质在合理使用构成中的意义。尽管 Leval 法官对作品的分类及其使用的结论难以让人信服，但其对作品性质的概括则也许是符合立法意图和司法实践的。

笔者认为，作品的类型与合理使用存在有机联系。在具体案件中比较不同作品的性质，有助于我们把握使用的“合理性”程度。

1. 未发表作品与已发表作品。对于未发表作品的合理使用要严于已发表作品。一般说来，合理使用限于已发表作品。对于未发表作品，无论出于何种目的的使用，都有可能侵害作者的“发表权”和“私人秘密权”。在美国，受普通法保护的未发表作品，一直不允许擅加使用。1950 年加利福尼亚州法院在 Stanley 诉 Columbia B. S. 案中宣称：“普通法禁止对未发表作品的擅自使用，而成文法则容许对已发表作品予以合理使用”[2]。但这一状况后来有所变化。1961 年，美国国家版权局长报告指出：“考虑公众利益，受普通法保护的未发表作品也应受到法定著作权保护的某些限制，这些限制包括合理使用。”[3] 美国国会在讨论报告时也表示：“对于虽未发表但作者自愿传播的作品，应允

---

① See Pierre N. Leval, “Toward a Fair Use Standard”, *Harvard Law Review*, Vol. 103, 1990.

② William F. Patry, *The Fair Use Privilege in Copyright Law*, p. 440, 1986.

③ William F. Patry, *The Fair Use Privilege in Copyright Law*, p. 440, 1986.

许评论者某种程度的合理使用。”[1] 虽然，个案显示对未发表作品可以适用合理使用，但美国法院表示：“允许合理使用未发表作品，但要维护作者个人声誉和控制作品公开出现。”[2] 这实际上将未发表作品的使用限制在个人使用的范围之内。在一些大陆法系国家，著作权法明确说明哪些情形适用于已发表作品，哪些情形不问作品是否发表均可适用。例如，德国、日本都有这种区别规定：在大多数情况下，特别是与著作权贸易有关的使用，其对象都必须是已发表作品；而个人及家庭的使用，其作品无发表与未发表之分。换言之，在非公开的私下场合，允许未发表作品的使用。

2. 虚构作品与纪实作品。对于虚构作品的合理使用要严于纪实作品。纪实作品也称事实作品（works of fact），是指诸如图形作品、写生画、美术作品、历史作品、传记作品等一些反映事实和客观对象的作品。与此相对的是虚构作品，也称艺术作品（artistic works），是指诸如非写生美术作品、纯文学作品等一些具有虚构成分和艺术塑造特点的作品。一般来说，事实作品使用了现存的历史资料和客观素材，如传记作品的事件、情景、线索，地图作品的地形、地貌，写生作品的人像、景色等，包括较多的事实成分，因此赋予他人合理使用的相当自由。而虚构作品是作者在对素材进行搜集、筛选的基础上编创而成，在很大程度上体现了作者的艺术创作个性，因此对此类作品的合理使用应有一定的限度。

3. 视听作品与印刷作品。根据 1989 年缔结的《视听作品国际登记条约》的规定，视听作品（audiovisual works）是指一系列镜头伴随着音响或没有音响而固定在一定介质上，可以复制并供人们视、听的作品，包括电影、电视、录像作品。它不同于以往以印刷形式出现的文字作品，是一定空间艺术形式（如美术作品）和时间艺术形式（如音乐作品）的结合。视听作品是现代传播技术发展的产物，对其如何适用合理使用规则，一些国家采取了与印刷作品不同的做法。在英国，1956 年著作权法曾将所有作品分为两类，文学、艺术、音乐等作品属于第一类，电影、电视作品、录像作品属于第二类。根据规定，

---

① William F. Patry, *The Fair Use Privilege in Copyright Law*, p. 440, 1986.

② Harry G. Henn, *Copyright Law*, p. 180, 1988.

合理使用的范围只及于第一类作品，而复制第二类作品一般都必须取得许可和付酬。尽管现行著作权法将电影等与文学、艺术作品划入一个部类，但对视听作品的合理使用仍然采取比较严格的态度。在德国，家庭录制活动（包括录音录像）被划到合理使用范围之外，即使是个人录制也必须向著作权人付酬，即对录制设备征税。而文字作品的复印则不然，合理使用的范围虽大为缩小，但是，凡属于教学活动的复印必须交付复印版税，只是个人的少量复制并不在禁止之列。

4. 为特定对象创作的作品。著作权作品的性质，不仅与作品的类型有关，而且与其特定的使用对象有关。某类作品专供特定的使用者需要，一般也不得自由而无偿使用。美国国会认为：“对课程习题、标准试题、问题解答等，教师和学生无合理使用的任何权利；教科书以及以学校为市场的期刊，较之以一般公众为发行对象的作品也不同，因此不允许以课堂使用为由而复制”①。

“著作权作品的性质”，是一个难以具象的判断标准。在分析这一要素时，立法者和法官“无法创制一个合理使用的适当标准，而必须通过考察所有因素来评定其范围”②。

四、使用作品的程度：“合理性”判断标准之三

使用作品的程度，可以从数量和实质两方面进行分析，此即“合理性”判断的第三个标准：“同整个有著作权作品相比所使用的部分的数量和内容的实质性”。美国学者认为，“该因素要求我们从整体去衡量被使用作品的状况”，从一般意义上讲，“所使用的篇幅（或实质性内容）越多，就越会冒犯著作权人的利益，这种使用就越不可能符合合理使用的要求”③。这就是说，大量的引用原作或原作的精华部分，不能视为适当与合理。

---

① William F. Patry, *The Fair Use Privilege in Copyright Law*, p. 419, 1986.

② William F. Patry, *The Fair Use Privilege in Copyright Law*, p. 419, 1986.

③ Pierre N. Leval, “Toward a Fair Use Standard”, *Harvard Law Review*, V01 · 103, 1990.

上述构成要件被称为“实质性使用”规则。[①] 法律所要求的合理使用应是适量摘用、有限复制的非实质性使用，如果以剽窃取代引用，以新作排挤原作，则构成不合理的“实质性使用”。该规则旨在从作品的量与质的方面设定合理使用与侵权使用的界限。关于被使用作品的数量，许多国家都给予极大关注，并作出具体的规定，诸如引用的字数、复制的份数、播放的长度，无一不是反映数量的法律要求。如原《俄罗斯著作权法实施细则》规定，引用他人作品，一般作品引用量不超过 1 万个印刷符号，诗歌不超过 40 行；如果是超过 30 个印刷页的大型科学或学术著作，则引用量可增至 4 万个印刷符号。原《南斯拉夫著作权法》则规定，任何引用的数量都不得超过原作整体的 1/4。在英国，作家协会与出版家协会在协议中规定，一部散文作品一次引用不得超过 400 个单词，二次或多次引用不得超过 800 个单词。在我国，引用非诗词类作品不超过 2 500 字或被引用作品的 1/10，如果多次引用同一部长篇非诗词类作品，总字数不得超过 1 万字；引用诗词类作品不超过 40 行或全诗的 1/4，但古体诗除外；凡引用一人或数人的作品，所引用的总量不得超过本人创作作品总量的 1/10，但专题评论文章除外。此外，广播节目中引用已发表作品的片段，声音不超过 1 分钟；电视节目或新闻纪录影片中引用已发表作品的片段，画面不超过 30 秒。

关于被使用作品的内容“实质性”问题，著作权法则一般未作具体规定，司法实践亦未概括出可供适用的具体标准。笔者认为，作品的实质部分应是整个作品的灵魂和精华所在。它在文学作品中，表现为作者的独自性的构思安排、独创性的情节描述、独特性的人物塑造；在音乐作品中，表现为具有艺术个性的旋律、节奏、和声、复调的安排和设计；在科学作品中，则表现为作者独立性和创造性的思想阐发和理论说明。上述内容及其表述在整个作品中具有核心地位和重要价值。因此过“量”或损“质”的使用，都不符合“合理性”要求。如何把握第三要素，笔者认为应注意以下三个问题：

一是该要素与其他要素的关系。就“使用作品的目的”（第一要素）来说，

---

① See Sigmund Timberg, “A Modernized Fair Use Code for Visual, Auditory and Audiovisual Copyright”, *Fair Use and Free Inquiry*, 1980.

它是决定使用作品程度的出发点。例如，为了批评与研究的目的，使用者在自己的作品中适当引用已发表的作品，达到说明观点、评述事件的程度足矣；为了教学活动的需要，使用者复制他人作品的数量达到课堂需要的程度即可。反之，使用目的不正当，则会在使用数量和内容的实质性方面表现不合理。就使用“作品的后果”（第四要素）来说，使用作品的程度是判断“对有著作权作品的潜在市场或价值产生影响”的依据。一般来说，大量的使用或进行实质性内容的使用，将会对原作品构成不正当竞争，影响原作品的销售市场和存在价值，从而最终损害著作权人的利益。

二是使用作品的数量与“实质”的关系。考察使用作品的程度，既要有定量评估，又要作定性分析，“数量”或“实质”都可以单独存在并作为判断的一个依据。在诸多著作权纠纷实例中，“实质”分析往往比“数量”分析更为重要。在美国著名判例《福特回忆录》纠纷中，被告刊载了一篇两千多字的文章。该文引用原作品不超过1/20，仅有300～400字，但该文所记述的“水门事件”属于回忆录的核心内容，这一使用行为导致原告与他人订立的连载合同被取消，对原作品市场造成重大损害。判决结果认定，被告主张的合理使用抗辩不能成立。[①] 使用数量不多但属实质性部分的，仍可能构成侵权；相反，引用大部分甚至全部不一定会对抗合理使用的请求。例如，在分析一篇古体短诗的研究文章中，为介绍、评论的需要，可能需要引用每一句、每一个字，但这种使用不会取代该诗本身的市场，即不构成“实质性使用”。当然，这种全部使用是否合理，还应结合其他因素综合考虑。Leval法官认为，对一封短小的函件，新闻记者或历史学家为表明事件的真实，或是论述作者的个性，都有理由使用该作品的核心内容甚至是全文。由此存在着该因素与其他因素相联系的三种反映：第一，有正当的理由，使用者可以主张对这一短函的全部使用；第二，作品的性质说明它的创作是为个人动机而非为发表，短函被他人利用并不会影响该作者为公众创作的积极性；第三，由于短函不能作为独立的作品销

---

① 参见傅崐成等：《美国大众传播法》，台北，一二三资讯有限公司，1991；郑成思编著：《著名版权案例评析》，北京，专利文献出版社，1990。

售，因而不存在对其市场的消极作用。[1] 在这个意义上，对一首小诗或一封短函的大部分使用甚至全部使用都可能是合理、正当的。

三是新作品与原作品的关系。一般来说，两部作品系同一领域、同一主题，才会产生合理使用问题。它们之间的关系如何，往往涉及使用的程度。从作品地位来看，新作品固然利用和借鉴已有作品创作而成，但新作品必须是独立作品，不依附原作品而存在。如两者有重复、隶属关系，则可能认定使用程度不合理。从使用条件来看，使用他人的作品必须注明出处，以便与原作品区别开来。如果整个作品不标明引用部分，则说明将他人创作的部分以自己创作的名义表现出来，则可能认定不是合理使用，有剽窃抄袭之嫌。从使用的方式来看，对有著作权作品的使用必须是原封不动地使用，无论是引用、复印，还是广播、录制，都应不歪曲作品或影响作者的声誉。

“使用作品的程度”，即“量”与“质”的分析是合理性判断标准中比较具体并容易操作的因素，但在适用中要注意结合其他要素综合评价。

五、对被使用作品的影响：“合理性”判断标准之四

使用有著作权作品的结果，即“对有著作权作品的潜在市场或价值所产生的影响”，是“合理性”判断的又一标准。在 1985 年《福特回忆录》判例中，美国法院宣称该标准是“合理使用中唯一最重要的因素”[2]。

毫无疑问，市场影响分析在合理使用构成要件中具有十分重要的意义。使用目的属于主观范畴，其主观方面是否正当，往往依赖于对客观市场影响的考察或说是进行主观目的与客观后果的有机的综合分析；使用作品的程度，无论是“数量”还是“实质”的状态评估，最终应落脚到对该作品是否产生侵害市场影响的结论上。事实上，较之其他判断标准来说，法官们更为注重市场影响的要素。在有些案例中，遇有其他标准不足以判断合理使用时，他们往往倚重于作品市场后果的分析。1975 年美国国会听证会考虑到教育广播中对视听作

---

① See Pierre N. Leval, “Toward a Fair Use Standard,” *Harvard Law Review*, Vol. 103, 1990.

② Pierre N. Leval, “Toward a Fair Use Standard,” *Harvard Law Review*, Vol. 103, 1990.

品的合理使用问题，提出下列主张：“该类作品不像教科书那样，每个学生人手一册，整个学校只需要一两个拷贝就足以使用，而这样的拷贝在整个视听作品的有效期内可能仅会售出几百个。因此要考虑这类作品的市场情况，如潜在市场大，视为使用合理；如潜在市场小，则应认定侵权。”① 市场影响的要素固然十分重要，但不应将其绝对化。一些美国著作权学者认为最高法院有点夸大这一要素的重要性。② 在作品的二次使用（secondary use）中，同一领域、同一主题的新作品与原作品构成竞争关系，利用原作品而创造的新作品如对原作品的市场地位产生不良影响，即可推定使用不合理。但是，二次使用有时不会发生损害原作品市场的事实，但我们不能由此认定二次使用就是正当合理的。例如，对于某一科学作品进行介绍或评论（使用目的正当），所评介的作品已在期刊上发表半年以上（使用结果无市场损害），但是新作品在评介中不仅使用了原作品的实质部分，同时将其全文附在自己的作品后面一并发表（使用程度不适当）。在这种情况下，则不能认为是合理使用。同时，并非每种市场损害都会对抗合理使用构成。例如，对某一作者或其作品进行不利的评论或揭露性的批评，有可能影响该作品在市场上的销售情况，但这种损害性影响与合理使用无关。

市场损害问题，即对被使用作品消极影响的程度，关系到合理使用能否成立。关于何种程度构成损害，从哪些方面进行分析，著作权专家的看法未见一致。有的认为，消极影响并不当然构成市场损害，“除非它达到相当的严重程度，即对著作权作品潜在市场的影响，已经严重挫伤著作权人为创作或出版作品的积极性”③。但什么是严重程度，观点持有人未作具体回答。也有人不完全同意上述看法：“一部二次作品（secondary works）其本身没有创造性价值，又对原作品的潜在市场产生影响，极不可能构成合理使用”。对此观点，学者一般尚无异议。但是，具有创造性、变异性的“二次作品”，大大增强了原作品的市场价值，却不一定是合理使用。例如，根据文学作品改编的电影，

---

① William F. Patry, *The Fair Use Privilege in Copyright Law*, p. 340, 1986.

② See Pierre N. Leval, “Toward a Fair Use Standard,” *Harvard Law Review*, Vol. 103, 1990.

③ Pierre N. Leval, “Toward a Fair Use Standard,” *Harvard Law Review*, Vol. 103, 1990.

后者的成功会刺激原作品的畅销，但这种使用是著作权人利用其作品的专有权利，不属于合理使用的范围。[①] 还有的学者开列诸多情形的清单，以期对市场影响作出具体分析，即：（1）作品的可接触性。对于非出版形式而不具有可接触性的作品，如新闻广播等，多涉及公共利益，合理使用不会影响市场利益。（2）作品的日期。出版日期是作品可接触的证据。对于年代久远的书籍或早已发行的报刊，在著作权人没有重印的情况下，教育工作者将其复制用于课堂教学，不致造成市场损害。（3）作品的经济生命周期。对于报纸、电视、广播新闻等经济生命周期较短的作品，可能有一定的历史价值，但这些作品比较符合合理使用的要求，对著作权人的经济利益损害较小。（4）作品复制件销售的可能性。对于一次复制传播而在市场不再出现的作品，无法通过购买而取得，该作品的使用属于无市场影响的合理使用。（5）著作权放弃的证明。如果有著作权放弃的证明，该行为可视为著作权人承认作品潜在利益的穷竭，对该作品的使用应在合理使用之列。[②]

笔者认为，作为合理使用构成条件的市场因素，其设定目的在于维系使用者使用他人作品的利益（主要是非物质利益）与创作者控制作品使用的利益（主要是物质利益）之间的平衡。因此，考察对著作权作品的市场影响，关键在于有无损害的发生，用合理使用三要素倡导者 Story 法官的话说，应考虑这种使用是不是取代了原作品的使用。[③] 关于市场损害，美国著作权法学者 Sigmund Timberg 将其描述为使用者得到“实质性利益”，或著作权人遭受不利的影响。[④] 这种看法较之前述观点似乎更为可取。

使用者是否取得“实质性利益”，是判断合理使用与侵权使用的重要标志。合理使用本质上是无偿使用，其立法目的在于减少任何使用都要取得许可的麻烦，同时也是对著作权设定必要的限制。使用者享有的使用著作权作品的便

---

① See Lloyd L. Weinreb, “Fair's Fair: A Comment on the Fair Use Doctrine,” *Harvard Law Review*, Vol. 103, 1990.

② See L. Ray Patterson, Stanley W. Lindberg, *The Nature of Copyright: A Law of User's Right*, pp. 204 - 207, 1991.

③ See John S. Lawrence, “Copyright Law,” *Fair Use and Academy*, p. 10, 1980.

④ See Sigmund Timberg, “A Modernized fair Use Code for Visual, Auditory and Audiovisual Copyrights,” *Fair Use and Free Inquiry*, 1980.

利，主要是一种非物质利益，即不具有营利性。无论出于学习、研究、教育的需要，还是基于报道、公务、慈善的目的，都不应是商业性质的使用。“实质性利益”这一结果表明，使用人在无须支付对价的情况下，以合理使用的手段取得了通常授权使用或法定许可使用才能取得的利益。在美国，如认定使用人获取“实质性利益”，即可排除合理使用的抗辩。在1978年衣阿华大学研究中心诉ABC公司一案中，后者未经前者允许播出该校学生、奥运会金牌得主的传记，并诉称对这一重要社会人物的传播是出于可称道的目的，符合公众利益。而法院判决认为，ABC公司的使用绝不是慈善之举，它终究要从奥林匹克运动会的广播中获利。[①] 可见，“实质性利益”的取得是对使用目的正当的否定，因此这种广播是“实质性使用”而不是合理使用。

著作权人的利益是否受到侵犯，是衡量市场损害影响的最主要的尺度。著作权利用的目的在于有偿使用，著作权人只有通过许可使用和法定许可使用的途径才能实现自己的利益。合理使用虽然被视为著作权人对自己利益的让渡，但这种让渡并不构成利益的重大损害。对著作权作品市场价值的影响，并不当然在一切情况下发生合理使用向侵权使用的转化，在这里须把握损害认定的基本条件：（1）损害必须达到一定程度。合理使用的设定，意味着法律要求著作权人必须容忍来自他人使用行为的轻微损害，只有这种损害达到一定的程度，即所使用作品的数量和实质部分超过法律许可的界限，才应视为市场损害。（2）损害必须真实存在。对著作权作品的市场价值的影响，只有在已经导致损害发生并在客观上予以认定的情况下才能说明使用不再合理。在这里，已经产生著作权人的财产利益损失，可以判断为损害；虽未形成实际损失，但对著作权人行使权利造成妨碍，亦可以定为损害。在诸多案例中，只要市场侵害发生，使用人关于合理使用的主张就不能成立。1977年，美国Scripps-Howard广播公司在新闻报道中播放了Zachin用加农炮喷射活人的表演，持续时间达15秒钟，被后者指控侵权。法院认为：“广播组织的活动已超越了宪法特权，它不仅报道了原告进行表演的事实并加以评论，而且拍摄上演了他的全部表演活动，供公众在电视上观看和欣赏。”这一行为“减少了原告表演的商业价值

① See William F. Patry, *Fair Use Privilege in Copyright Law*, p. 379, 1986.

和应获取的表演收入”，因此被告属于侵权使用，“不存在允许被告剥夺原告表演的市场价值和免除其支付酬金义务的所谓公共利益和目的”①。

合理使用与侵权使用的距离仅一步之遥，使用结果的分析有助于判定两种使用的界限，特别是在其他要素不敷适用的情况下，对著作权作品使用的经济结果分析往往是最后有用的尺度。

六、“合理性”判断的其他标准：真实因素还是虚假因素

对于在法律规定的合理使用构成条件之外，是否存在别的因素，学者们未形成一致意见，司法判例也没有成熟而系统的看法。有的学者认为，尽管美国著作权法第107条表明四个要素是非排他性的，但在著作权目标的指导下，上述要素是决定合理使用的全部因素。② 他们主张有关合理使用的因素应是得以在法律规范中命名的因素，而其他诸多考虑是偏离著作权目标的“虚假因素”（false factors）③。应该说，“使用目的、被使用作品的性质、使用程度、对被使用作品的影响”，是合理使用的基本要素，但不是排他性的因素。在特殊领域对特殊作品的特殊使用的情形中，其他因素对“合理性”的判断还是有参考价值的。下面试作简单评析。

1. 善意使用

从英国1803年Cory诉Kearsley到美国1983年Marcus诉Rouley诸案中，法官们都提出“善意”作为判断使用是否合理的一个规则。在著作权法中，所谓善意是指无损害原作品著作权利益之心。凡不诚实地使用他人作品，意在简单地复制而不进行创新，可推定为恶意，即构成侵权使用中的主观过错。善意是使用者通过依法使用作品的行为所表现出来的主观状态。具体说来，首先，它是一种尽到注意义务的主观状态。如果应当注意而未能注意，从

---

① Sigmund Timberg, “A Modernized fair Use Code for Visual, Auditory and Audiovisual Copyrights,” *Fair Use and Free Inquiry*, 1980.

② See Lloyd L. Weinreb, “Fair's Fair: A Comment on the Fair Use Doctrine,” *Harvard Law Review*, Vol. 103, 1990.

③ Pierre W. Leval, “Toward a Fair Use Standard,” *Harvard Law Review*, Vol. 103, 1990.

而构成主观上的故意与过失，这种过错体现了使用者主观上的应受非难性。其次，它表现为受使用者主观意志支配的外在行为。对善意的评价要采取客观标准，即根据某种使用行为标准来衡量其行为是否合理、正当。再次，善意是法律和道德对使用者行为的肯定评价。善意的概念本身体现了一种社会道德评价和法律价值判断。凡漠视法定义务和公共行为准则，即可对其行为作出过错评价，责令其承担相应责任。总之，善意是一个主客观因素相结合的概念。区分善意与恶意，对于我们正确把握行为人的使用目的、确定使用行为的性质是不无意义的，是有价值的。

2. 非竞争性使用

合理使用制度产生之初的目的，就是便利后任作者利用前任作者作品进行新作品的创造，即允许合理的竞争性使用。以后，合理使用范围又扩大到公众基于教育、学习等目的的非竞争性使用。非竞争性使用属于合理使用，但竞争性使用则不尽如此。将上述两种不同类型的使用与不同性质的作品，以及不同数量的使用联系起来考察时，有助于合理使用构成的判断。Patterson 教授在假定区分创造类作品和教育类作品的基础上，提出了作品使用的不同情形：教育类作品的非竞争性使用（教师为了课堂教学复制一篇文章），教育类作品的竞争性使用（出版者复制一篇文章的实质部分以备重印），创造类作品的非竞争性使用（教师复制影片在教学课堂上放映），创造类作品的竞争性使用（出版者将一首诗歌再版在选集中）。由于作品性质和使用类型不同，在这里产生了不同的行为认定：教育类作品比创造类作品更容易被合理使用；非竞争性使用比竞争性使用更具有合理使用属性；在作品的使用数量上，教育类作品的非竞争性使用远远超过创造类作品的竞争性使用，教育类作品的竞争性使用也应超过创造类作品的非竞争性使用。[①] 上述分析可资参考和借鉴。这是因为，使用教育类作品，且基于非竞争性目的，往往对著作权人的经济影响较小；而使用创造类作品，且为了非教育目的的竞争性需要，有可能使新作品取代原作品，从而严重影响著作权作品市场价值。由此比较容易推导出使用是否合理的

---

① See L. Ray Patterson, Stanley W. Lindberg, *The Nature of Copyright: A Law of Users' Right*, pp. 209 - 210, 1990.

结论。

3. 无其他损害的使用

“其他损害”在这里系指著作权以外的权益侵害，在合理使用中主要涉及私生活秘密权的侵害。私生活秘密一般是指“个人的财产、内心世界、社会关系、性生活，过去和现在的其他情况不受外界知悉、传播或公开的隐私”①。对私生活秘密权的保护已为许多国家法律所承认。在瑞典，始于1973年制定的《资料法》；在美国，源于1974年颁布的《私生活秘密法》；在法国，则由1978年的《关于情报处理、存诸和自由的法律》作了规定。我国《民法通则》及有关司法解释也确认保护私生活秘密权。涉及个人隐私的作品，主要包括私人信函、私人日记、私人档案文件等。学者们大抵主张，著作权法有其独特功能，“只保护表述，而不保护所透露的事实，因此不能保护私生活秘密所涉及的利益”②。笔者以为，否认直接通过著作权手段保护隐私权，并不意味着否认作者隐私权的存在。在一定情况下，可以适用著作权法的有关规定，为使用私人作品和尊重个人隐私寻求相应的依据。第一，私人作品既然属于隐私范围，理应属于未发表作品。使用者应尊重作者的首次发表权或公开权，未经允许，不得主张使用。第二，私生活秘密权虽为私权，但受到相关法律保护。使用者享有使用著作权作品的利益即使用者权，根据权利不得滥用的原则，不得实施损害他人权益的作品使用。第三，作者生前决定或作者死后由其后裔决定将其私人作品赠送给图书馆、档案馆等公共资讯机构，并未作出限制公众接触上述材料的特别声明，在这种情况下该作品应适用合理使用的规定。需要说明的是，上述规则应允许例外。有些国家认为，社会公共人士在其成为“名人”后，就部分丧失了其在民法中的肖像权和隐私权。③ 有理由认为，社会公共人士所拥有的私人作品，在相当的程度上与公共利益或公共兴趣有关。如果私人作品与社会生活、政治生活发生联系，它就不是一般意义上的私生活秘密，应允许对上述作品进行合理使用。

---

① 张新宝：《隐私权研究》，载《法学研究》，1990（3）。

② Pierre N. Leval, “Toward a Fair Use Standard,” *Harvard Law Review*, Vol. 103, 1990.

③ 参见郑成思：《版权法》，301页，北京，中国人民大学出版社，1990。

4. 特定主体的使用

严格来说，使用者的身份如何并不是判断合理使用的条件。但是，特定的使用者基于特定的使用目的而使用作品，往往会被视为合理使用。美国法院认为，“传统的先例是法院允许作者未经著作权人同意引述著作权作品，但前提须是文学评论、模仿作品、历史传记作品的作者方可为之”①。美国学者指出，合理使用原则适用于新传播技术条件下产生的作品。基于此，“研究者和教师的合理使用应不予追究。毫无异议，对研究者和教师的保护还可类推于视听作品的合理使用，包括电影、电视、通俗文学、社会学和艺术理论等等”②。

总而言之，作为“合理性”判断的构成条件应具有适用于一切使用行为的概括能力和识别能力。但是，我们不应排斥在个别情况下，将上述诸多因素综合起来进行考察；该因素不能取代基本要素，但应是对后者的有益补充。

① Sigmund Timberg, “A Modernized Fair Use Code for Visual, Auditory and Audiovisual Copyrights,” *Fair Use and Free Inquiry*, 1980.

② Sigmund Timberg, “A Modernized Fair Use Code for Visual, Auditory and Audiovisual Copyrights,” *Fair Use and Free Inquiry*, 1980.

第九章

电子著作权时代的合理使用

一、从“印刷出版之子”到现代传播技术的“副产品”

人类传播技术的发展和变化本身，就是一个颇有意义的社会数据：从语言到文字，几万年；从文字到印刷，几千年；从印刷到电影和广播，四百年；从第一次试验电视到从月球播回实况电视，五十年。在历史上，传播技术和传播媒介参与了一切意义重大的社会变革过程，包括智力革命、政治革命、工业革命和道德观念的革命。美国著名传播学者威尔伯·施拉姆这样描述道：“书籍和报纸同十八世纪欧洲启蒙运动是联系在一起的，报纸和政治小册子参与了当时所有的政治运动和人民革命。正当人们越来越渴求知识的时候，教科书使得举办大规模公共教育成为可能。正当人们对权力的分配普遍感到不满的时候，先是新闻报纸，后来是电子媒介，使普通平民有可能了解和参与政府。”①

传播技术领域的革命带来了著作权法的产生和发展，从一定意义上说，著作权制度的发展史，也是传播技术进步的历史。以传播技术为线索，我们可以把著作权法的发展分为“印刷版权”时期、“电子版权”时期和“网络版权”

① ［美］威尔伯·施拉姆等：《传播学概论》，18页，北京，新华出版社，1984。

时期。本章着力叙述前网络技术时代的著作权合理使用问题，第十章则专门探讨网络技术环境下的著作权合理使用变革。

在前网络技术时代，人类社会先后经历了语言文字、印刷技术、电子技术三次信息革命。在第二次信息革命即印刷技术的催生下，著作权法律制度得以建立。自此之后，著作权一直追赶着传播技术前进的步伐。在此，我们可将著作权法的发展概分为以下两个阶段：

一是“印刷版权”时期，从 18 世纪初叶《安娜法令》产生到 19 世纪末，这一时期的著作权法主要保护机械印刷作品。

自 15 世纪活字印刷术问世以来，兴盛的出版业促使信息超越时空地广泛传播，也加快了智力成果商品化的转换过程。这意味着人类文化知识传播工具发生了历史性的变革，也推动着具有近代意义的著作权制度最终诞生，正是在这个意义上，有人把著作权称为“印刷出版之子”[①]。早期著作权法的保护领域，确实拘泥于书籍、地图的狭小客体范围。英国自 1709 年颁布《安娜法令》后，始于 1734 年制定了雕刻版权法，1735 年通过了保护艺术家、设计师和画家权利的法令，1814 年颁布了雕塑版权法，1833 年才有了自己的戏剧版权法。1790 年的《美国著作权法》依然沿袭文字作品保护的基本思路，直到 1831 年、1856 年、1865 年才先后在著作权作品的序列中增加了音乐作品、戏剧作品和摄影作品，延伸了“印刷作品”的含义，扩大了著作权受益者的保护范围。

二是“电子版权”时期，从 19 世纪末到 21 世纪的今天，是现代著作权法的成熟期，其保护对象除传统的印刷作品外，还涵盖了各种“电子作品”。

在传播技术领域，较之印刷技术而言，电子传播技术对著作权制度的影响也是极为深刻的。在这里，我们不妨追溯现代发明的历史，以寻求电子传播工具产生的时间线索：1877 年美国发明家爱迪生成功设计了世界上第一部留声机，使信息第一次得以不同于印刷的方式复制；1899 年，波尔森制作了在磁化的钢带上记录信息的磁带录音机；1904 年，美国教授金纳德·费森登发明了无线电发射机，可用以传播人声和音乐，这标志着无线电广播事业的开端；

---

① 段瑞林：《知识产权法概论》，28 页，北京，光明日报出版社，1988。

1923年，俄裔美国科学家兹沃里金发明摄像管和电子显像管，四年后美国电报公司把闭路电视图像从华盛顿传到纽约；1938年，美国物理学家卡尔森将静电学和光电导性结合起来，创制了静电自动复印机；1956年，俄裔美国工程师波尼亚托夫在芝加哥演示了磁带录像机，并于同年播送了第一个用该机录制的电视广播节目。上述传播技术及工具都涉及著作权问题，按照学者的分类，主要有四种：第一类属于新的作品形式，包括电视节目、有声书籍、电子杂志、电影、计算机程序等；第二类属于复制手段，包括静电复印、缩微胶片、各种磁带录制等；第三类属于储存手段，包括计算机存储和检索系统、录音录像磁带、电子图书馆等；第四类属于通信传播手段，包括有线和无线电视广播网、光导纤维传输系统、通讯卫星等。[①] 传播技术革命必然带来著作权制度的创新和变革。现代意义的著作权，不是一个单一的、整块的现象概念，而是一系列独立权利和特殊利益的组合。“每一利益或权利均是回应传播领域的革命性科技发展，同时每一利益或权利又都引起教育和娱乐产业的扩大”[②]。在著作权的概括名义下，各项财产权利相继出现。随着无线电和有线电缆被用于传播载有节目的信号，产生了以传送广播和电视为内容的“播放权”；随着留声机、录像机、录音机的发明，产生了以机械光学电磁为技术特征的机械复制权；随着摄影机、放映机以及活动照相技术的出现，产生了摄制电影、电视、录像的制作权。20世纪以来，各国立法者相继修改自己的著作权法，以拓宽作品的保护范围。1911年，英国著作权法中列入了保护音乐唱片的条款；1956年，英国又将广播节目列入受著作权保护的项目；1972年，美国国会立法为录音作品提供著作权保护；法国则于1985年在修订的著作权法中将录音制品与录像制品并列为邻接权客体。随着广播电缆业的发展，一些国家又将电缆节目纳入著作权法的保护范围。这些都说明，现代传播技术推动了著作权制度的发展。正如英国版权法委员会主席R.F.沃尔所指出的那样：“著作权法从其产生之日起，就一直不断地对录音、摄影、电影以及广播诸领域的革新做出相应

---

① 参见李贵方：《新技术革命与著作权法》，载《科技立法研究文集（一）》，105页，北京，科学技术文献出版社，1988。

② Sigmund Timberg, “A Modernized Fair Use Code for Visual Auditory, and Audiovisual Copyrights,” *Fair Use and Free Inquiry*, 1980.

的反映。”可以毫不夸张地说，著作权本身是现代传播技术的“副产品”[①]。

新传播技术的出现不仅创造了新的作品形式，而且提供了前所未有的作品使用手段。这一情况，大大地丰富了著作权法的内容，同时也给著作权法带来诸多的新问题。

第一，电子作品对传统印刷作品的挑战。传统的传播媒介，诸如书籍、报纸、杂志等印刷作品虽然在不断更新，但仍无法与高速发展的新技术匹敌。过去出版的信息量大约是每15年至20年增长1倍。而录音唱片增长1倍的时间不到10年。在美国，占总人口80%的民众是从电视获得新闻，再从报纸得到关于新闻事件的进一步解释和报道。这说明，“电视显然夺走一大批报刊读者”[②]。就广播而言，“美国99%的家庭拥有收音机，95%的汽车上使用收音机，四分之三的成年人在汽车里听收音机”，广播确实具有“无处不有、无时不在”的特点。[③] 竞争不仅表现在信息的生产方面，在信息储存方面也几为突出。综合电子杂志系统可以使个人接受各种信息，甚至包括所有著作权作品的副本，从而出现个人电子图书馆，以致排挤了具有公共性质、由纸张集合起来的传统图书馆。

第二，“电子版权”对传统著作权观念的改变。电子作品的出现，使得著作权客体范围日渐丰富，其权利概念早已走出“版权即出版之权”的狭隘权项樊篱；同时，电子作品上多项权利与多重主体的设定，也使得传统的财产权利理论捉襟见肘。以现代传播手段创作作品，诸如电影作品、电视节目、音像录制品等，不可能由一人完成。因此，法律保护作品的制作者、组织者对作品整体享有著作权，但又不得不承认编剧、导演、作曲者、摄影师等对作品各自创作的部分也享有著作权。此外，著作财产权的构成即使用权与禁止权的对等状况也发生某些变化。在一般条件下，著作权人有权采用一定方式复制自己的作品，同时也有权禁止他人采取上述方式复制自己的作品，而不存在商标权中禁止权的效力范围大于使用权的状况。但现在也有例外，有些国家对著作权转让

---

① ［英］R. F. 沃尔、杰里米·菲利普斯：《版权与现代技术》，载《国外法学》，1984（6）。

② 张隆栋主编：《大众传播学》，127、129页，北京，中国人民大学出版社，1993。

③ 参见张隆栋主编：《大众传播学》，127、129页，北京，中国人民大学出版社，1993。

合同规定了若干指导性原则，确认受让人对作品的使用不应包括尚未发明的新的使用方式。这就是说，如果在合同存续期间出现新的使用方式，即使著作权人未能依法取得该项使用权，根据目的转让理论，也可以禁止他人擅自利用这一方式使用自己的作品。

第三，电子传播技术对传统著作权规则的冲击。静电复印机的出现，使得大规模复印文字作品变得极为便利，即使复印机的普及尚未达到把每个人变成印刷商的程度，大量的著作权作品也已事实上被个人、学校、图书馆复制使用，并对社会公众购买与复印作品的习惯产生了巨大影响。据几个国际民间组织的调查，每年各国照相复印的数量约为 25 000 亿张，家庭复制的作品更是无法计算。由于音像录制设备进入“寻常百姓家”，私人复制音乐和电视节目已成为亿万家庭的流行嗜好。复制过程的每一个行为都可能是侵权行为，且受侵害的对象往往不是某一单项权利。据英国政府 20 世纪 80 年代关于著作权立法绿皮书的报告，在英国仅因家庭录制一项就使著作权人损失约 5 000 万英镑。由于电子传播技术具有不同于传统印刷术的技术特征和普及程度，上述复制或录制行为通常都是在著作权人察觉不到的情况下进行的，因而对此既无法监视，又无法禁止。随着音像录制技术的发展，许多国家租赁录音、录像磁带的服务，也作为一种“第三产业”日见兴旺，以致近年来以“租”代“买”的现象十分盛行，这种租赁作品复制件的业务已严重影响某些电子作品的发行与销售。一方面，作品出租业的繁荣促进了作品的广泛传播，为电子作品的出租人带来丰厚的收入；另一方面，文化消费以租赁形式出现，又导致作品发行业的萧条，从而使依靠版税谋生的作者深受其害。

现代传播技术引发的诸多问题，对著作权法传统概念、传统规则形成了巨大的冲击。立法者必须正视这些难题，解决这些矛盾，才能既保护作者权益，又维系社会公平正义，促进文化科学事业发展。其中最引人注目而又复杂难解的症结，即关于著作权限制与反限制的问题。

二、权利限制的限制：关于合理使用与著作权穷竭的反思

在著作权法理论中，合理使用与权利穷竭都被视为对著作权的限制。我国

学者郑成思认为，所谓权利穷竭，指的是权利人行使一次即告用尽了有关权利，不能再次行使，这一原则，严格地讲仅仅适用于经济权利中的发行权。[①]权利穷竭原则意味着一旦作品的原件或复制件经权利人同意而进入市场，则对该作品作为商品的进一步销售，著作权人无权控制。该原则之目的在于消除著作权的专有性对商品流通所产生的消极影响。权利穷竭原则在美国被称为“首次销售理论”（the first-sale doctrine）。美国学者 Patterson 认为，著作权是控制著作权作品首次销售的权利，而未包括作品的二次销售的权利，或说是，法律允许著作权人控制对著作权的使用，但这种控制并未延及对作品本身的使用。[②] 按照美国著作权法第 109 条的表述，其是指：凡合法制成的作品复制件或录音制品的所有人，或该所有人授权的任何人，无须经著作权人的同意，即有权出售或以其他方式处置该复制件或录音制品的占有权。

一般来说，权利穷竭的原则适用于作品的再次出售、散发或其他方式的使用，但对是否包括作品的出租，在理论上尚有不同的看法。尽管如此，但出租业在其兴办之初事实上与权利穷竭原则是不相冲突的。随着电子传播技术的发展，作品出租大有取代作品出售之趋势，以致危及著作权人的财产利益，这引起了各国立法者对权利穷竭原则的反思与审视。为此，联合国教科文组织于 1984 年公布了两条建议性原则及其补充意见，供各国在修订关于录制品的专门法律时参考。其主要内容是：著作权人不仅对其原作品享有著作权，而且对被录制的音像制品中所含有的自己的作品亦享有著作权。这表明著作权人始终有权决定是否允许他人出租这种含有自己作品的录制品，如果录制品不含享有著作权的原作，那么第一录制者即对该录制品享有邻接权。这表明邻接权人有权禁止他人转录、复制以致出租其录制品。上述权利应由代表著作权人或音像制作者的特定组织代为行使。[③] 联合国教科文组织该立法建议的主旨在于确认出租权，维持作品创作者与传播者的利益平衡，对社会采用传播技术而给著作权人造成的损害进行补偿。

---

① 参见郑成思：《版权法》，272 页，北京，中国人民大学出版社，1990。

② See L. Ray Patterson, Stanley W. Lindberg, *The Nature of Copyright: A Law of Users' Right*, p. 187, 1991.

③ 参见郑成思：《信息、新型技术与知识产权》，97～98 页，北京，中国人民大学出版社，1986。

纵览各国著作权法，关于出租权的立法模式主要有两种：一种将出租视为作品发行的一种方式，出租权包含在发行权之中。例如，《美国著作权法》第106条对发行权作了如下解释："通过出售或所有权转移的其他方式，或通过出租或出借，向公众发行有著作权作品的复制件或录音制品。"可见，该条所规定的发行权涵盖了出租权。另一种将出租视为独立的作品使用方式，因而出租权与发行权各自分列。例如，德国著作权法第27条规定了"复制物的出租或出借"的权利，而在第17条又规定了传播权，主要指发行权。可见，两项权利互不相涉。我国台湾地区亦是单独规定了出租权。

出租权的出现，在某种程度上削弱了权利穷竭原则，即在录制品范围内，对著作权限制原则进行了反限制。有的学者将这一现象看做"著作权对于所有权限制作用的扩大"。我国台湾地区学者杨崇森认为："由于科技发达的结果，使得著作权所包含的权利和利用的形态大幅增加，相对的对作品所附着之有体物之所有权的权能或作用加以重大的限制。"[①] 即由于著作权内涵的增加，在著作权与作品原件或其复制件的所有权发生冲突时，所有权的作用受到著作权的重重限制。出租权的设定即属于这一情形。从立法者的原意来说，建立出租权制度旨在从经济上给予著作权人补偿以求社会之公正，并非当然就是对著作权效力的无限制扩充。事实上，立法者在设定这一新型权能时，就已经为它规定了某种限制，这主要表现在两个方面：一是适用范围的限制。出租权客体主要限于音像制品和计算机软件，未延及所有作品类型。如我国台湾地区"著作权法"第60条规定："合法著作重制物之所有人，得出租该重制物。但录音及电脑程式著作之重制物，不适用之。"此即将出租权客体范围由原来的图书、录音制品、录像制品以及计算机软件，缩减为录音制品和计算机软件两种。二是法定许可使用的限制，出租权与著作权的其他权能一样，应准予适用法定许可使用制度。《英国著作权法》第66条规定："国务大臣可以命令的形式规定，在命令所指定的情况下，只要支付合理的版税或商定的或在违约情况下由版权仲裁庭裁定的其他费用，向公众出租录音、影片或计算机程序之复制品应被视为版权所有人许可实施之行为。"可见，出租人可依国务大臣的命令出租作品

① 杨崇森：《著作权法论丛》，270页，台北，华欣文化事业中心，1983。

而不必取得著作权人授权，但应向其支付合理的报酬。

与此同时，新技术革命时期的立法者与法学家，也开始以疑虑的目光来对待传统的合理使用制度。他们呼吁在某些领域中应该遏制合理使用规则的滥用，特别是主张对复制权的限制规则本身采取更为严格的限制。荷兰赫尔曼·柯恩·捷奥拉姆教授认为，“事实已经证明，某些为私人使用目的而自由复制的特许构成全球性收集版税实践的复杂的障碍，因而应予取消”①。英国学者伊冯·史密斯则指出，“不论个人在家中还是大型组织为谋利而盗用作者的作品，行为都是一样的，即非法复制”②。联合国教科文组织和世界知识产权组织于 1984 年召集的专家小组会曾阐述道：“如果一次孤立的复制看来是无害的，积累起来就可能危害作者的正当利益（特别是由他人使用作者的作品得到物质报酬的权利）”。相关国际公约也对限制合理使用规则进行了规定。《伯尔尼公约》对合理使用作了一个总的限定，即：“必须符合公平惯例”。1967 年斯德哥尔摩会议在修订该公约的报告中承认对作者复制权的限制，但同时为该限制设定了两个前提，即：“这种复制不得损害作品的正常使用，也不致无故侵害作者的合法权益。”为进一步说明这两个前提，该报告作了如下解释：“如果认为复制损害了作品的正常使用，绝不允许复制。如果认为复制无损于作品的正常使用，接着应当考察复制是否侵害作者的合法利益。只是在无损于作者的合法利益时，才可能在一定的特殊情况下使用强制许可或规定无偿使用。可列举出为各种目的的而用的照相复印为例。如果复印相当多的份数用于工业企业，并根据国家的法律支付合理的报酬，那就可以不致无故侵害作者的合法权益。如果复印的份数很少，特别是在个人使用或在科学研究使用的情况下，可以允许，并不付报酬。”《世界版权公约》也有类似的要求，即在规定合理使用对著作权进行限制的同时，要求有关当事人必须保证著作权的各项权利得到“合理的有效的保护”。1971 年，在巴黎会议上对此作了进一步说明，根据该公约的规定，“任何国家不得放弃对任何复制权的保护”规定的例外应有合理的依据，不得任意使用，成员国的法律应充分保障给予保护。自 1968 年开始，

---

① ［荷］赫尔曼·柯恩·捷奥拉姆：《合法与非法的复制》，载《法学译丛》，1987（5）。

② ［英］伊冯·史密斯：《录音录像技术对版权的挑战》，载《法学译丛》，1987（5）。

联合国教科文组织与世界知识产权组织还积极着手制定一个照相复制管理的国际规章。1984 年，上述两个国际组织建议各成员国采取录制设备和（或）空白载体征收附加费的方法救济复制权。1994 年形成的关贸总协定中《与贸易有关的知识产权协定》则更明确地提出：“出于某些特殊情况而对著作权所作的限制，不得与作品的正常使用相冲突，而且不得不合理地损害著作权人本应享有的合法利益。”

一些发达国家走得更远，它们修改或制定法规，限制甚至取消某些领域的合理使用。荷兰 1972 年颁布复印法，认为“某些为私人使用目的而自由复制”的条款应予删除。德国 1985 年修改著作权法，规定“复制一本书或者一份期刊，如果基本上全部复制的话，只要不是抄写下来的，始终须先征得权利人同意。”澳大利亚 1980 年著作权法修改案，把“为教学目的而复印有版权的作品”与“为科研及个人使用目的而复制有版权作品”区别开来，后者仍为合理使用，前者则须向作者付酬。此外，奥地利、刚果、芬兰、法国、匈牙利、葡萄牙、瑞典等国也先后修改了本国的著作权法，对限制合理使用作了类似的规定。

伴随着限制合理使用的立法变革，各国加强了对复制权的保护与救济。现代传播技术使得复制作品具有隐蔽性的特点，导致复制权更易受到侵害，同时，也难以采取传统的诉讼保护办法。对此，英国著作权专家曾形象地指出，如果有 500 人分别复制了某一杂志的文章，从而不再购买那份杂志，著作权人就会丧失从 500 份杂志的销售中所得的版税。但是，如果对 500 人分别起诉，要求偿还著作权人在每个人身上失去的那点收入，则简直是荒唐的。[①] 在这种情况下，西方国家转而求助于其他救济方法，其中主要是征收复印版税与录制版税。

三、合理使用制度面临的挑战：复印版税与录制版税

版税（copyright royalty）是使用者因利用作品而支付给作者或其他著作

① 参见［英］R. F. 沃尔、杰里米·菲利普斯：《版权与现代技术》，载《国外法学》，1984（6）。

权人的费用，是著作权人获得经济利益的最基本途径。根据日本著作权专家美作太郎在《版权与出版权》一书中的划分，著作权使用费可以分为稿费和版税两种。稿费与版税在法律上都具有版权使用费的性质，但在支付额和支付方法上采用了不同形式。

稿费适用的范围限于以图书、报刊等形式出版的文字、音乐、戏剧、美术等作品，其计算方式是每个印张（或规定的字数）乘以一定的金额，再乘以印张总额（或总字数），多采用一次性支付的方式，并在出版商收到原稿或图书发行时支付。

版税除用于图书出版外，还可以用于音乐、戏剧作品的演出。其计算方式是图书定价（或零售价格）乘以一定的百分比，再乘以图书印刷量（或图书销售量）。关于版税的具体标准，有的国家是由著作权人与出版商协商确定，有的国家则是通过立法统一制定。在版税的计算中，版税额（版税率），即用于计算版税量的百分比，决定了版税支付的总量。版税数额的高低通常取决于图书性质、作者名望、作品市场需求状况等因素。

除上述两种著作权使用费以外，近年来在一些西方国家，还在传统的“合理使用”的范围内，对作品的使用征收各种费用。其中主要有以下两种：

1. 复印版税

复印版税，即因复印他人有著作权的作品而支付的著作权使用费。其基本特点是：征收对象主要是单位（如学校、图书馆），也包括个人（即拥有复印设备的使用人）。该类使用大抵属于原来的合理使用范围，即基于教学、学术研究目的而复印他人作品的情形；复印版税一般不是特定的使用人向特定的著作权人直接支付，而要通过某一特定机构代为收取并向著作权人分配，复印版税与所谓的借阅版税不同，它由用户支付，具有版税的基本特征。而借阅版税是公众因借阅作品复制品所支付的“著作权使用费”，基于一些国家规定的公共借阅权而产生。尽管两者都是对合理使用的限制，但借阅版税来自纳税人的税款，即由公共资金支付，严格来说，它是一种“补偿费”（compensation），而不是版税。

关于复印版税的收集方法，主要有三种：（1）美国模式。即设立专门的机构，向复印者收取使用费。根据国会关于设立著作权集中管理与授权制度的建议，美国 1977 年专门成立了“著作权交易中心”（即 Copyright Clearance Center，简称 CCC），专门管理作者、出版商与使用人之间关于复印付酬的问题。作为机构会员的使用人有 1 200 家公共图书馆、企业图书馆、研究机构、大专院校以及其他从事系统利用作品或散发复印资料的单位，受益人有 430 个出版商、作家及其他著作权人。荷兰、瑞典、日本等国也有类似机构。（2）丹麦模式。即采用“一揽子复印合同制”，由版税征收机构与复印有著作权作品的单位签订合同，规定有关复印作品与支付版税等的问题。丹麦自 1979 年即由版税协会下设的“学校图书管理部”同教育部签订了上述合同。按照合同规定，指定部分学校将复制作品的种类及数量登记上报；版税协会以上报材料为标准，推定全国学校的复印种类及数量，经测算、鉴定、登记后，与作者核对然后确定应向其支付的版税额；复印使用的范围以“合理使用”为限，即只能作为教学辅助材料使用，每个教师在每学年对所报的每一门课，只能复印一本书的材料，且不能超过原书总页数的 20%，不得为保存而复印，不得为表演（包括教学性质的表演）而复印音乐作品，不得复印有关考试的复习试题，不得复印某些“专用”资料等。（3）德国模式。即对复印设备和空白复印载体实行征税制。德国于 1985 年修改该国著作权法草案时，尝试将版税征收对象转向复印设备制造商，而不直接向复印使用人直接收费，从而为复印版税的收集提供了一条新途径。其具体做法是，在复印机与复印纸的出厂价中，附加著作权人希望将来收取的复印版税，并在出售设备后由厂商把附加的版税转交给版税征收组织。

征收复印版税的三种方法，各有千秋，但都未根本解决收集版税与分配版税的两难问题。美国模式是一种个别收费办法，少数几个版税收集人面对的是成千上万自由复印者，倘若发生行为人拒绝付酬的情形，著作权人仍然无法向每一个侵权人起诉或索赔。丹麦模式在收集版税方面虽较为可靠，但是收费数额的真实性令人怀疑。事实上，丹麦的多数教师反对这一制度，并不按规定如实上报复印作品的种类与数量。此外，随着现代传播技术的发展，如果人们对所需要的资料不再使用复印机复印而通过微型计算机储存；或是采用电视教学，在荧光屏上展示而不是复印所使用的教科书，那么将无法计算“复印”的数量和“复印”的人数，从而版税的确定也无法进行。[①] 德国模式采用法定版税的方法，在收费上虽然非常固定、可靠，但并不公平。版税率的高低通常取决于作品的市场价值，而在这种情况下却由使用作品的传播工具来决定。使用同一设备的不同使用人，其复印作品的数量未必相同，但却要不公平地同样付费。因此，荷兰知识产权法专家捷奥拉姆教授不无揶揄地说道：“没有一个政府的智慧足以制定出公平的版税率”，德国的做法充其量只是一种“实验”[②]。

在复印领域，最为重要的问题并不是如何收集版税，而是如何分配版税，对此，上述模式特别是德国模式都未能做出圆满的回答。谁的作品被复制，复制的数量如何，应是计算版税额的基础。在荷兰，收集的版税首先在出版人之间分配，而出版人则应将不少于其版税总额50%的部分再分配给作者。在德国，由于不对被复制作品的名称及复制数量登记，无法找出版税与作品复制用途的关系，在这种情况下，“版税的分配也是高度象征性的”。版税体现为特定的使用人在利用特定的著作权作品时向特定的著作权人所支付的对价，是以特定人的著作权为基础的。随着现代复印技术的出现，在复印领域里出现了两难窘境：一方面，著作权人无力控制众多的使用者无偿地复印其作品，因而在版税收入上深受其害，法律有必要对合理使用予以限制；另一方面，众多的著作权人无法知道自己作品是否被复印或复印多少，只好“平均”地接受固定比例的版税这一不公平结果，这就偏离了著作权立法的本意。因此，一些学者指出，复印版税的法律规定应建立在个人著作权的基础之上，离开对作品复印种类、数额的具体考量而对版税进行的分配，同个人著作权的本质是不相容的。[③]

2. 录制版税

录制版税，严格地讲，应称为家庭录制版税，是指在家庭中以私人使用为目的，采用录音或录像设备录制有著作权的作品，由此向著作权人支付的使用费。录制版税的征收，发生在传统的私人录制的合理使用领域。该项制度设定的目的有二：一是对著作权的效力予以限制而准许家庭录制，录制设备的所有

---

① 参见郑成思：《信息、新型技术与知识产权》，91页，北京，中国人民大学出版社，1986。

② ［荷］赫尔曼·柯恩·捷奥拉姆：《合法与非法的复制》，载《法学译丛》，1987（5）。

③ 参见［荷］赫尔曼·柯恩·捷奥拉姆：《合法与非法的复制》，载《法学译丛》，1987（5）。

人可以在家庭范围内对他人有著作权的作品自由录音录像，无须征得著作权人的同意；二是对合理使用的范围予以限制，授予著作权人、邻接权人向录制设备的制造者主张报酬的请求权，以填补私人录制带来的损害。从一定的意义上说，这里的合理使用已经演变为法定许可使用。与对复印设备征收版税一样，录制版税也是向设备制造商而不是向设备所有人或占有人征收。这是因为录制设备的使用者极为普遍，著作权人难以一一向其征收；同时，私人录制一般在家庭中进行，录制情况如何，难以进入私人住宅调查，否则构成其他侵权行为。在这种情况下，向录制设备制造商收费，不失为一条有效途径。

德国是现代录制技术发展较早的国家之一，其录制设备的家庭普及率极高，因而率先将一切家庭录制活动排除在合理使用之外。德国 1985 年修订的著作权法第 54 条规定，如果根据作品种类可预料，能将作品从电台广播中录制到音像载体上或从一件音像载体转录到另一音像载体上，以私人使用或其他自用的目的进行复制的，著作权人有权向上述设备和音像载体的制造商主张报酬。该规定适用于从事商业进口或再进口上述设备和音像载体的经销商。此处主张付酬权利的人，除著作权人之外，还应包括艺术表演者（德国著作权法第二章第三节）、音像载体制作人（德国著作权法第二章第四节）、电影制作人（德国著作权法第三章）。上述全体权利人主张报酬的总额，即为录音设备制造商或经销商向权利人支付并在设备销售价中附加的录制版税。1974 年德国著作权法规定录制版税总额不得超过该设备（包括录音机、录像机、录音带及录像带）销售价格的 5%。而现行著作权法则在该法附件中，开列了不同录制设备支付报酬标准的清单。该著作权法还规定，录制版税请求权只能通过相关管理机构行使，即由版税征收组织与设备制造商、进口商订立合同，按照一定计算方法，以一年为单位，将报酬总括地支付，再由版税征收组织在权利人中分配。

德国关于录制版税的征收办法，是在现代传播技术冲击下寻求著作权保护的一个新举措。对使用人来说，支付版税手续简便；对权利人来说，通过管理机构行使权利效果明显。其因此为其他国家所重视。但是，这一制度的弊端也是十分突出的：第一，通过录制设备征收版税，无法区分录制设备的购买人的使用目的是否正当。如将录制设备用于会议记录、语音练习，或记录公有领域作品，虽无使用有著作权作品之情形，也得“一视同仁”地支付版税。第二，随着现代传播技术的发展，质量高而价格低廉的录制设备及音像载体不断出现，在该设备或载体长期有效使用的条件下，对于一次性支付的版税能否弥补著作权人的损害，很难作出准确的估算。第三，并非所有作者的作品都会被他人录制。尽管按照法律规定，有些作者认为自己的作品可能被录制，但实际上其也可能永远不会被使用。即使这样，他也有权享有一份“录制”版税。

德国的录制版税制度在西方国家引起了重大反响，但其在各个国家的遭遇却不尽相同。奥地利于 1980 年修改其著作权法，取消了在家庭录制领域中的合理使用，允许著作权人及邻接权人就录音、录像所用之设备及音像磁带向制造商主张报酬。瑞典于 1982 年也采用了类似制度。在英国，负责修改著作权法的惠特福特委员会曾在 1977 年提出报告，声称：“个人和教育机构免费录制任何来源的资料的完全自由，不仅会削弱唱片工业也会损害作曲家、作家、出版商、表演者以及依附于该行业的其他人，给整个社会造成极大的损害。”[①] 惠特福特委员会不仅没有考虑私人或教育机构的特殊地位，反而建议通过对使用者征税来补偿著作权人。1981 年英国政府以绿皮书的形式针对惠特福特报告提出意见，主张采用这一制度。虽然上述报告或建议遭到英国国内一些团体组织的反对，但这并非是录制版税制度在英国的最终命运。在美国，家庭录制问题也在著作权界引起争议。1981 年，环球电影制作公司和迪斯尼制片公司两家电影公司诉索尼公司，就后者生产大量的录像设备及录像磁带在家庭中用于录制原告的电视节目一事指控被告侵权，从而引发几起几落的判决。地方法院认为，作品系在公共空中线路播放，且录像系供个人观赏使用而无商业目的，因此属于合理使用。而上诉法院认为，使用录像磁带录制电视播放的有著作权节目，即使系家庭录制并只为个人娱乐目的，也构成侵权。1984 年，美国最高法院作出最终判决，认定家庭录制电视节目属于合理使用范围，不构成侵犯著作权。但与此同时，最高法院指出，这一判决并不妨碍美国将来采取录制版税制度的可能性。[②]

---

① ［英］伊冯·史密斯：《录音录像技术对版权的挑战》，载《法学译丛》，1987（5）。

② 参见杨崇森：《著作权法论丛》，台北，华欣文化事业中心，1983；郑成思：《信息、新型技术与知识产权》，北京，中国人民大学出版社，1986。

以维系社会公平、协调著作权人与作品使用人利益为目标的复制版税与录制版税制度，是现代传播技术发展的产物。限制合理使用，建立版税征收制度已成为西方发达国家著作权立法的一个趋势。发展中国家由于其经济发展程度和居民消费水平所限，尚未采取一些发达国家的复制与录制版税制度。但是，关于著作权限制与反限制的问题，必然会摆在发展中国家的立法者面前。我们同样有理由说，复制、录制版税制度与合理使用制度一样，都有其存在的理由，著作权界的任务是完善、健全这些制度，而不要轻易作出绝对肯定与断然否认的结论。

四、现代传播技术对现代合理使用制度的呼唤

现代科学技术的飞跃发展，使人类社会的物质生活与文化生活发生空前巨大的变化，在各种法律领域中受其影响最深、冲击最猛烈的首推著作权法。近代著作权法的物质技术基础是机械印制，法律的任务即控制和防止出版商滥印著作权作品。而新的传播技术带来诸多过去没有的难题，它不仅创造了新的作品形式，拓宽了著作权客体的范围，而且使得著作财产权的权能日渐丰富多彩，为著作权人开辟了获取财产利益的新途径。与此同时，它所提供的前所未有的复制录制等传播手段，使得本来就难以控制的无形智力成果更易逃逸出专有领域，在每个人都可以轻而易举使用作品的情况下，著作权人独占使用的权利受到极大的威胁。各国立法者必须正视这些问题并寻求有效的解决途径。因此，发达国家从 20 世纪 60 年代开始对各自的著作权法进行了大规模修改或重订工作，以适应新技术革命发展的需要。美国自 1964 年第一次提出修正案开始至 1976 年正式制定为止，先后提出八次修正案，经文艺创作界、出版界、影视传播界、图书馆界、学术教育界等广泛讨论、协商，才推出新著作权法。西方国家的现行著作权法大部分产生于现代传播技术革命迅猛发展的 20 世纪 70 年代，以时间先后为序，分别是：1972 年荷兰著作权法，1980 年奥地利著作权法，1980 年瑞典著作权法，1981 年意大利著作权法，1985 年法国著作权法，1986 年日本著作权法，1986 年比利时著作权法，1987 年美国著作权法，

1988年英国著作权法。[1] 现代著作权法无疑深受这场技术革命的影响，但是新传播工具所涉及的著作权问题，极富技术性、专业性，涉及面广，各国立法者并未就此作出一致性的规定。就合理使用制度来说，其存在价值与发展前景如何，为著作权界所瞩目。不容否认，在规范为私人目的而使用著作权作品时，立法者面临一个进退维谷的困难境地：如果恪守合理使用的传统领域，著作权人将无法从现代技术带来的作品被广泛利用的过程中受益；如果取消合理使用制度，社会公众则不能分享现代技术条件下信息广泛传播的利益。为了寻求解决问题的途径，有学者提出三种办法以供选择：一是强化著作权人专有使用的权利，限制或取消为私人目的使用作品的自由；二是赋予私人复制、录制作品的自由，但同时负有支付报酬的义务；三是维系传统合理使用的范围，继续保留私人使用作品的广泛自由。[2] 在一些传播技术发展较快的国家，立法者面临着版权工业集团的巨大压力，后者力图控制信息与知识的传播，以缩小合理使用的范围来换取著作财产权的扩张。对此，美国学者 Patterson 教授不无忧虑地说道："版权业意欲取消个人使用权的危险是现实存在的，如果对使用人征税的理论盛行的话，那么将会出现人类历史上从未有过的现象，如此多的人必须向如此少的人付出如此多的钱，以获取已经被自然法所认可的学习权"（learning right）[3]。英国著作权学者 Edward W. Ploman 和 L. Clark Hamilton 却对版税间接支付的规则大加推崇，认为德国著作权法提供了一个巧妙的实用的解决方法：（1）私人范围的使用行为基本是自由的；（2）但当这种行为使得私人复制危及该作品的经济利用，即这种复制将取代该作品的工业复制时，则是不自由的。[4] 学者们的这种担心不无道理，这种建议也颇有价值。笔者以为，合理使用制度不是

---

① 从20世纪末到21世纪初，随着网络技术的发展与新的著作权国际公约的形成，各国著作权法修改活动更为频繁。美国自出台《数字千年著作权法》后，于2004年、2005年又颁布了多个专门法案；法国进入新世纪后已四次修改著作权法；韩国著作权法则于2006年、2009年完成两次重要修改。有关立法动向将在第十章提及。

② See Edward W. Ploman, L. Clark Hamilton, *Copyright Intellectual Property in the Information Age*, p. 198, 1980.

③ L. Ray Patterson, Stanley W. Lindberg, *The Nature of Copyright: A Law of Users' Right*, p. 240, 1991.

④ See Edward W. Ploman, L. Clark Hamilton, *Copyright Intellectual Property in the Information Age*, pp. 199 - 200, 1980.

现代科学技术的对立物，现代科学技术也不是合理使用制度的掘墓人。产生于19世纪机械印刷技术基础之上的合理使用制度，同时面临着冲击与挑战、变革与创新的严峻态势和良好机遇。可以说，在传播信息的目标上寻求使用控制，在现代技术的基础上寻求使用合理，是我们构建现代合理使用制度的基本出发点。

1. 现代传播技术扩充了著作权的保护对象，也必然相应带来对其合理使用的限制。具有现代技术特征的电子作品，除前述各种音像作品外，还包括卫星广播节目、电缆电视节目、计算机软件等。卫星广播节目指通过同步卫星传播载有节目的信号以供特定地面广播组织接收并转播的广播电视节目。许多国家已经把邻接权的概念引进卫星广播领域，将广播组织权扩大到对广播卫星所传信号的保护。1974 年缔结的《关于播送由人造卫星传播载有节目的信号的公约》（简称《卫星公约》）宣布，成员国有义务制止任何广播组织在本国播送通过人造卫星发射的、并非为该组织专门提供的载有节目的信号。虽然《卫星公约》未涉及权利限制问题，但依照一国法律所授予的广播组织权，可以适用合理使用的有关规定。电缆电视节目是通过同轴电缆接收和传播的电视节目，这种节目可以转播他人的，也可以是自己创制的。这种节目不仅涉及有著作权作品的作者权利以及表演者权，还产生了广播电缆公司独立享有的新权利。世界知识产权组织曾于 20 世纪 80 年代召开专家会议，起草了有关著作权、邻接权保护的建议性文件，其中含有合理使用的内容。计算机软件包括计算机程序及其有关文档，各国大抵作为文字作品对待，给予其著作权保护。对软件作品，因课堂教学、科学研究、国家公务等非商业目的需要，均允许少量复制，而不经著作权人同意，也不向其支付报酬。这说明，法律对每一新作品授予一种新权利，必然会设定相应的权利限制。但这一观点也遭到某些团体组织的抵制，美国“EDUCOM”和“ADAPSO”组织曾在 1987 年出版的题为《使用软件：专业团体成员合法而道德地使用软件指南》一书，有意或无意地回避合理使用问题，对此 Patterson 教授等人严肃指出：“合理使用理论应毫无例外地适用于一切有著作权的作品，包括新传播技术条件下所产生的作品。”① 美国联

---

① L. Ray Patterson，Stanley W. Lindberg，*The Nature of Copyright*：*A Law of Users' Right*，pp. 218 - 220，1991.

邦最高法院在“索尼案”中也断然宣称，在著作权的垄断延及新传播技术作品时，著作权人不得以绝对控制权来排除他人的合法权利，即不能否定对方凭借合理使用理论而使用作品。①

2. 现代传播技术扩大了作品使用的方式和途径，同时也带来一定范围内合理使用向许可使用的转变。版权工业集团对限制合理使用的要求，主要针对个人、家庭、图书馆复制和录制作品的情形，其中涉及保护垄断权利与促进知识传播的关系、个人利益与社会利益的关系等诸多问题，自 20 世纪 70 年代以来，德国、英国、瑞典、荷兰、澳大利亚等国，创立了一种公共借阅权，即规定图书馆在出租有著作权的图书时，应向作者支付借阅版税。尽管在有的国家，借阅版税是从原特设的公共基金中支付，但这一举措无疑使公共图书馆变成了一个纯商业性机构，这既不符合其法人宗旨，也增加了管理负担，因此舆论多有微词。笔者以为对其不宜采用版税制。至于个人复制与家庭录制，似应遵循学习研究优于娱乐欣赏的原则，有区别地征收版税。一般来说，在自动复印机尚不普及、复印成本较高的情况下，不宜实行复印版税；即使具备条件，其征收版税的额度也应低于录制版税，以体现促进教育与学术研究的法律精神。录制版税可参照德国、奥地利、瑞典的做法，不仅适用于录音、录像设备，而且延及音像空白载体；征收对象除录制设备及其空白载体的制造商外，还应包括进口上述录制设备及其空白载体的经销商；版税受益人应为全体权利人，包括作者及其他著作权人、表演者、音像制作者以及广播组织。新版税的征收，已在部分复制录制领域内，将传统的合理使用变成一种许可使用。笔者以为，这里的许可使用不是强制许可使用，以规定法定许可使用为宜。就使用者来说，其无须征得著作权人的特别授权，仅依照法律规定的情形即可自由复印或录制有著作权的作品。至于版税如何由相关集体管理机构征收和分配，似可参考德国模式加以规定。

3. 现代传播技术带来简单而有效率的复制手段，也模糊了合理使用与侵权使用的界限。复制使用有合法与非法之分，非法复制行为在国际上被称为

① See L. Ray Patterson, Stanley W. Lindberg, *The Nature of Copyright: A Law of Users' Right*, pp. 218-220, 1991.

"海盗行为"（piracy），是与传播技术同步发展的产物。我们没有理由将"海盗行为"归咎于科学技术。但不争的事实是，"海盗行为"成为"黑色瘟疫"是20世纪60年代以后的事情，概言之，现代传播技术客观上为"海盗行为"者提供了非法复制的便利条件。著作权专家、瑞士电视法律顾问Peyron先生将其表现形式概括为10种类型，即：报纸和杂志发行直接来自电视的画面；以及将此画面印制在书刊上；录制电视中的音乐出售给公众；利用收音机、电视机设备的商人复制音像节目，并且将其出售或出租给公众；商店为顾客播放海盗版复制品；在其他一些公共场所、展览馆放映非法复制品供公众观看；一些公司自己非法复制并出售复制件；有组织地发行非法复制件；商号、组织、个人并非出于个人目的的复制；对有著作权作品的翻录。① 世界知识产权组织国际局则将其概括为三种：一是"非法地制造、发行、销售复制件"，即未经授权，私下地从收音机或广播电视节目、音乐会、舞台表演中录制、销售复制件的行为；二是"未经授权而复制发行唱片"，凡是对已存在的唱片或盒式录音带的直接播录和公开发行，即构成非法翻录；三是单纯而简单的假冒，即投入市场的非法复制品在内容、包装、标记等方面与原版作品完全一样。② 在国际公约及各国相关立法中，非法复制的"海盗行为"从来都是合理使用的对立物。新的传播技术虽然使得作品的复制极其便利与隐蔽，但是，法律并不容忍商业性复制行为披上合理使用的外衣。因此上述"海盗行为"类型的划分及其表现形式的描述，有助于我们明确合理使用与侵权使用的界限，可在立法规定不敷适用的情况下作为司法实践的考量依据。

4. 现代传播技术带来合理性判断的困难，同时也将促使合理使用规则由传统走向现代化。从司法实践经验抽象出来的合理使用规则，深受印刷版权时代的影响，因而对现今合理使用情形的判断很难做到应付自如。在日本，1972年白川义原诉马特·艾买诺的蒙太奇照片案，曾引起人们对合理使用的广泛讨论。被告利用原告在奥地利切诺尔山区拍摄的滑雪彩照，采用蒙太奇手法，将原作的部分实景与另一轮胎广告照片合成加工为黑白照片，因而受到原告指

---

① 参见世界知识产权组织1983年版权会议报告。

② 参见世界知识产权组织1983年版权会议报告。

控。东京地方法院判决认为，蒙太奇照片作为一种艺术形式是得到法律承认的，但这与该照片是否侵权无关。正常的情形是，从他人的照片或绘画中取出一部分插入自己的作品，应从整体上无法看出原作的影子。因此，被告构成“实质性使用”，即侵犯著作权。1976 年东京高级法院复审判决又作出相反结论：被告虽采用了原作者的表现形式，但赋予其讽刺、批判某一事物新的思想感情，不应判为剽窃。引用原作进行创新以作为美术上的表现形式，已得到社会承认。因此，该案中的蒙太奇手法也应视为具有使用的正当性。① 在美国，拘泥于印刷传播手段的思维定式，采用传统的合理使用规则来解释非文字作品，也遭到一些学者的批评。与空间艺术作品不同，诸如重大事件的现场摄影、著名公众人物的新闻录像等时间艺术作品被评论家所审视，为公众所听到或看到，这一使用过程只发生在瞬间或极短的时间段。为研究和评论的需要而复制上述作品的片段，是否涉及“实质性使用”，亦难以定论。作为艺术整体，它们不能被分割；作为信息材料，公众又应对其享有利益。因此，一些学者主张，对于摄影、绘画、雕塑、电影画面、录像画片等不能简单适用“实质性使用”规则。② 另有学者鉴于技术进步时代使用行为日益复杂的情况，提出判断使用是否合理的一元化理论，即以使用人是否获得商业性利益为唯一标准，以避免多重标准相互排斥，发生歧义。换言之，如果使用者获得了商业性利益，即使著作权人没有损失，也是侵权行为；相反，如果使用者没有获得商业性利益，著作权人损失再大，也属于合理作用。③ 上述观点，虽不无偏颇，但说明了合理使用诸规则在新技术革命条件下的不适用性。在现代传播技术条件下，作品的使用行为复杂多样，过于琐细的标准也许不易掌握，一元化理论简单直接地抓住了问题的要害，在纠纷处理中不无参考价值。但是，我们对以往的规则不必全盘抛弃，而应对判断性标准作出新的考察，尤其要对“作品的性质”、“作品的实质性使用”等作出新的解释。

---

① 参见［日］满田重昭：《关于作品的自由使用》，载日本《工业所有权法研究》，1976（8）。

② See Sigmund Timberg, “A Modernized Fair Use Code for Visual Auditory and Audiovisual Copyrights,” *Fair Use and Free Inquiry*, 1980.

③ 参见李贵方：《新技术革命与著作权法》，载《吉林大学学报》，1985（6）。

第十章

网络著作权时代的合理使用

一、问题的提出：网络传播权的产生

伴随着信息网络技术的飞速发展和普及，“因特网”（internet）已经浸入社会生活的每一个角落。坐在电脑屏幕前，轻点鼠标、敲击键盘，数以亿计的数字化文字、图像、音乐、视频多媒体信息迎面而来。“足不出户而知天下事”的理想在网络时代显得再平常不过。正如尼葛洛庞蒂所宣称的那样，我们的生存已经“数字化”了。① 高速发展的信息网络给著作权法的发展带来了千载难逢的机遇，但同时也使传统的著作权制度经受着前所未有的冲击和挑战。著作权法所体现所追求的目标之一就是利益平衡，合理使用制度恰恰是这种价值目标的精髓所在。合理使用制度深厚的法哲学基础体现出法律理性的公平、正义，其价值目标就在于协调创作者、传播者、使用者的利益关系，通过均衡的保护途径，促进文化、科学事业的发展。同样，合理使用制度的经济学意义也反映出建构合理使用制度的目的在于合理划分创作者和使用者的权利区域，减少额外交易成本，实现信息资源的优化配置。但是网络技术的发展无疑给合理

① 参见［美］尼葛洛庞蒂：《数字化生存》，海口，海南出版社，1997。

使用制度带来了巨大的挑战：技术先进、经济发达的发达国家主张合理使用不能成为规避技术保护措施的抗辩，网络合同优先于合理使用；广大发展中国家则希望能免费使用发达国家的科学技术成果，合理使用制度必须予以坚持。在当下网络环境下，发展中国家更多地扮演着“公众”的角色。由此，著作权法中作者利益与公众利益的平衡演化成发达国家与发展中国家的利益平衡，合理使用制度也蕴涵着发展中国家能在多大程度上合理利用发达国家的科学文化成果的问题，从而使合理使用制度的内涵大大深化。

自 1709 年英国《安娜法令》以来，著作权一直追赶着日新月异的新技术的前进步伐。它的发展经历了“印刷版权”、“电子版权”、“网络版权”三个阶段。一部著作权法的发展史，也就是技术发展进步的历史，每一次新技术的发展都会对著作权法造成深刻的影响。在印刷版权时代，著作权法完成了从封建出版特权到近现代意义上的著作权的变革，现代意义的著作权法得以诞生；在电子版权时代，著作权法的保护对象的范围大为扩大，除传统的“印刷作品”外还涵盖了各种“电子作品”，视听作品和卫星广播节目、电缆电视节目被视为一般作品受到保护。[①]

我们正经历着数字版权和网络版权的时代。大量传统“作品”被数字化，以 0/1 的数字化形态保存在各种光、电、磁的存储介质中。数字化带来的著作权问题主要就是数字化后作品的性质与作品数字化权利的归属。数字技术在信息网络上的应用，使得通过计算机网络能把作品快捷、方便、廉价、容量惊人而且质量几乎完美地从一个地方送到另一个地方。在交互性传输中，信息传输的范围、程度及信息的使用方式是由信息的发送者和接收者双方共同决定。在网络版权时代，从复制到传播都发生了巨大变化。网络带给人们全新的观念，它影响到创作作品的任何方面。作品可以很容易地被处理、获取、操作、运输、传播和使用；作品的复制品可按照原版质量（理论上）无限制地复制生产，而且复制费用相当低廉；网络增加了公众接触其他人作品的途径，增加了从不同资料中有选择地提取、使用各种成分，以及单独或合并地重新使用资料的灵活性；不论是数字化的文字、音乐、数据、图像还是动画，其本质上具有

---

① 参见吴汉东等：《西方诸国著作权制度研究》，19 页，北京，中国政法大学出版社，1998。

相同的属性和数字化存在形态，以前不同作品需要的不同介质的差别消失了，它们可以通过压缩技术而便捷高速地通过网络传输。这一切变化都给网络传播中的著作权保护带来了前所未有的挑战。

在这种环境下，一种独立于传统复制权、发行权的信息网络传播权应运而生。1996年12月世界知识产权组织在瑞士召开了“关于著作权及邻接权问题的外交会议”，通过了两个被称为“因特网条约”的国际条约，即《世界知识产权组织版权条约》（WIPO Copyright Treaty）和《世界知识产权组织表演和录音制品条约》（WIPO Performance and Phonograms Treaty）。信息网络传播权当属传播权的内容之一。《版权条约》第8条开一代风气之先，为作者创设了一项控制作品在互联网上传播的重要权利，即作者的信息网络传播权，对《伯尔尼公约》确立的传播权保护体系作出了完善和发展。该条规定，在不损害《伯尔尼公约》赋予作者的各项传播权的前提下，文学和艺术作品的作者应当享有以有线或者无线的方式授权将其作品向公众传播的专有权，包括以公众中的成员个人选择地点和时间的方式使公众获得的专有权。与上述《版权条约》同日通过的《表演和录音制品条约》则确立了表演者和录音制品制作者这两个邻接权人的信息网络传播权。① 2001年10月27日，我国新修订的著作权法中，针对交互性网络传播的特点，在第10条第1款第12项增加了“信息网络传播权”。

信息网络传播权的产生在网络上产生了巨大的反应。一直被视为“信息共享，免费优先”的网络空间，频频被卷入著作权侵权纠纷之中。从RIAA（美国唱片工业协会）代表时代华纳公司、索尼音乐公司、环宇音乐公司和百代音乐公司等世界知名唱片公司，以侵犯著作权和剽窃知识产权为由，针对因特网上最大的MP3音乐交换网站Napster提起诉讼；到中国首例涉及数字传输的版权纠纷的案件：王蒙、张洁、张抗抗等6位知名作家状告由世纪互联通讯技

---

① 《世界知识产权组织表演和录音制品条约》第10条规定：“表演者应享有专有权，以授权通过有线或者无线的方式向公众提供其以录音制品录制的表演，使该表演可为公众中的成员在其个人选定的地点和时间获得”；第14条规定：“录音制品制作者应享有专有权，以授权通过有线或无线的方式向公众提供其录音制品，使该录音制品可为公众中的成员在其个人选定的地点和时间获得”；第15条规定：“对于将为商业目的发行的录音制品直接或间接地用于广播或者用于对公众的任何传播，表演者和录音制品制作者应享有获得一次性合理报酬的权利”。

术有限公司主办的“北京在线”网站未经许可将他们创作的文学作品登载上网，侵犯了他们享有的著作权[①]，一场场“为网络版权而战”的法律诉讼，使昔日辉煌繁荣的网络一时间几乎成为“盗版天堂”、“侵权王国”的代名词。2000 年，中国最大的两家门户网站新浪网、搜狐网也因著作权侵权纠纷没完没了。[②] 几乎所有的免费在线音乐网站都有遭到起诉之虞，令网络媒体不得不感慨它们“道义上赢得同情，法律上输掉官司”[③]。

对于网络使用者而言，“网络的美丽就在于，读者再也无须经过出版商和编辑而直接获得所有信息”[④]，从而享有前所未有的阅读自由和表现自由。美国联邦最高法院在“威尔逊案”的判决中明确指出：因特网和其他类型传播信息的网络是一种新的“表达媒体”[⑤]。网络传播权的出现在一定程度上影响并限制了表现自由。另一方面，信息网络传播权因网络技术的创新和普及而产生、发展，目的在于保护在网络领域内流通传播的作品，激励作者的创作。但如同硬币有两面一样，这样的保护在某种程度和范围内影响到了信息的传播的公众对信息的自由获取，进而影响整个文化和科技的发展繁荣。著作权保护是作品创作和信息传播的函数，保护的力度与创作的数量和频度成正比，与信息传播的广度和速度成反比。如何在网络条件下均衡利益、协调冲突，便成为合理使用制度发展的全新课题。

二、存废与复兴：网络环境下合理使用制度的演变

（一）网络神话与合理使用

在因特网的早期历史中，网络被塑造成自由主义理想的乌托邦式的无边无

---

① 参见《中国律师报》，1999-10-04。

② 参见杨昊：《海淀法院裁定“搜狐状告新浪”案中止诉讼》，http：//www.enet.com.cn/enews/inforcenter/A20020902214798.html。

③ 张樊：《个人音乐网站：末日将到》，http：//www.enet.com.cn/enews/inforcenter/A20010610034586.html。

④ Jeremy Harris Lipschultz，“Free Expression in the Age of the Internet”，*Westview Press*，2000.

⑤ 张西明：《从 Non-regulation 走向 Regulation——网络时代如何保障言论自由》，载《法学》，2001（7）。

垠的虚拟空间，在那里信息、思想、言论能够不受限制地自由而迅速地表达和传播。[①] 作为教育科研服务网络而逐渐开放起来的因特网，保持其前身为信息资源共享交流提供服务和便利的基本目的[②]，在合理使用网络信息资源的前提下，因特网上的数据信息成几何级数增长。这些海量的数据信息通常都是免费提供的。传统的合理使用制度为信息资源在因特网上的传播提供了某种程度的合理性支持；并且，这种“合理”使用的理念成为因特网“共享免费”的核心内容。从印刷版权时代走出的人们深切地感受到了网络带来的便捷。

诸多问题随着因特网的飞速发展和其信息量的迅速膨胀立刻产生了，因特网上越来越多的信息中，夹杂着大量受到著作权法保护的作品。便捷的数字化形态使得复制、传播变得轻而易举，网络的便捷使得侵权的范围和程度前所未有地增强，盗版和非法使用严重影响到著作权人的利益。合理使用制度富有弹性的标准由此备受责难。昔日作为作者权利和公众利益最佳协调器，并屡屡为受到挑战的著作权制度化解危机的合理使用制度，此刻却成为公众权利和作者利益冲突激化的原因所在。

有学者撰文指出在因特网时代应该缩小合理使用制度的适用范围[③]，甚至认为合理使用制度正在走向消亡[④]，而另一些学者则认为网络应该继承其自由信息共享的传统，将合理使用制度演变成自由使用制度。[⑤] 持消极态度的学者指出：“技术进步对合理使用的影响远甚于对权利的影响……权利通常是以一种公开的方式作概括性的阐述，较易适用于新技术，而合理使用往往更加特定化、具体化……简而言之，权利具有自我适应性，可自我调整，而合理使用则并非如此，必须被动地被调整。也就是说，即使法律创造了一种平衡的解决办

---

① See Brad Sherman, “Digital Property and the Digital Commons”, *Intellectual Property in the Digital Age: Challenges for Asia*, Kluwer Law International, 2000, p. 95.

② 1985 年，美国国家科学基金组织 NSF 采用 TCP/IP 协议将分布在美国各地的 6 个为科研教育服务的超级计算机中心互联，并支持地区网络，形成 NSFnet。1986 年，NSFnet 替代 ARPAnet 成为 Internet 的主干网。1988 年 Internet 开始对外开放。

③ See Edmund W. Kitch, “Can the Internet Shrink Fair Use?”, 78 *Nebraska Law Review*, 880.

④ 参见吴汉东等：《走向知识经济时代的知识产权法》，153 页，北京，法律出版社，2001。

⑤ See Eric Schlachter, “The Intellectual Property Renaissance in Cyberspace: Why Copyright Law Could Be Unimportant on the Internet”, *Berkeley Technology Law Journal*, Issue 12: 1 (Spring 1997); Lawrence Lessig, “Free Culture”, http: //www. free-culture. cc.

法，随之而来的变化也极易打破这种平衡，除非存在某些能调整对合理使用的解释的内部机制。”[①] 那么，合理使用制度将何去何从?

(二) 网络环境下合理使用的判断标准问题

自从1841年美国法官Joseph Story提出著名的合理使用三要素以来，经过一个世纪的司法实践的深化与总结，这一“合理性”的界定标准被写入了美国1976年著作权法，即判断合理使用的四条经典标准：(1) 使用的目的和性质，即是营利性还是非营利性，一般非营利性构成合理使用的可能性大；(2) 享有著作权作品的性质，即该作品已经出版还是没有出版、是事实性的记述还是创造性的描绘，一般对已经出版的事实性记述作品的利用构成合理使用的可能性大；(3) 同整个著作权作品相比所使用的部分的数量和内容的实质性；(4) 使用对著作权作品潜在市场或价值的影响。这四个条件必须综合权衡考虑，在美国判例中，使用的目的和性质与使用对著作权作品潜在市场或价值的影响通常是法官首先考虑的因素。

网络环境下信息网络技术的自身属性，使得合理使用制度的这种美国“要素主义模式”的判断标准也发生了变化。合理性判断的第一要素——“使用的目的与性质”对于网络技术中的必然使用就难以做出有效的判断。在Religious Technology Center诉Lerma一案[②]中，被告在因特网上张贴了原告一些作品的复制品，被告在法官适用第一条标准时声称，张贴是一种新闻报道行为，但事实上Lerma是希望借此引起人们的注意和讨论，其立场并不中立，并非出于公共利益的考虑。十分明显，此处就难以适用其使用是否具营利性质的标准。当然，有学者认为只要获得某人同行的承认就应该构成“个人获利”，但法官最后认为，如果那样就否定非商业性使用，那么法院就难以找到有哪个批评意见能属于合理使用了。[③]

---

① Spoor, J. H., “General Aspects of Exceptions and Limitations to Copyright: General Report,” L. Baulch, M. Green, M. Wyburn (Eds.), *The Boundaries of Copyright*, ALAI Study Days, University of Cambridge, pp. 14-17, September 1998, Sydney (Australian Copyright Council), 1999.

② See Kevin Davis, “Fair Use on the Internet: A Fine Line between Fair and Foul”, *USFLR*, fall 1999.

③ 参见［美］约纳森·罗森诺著，张皋彤等译：《网络法——关于因特网的法律》，24页，北京，中国政法大学出版社，2003。

另外，第四个要素，对于一些非商业性的内容和作品就很难使用市场价值予以界定，而且网络使用凭借网络传递的快捷往往难以计算潜在的价值和影响。

现在看来，似乎可将合理使用的合理性判断标准缩小为两点：使用行为是否造成权利人直接的实质损害；行为人有无过错，即是否恶意或故意。符合其中任何一项就不构成对于著作权作品的合理使用。主要原因在于：

1. 因特网上大量个人网站和交换站点存在，它们大都不从事营利性经营，如前文所述即使大型门户网站也鲜有直接使用网络作品信息营利的，它们的主要目的在于吸引用户浏览，从而为其网站带来潜在的网络广告利益。就是这种"眼球"营利模式，使得作品的使用往往不以传统的营利经营形态出现，难以依靠传统标准予以界定。但根据其使用作品的行为结果是否给权利人带来损害，就能明晰地判断其行为的实质合理性。合理使用制度的设立旨在平衡公众利益与作者绝对权利间的冲突，但并不意味着作者权利的完全放弃，对于作者的精神性权利公众就不得进行合理使用。就合理使用的内容而言，其往往是对于作品思想精神的吸收和使用，而非对外在表达形式的模仿和摘剪。再者，相对于浩渺的信息海洋，作品使用的潜在数量和质量等虚化的内容往往令法官和当事人无所适从。

2. 对于作品的使用和使用的后果，并非所有的使用者都是抱持善意使用的心态，传统的合理性标准希望借助外在的形式判断合理性的正当要件，但往往却是非莫辨，难以施展。问题症结所在是对于行为合理性的主观要件未作要求，如系恶意使用，哪怕符合所有要件，显然也是不具有行为合理性的。在前述 Religious Technology Center 案中，假设其他所有条件符合，只是被告恶意地使用原告的作品，并造成原告损失，显然，这种行为构成侵权而非合理使用。从英国 1803 年 Cory 诉 Kearsley 到美国 1983 年 Marcus 诉 Rouley 诸案中，法官们都提出"善意"作为判断使用是否合理的一个规则。在著作权法中，所谓善意是指无损害原作品著作权利益之心，凡不诚实地使用他人作品，意在简单地复制而不进行创新，即可推定为恶意，构成侵权使用中的主观过错。善意是使用者通过依法使用作品的行为所表现出来的主观状态。具体来说，首先，它是一种尽到注意义务的主观状态。如果应当注意而未能注意，从而构成主观上的故意与过失，这种过错体现了使用者主观上的应受非难性。其次，它表现为受使用者主观意志支配的外在行为。对善意的评价要采取客观标准，即根据某种使用行为标准来衡量其行为是否合理、正当。再次，善意是法律和道德对使用者行为的肯定评价。善意的概念本身体现了一种社会道德评价和法律价值判断。凡漠视法定义务和公共行为准则的，即可对其行为作出过错评价，责令其承担相应责任。总之，善意是一个主客观因素相结合的概念。区分善意与恶意，对于我们正确把握行为人的使用目的，确定使用者行为的性质是不无意义和价值的。

3. 第一次将网络和合理使用相联系的美国学者 Wendy Gordon 指出，只有当使用者的使用行为出于社会利益的理由并且此时寻求或取得权利人的许可代价十分高昂时，才能适用合理使用制度抗辩侵权。① 进而她认为合理使用行为必须符合以下条件：其一，当前市场失灵；其二，被告的使用出于社会需要；其三，允许被告合理使用不致造成著作权人激励利益的实质性侵害。② 其中第三点显然较传统的潜在利益要素要明晰得多。而且，以市场失灵和社会需求限制合理使用人的主观态度，只有在如此严苛的条件下才能适用。虽然这一标准显然有大幅限制公众获得信息权利之嫌，但在一定程度上反映了网络环境下，原有合理使用条件和前提的消失和淡出，是法律回应技术发展所做出的适当修正。

合理使用制度在网络中的运用旨在平衡利益，保证知识信息的流通和科学技术的进步，但又最大限度地维护创作者的激励利益。因此，应从本质上区别合理使用和侵权的属性，明确合理使用的核心要素即合理性、正当性，建立如权利制度般的适应性，以开放的姿态迎接网络新形式下的变化和挑战。

（三）网络环境下合理使用的技术问题

（1）内存暂时复制与合理使用

复制权是著作权人最重要的、基础性的权利，然而，著作权人的复制权在

---

① See Edmund W. Kitch, "Can the Internet Shrink Fair Use?", 78 *Nebraska Law Review* 1999, 880.

② See Wendy J. Gordon, "Fair-use as Market Failure: A Structural and Economic Analysis of the Betamax Case and Its Predecessors," 82 *Columbia Law Review* 1600, 1982.

网络环境下遭到了威胁。问题的关键在于在现有技术条件下，有些复制是在因特网的正常使用过程中产生的，最突出的就是用户计算机浏览因特网上信息时在内存中产生的暂时性复制，以及网络中介服务提供者的计算机系统在用户信息传输过程中产生的自动复制。比如发送电子邮件，用户的电子邮件被发送到因特网服务提供者的计算机系统，在计算机内存中形成了暂时性的复制件，然后该电子邮件被传输到服务提供商的邮件服务器，在该服务器的内存中又形成了一个复制件，最后电子邮件被发送到接收方邮箱中，在接收方的服务提供商的计算机内存中形成另外的复制件。针对因特网内存中暂时复制的普遍性，美国、欧盟等对内存中暂时复制是否构成复制进行了深入的研究，同时在它们的促进下，这一问题已经被提到了著作权国际保护的层面上。

美国 1995 年 9 月公布的白皮书规定：如果计算机用户访问存储在另一个计算机中的文件，在现有技术条件下，只有该文件被复制进用户的计算机内存，用户才能在计算机屏幕上看到这一文件，这种复制无一例外地属于著作权人的复制权范围之内。因为根据美国著作权法，材料只要进入了计算机内存就足以借助机器或装置被观看、复制或传播。白皮书由于过多地倾向于保护作者的权利，最终没有在美国国会获得通过。其 1998 年的《数字千年著作权法》（DMCA）没有对暂时复制作专门的规定。

在欧盟现有的法律体系中，欧盟版权指令则是明确将各种暂时复制排除在复制权范围之外的典范。根据其第 5 条第 1 款的规定，某些暂时性复制应当被排除在复制权的范围之外。但排除在外的暂时性复制必须满足以下前提，即该暂时复制是临时的或偶然的，是某种技术过程不可分割的和基本的组成部分，其唯一的目的是由作为中介的第三方在因特网上传送作品或其他受保护客体，或者是为了他人能够合法地使用作品或其他受保护客体，并且还必须是没有独立经济意义的暂时复制。[①]

在 SONY 美国公司诉环宇城市工作室一案中[②]，美国联邦最高法院依据合

---

① 参见李明德：《欧盟“版权指令”述评》，http：//www. privatelaw. com. cn/new2004/ztyj/..%5Cshtml%5C20040530－202821. htm。

② See Kevin Davis，“Fair Use on the Internet：A Fine Line between Fair and Foul”，*USFLR*，fall 1999.

理使用判断四标准的第一要素“使用的目的和性质”，认为内存复制主要目的在于使用户正常浏览和使用，并不能因为其他可能存在的使用途径而导致侵权，因而判定所有使用录像片段（VCR）内存复制件均为合理使用。从此案可以看出，内存复制由于其技术的特殊性，可以取得合理使用的抗辩。

（2）网络缓存与合理使用[①]

因特网浏览器都具有缓存的功能，能将浏览的材料存储在用户计算机的内存和硬盘上，这也是因特网上无处不在的行为，一般被缓存的信息通常是暂时性的，视计算机存储器被分配缓存的空间大小不同，存储的时间可能是几秒钟、几分钟，但也可能是几天、几个星期，甚至几个月。浏览器的缓存功能主要是提高网络浏览效率，缓解网络阻塞现象。

关于内存中的暂时复制本章已作探讨，这里只讨论在计算机硬盘上形成的缓存是否构成合理使用。缓存通常是复制整个网页，网页上著作权作品的全部或实质性部分都在缓存的过程中被复制下来了，所复制的作品很可能是原创性较高的作品，而且最为关键的是缓存对网站的利润产生了影响：因为网站上的广告是不断更新的，如果用户每次从缓存中读取作品，那么不能反映广告的更新情况，这样由于缓存减少了对登载著作权作品网站的直接访问量，导致网站的广告收入减少，权利人就可能认为缓存对作品间接的市场价值产生了不利的影响。因此，缓存很可能不构成合理使用。

但是，应该考虑网络空间技术的特殊性，视缓存的目的来分析是否构成合理使用。除非缓存纯粹是为了达到如同下载的目的，否则在绝大多数情况下应视为合理使用。这是因为：首先，对于网络用户而言，缓存一般是在用户无意识的浏览操作中形成的。如果由于在毫无意识的情况下在计算机硬盘中形成缓存就要承担侵权的后果，必将使得网上冲浪成为极度危险、动辄得咎的行为。浏览器中该项功能也就显得多余而危险，提高浏览速度、保证网络整体通畅的初衷也将为其所扼杀。其次，对于网站所有者而言，可以采用技术措施的方法限制、阻止客户计算机访问时进行硬盘缓存。因特网上已经有越来越多的依靠

---

① See Vincent J. Roccia, “What's Fair is (not always) Fair on the Internet”, *Rutgers Law Journal*, fall 1997 (29 Rutgers L. J. 155).

动态网页技术“限制缓存”的网站。

如前所述，澳大利亚版权法修正案以及英国的《电子环境下的合理使用指南》也认为硬盘中的缓存构成合理使用。[①] 总之，缓存是现有技术条件下网络使用操作中的必然产物，随着技术的发展，相信这个问题将可以得到解决。

三、冲突与协调：法益优先和利益平衡

（一）价值冲突：法益优先原则[②]

表现自由是世界各国普遍认可的宪法权利，在基本人权体系中占有突出重要的地位。宪法学者不仅将其作为人存在所不可缺少的自由，还将其作为民主制度得以确立的前提。《世界人权宣言》明确规定：人人有权享有主张和发表意见的自由；此项权利包括持有主张不受干涉的自由以及通过任何媒介和不论国界寻求、接受和传递信息和思想的自由。美国宪法第一修正案规定：国会不得制定任何剥夺言论、出版自由的法律。同时美国宪法版权条款规定了“促进学习知识、公有领域保留以及保护作者”三项政策。加拿大《权利法案》规定了公民享有的两项宪法性权利：一是每个人都拥有自由参加社会文化生活的权利，以享受艺术和分享科学进步的利益；二是每个作者都有权维护其科学、文学及艺术作品所产生的精神利益和物质利益。

表现自由与网络传播权都体现了当代立宪精神。前者是一种政治性权利，是宪法赋予每个公民的基本权利，它始于公民出生，是“生来权利”；根据自然权利理论，表达的自由是人类最宝贵的权利之一。精神自由是最高的自然权。而后者则是一种民事权利，是公民表达思想、行使表现自由等自然权利的必然产物。作为著作权一部分的网络传播权并不为每个公民所实际享有，只有进行了创作活动并拥有作品的人才能取得。所以说网络传播权是“后来权利”。上述两种权利虽然有着密切的联系，但也存在着冲突。作为表现自由所涉及的

① See *Guidelines for Fair Dealing in an Electronic Environment*, Joint Information Systems Committee and the Publishers Association, 1998.

② 参见吴汉东：《知识产权 VS. 人权：冲突、交叉与协调》，载台湾《法令月刊》，2003（8）。

信息，包括消息、知识、资料、数据、观念、意见等，在著作权法中往往表现为享有独占权利的作品。

当两种法益发生冲突时，如何确定其优先保护的位阶？一般认为，表现自由在基本人权体系中占有突出重要的地位。相对于经济自由等权利，表现自由应当具有“优越地位”，即应看做具有优先性的法价值。表现自由优于经济自由的原则在各国宪法理论与实践中都得到承认。这就是说，著作权的独占性质不应构成思想表现和信息交流的障碍。在这种人权理念的指引下，各国著作权法都对作品的独占权利设定了必要限制，以保障表现自由权利的实现：一是保证个人学习、研究中的合理使用，为个人创作及发表思想提供必要的条件；二是保证评议、新闻报道中的合理使用，使社会公众通过传播渠道和媒体交流思想，获取信息和情报，以实现其知情权；三是保证科学研究、课堂教学、公共图书馆等文化科技活动中的合理使用，这对于寻求、接受、传递信息和思想，促进社会文化和科教事业的发展也是必不可少的。

（二）权利协调：利益平衡理论

其实，知识产权与人权权利在本质上可以达到一致。就人权体系而言，知识产权本身也是一项人权，进而言之，包括知识产权在内的私人财产就是人权的基础性权利。这是实现权利协调的一个重要条件。“利益衡平”是民法精神和社会公德的要求，也是“人权思想和公共利益原则”的反映。[①] 它要求当事人之间、权利与义务主体之间、个人与社会之间的利益应当符合公平的价值理念。知识产权法所强调的利益衡平，实际上同一定形式的权利限制、权利利用制度相联系。这就是说，出于公共利益目标，出于对基本人权的尊重，在一定情况下应对知识产权进行必要限制，以保证社会公众对于知识产品的合理利用。利用他人知识产品，或是基于表现自由的目的，或是基于公共健康的需求，或是基于人类生存或发展的必要，这些都是正当合理的，其本身也是国际人权公约所要求的。著作权法自诞生之日起就始终围绕着利益平衡这一核心目的。从早期的出版特许到具有私权属性的无形财产权，由政府信息控制的工具

---

① 参见［美］奥德丽·R·查普曼：《将知识产权视为人权：与第15条第1款第3项有关的义务》，载《版权公报》，2001（3）。

到天赋人权的延伸体现，著作权立法的双重目标造就了其利益平衡法的基本特征，现代著作权法始终在保护作者权利和促进信息传播这两点之间寻找着平衡点。

著作权法回应网络技术的发展，设立网络传播权作为新型的著作财产权利类型，赋予作者和权利人新的权利内容，在很大程度上限制了在法律滞后期内大量产生的新型侵权行为，保护了作品在网络传播中的权利完整。网络“无中心”、“数字化”的基本特征使得传统著作权保护的地域性限制荡然无存，便捷、快速、个性化的数字化复制和传递让传统高昂的侵权成本几乎变为零，权利人面临着难以维系其作品权利和权利安全的困境。公众特别是使用网络技术的用户，此时占尽了利益优势，而作者则显然面临重重困难，这势必导致侵权泛滥而维权举步维艰。网络技术的出现，使得利益的天平朝向公众权利和信息使用者这一边大幅倾斜；而网络传播权的设定，则像一颗重重的砝码，将近乎倾覆的平衡扭转回来。

“如果说当版权扩展到演绎作品时，版权保护和权利限制原则之间的关系已经很难处理”①，那么，在网络环境下著作权保护和权利限制原则的关系就更加微妙复杂。这一次出现了另一个极端：昔日网络空间出现的“自由共享、合理使用”，一夜间由免费的午餐变成了最后的晚餐。大量网站和数据库出于对网络传播权的法律保护，不得不增加技术手段限制公众自由获取信息。技术保护措施的出现大大挤压了合理使用的空间，该项对作者绝对权利予以限制的措施几无施展之地。新增的网络传播权与合理使用等传统权利限制手段之力量强度对比的严重失衡，呼唤建立著作权法的利益平衡机制，复兴信息网络环境下的合理使用制度，并配合法定许可等多种强制限制形式，对于网络传播的作品绝对权利进行限制。在保证激励作者创作的前提下，争取网络信息的合理共享；兼顾作品创作传播的各个环节，在对作者的利益激励和满足公众需求的利益损失之间寻求合理使用网络作品和保护网络传播权的卡尔多—希克斯标准的最佳边界，则是这种利益平衡机制的基本内涵和崇高目标。②

---

① 李祖明：《互联网上的版权保护与限制》，140页，北京，经济日报出版社，2003。

② 参见陈昌柏：《知识产权经济学》221～229页，北京，北京大学出版社，2003。

四、限制与反限制：合理使用与网络传播

所谓著作权权利限制主要是从权利人的角度来界定的，从作品的使用人角度来看就是合理使用、法定许可、默示许可或强制许可。在网络环境下，法律冲突导致利益协调的复杂，权利形式多变带来利益平衡的脆弱，因此我们必须在著作权立法方面进行观念更新和制度创新，以主动适应科技发展带来的法律变化，以弥补科学技术革新产生的法律空洞，只有这样才能对合理使用制度怀有合理的期待。①

（一）技术措施与合理使用

著作权法中的技术措施，是指著作权人以有效技术控制对作品接触、复制或传输的保护手段。技术措施的存在，旨在回应传统著作财产权类型化在网络环境下所出现的困境，并弥补著作权制度与信息时代之间的“代沟”。数字技术的普及，使作品与载体彻底分离，信息传播速度达到了无时间差、无地域性的境界。从一方面看，新技术消除了部分市场失灵，解决了许多因交易成本过高而产生的交易不能问题；从另一方面看，新技术也增加了著作权的维护成本，未经许可的利用将给著作权人带来更严重的经济损失。② 为了增加作品收益，降低交易成本，著作权人开始通过技术措施禁止他人随意接触或利用作品。被称为“因特网条约”的《世界知识产权组织著作权条约》（WCT）与《世界知识产权组织表演与录音制品条约》（WPPT），分别在第 11 条和第 18 条要求成员国对著作权人采取的技术措施提供法律保护，禁止他人在未经著作权人许可的情况下规避有效的技术措施。各成员国根据 WCT 与 WPPT 的规定，纷纷在国内法中制定了技术措施条款。

然而，作为著作权法中的一项新制度，技术措施条款与既有著作权制度之间出现了诸多问题，其中最为关键的，是担心技术措施对著作权排他性地无限强化。DMCA 通过后，美国国内争议之声不绝于耳，美国司法界认为，立法

---

① 参见吴汉东主编：《高科技发展与民法制度创新》，北京，中国人民大学出版社，2003。

② 参见熊琦：《论著作权技术措施的例外》，载《知识产权》，2010（6）。

者既然明知合理使用制度的存在，却仍然保护技术措施，这表明立法者已明确在创设一种独立于传统著作权体系的“接触权”。理论界亦认为，DMCA 标志着著作权的死亡，技术措施条款已使合理使用制度无法适用。[①] 在技术措施的保护下，著作权人得以通过合同创制超越著作权法的规则，利用其市场势力，把自身承担的成本转嫁给使用者，甚至以控制信息来源的方式来垄断著作权市场，技术措施例外是否有能力规制因技术措施带来的垄断与权利滥用问题，同样存在疑问。2003 年的 Lexmark Inc. v. Static Control components，Inc 案中，被告 Static Control 公司即认为自己的规避行为并未违反技术措施条款，因为原告的技术措施属于垄断，即以控制兼容性达到限制竞争的目的。[②]

毋庸讳言，技术保护措施与著作权法从来都存在互补关系。在传统著作权法时代，采用的技术手段是在权利作品上加上防伪标志。而在网络时代，技术保护措施更是找到了施展拳脚的阵地。但是，著作权法应该在多大程度上向技术保护措施让出空间则引来此起彼伏的争论。其中的焦点之一就是技术保护系统与合理使用制度的法律协调问题。[③] 技术措施尤其是访问控制技术措施犹如给作品加上了一把锁，只有付费者才能获得钥匙，而除此之外的任何人都将被拒于门外，即便使用者是出于教学、学习或研究、新闻报道、公务使用、介绍、评论等非营利性目的的少量复制、少量引用、表演和广播都不得入门，这显然扩张了著作权人的权利，大大挤压了公众的合理使用空间。必须指出，目前 WIPO 和世界许多国家都已经通过立法，确立了技术保护措施的合法地位并规定了技术规避措施的违法性。

笔者认为，为保护著作权，法律与技术之间能够相互补充，技术措施正是著作权人防止他人侵害其利益的“预警系统”；通过采取技术措施，著作权人可以保护其作品不被他人擅自访问、复制、操纵、散发、传播，而且保持了作品的完整性。技术措施主要包括访问控制措施和使用控制措施，其本意在于“制裁为侵犯他人著作权而破坏保护作品的技术措施的行为，以及有意为破坏

---

① See Glynn S. Lunney Jr.，“The Death of Copyright：Digital Technology，Private Copying，and the Digital Millennium Copyright Act，” 87 *Val. L. Rev.* 813（2001），p. 846.

② See Lexmark Inc. v. Static Control components，Inc，387 F. 3d 522（6th Cir. 2004）.

③ 参见王迁：《略论数字化作品著作权保护系统引发的法学课题》，载《著作权》，2001（1）。

技术措施提供设备或服务并以此牟利的行为”[①]。但是，这样做也可能会造成一些负面影响：其一，技术措施直接威胁了公众依据著作权法所享有的某些使用作品的自由（如合理使用）；其二，能够生产破解技术措施设备的厂商面临被无辜牵扯进侵权责任的旋涡，可能导致遏制产业发展、妨碍商品流通的恶果。

由于美国的积极推动，技术措施成为著作权保护中的热点问题。美国1995年白皮书建议将技术措施的保护范围予以扩张，即“进口、制造、发行任何装置、产品或安装在装置或产品中的部件，或者提供或实施任何服务的行为均为非法，只要其主要目的或效果在于防止或制止著作权人所设置的任何过程、处置、机制或系统被避免、绕开、取消、破坏或失效，从而最终预防公众未经授权而行使著作权”[②]。这一建议模式将技术措施的保护范围扩展到前所未有的程度，势必改变著作权保护体系原有的利益平衡。

鉴于保护技术措施的白皮书模式存在以上种种弊端，WIPO于1996年颁布的两个条约对保护技术措施的规则予以了改进：“缔约各方应规定适当的法律保护和有效的法律补救办法，制止规避作者为行使本条约所规定的权利而就其作品所采用的、约束未经该作者许可或未经法律准许的行为的有效技术措施”。这项规定十分简明扼要，为各国自行制定技术措施条款留下了足够的空间。

技术措施是把“双刃剑”，过于偏向著作权人和公众之任何一方，都会打破著作权法保护下的利益衡平；因此，法律在承认特定程度之下的技术措施的同时，也要注意不能妨碍一般社会公众的合理使用而使权利人获得不应得的利益，不能以损害信息经济发展和技术进步为代价。我们把技术措施纳入著作权保护体系，就必须符合著作权法的基本原理和规则，著作权保护的重心在于权利而不在技术。

---

① 薛虹：《因特网上的版权及有关权保护》，载郑成思主编：《知识产权文丛》，第1卷，133页，北京，中国政法大学出版社，1999。

② Correa Joao, Protection of the Rights of the Creators of Audiovisual Works, *WIPO Worldwide Symposium on the Future of Copyright and Neighboring Rights*, p. 204.

（二）网络合同与合理使用

关于如何处理作品在网络自由遨游的困境，日本学者北川善太郎提出了自己的观点：建立一种著作权交易市场。[①] 所谓著作权交易市场分为两个部分：一个是登载著作权信息的著作权市场（copyright market），在这里，著作权所有人对自己的作品提出了许诺条件，用户既可以找到所需要信息，又了解使用的条件；另外一个市场是作品市场（copy market），利用者在支付对价后可通过电子手段获得所需要的信息。也就是说，作品通过程序化地允诺使用条件而获得了流通的性质，这样，以合同为媒介，依据意思自治的原则，大量的作品交易得以进行。

网上著作权作品确实在通过合同进行。但需要指出的是，因为著作权法的"权利穷竭原则"，网络作品不同于现实世界，主要采取许可方式而不是出售方式，并且往往是采用点击许可证（clic-wrap licenses）以及启封许可证（shrink-wrap licenses）的形式。在这里，我们需要探讨的问题是，一旦交易条件由著作权人决定下来，如果这些条件违反著作权法的原则，比如违反了合理使用制度，该合同是否有效。[②]

在美国 1996 年 ProCD v. Zeidenberg 一案中[③]，被告购买了一份原告编制的电话簿光盘，在光盘包装盒中有一张表格，提示该光盘是仅供家庭使用的。被告将光盘内容上传到网站向公众提供。原告以违反启封许可证为由起诉被告。法院认为，如果不承认启封许可证的效力，原告的利益就难以得到有效保障，因此认定被告的行为构成违约。然而，根据美国著作权法，原告编制的电话簿是不受著作权法保护的，一经出版就处于公共领域。原告利用启封许可证禁止被告发行该电话簿的行为显然缺乏法律根据。被告上诉至第七巡回法院。上诉法院认定，联邦著作权法的原则不能排除本州合同法的规定，因此被告的行为仍然构成违约。

ProCD 案后，针对网络合同的合法性问题，相关立法开始逐步在美国出

---

① 参见［日］北川善太郎：《网上信息、著作权与合同》，载《外国法译评》，1998（3）。

② 参见章英：《网络著作权合理使用制度研究》，见 http：//www. netlawcn. com/f30/0001. htm。

③ See Marreen A. Orourke，"Copyright Preemption after the ProCD Case：A Market-Based Approach"，*Berkeley Technology* Law Journal，Issue 12：1（Spring 1997）.

现。自 1995 年起，曾经起草《统一商法典》的美国国家统一州立法律委员会（NCCUSL）与美国法律研究会（ALI）就准备对《统一商法典》（U. C. C.）第二编货物买卖（article 2：Sales of Goods）进行补充，试图将网络环境下的信息交易纳入其中。立法过程中来自消费者、图书馆与相关产业界的强烈批评，最后导致 ALI 退出。继续坚持立法的 NCCUSL 也改变了立法策略，不再主张将信息交易纳入商法典中，而是独自在 1999 年通过了《统一计算机信息交易法案》（UCITA），其中软件被作为计算机信息的一种成为该法案规制的对象。然而，UCITA 被认为过于偏向保护权利人的利益，至今只有两个州选择适用，甚至有的州专门出台了反 UCITA 法案，旨在限制 UCITA 在本州内的效力。① 由于无法得到广泛认同，ALI 放弃了对广义上的信息交易进行立法，转而集中解决信息交易中争议最大的软件问题，并于 2009 年通过了《软件合同法通则》（Principles of Law of Software Contracts），旨在规制软件的许可、转让与接触等行为。②

上述立法与判例带给著作权法的冲击无疑是巨大的，本案中争议的标的根本就不受著作权法的保护，但是销售者可以凭借一纸合同藐视著作权法的存在。如果网络合同中损害公众利益的条款比比皆是，比如侵害合理使用的空间，禁止购买者对作品进行讽刺性模仿或批评，那么著作权法的利益平衡机制将被破坏，正义不复存在，著作权人成为垄断者。因此，要探究许可证合同的被许可人是否完全要受合同限制：如果合同条款表明不能对作品进行任何的复制，那么是否不管复制的目的、范围和性质如何，都要获得著作权人的许可才能复制？在网络环境下，著作权作品的用户应该在什么情况下受合同制约，如果许可合同与著作权法的原则冲突，何者更为优先呢？

一般认为，网络合同只有在遵守著作权法的原则时才是合法有效的合同，才应该为合同双方所遵守，也就是说网络合同应该尊重著作权法中的合理使用制度。

---

① See Deborah Tussey, "UCITA, Copyright and Capture", 21 *Cardozo Arts & Ent. L. J.* 319 (2003), p. 319.

② 参见熊琦：《软件著作权许可合同的合法性研究》，载《法商研究》，2011（6）。

其实，仔细分析合同法的宗旨和目标，合同法原理中也充满了对市场失灵的补救、对理性的维护和对外部负效应的克服。凭借垄断地位和经济优势而签订的合同，很可能被法官宣告为无效；如果合同的另一当事人由于环境所强加给选择的约束条件太严厉而无法自主作出选择的话，该当事人可能不受合同的约束。理性要求合同双方当事人都必须在公认的伦理观念下追求合理的预期。故而，法律禁止一方当事人为追求自身利益最大化而使另一方利益受损或利益失衡。此外，一份合同往往会产生外部负效应。对此产权经济学提出了界定产权的办法，认为应该把问题留给双方当事人协商，而不是简单地考虑“一方应对另一方赔偿”①。但产权经济学的解决办法并不总是有效的。合同法用来解决外部负效应的办法，就是禁止合同双方当事人签订一份对第三方有负效应的合同。而网络合同违背了对市场失灵的补救、对理性的维护和对外部负效应的克服的合同法原理。首先，它使著作权人处于垄断地位，造成市场失灵；其次，它让著作权人为追求自身利益最大化而使公众利益受损或利益失衡；最后，它造成了极大的外部负效应，主要是对公共利益的损害，即网络合同剥夺公众合理使用作品的权利，无形中强加给整个社会沉重的成本。它限制了作品的传播，从而影响了新的作品的创造，因为人们总是在与他人的思想、情感、信念和发现的撞击中，站在巨人的肩膀上进行创造的；没有人与著作权人竞争，著作权人可能短期获利，但最终整个人类文化长河将会干涸。此外，公众对作品的接触，不但有助于创新，而且是公众认知世界、自我修养的源泉，它也是公众参与社会和政治生活的途径，比如公众自由表达对作品的评论和批评。②

我们注意到，美国《统一计算机信息交易法》业已规定，如果某个合同条款违反了根本性的公共政策，法院可以拒绝强制执行该合同，或者强制执行该条款以外的其他内容，或者限制该条款的适用，避免其与公共政策相悖的结果。根据该法，根本性的公共政策被解释为有关创新、竞争和思想表达自由的

① ［美］罗伯特·考特、托马斯·尤伦：《法和经济学》，143页，上海，三联书店上海分店、上海人民出版社，1994。

② See Niva Elkin-Koren, “Copyright Policy and the Limits of Freedom of Contract,” *High Technology Law Journal*, Volume 12 (Spring 1997).

政策。因此，网络合同的条款如果违反了保护创新、竞争和思想表达自由的公共政策，就将失去执行力。[①]

在网络时代，为了谋求公平与平等，著作权人可以采取适当的技术保护措施，也可以借助适当的经济模式，但是正义的天平既不会偏袒著作权人，也不会偏向公众，著作权法的精髓谓之平衡。如果著作权许可合同超越这些原则就等于擅自扩大了著作权的保护范围，妨碍了创新与竞争，限制了思想的表达自由。

五、解构和发展：网络条件下合理使用制度的探索

合理使用制度在网络条件下的困境，从一个方面反映了传统著作权制度在新技术挑战下的进退维谷，但从另一方面来看，它又显示了著作权制度本身的制度弹性和韧度。网络技术带来了新的利益格局，著作权制度对于新利益格局的认识与回应，也就促进了著作权制度的发展，这种发展既是具体制度层面的，也是理论基础层面的。

（一）解构主义：网络条件下合理使用制度利益群分析

从著作权制度所调整的利益种类来看，网络条件下著作权所涉及的权利相关者与传统著作权时代相比并没有太大的变化，依然保持了相对的稳定，即作品的创作者、出版者、传播者和社会受众。这种利益群或说是权利主体的稳定，可在一定程度上解释传统著作权制度得以继续维系并在调整后回应挑战的基础性问题。但是，从利益格局和各利益主体之间的关系来看，网络技术带来的变化相当巨大：传统的作者在很大程度上需要借助出版商或其他出版者才能实现发表作品，并凭借广泛的营销、传播方式将作品传递到读者和社会中；而在网络条件下，数字技术和互联网络使得作者可能集传统的出版者、传播者于一身，而直接将作品传播到读者并为社会所了解。传播的速度大幅增加、范围大幅扩展而传播成本却大幅降低，网络技术使得知识和信息的获得变得便捷高效。而出版者和传播者此时可能已经由具体事务的执行者，转而进入网络平台和网络通信的服务提供者的角色，更多地成为作品传播的桥梁。网络条件下出

---

① 参见薛虹：《网络时代的知识产权法》，495 页，北京，法律出版社，2000。

版者、传播者的利益为网络平台和网络通信的服务提供者的利益所代替。在这种情况下，社会和知识信息的获取者就可能处在了有利的位置[①]，单个作者的利益显然难以与在技术平台上形成合力的知识信息获取者的利益群取得利益平衡。有鉴于此，法律加强对于作者的著作权保护，扩宽作者著作权内容就显得相当合理。“网络空间”（Cyberspace）一词本身就是源于控制而非自由[②]，不能把网络空间设想为毫无控制而拥有无限自由的平台。在网络技术的支持下，作者对于数字化作品的控制与作品的获得一样具有一定的技术规则，例如，使用专门的阅读软件解码阅读采用数字技术进行数字编码的作品，而不能采用其他软件进行阅读。技术规则或者说数字技术所依赖的代码本身在一定程度上就为作者和使用者之间制定了一定的规则，而非毫无限制的、无序的自由。

就作者或著作权人而言，网络技术的出现降低了其发表作品的成本，与此同时大大地扩大了其作品传播的范围。作者在此可以分为以下两种类型：一是传统媒介作品的作者，一是数字媒介作品的作者。因为只有数字化的作品才能成为网络传播的对象，前者显然存在将其作品数字化的问题，即作品数字化的权利归属和数字化方式的选择；后者则不存在这一问题，其作品从创作完成的一刻起就是以数字化的形态在网络介质中存在。现代数字技术的普及使得以传统媒介保存的作品能够通过非专业的设备和方法进行数字化，例如使用家用扫描仪对纸质文字作品进行识别（OCR），经过识别软件和人工的操作获得作品的数字化版本。这就导致作者或著作权人在技术上和现实中难以完全控制作品的数字化。著作权人出于对作品进行完全绝对控制的利益希望，认为在这一情况下他们成为技术上的弱势方，从而主张在法律中获得利益的平衡救济。但是，法律对于著作权人的法律救济，不等同于对使用者合理限制作者权利的直接反限制。著作权制度赋予著作权人数字化的权利，并非从反面限制使用者（读者）对于作品数字化的合理使用，即著作权人的数字化权作为著作权财产

---

① 有学者甚至认为，如果采用不当的合理使用规则会使得作者将作品放入网络无异于“将值钱的手表放在中央公园——将有去无回”。转引自张玉瑞：《互联网上的知识产权——诉讼与法律》，12页，北京，人民法院出版社，2000。

② 参见［美］劳伦斯·莱斯格：《代码——塑造网络空间的法律》，5页，北京，中信出版社，2004。

权利的内容之一，显然也应该受到著作权一般限制制度——合理使用制度的调整。使用者基于学习和教学的需要而善意地使用数字化作品，并在个人范围进行使用，显然属于合理使用的范畴。

后一种情况的作者相对前者有着相对有利的处境，虽然他们也经常将自己混入第一种类型中以期获取更强的保护。采用现代网络技术、数字技术、多媒体技术进行创作的作者，在创作作品时就应该充分考虑到作品传播中的侵权问题，在传播范围和防范侵权中进行平衡取舍。越广泛的传播范围和越便利的获取方式，必然导致作者或著作权人控制能力越为下降；更为严格的防范侵权措施和作品的控制手段，也将导致作品传播范围的进一步缩小。[①] 这种选择本身就是技术给予作者的权利，但选择的同时也就意味着某种利益的取舍与让渡，作为私权的著作权制度，也应该体现对于作者选择和意思自治的尊重。

就作品的传播者而言，网络技术的出现和普及使得传统的出版传播方式发生了根本性的变化。传统的出版商和传播者基于作者权利的利益受到了极大的冲击，这一事实使得传播者的利益极易受到侵犯的观点似乎得到了支持。但值得注意的是，当传统的出版传播模式受到冲击时，作者基于网络技术却拓展了其权利内容——被赋予了网络传播权。传统理论认为，著作权制度中的传播者是基于作者权利而获得利益的，进而取得法律的认可和保护；那么，网络环境中部分属于传统传播者的利益和功能又合法地回复到作者手中，这样的变化很难被称为对著作权制度中传播者权利的侵犯。此外，网络媒体的出现，在挤占传统传播途径的同时又创造了一些新的作品传播者，一些原先没有的组织和利益群体也伴随着网络技术进入了作品从创造到获取的功能链中。比如，网络平台服务提供者、网络通信服务提供者、网络搜索引擎等作为新的传播者进入著作权制度应该予以调整的范围内。网络平台服务提供者为广大的作者提供了发布传播其作品的网络平台，它可能是专业的电子出版商业网站，可能是文学爱好者进行交流的论坛，还可能是商业或免费的数据库类（也可以称为资料仓库）网站，这种平台是作者透过网络发表和快速传播作品必不可少的参与者。

① 例如，利用越普通、使用范围越广、平台兼容性越好的创作工具，就越容易为使用者和社会大众获得，同时，也越容易成为破解和黑客技术攻击侵犯的对象，其防范性越差；反之亦然。

它们同样基于作者的作品和权利获得其利益，其在某种功能上与传统的出版商相似，在一定范围内与作者共同分享作品的网络传播权。在网络环境下，作品的传播者并没有消失而且还有多元化的趋势，传播模式的多样性、传播主体的多元化使得对于作品网络传播中的权利平衡较传统条件下的传播更为复杂。对于传播权制度的分析和关注将成为网络环境下著作权研究的焦点和难点之一。

就作品的使用者和社会公众而言，网络技术提供了浩瀚信息资源和高效的获取方式，在技术层面上，使用者显然是网络空间所要考虑的主要对象，因而社会公众和作品的使用者改变了传统的获得知识、了解信息的途径和方法，进而在对于知识和信息了解的目标和态度上也发生了重大的转变：由传统的一般被动、线性的接受方式转向主动、且非线性的获取方式，由单一主体的积累到集体目的的聚合，在获取作品的同时也在创造作品。[①] 使用者和社会公众在网络条件下获得了前所未有的良好环境。但是伴随着网络商业化进程的加快、限制性技术措施的日益成熟，起初的那种被一些美国学者喻为“荒蛮西部”的因特网，愈来愈重视对于版权作品的技术保护和对侵权行为的技术限制，那种由于技术原因带来的作者与使用者或社会公众之间的力量失衡正在被发展的新技术逐步矫正；使用者也已经从初期的狂热躁动的掠夺式获取和使用，转移到对于网络可持续发展起到良性作用的合理使用。

（二）制度发展：结构性调整与制度回应

面对日新月异的网络信息技术发展，合理使用制度诸多理论基础和客观前提都发生了变化。在网络环境下，如何让合理使用制度最大限度地发挥其利益衡平的作用，显得尤为紧迫。在作者权利和公众利益的紧张对立与频繁争夺中，合理使用制度起到了不可忽视的缓和作用。当然处于利益冲突的风口浪尖，合理使用制度所受到的挑战和质疑也显得最为激烈。新兴的权利运作模式和保护方法最大限度地排挤遏制了合理使用制度的发挥，如著作权交易中心（Copyright Clearance Center）的运行使得市场失灵理论无法发挥作用[②]，“部

① 这里提到的主要是数据库和版权作品的关系的问题。在使用者获得作品的同时，可能他也将其置入为方便自己而设立的数据组合中，以方便对大量获得的信息进行管理和使用，因此，对于版权作品人为的有规律或成体系的组合或集合，可能本身就构成著作权法中的作品。

② See Edmund W. Kitch, “Can the Internet Shrink Fair Use?”, 78 Nebraska Law Review1999, 880.

分权利保留”（Some Rights Reserved）[①] 和“知识共享许可”（Creative Commons Licenses）[②] 等全新的权利体系，将合理使用制度内化为因特网和数字时代的著作权的基本内容，而不再是著作权的限制手段；自由使用和开放创作（OAL[③]、GPL/GNU[④]）的兴起，也对于合理使用的内涵做出了不同传统的理解。合理使用制度的发展和演变，折射出网络信息时代法律思想和立法精神的变化，由单纯的私权和权利限制逐步过渡到复合权利形态，越来越激烈的利益冲突和平衡需求也使得新时代新环境下的法律制度需要不断突破、不断创新。创新是人类社会发展之本，也是法律制度进步之源。

针对网络环境下新利益格局的形成与发展，合理使用制度的发展与创新主要体现在以下几点：

1. 调整合理使用制度适用的合理性标准。对传统著作权理论中关于合理使用的合理性判断进行必要的修正，将侵权人的主观状态引入判断标准；拟定部分判断前提以帮助界定难以确定的合理性程度，比如对于在因特网上不加任何保护和限制措施即提供版权作品的，可认定为造成实质性损害，从而将此种情况排除在合理使用范畴之外；排除合理性判断标准中的营利性要求，减少混淆界定的因素，将其纳入对侵权人主观状态的判断。

2. 建立网络环境下的侵犯著作权的归责原则。正如有学者提出由于网络环境下作品使用目的的非特定化，传统合理性标准中的以学习、研究为目的使用不再特定，而可能成为商业经营的中间用途而非真正的研究。[⑤] 由于简单、单一的客观标准判断一再陷入窘境，综合考虑客观因素、考察侵权人主观状

---

① http：//creativecommons. org/licenses/by-nc/1. 0/legalcode； http：//creativecommons. org/learn/licenses/。

② http：//creativecommons. org/projects/international/cn/license。

③ 公共音乐授权（Open Audio License，OAL）的实施其实是“视听自由表现运动”的一环。视听自由表现运动（Campaign for Audiovisual Free Expression，简称 CAFE）由电子边境基金会（The Electronic Frontier Foundation，简称 EFF）于 1999 年发起，主要希望透过社会和法律的层面，重新定义由新科技而起的知识产权保护议题。EFF 认为新的知识产权保护法以及新科技，可能会伤害、限制大众自由使用的公平权利，或者将大众原本合法正当的行为定义为犯罪。

④ “GNU 通用公共许可证”简称为“GPL”，是由自由软件基金会发行的用于计算机软件的协议证书，使用该证书的软件被称为自由软件。大多数的 GNU 程序和超过半数的自由软件使用它。

⑤ 参见张新宝主编：《互联网上的侵权问题研究》，372 页，北京，中国人民大学出版社，2003。

态，由此对于合理性做出个案性判断显然更有利于此类问题的解决。在这种情况下，统一的侵权归责原则对于问题的公正解决至关重要。笔者认为，在目前条件下，过错归责原则适合作为网络著作权侵权归责的一般原则，并在一定情况下以过错推定原则作为补充，综合把握网络侵权的复杂形态。

3. 注重数字化作品的合理使用。平衡网络条件下传统著作权人与使用者的利益冲突，成为合理使用制度新的课题。网络技术对于传统著作权人的冲击主要表现在使用者将传统介质作品数字化，而后通过网络进行传播，凭借网络传播的速度和广度和数字化作品再处理①的便捷，严重影响著作权人通过传统方式的传播和其通过传播获得的利益。赋予著作权人新的权利内容——数字化权，在法律上对著作权人的权利内容和范围做出确认，并不意味着这种新的权利内容不受传统的权利限制。可以说，对于著作权人数字化权利的确认，同时也就确认了对其进行的法定限制。

4. 规定网络传播权的合理限制。网络传播权与合理使用制度的冲突就是利益群对于信息的控制与限制的较量。网络传播权加强了著作权人对信息在网络中传播的控制，但这种控制影响到社会公众对信息的自由廉价的获取，并且，在网络传播权和网络技术措施的双重控制与保护下其几乎挤占了对于其予以限制的全部空间，作为著作权限制的合理使用制度面对这个新生的权利内容在客观上难以有所作为。可以认为，应该强化合理使用制度对于著作权的“合理”限制作用，对于网络传播权明确规定合理使用的类型与范围。这样既能避免一般合理使用制度原则性、个案性的随意，又能切实起到对网络传播权的权利限制作用。

网络空间合理使用原则的建立表明，信息技术的发展并没有敲响著作权制度的丧钟；相反，著作权制度将在信息技术发展的推动下进一步发展。②

---

① 这种再处理包括进行修改、打印、再制作等操作，并可能将已经数字化的作品再次制成传统介质作品发行传播。

② 参见冯晓青：《著作权合理使用与其在网络空间的发展》，载《中国知识产权报》，2003－11－06。

第十一章

人工智能时代的著作权合理使用

一、人工智能技术对著作权合理使用制度提出的新问题

人工智能（Artificial Intelligence）是一门关于模拟、延伸和扩展人的智能的理论、方法、技术及应用的系统。21世纪第二个十年以来，欧美发达国家先后将人工智能技术确立为优先发展战略。2016年，美国政府接连发布多份关于发展人工智能的文件：《人工智能研究和发展的国家战略规划》《关于人工智能未来发展的准备》《人工智能、自动化与经济发展》。[1] 2017年2月，欧盟议会投票通过一项决议，就《机器人民事法律规则》向欧盟委员会提出立法建议，以期引导和促进欧洲人工智能技术的发展。[2] 紧跟时代步伐，2017年7月，中国政府发布《新一代人工智能发展规划》，将人工智能确立为国家发展

---

① See Exec. Office of the President Nat'l Sci. and Tech. Council, *The National Artificial Intelligence Research and De-velopment Strategic Plan* (2016); Exec. Office of the President Nat'l Sci. and Tech. Council Comm. on Tech., *Preparing for the Future of Artificial Intelligence* (2016); Exec. Office of the President, *Artificial Intelligence*, *Automation*, *and the Economy* (2016).

② See Civil Law Rules on Robotics-European Parliament resolution of 16 February 2017 with recommendations to the Commission on Civil Law Rules on Robotics (2015/2103 (INL)), Eur. Parl. Doc. P8 TA 0051 (2017).

战略，表示要“抢抓人工智能发展的重大战略机遇”[①]。

我们在将人工智能作为国家发展战略予以推进的同时，首先要对其有一个深层次、全方位的认识：人工智能是一次重大的科技革命，更是一次深刻的社会变革。从技术创新角度来看，人工智能与基因工程、纳米科学并称为21世纪的三大尖端技术[②]；从社会演进视角来看，人工智能被认为是继网络社会时代、大数据时代之后的一个新的社会时代。[③] 人工智能兼具“技术”和“社会”两个面向，且两者始终处于互动之中，即包括法律制度在内的社会系统需要作出必要的调整，以便及时地回应人工智能新技术带来的社会问题，进而更好地服务和推动人工智能技术的创新发展。作为社会制度文明的典范，知识产权的现有观念和理论受到了人工智能技术的猛烈冲击，相关制度正面临着新技术带来的各种问题。当然，著作权也不例外，可以认为，著作权及其合理使用制度在人工智能时代需要有新的观念突破、新的理论建构和新的制度设计。

（一）“数据训练”导向型人工智能：数据输入—机器学习—结果输出

在1956年夏季的达特茅斯（Dartmouth）会议上，人工智能这一概念由麦卡锡（McCaethy）、明斯基（Minsky）、香农（Shannon）等科学家们首次提出。1956年也因此被称为“人工智能元年”。在这之后，与人工智能相关的科学研究陆陆续续开展起来。[④] 在过去的60多年中，科学家们尝试着用不同的方法实现人工智能愿景。概而言之，其方法大致可以分为两种类型：一是“代码定义”，二是“数据训练”。就人工智能技术粗线条的发展历程来看，“代码定义”型人工智能早于“数据训练”型人工智能。

20世纪后半叶直至21世纪初大数据时代来临之前，人工智能的实现主要依赖于代码定义，即科学家通过程序代码来告诉机器如何识别事物和判断问题，试图通过代码将人类的思维方式或思维结构“教授”给机器。以仿人类思

① 中国国务院：《新一代人工智能发展规划》（国发〔2017〕35号）；党博文：《解读〈新一代人工智能发展规划〉》，载《通讯产业报》，2017-09-04。

② 参见吴汉东：《人工智能生成发明的专利法之问》，载《当代法学》，2019（4）。

③ 参见何哲：《通向人工智能时代》，载《电子政务》，2016（12）。

④ See E. S. Brunette，R. C. Flemmer & C. L. Flemmer，“A Review of Artificial Intelligence”，Published in 4th *International Conference on Autonomous Robots and Agents*（2009），pp. 385-392.

维方式的写作类智能机器为例，为了让机器写出人类可以理解的语句，设计人员力图通过代码编译使机器掌握人类写作思维中的元概念，如主语、宾语、谓语等句子成分，以及向机器输入人类常用的语词结构。此外，还有仿人类思维结构的人工智能研究，如仿人脑的“人工神经网络”。总体而言，“代码定义”方法推动人工智能从空想走向实践，但是“代码定义”型人工智能并未获得巨大成功。原因之一是，根据该技术思路，人工智能的实现几乎全部依赖于事前的代码编程，任务量巨大而且工作内容繁杂；原因之二是，该技术思路实质上是借由代码编程将人类的思维过程移植到机器上面，但是人类对于自身特别是人脑构造的认识到目前为止都十分有限。因此，20 世纪后半叶人工智能技术始终处于缓慢发展状态，甚至几度陷入停滞。这种低沉情况并未得到根本性的改观，直至近十年“数据训练”型人工智能的出现。

21 世纪初，得益于互联网基础设施的完善，特别是移动互联网的迅猛发展，催生了拥有“4V”特征（volume、veracity、variety、velocity，即“大量、准确、多样、速率快”）的大数据[①]，这给人工智能愿景的实现开辟了数据训练算法的道路。该技术思路有别于“代码定义”型人工智能，即为“数据训练”型人工智能，具体指算法对数据集进行统计分析和数学建模，从海量数据中“学习”人类的思维模式。机器的智能程度会随着数据的不断增加而提高，随着数据的不断更新而进化；正是在这个意义上，“数据训练”型人工智能也被称为“机器学习”（Machine Learning）型人工智能。仍然以写作类机器人为例，机器不再致力于理解人类写作思维中的元概念和语词结构，而是从海量的文本中统计分析出词与词的高频率搭配，提炼出通用的词组和句型，并依据提取出的数据模型写出人类可读的文本。当然，“数据训练”型人工智能的出现，不仅有赖于大数据，也归功于算法技术和计算能力的大幅提高，三者一同构成当代人工智能技术不可或缺的基本要素。相比于代码定义，数据训练为人工智能提供了更为可行的技术思路，人工智能也因此步入全新的发展阶

---

① 也有观点认为，大数据的特征是“5V”，即在“大量、准确、多样、速率快”之外加上“价值”（Value）因素。See Jaideep Khanduja，“Big Data 5Vs-Volume，Velocity，Variety，Veracity，and Value”，*TechTarget*（2016），available at https：//itknowledgeexchange. techtarget. com/quality-assurance/big-data/.

段，成为各国政府和企业都看好的新一代技术革命。

值得说明的是，在逻辑上区分以上两种人工智能类型的一个主要原因是，方便建构一个可供对比分析的讨论框架；而在当前实践中，人工智能的实现是兼有“代码定义”和“数据训练”这两种方法的，只不过“数据训练”方法在大多数情况下处于主导地位，发挥着突出作用。为了既有重点又不失全面地概括当前的人工智能技术，本书将讨论对象界定为以机器学习为技术基础的“数据训练”导向型人工智能，意图表明在当前的人工智能技术中，“代码定义”和“数据训练”不是互为替代的关系，而是前者为辅、后者为主的互相支撑关系。“数据训练”导向型人工智能的技术基础是机器学习。机器学习这一概念最早由亚瑟·萨缪尔（Arthur Samuel）提出，并将其定义为，“在不经人为事前编程的情况下，赋予计算机学习能力的一个研究领域”[①]。后世学者汤姆·米切尔（Tom M. Mitchell）对机器学习概念作了更为具体的技术性描述，“假设计算机程序从经验 E 中学习并完成任务 T，机器学习就是提高完成任务 T 的性能 P，而且性能 P 会随着经验 E 的积累而自动提高”[②]。以上两个定义中的“经验”，实质上是机器可读形式的“数据”。因此，简单地讲，机器学习就是综合运用数学、统计学、计算机科学等知识设计出一种计算机算法，该算法能够自动地对数据集中学习进而不断地完善自我。“数据训练”导向型人工智能完整的技术过程可分为：数据输入—机器学习（数据训练算法）—结果输出，如下图所示。

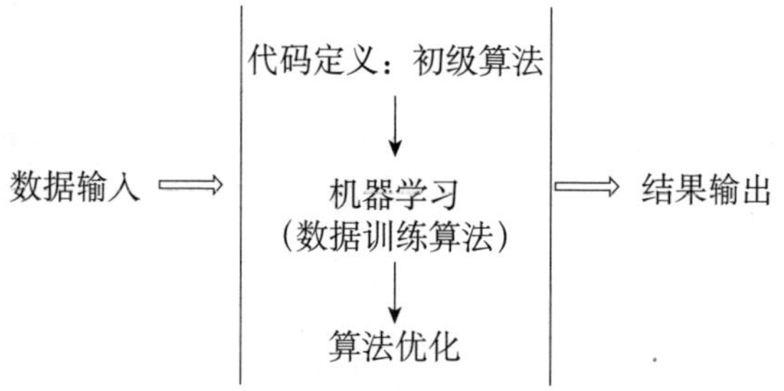

① Arthur. L. Samuel, “Some Studies in Machine Learning Using the Game of Checkers”, *IBM Journal of Research and Development*, Vol. 3, p. 211, 1959.

② Tom M. Mitchell. *Machine Learning* (McGraw-Hill International Editions Computer Science Series) (1st ed.). WCB/McGraw-Hill Company Inc., p. 1, 1997.

（二）人工智能时代著作权合理使用制度面临的三个问题

人工智能技术给我们的社会生产和生活带来了猛烈冲击，从不同的角度以不同的方式对现有法律制度提出了各种各样的问题。将问题予以分类讨论，就成为人类理性思维的一种冲动。概括而言，人工智能时代的法律问题可划分为两类：一是“人工智能的法律”，即如何用法律规范人工智能的发展；二是“法律的人工智能”，即如何用人工智能技术强化法律的实施。[①] 前者指人工智能技术作用于法律之外的事物，扩展了法律所要解决的问题域，如自动驾驶的侵权责任问题[②]、智能算法的歧视问题等[③]；后者指人工智能技术作用于法律自身，改变了法律的运行机制，需要讨论的问题包括但不限于法律算法化实施的可能性及其限度[④]、人工智能技术对法学研究方法的影响[⑤]等。

人工智能时代的著作权法同样面临着以上两大类问题，即“人工智能的著作权法问题”和“著作权法的人工智能问题”。前文已述，当前“数据训练”导向型人工智能技术，分为“输入—学习—输出”三个阶段。因此，人工智能的著作权法问题可细分为输入端和输出端两类，也有学者将其称为上游端

---

① 关于人工智能技术革命对于法律制度的影响，学界不乏宏观视角的研究。学者鲁楠认为科技革命与法律发展之间常见的研究范式有两个：一是科技企业阶层钟情的“供求主义”，指科技企业等主体诉求的法律变革，为新技术的市场化应用保驾护航；二是政治官僚阶层青睐的“工具主义”，即考察新的科技成果在哪些方面、在何种程度上推进法律事业、促进法律运作。这与本书关于人工智能法律问题的分类是一致的。参见鲁楠：《科技革命、法哲学与后人类境况》，载《中国法律评论》，2018（2）。另有学者郑戈主张人工智能时代的法律问题包括“算法的法律”与“法律的算法”两大类。其对法律问题的分类是为恰当，但其将人工智能简单地等于算法，值得商榷。参见郑戈：《算法的法律与法律的算法》，载《中国法律评论》，2018（2）。

② 参见许中缘：《论智能汽车侵权责任立法——以工具性人格为中心》，载《法学》，2019（4）；Jack Boeglin，“The Costs of Self-Driving Cars：Reconciling Freedom and Privacy with Tort Liability in Autonomous Vehicle Regulation”，*Yale Journal of Law and Technology*，Vol. 17，2015.

③ 参见刘友华：《算法偏见及其规制路径研究》，载《法学杂志》，2019（6）；B. Bodo，et al，“Tackling the Algorithmic Control Crisis—the Technical，Legal，and Ethical Challenges of Research into Algorithmic Agents”，*Yale Journal of Law and Technology*，Vol. 19，2017.

④ 参见左卫民：《关于法律人工智能在中国运用前景的若干思考》，载《清华法学》，2018（2）；Maayan Perel，et al，“Accountability in Algorithmic Copyright Enforcement”，*Stanford Technology Law Review*，Vol. 19，2016.

⑤ 参见邓矜婷、张建悦：《计算法学：作为一种新的法学研究方法》，载《法学》，2019（4）。

（Upstream）和下游端（Downstream）[①]，还可作更为生动一点的描述，即人工智能作为“读者”的著作权问题和作为“作者”的著作权问题；不过，并非所有的人工智能都可以作为“作者”涉及输出端的著作权问题，因为人工智能有表达型（如能写诗的微软小冰）和非表达型（如人脸识别）两种，这种分类的意义详见后文。综合人工智能的技术过程以及其对法律不同的作用角度，笔者将人工智能时代著作权及其合理使用制度所面临的问题归纳为以下三个。

问题一：在人工智能输入端，人工智能改变了作品的“阅读”方式，进而产生了作品大批量阅读是否构成合理使用的问题。机器学习（算法训练）需要大量的数据输入，而其中就包括各类版权作品。我们可以将人工智能的作品输入形象地称为“阅读”作品，而且这种阅读方式有别于人类对于作品的阅读方式，即人工智能对作品的“阅读”是自动化和批量化的。个人对于作品的阅读和学习属于“个人使用”的范畴，是为法律规定的合理使用例外（参见中国《著作权法》第22条第1项规定），那么人工智能大批量地“阅读”作品以供机器学习是否仍然构成合理使用呢？

问题二：在人工智能输出端，人工智能改变了作品的“创作”方式，进而提出了人工智能作品的著作权保护及其合理使用的问题。人工智能技术在改变作品“阅读”方式的同时，也改变了作品的“创作”方式，开创了后人类时代作品创作的新纪元。在人类较少干预或不参与的情况下，人工智能可以大批量地创作出人类可以理解的内容，包括文本、图画和音乐等。那么对于这些人工智能生成内容的著作权保护该怎么安排：人工智能生成内容是否构成版权作品？合理使用制度在人工智能作品财产权确立过程中起什么作用？

问题三：在人工智能时代，人工智能改变着著作权法的实施机制，进而出现了合理使用规则算法化实施的问题。人工智能技术除了作用于作品的阅读和创作之外，也深刻地改造着著作权法自身，目前已经出现了形式多样的旨在促

---

① See Daniel Schönberger, “Deep Copyright: Up-and Downstream Questions Related to Artificial Intelligence (AI)”, in *Droit d'auteur* 4.0 / *Copyright* 4.0, DE WERRA Jacques (ed.), Geneva / Zurich (Schulthess Editions Romandes) 2018, pp. 145 - 173. Available at SSRN: https://ssrn.com/abstract=3098315.

进法律事业，便利法律运作的法律人工智能应用，如律师事务所中的机器人律师、互联网中算法化的“通知—删除”实施系统[①]等。那么对于合理使用判断而言，合理使用规则是否能够以及在多大限度内被算法代码编译，进而在人工智能技术的支持下作出自动化和大批量的合理使用判断？

总体来看，前两个问题属于“人工智能的法律”问题，后一个可归类于“法律的人工智能”问题。相比较而言，现有与人工智能相关的著作权文献较多集中于第三个问题，即人工智能生成内容的著作权保护问题，而其他两个问题的学术研究显得较为冷清。本书的讨论内容将涵盖以上三个问题，以期对人工智能时代的著作权及其合理使用制度有一个更为全面的认识。

二、机器“阅读”作品：侵权使用抑或合理使用？

被用于机器学习（训练算法）的数据集中，可能含有受著作权保护的作品，并涉及非常复杂的著作权关系。利用作品训练算法，是对作品的侵权使用还是合理使用？这是机器阅读“作品”的一个待决问题。[②] 在分析这个问题之前，我们先对机器学习过程中涉及的著作权类型及其权项种类作一个说明。首先，就涉及的作品而言，训练数据可能涵盖的著作权有两个层次：第一层是数据集中单个作品的著作权，第二层是数据集作为整体汇编作品的著作权。其次，就可能触及的具体专有权而言，人工智能在输入数据之前，需要将作品数字化，或抓取已经数字化的作品，并将这些作品集合拷贝至人工智能系统中，这就会涉及作品的复制权；在有人监督的机器学习情况下，还需要工作人员对数据予以标记、整理和汇总，这就会涉及作品的演绎权，如改编权、汇编权等；在机器学习过程中，还存在缓存这一类临时复制的问题；经机器学习之

---

① See Joe Karaganis & Jennifer Urban, “The Rise of the Robo Notice”, *Communications of The ACM*, Vol. 58, 2015.

② 本书中机器“阅读”“学习”“创作”语境中的“机器”，指的是具有类似人类思维能力的“Hubots”（Human-like Robots），而非普通的“Robots”。关于合成词“Hubots”的更多内容，参见Amir H. Khoury, “Intellectual Property Rights for “Hubots”: On the Legal Implications of Human-like Robots”, *Cardozo Arts & Entertainment Law Journal*, Vol. 35, 2017.

后，人工智能输出的内容与所学习的作品构成实质性相似，还会引起作品改编权的问题。可见，机器在对作品的“阅读”和学习过程中，会涉及不同层级的作品著作权，有许多步骤都落入著作权的专有权利范围之内。机器“阅读”作品是否构成合理使用，对于人工智能产业的发展而言，是至关重要的。人工智能是否用于商业目的，对于合理使用与否的判断具有重要影响，详细内容见下文对人工智能类型的分类讨论。

（一）科教领域人工智能的作品利用：趋向法定的文本挖掘例外

与输入作品训练人工智能有关的重要概念是“文本和数据挖掘”（Text and Data Mining），具体指“为了获取新知识或信息，对任何数字材料（包括文本、数据、图片、声音等）的自动化分析”①。“数据训练”导向型人工智能的技术过程，就是从训练数据中挖掘有用信息，用以完善算法模型，从而作出更为准确的预测甚至是决策。“文本和数据挖掘”，可视为从另一角度对人工智能技术过程的表述。正如一位德国学者所言，“虽然机器学习在技术上比文本数据挖掘更进一步且更加复杂，但是两者有着密切的关系”；“可以这么理解，如果文本数据挖掘是版权例外，那么这种版权例外也同样地适用于机器学习”②。目前，有许多国家（地区）的成文法和判例法确立了文本数据挖掘的著作权例外。

（1）2009 年，日本修订的版权法涵盖了关于文本挖掘版权例外的类似规定，被认为是该类著作权例外的最早立法例。③ 日本《著作权法》第 47 条之 7 规定：为了利用计算机进行信息分析（指从大量作品或其他数据中筛选出构成该信息的语音、影像等要素，并进行比较、分类或统计），在必要的范围内将

① Jean-Paul Triaille et al.，“Study on the legal framework of text and data mining（TDM）”，*European Union Research Paper*（ISBN：978-92-79-31976-1）（March 2014），p. 114.

② Daniel Schönberger，“Deep Copyright：Up-and Downstream Questions Related to Artificial Intelligence（AI）”，in *Droit d'auteur* 4.0 / *Copyright* 4.0，DE WERRA Jacques（ed.），Geneva / Zurich（Schulthess Editions Romandes）2018，p. 172. Available at SSRN：https：//ssrn.com/abstract = 3098315.

③ See Marco Caspers，et al.，“Deliverable D3.3＋：Baseline report of policies and barriers of TDM in Europe”，*Future TDM*（2016），p. 75. Available at https：//www.ivir.nl/publicaties/download/1813.pdf.

版权作品拷贝至储存介质，以及对其进行合理的改编是被允许的，但是他人专门用来作信息分析的数据库作品除外。[①] 2018 年 1 月，日本再次修改《著作权法》。旧法的第 47 条之 7 被新法的第 47 条之 5 所替代：首先，该条的目的限定采用更为宽泛的"为了提供新的知识或信息"，以替代旧法中的"信息分析"；其次，允许开展信息处理的主体将自己形成的作品集，在实现上述目的的必要限度内提供给社会公众。[②] 这一修改有两大进步之处：一是使得法律条文能够更加灵活地适应日本大力发展人工智能产业的需求；二是允许信息处理人向公众提供机器可读形式的作品数据集。[③]

（2）在欧洲，英、法、德国家先后在自己的著作权法中规定了文本数据挖掘的例外条款。2014 年，英国修改《版权、外观设计和专利 1988 年法案》第 29 条，即合理使用（Fair Dealing）条款，新增一项版权例外（29A），内容概括如下：为了利用计算机对作品内容进行非商业性的研究分析，可以不经许可对版权作品（该作品来源是合法的）进行复制，但是不得将该作品复制件分享给其他人，也不得将该作品复制件用作其他用途。此外，关于排除或限制基于以上目的对作品合理使用的合同条款不具有实际约束力。[④] 2016 年，法国也将文本数据挖掘的著作权例外写进了其《知识产权法典》，具体涉及两个条款：一是第 L122－5 条第 10 款，适用于作品的挖掘例外；二是第 L342－3 条第 5 款，规定了数据库（享有类似著作权的专有权利）的挖掘例外。依据上述修订条款，在科学研究中，可以不经权利人许可对文本数据挖掘过程中所需的和产生的作品资料和数据集进行复制、存储和交换。在上述过程中使用的作品和数

① 参见十二国著作权法翻译组：《十二国著作权法》，386 页，北京，清华大学出版社，2011。

② 参见日本 2018 年《著作权法》英文版，参见 WIPO 官网：https：//wipolex. wipo. int/en/legislation/details/18696.

③ 参见日本内閣官房内閣広報室：《著作権法の一部を改正する法律案：概要説明資料》，7 页，平成 30 年。转引自张金平：《人工智能作品合理使用困境及其解决》，载《环球法律评论》，2019（3）。

④ See The Copyright and Rights in Performances（Research，Education，Libraries and Archives）Regulations 2014，No. 1372，Regulation 3（adding Art. 29A to the Copyright，Designs and Patents Act 1988）. Available at http：//www. legislation. gov. uk/uksi/2014/1372/regulation/3/made.

据库必须是合法取得的。[①] 2017年，德国修改《著作权法》将文本数据挖掘写入著作权例外条款，规定：在对大批量作品予以自动化分析的科学研究活动中，著作权法允许对作品文本进行复制、归类和整合等；著作权法也允许将上述作品材料向参与科研项目的合作研究员开放，以及向对该科研活动具有监管权的第三方开放。上述科学研究者只能追求非商业目的。如果文本数据挖掘的科学研究全部完成，所使用的作品数据库必须予以删除。[②]

（3）美国著作权法中的合理使用，采取以“四要素”为核心的概括式开放立法，不存在合理使用列举主义的立法传统，其文本数据挖掘例外是以判例法形式确立的。在先判例即是2015年的“美国作家协会诉谷歌案”（Authors Guild v. Google)。2004年，谷歌公司发起“谷歌图书”（Google Book）项目，对部分大学图书馆和公立机构图书馆所藏的2000多万本书籍进行数字化扫描，进而向用户提供多种服务，其中的一项是名为“ngrams”的文本数据挖掘服务。[③] 谷歌可以根据用户的需求，从谷歌收录的作品中检索某一用词或语句在不同时期的使用频次以及在不同作品题材中的使用频率，进而分析作品写作风格的变迁。2005年，美国作者协会将谷歌公司诉至法院，称“谷歌图书”所提供的服务侵犯作品的著作权。2015年，美国联邦第二巡回法院判决谷歌公司的“谷歌图书”所提供的文本数据挖掘服务构成对作品的合理使用。法院认为，在文本数据挖掘服务中，谷歌对作品的复制以及部分作品内容的展示，目的是给用户提供一个科学研究工具，这有益于社会公众利益；此外，谷歌没有

---

① See Law No. 2016 - 1231 for a Digital Republic（8 October 2016），Art. 38（adding paragraph 10 to Art. L122 - 5 and paragraph 5 to Art. L342 - 3 of the Intellectual Property Code）. 法文版修正案原文参见网址：https：//www. legifrance. gouv. fr/affichTexte. do? cidTexte＝JORFTEXT000033202746& categorieLien＝id.

② See Copyright Act of 9 September 1965（Federal Law Gazette I，p. 1273），as last amended by Article 1 of the Act of 1 September 2017（Federal Law Gazette I p. 3346），Section 60d. Available at http：//www. gesetze-im-internet. de/englisch _ urhg/englisch _ urhg. html.

③ 其他服务包括：（1）利用软件技术将机器可读的数字化书籍制作成一个“书籍目录”（index），可供用户检索；（2）点击某个目录可以跳转至该书籍信息页，呈现该书籍的网络卖家链接和收藏该书籍的图书馆，并且用户可以在谷歌网站在线预览书籍的部分内容（snippet view）；（3）与该项目合作的图书馆可以从“谷歌图书”下载数字化后的电子书籍。See Authors Guild v. Google Inc.，954 F. Supp. 2d. 282，285 - 288（2013）.

在提供服务的网页上直接投放广告。因此，谷歌为了提供文本数据挖掘分析服务而对作品的复制和展示具有“转换性”（transformative），构成合理使用。[①]

综上所述，文本数据挖掘的著作权例外在欧美国家已经有了较为成熟的法律实践。总体而言，规定文本数据挖掘著作权例外的国家基本上是欧美发达国家，并且普遍具有以下两个特征：（1）现有立法例基本上都将文本数据挖掘例外限于科学研究领域；（2）受文本挖掘例外规定免责的文本分析研究活动，应当以非商业为目的。其中日本较为特殊，其立法没有在字面上将文本数据挖掘例外明确地限定为非商业目的的作品使用，也没有使用具有非商业暗示意义的“科学研究”一词，属于较为宽泛的立法，有观点认为该著作权例外可解释为涵盖商业性的计算机文本信息分析。[②] 关于文本数据挖掘著作权例外立法实践的一个重大发展，是欧盟议会 2019 年 3 月通过的《数字单一市场版权指令》（the Directive on Copyright in the Digital Single Market，以下简称《版权指令》）。该指令第 3 条规定了强制性的适用于研究机构的文本数据挖掘例外[③]，这就意味文本数据挖掘的著作权例外规定将要从英[④]、法、德等国扩展至其他的欧盟国家，因为欧盟各成员国有义务在法定期间内将欧盟新版权指令的实质性内容转化为国内法。经过多个国家的法律实践（体素）以及学术研究的理论认同（心素），可以认为，在非商业性的科学研究活动中，文本数据挖掘在国际层面已逐渐成为一项法定的著作权例外。

在此国际大背景下，文本数据挖掘的例外规定在我国著作权法中却付之阙如。从名义层面来看，我国现行《著作权法》第 22 条所列举的 12 种有名的合

---

① See Authors Guild v. Google Inc.，954 F. Supp. 2d. 282，291（2013）；Authors Guild v. Google Inc.，804 F. 3d 202，209（2nd Cir. 2015）.

② 参见张金平：《人工智能作品合理使用困境及其解决》，载《环球法律评论》，2019（3）；Marco Caspers，et al.，“Deliverable D3. 3＋：Baseline report of policies and barriers of TDM in Europe”，*FutureTDM*（2016），pp. 75. Available at https：//www. ivir. nl/publicaties/download/1813. pdf.

③ See Directive（EU）2019/790 of the European Parliament and of the Council of 17 April 2019 on copyright and related rights in the Digital Single Market and amending Directives 96/9/EC and 2001/29/EC，Art. 3. available at https：//eur-lex. europa. eu/legal-content/EN/TXT/PDF/? uri ＝ CELEX：32019L0790 &from＝EN.

④ 2016 年 6 月英国经公投决定退出欧盟，即“脱欧”；至今，英国尚未就“脱欧”问题与欧盟达成协议。

理使用类型中没有提及文本数据挖掘。从实质意义上来看，我国现行《著作权法》22 条中规定的两种“以科学研究为目的的合理使用”情形，概与人工智能研究领域的文本数据挖掘最为密切，即第 22 条第 1 项“为个人学习、研究或者欣赏，使用他人已经发表的作品”，第 22 条第 6 项“为学校课堂教学或者科学研究，翻译或者少量复制已经发表的作品，供教学或者科研人员使用，但不得出版发行”。不过，这两种以科研为目的的合理使用都难以适用于人工智能的科学研究，原因有以下两点：其一，第 22 条第 1 项的合理使用强调个人研究，而人工智能因其技术的复杂性个人无法单独完成；个人研究语境中的作品复制是少量的，而人工智能“阅读”作品必然伴随着大批量的作品复制。其二，第 22 条第 6 项的合理使用主体，是经由国家设立的代表公共利益的教育科研机构，如经主管部门批准且由国家财政资助的高校、科研院所等①，而大多人工智能技术开发会因其商业性目的和私企主体性质不能适用该条规定。

有鉴于此，我国著作权法理应借鉴美、日、欧盟的做法，将文本数据挖掘增设为合理使用情形，为人工智能的技术开发提供明确的法律指引。目前正值我国《著作权法》第三次修改之际，笔者建议在《〈著作权法〉修订草案送审稿》第 43 条第 12 项之后新增一项著作权限制与例外：“在科研活动中，为了使用计算机进行信息分析和知识挖掘，复制他人的作品，在技术开发过程中储存该作品，以及提供作品数据集给特定的第三人，如科研合作人、技术监督人等。”此处的科研活动与现行《著作权法》第 22 条第 1、6 项所规定的科研活动一样，对其应作非商业性解释。而商业领域中人工智能对作品的挖掘学习，现阶段不宜由立法作出细节规定，可暂且交由司法机关依据合理使用识别标准，即“三步检测法”和“四要素检测法”②，视情况将某些人工智能学习类

① 参见李明德、管育鹰、唐广良：《〈著作权法〉专家建议稿说明》，251～252 页，北京，法律出版社，2012。

② “三步检测法”由《伯尔尼公约》提出，我国现行《著作权法实施条例》第 21 条和《〈著作权法〉修订草案送审稿》（第三次修订）的第 43 条第 2 款对其进行了规定；“四要素检测法”从美国判例法中发展而来，现为美国《版权法》107 条，我国法院在司法实践中对该方法有过引用。2011 年 12 月 16 日，最高人民法院发布的《关于充分发挥知识产权审判职能作用推动社会主义文化大发展大繁荣和促进经济自主协调发展若干问题的意见》（法发〔2011〕18 号）的第 8 条指出，法院在判断合理使用时，要将“三步检验法”与“四要素检测法”结合起来。

型归于《〈著作权法〉修订草案送审稿》第43条第13项的“其他情形”。对商业型人工智能作品利用的合理使用判断思路，详见下文。

（二）商业领域人工智能的作品利用：合理使用与否的分类讨论

相较于科研领域人工智能的作品利用著作权例外而言，关于商业领域人工智能的作品利用，是否构成合理使用存有争议。从欧盟的《版权指令》立法历程来看，立法者有意将著作权例外扩展至商业领域的人工智能技术应用。2016年9月，欧盟委员会提出《版权指令》草案，第3条规定了文本数据挖掘例外，适用主体是公共机构和科研组织，以非商业目的为潜在语境。2018年9月，欧盟议会对上述草案作出修改，对文本数据挖掘的合理使用，在保留第3条的同时，将适用主体扩展至暗含商业性开发意义的私人主体，该修订内容在2019年3月的最终版《版权指令》中被列为第4条。不过，相比于第3条科学研究型文本数据挖掘例外的强制性规定，第4条是选择性规定，即允许各成员国就私人主体的文本数据挖掘例外予以保留；相比于第3条强调著作权人不可用合同条款来排除和限制科学研究型文本数据挖掘例外，第4条却允许版权人事前明确拒绝作品用于非科研目的的文本数据分析。① 一方面是适用主体的扩展，一方面是法律效力的淡化，这充分体现出欧盟立法在积极作为和消极不作为之间的彷徨和无奈，其背后的原因是人工智能技术的复杂性，以及人工智能商业化语境中各方利益的交错和竞争。正是因为如此，笔者上文建议，我国拟新增的文本数据挖掘例外暂且限定在非商业的科学研究活动范围内，而商业性的人工智能作品利用可交由法院个案判断，视情况援引兜底条款认定其为合理使用的“其他情形”。

不同类型的人工智能，其利用作品的方式不尽相同，因此合理使用与否的评判自然也不相同。在美国的合理使用文献中，有一个名为“非表达性使用”（Non-expressive Use）的概念，该概念及其理论是对一系列被认定为合理使用的案件的概括总结，具体内容指“如果作品的复制行为没有将作品中受版权保

---

① See Directive（EU）2019/790 of the European Parliament and of the Council of 17 April 2019 on copyright and related rights in the Digital Single Market and amending Directives 96/9/EC and 2001/29/EC，Art. 3 & 4.

护的独创性表达传播给社会大众，那么这种作品复制不应该构成侵权使用”[1]；一般而言，作品的“非表达性使用”会被认定为作品使用具有转换性，构成合理使用。借鉴“非表达性使用”概念及其理论，哈佛大学学者索贝尔（Sobel）将机器的阅读学习分为“表达型机器学习”（Expressive Machine Learning）和“非表达型机器学习”（Non-expressive Machine Learning）两类，并将“表达型机器学习”界定为“用作品的表达性内容来训练机器算法，使其能够输出表达性内容”[2]。本书赞同这两种分类，但是主张以机器所阅读学习的作品是否来源于单一作者为标准，将“表达型机器学习”进一步地细分为“普通的表达型机器学习”和“私人订制的表达型机器学习”。如此一来，下文将要讨论的机器学习有三种类型。

一是“非表达型机器学习”，其典型例子是用于人脸面部识别的人工智能。例如一个名为“LFW”（Labeled Faces in the Wild）的人工智能系统，其从雅虎网站 2002—2003 年之间新闻报道中出现的大约 50 万张新闻图片中提取了 44773 张人脸图片，并用这些人脸数据训练其人脸识别算法。[3] 毋庸置疑，这些新闻报道中的绝大部分新闻图片是享有著作权的，因此技术开发人员利用新闻图片来开发人脸识别人工智能系统时需要面对著作权问题，不过该类型人工智能的作品利用通常构成合理使用。人工智能为了搜集人脸数据，对具有著作权的新闻图片进行了大批量复制，然而其作品复制的目的不是使用作品中的表达性要素：人脸识别人工智能从版权图片中提取的内容仅仅是显示人类五官的脸部特征，这些被提取利用的人脸特征在版权照片中属于不具有创造性表达空间的内容，更多的是事实信息而不是受著作权保护的表达。在一起被告复制软件程序代码以进行反向工程的案例中，美国第九巡回法院认为“被告在反向工程中的代码复制属于‘中介性复制’（Intermediate Copying），其目的是从受

① Matthew Sag, “Copyright and Copy-Reliant Technology”, *Northwestern University Law Review*, Vol. 103, p. 1639, 2009.

② Benjamin L. W. Sobel, “Artificial Intelligence's Fair Use Crisis”, *Columbia Journal of Law & the Arts*, Vol. 41, p. 49 & footnote 13, 2017.

③ See Tamara L. Berg, et al., “Names and faces in the news”, Published in *the* 2004 *IEEE computer society conference on Computer vision and pattern recognition* (2004), p. 848.

版权保护的软件代码中分析和提取出实用的设计思想和功能性特征，而这些内容并不受版权保护（非表达性内容）；虽然被告在软件反向工程中对原告的软件代码进行了逐字逐句的复制，但不是为了利用软件中受版权保护的表达性内容，该种复制属于合理使用”[①]。同样的，人工智能对新闻图片的大批量复制，也属于“中介性复制”，其复制目的不是利用图片中受版权保护的表达性内容，而是具有转换性；而且人脸识别人工智能在输出端没有生成创造性的表达内容，不会与新闻图片争夺市场。综上所述，与人脸识别类似的非表达型人工智能对作品的利用，一般会被认定为构成合理使用。

二是“普通的表达型机器学习”，指用于算法训练的作品来自数量众多的作者。2015 年，谷歌公司在其邮箱产品“Inbox”上推出了一款名为“智能回复”（Smart Reply）的新功能，这项功能可以根据邮箱收件内容自动地生成相应的若干项回复内容供用户选择，其实质上是以机器学习为技术基础的人工智能服务产品。经过算法系统对上亿条过往邮件的统计归类和分析建模之后，谷歌“智能回复”系统可以依据收件内容写出句子结构完整的回复内容，但是这些回复内容大多句式单一且语气生硬。对此，谷歌采用 11 000 余本爱情小说来训练“智能回复”算法，以期该服务产品能够写出语句活泼、风格多变，甚至幽默诙谐的语句。事实上，这些用于算法训练的作品大多都在著作权保护期内，但没有得到著作权人的授权。美国作者协会（Authors Guild）称谷歌“以表达为目的，公然地商业性使用版权作品”，是对版权法“无耻的侵犯”；而谷歌则认为，自己使用作品训练算法，开发人工智能服务产品，构成合理使用。[②] 有观点认为谷歌大批量复制作品，是为了从中获取并利用作者们丰富且多变的文字表达，这些文字表达是著作权保护的客体，因而谷歌对作品的复制和使用不具有转换性；而且谷歌“智能回复”人工智能在输出端生成可与被使用作品具有市场竞争关系的创造性表达，可能会减损被使用作品的市场价值，

---

① Sega Enters. v. Accolade，Inc.，977 F. 2d 1510，1518－1519，1527－1528（9th Cir. 1992）.

② See Richard Lea，“Google swallows 11，000 novels to improve AI's conversation”，*THE-GUARDIAN*（2016），available at https：//perma. cc/LG94－ZXZA.

因此不构成合理使用。[①] 笔者对该观点持保留意见。事实上，谷歌从大批量复制的作品集中提取利用的事物是所有作品文本中高频率出现的语言模板，是不同作者之间（或作者共同体内部）通用的表达模型，这显然不属于受版权保护的个性化表达，而是出于公共领域的大众化表达。因此谷歌批量复制作品不是为了利用作品中受版权保护的表达性内容，而属于转换性使用，构成合理使用的可能性较大。

三是“私人订制的表达型机器学习”，指用于算法训练的作品全部来自某个作者。如 2014 年微软公司开发了一款名为“下一个伦勃朗”（The Next Rembrandt）的人工智能系统，技术人员将画家伦勃朗的 346 幅画作数字化为 150GB 的图像数据用以训练其人工智能系统，之后该系统“独立地创作出了具有新颖性、创造性，模仿伦勃朗画作但是又与其不同的绘画作品”[②]。再如巴黎索尼计算机科学实验室用音乐家巴赫（Bach）的 352 首歌曲来训练其人工智能系统，之后该系统“创作”出 2 503 个作品，有超过一半的听众以为这就是巴赫本人的作品。[③] 伦勃朗（1606—1669）去世已有 300 多年，巴赫（1685—1750）作古亦有 200 余年，他们的作品如果有著作权也早已到期进入公共领域了，因此人工智能对巴赫和伦勃朗作品的利用不会有著作权争议；不过，如果该种人工智能技术利用在世艺术家的作品，势必会引起著作权问题。相比于上述普通的表达型机器学习，私人订制的表达型机器学习成立合理使用的空间非常狭窄。著作权所保护的创造性表达不仅仅是字面符号，而且包括（甚或主要是）非字面意义上的表达技巧和表现风格，后者就是澳大利亚学者德霍斯（Drahos）所谓的“抽象物”，其构成不同作品之间同一性判断的基

---

① See Benjamin L. W. Sobel, “Artificial Intelligence's Fair Use Crisis”, *Columbia Journal of Law & the Arts*, Vol. 41, pp. 68 - 71, 2017.

② Shlomit Yanisky-Ravid, “Generating Rembrandt: Artificial Intelligence, Copyright, and Accountability in the 3A Era”, *Michigan State Law Review*, Vol. 2017, p. 663, 2017.

③ See Colin Marsshall, et al., “Artificial Intelligence Writes a Piece in the Style of Bach: Can You Tell the Difference Between JS Bach and AI Bach?” *OPENCULTURE* (2018), available at http://www.openculture.com/2018/01/artificial-intelligence-writes-a-piece-in-the-style-of-bach.html.

础。[①] 此外，从“作者权”传统理论来看，作品财产权源于作者人格的延伸，作品的独创性在于作者的个性化表达。私人订制的表达型机器学习旨在模仿和重现某一作家的作品，并以无限接近该作家的创作风格为技术目标，因此这种人工智能从作品中提取的信息实质上是作品中非字面意义的创造性表达，是某一作家一贯的个性化表达，并且这些受著作权保护的表达要素还会出现在该人工智能的生成内容中。可以认为，“私人订制的表达型机器学习”对作品的利用，是典型的作品表达性使用：首先，其提取作品中受版权保护的表达要素为后续的作品创作作准备，不具有转换性的作品使用目的，而且其使用部分是被使用作品的核心内容；其次，其生成内容含有被使用作品的创造性表达而且与被使用作品同类，因此势必与被使用作品产生市场替代关系，减损被使用作品的市场价值。综上分析，“私人订制的表达型机器学习”对作品的利用，构成合理使用的概率非常小。

三、机器“创作”作品：生成物的赋权与权利限制

（一）人工智能作品的版权诉求：后人类时代的“文学财产论战”

机器介入作品创作，由来已久。人工智能技术则推动机器的介入方式从辅助作品创作逐渐走向自主作品创作，给“人类创作中心主义”带来了巨大的挑战。1974 年，美国国会成立“版权作品新技术利用委员会”（the Commission on New Technological Uses of Copyrighted Works，简称 CONTU），调查新技术特别是计算机技术对版权制度的影响。1979 年，在向美国国会提交的最终报告中，CONTU 表示不需要对计算机生成的作品作出特殊规定，因为人类依然是创作的中心，计算机只是创作的协助工具，不能自主地生成作品；CONTU 还进一步宣称计算机自主创作是短期内不可预见的。[②] 时过境迁，未来已至，当下人工智能自主创作已经成为事实。例如微软公司 2014 年推出的人工

① 参见［澳］彼得·德霍斯：《知识财产法哲学》，周林译，217～221 页，北京，商务印书馆，2017。

② See National Commission on New Technological Uses of Copyrighted Works (CONTU), “Final Report on New Technological Uses of Copyrighted Works” (1979), p. 44.

智能产品“小冰”，通过对大量数字化作品的学习（分析统计），目前已具备文字创作和绘画创作两种技能：其创作的诗歌，业已出版为《阳光失去了玻璃窗》一书；其创作的绘画作品，曾在中央美术学院2019级研究生毕业生作品展中展出，两个月之后更是以画家身份在中央美术学院举办了名为“或然世界”的个人画展。[①]“人类创作中心主义”已然被打破。

值得注意的是，面临人工智能冲击和挑战的，不仅是文学艺术领域的“人类创作中心主义”，还有科学技术领域的“人类发明中心主义”。人类创造（创作和发明）中心主义，是近代以来人类摆脱上帝权威从而确立自身中心地位的一种表现。[②] 在人工智能时代，人类中心主义面临着重大危机，不仅人类独一无二的创造性主体地位不复存在，而且人类在自然层面和社会意义上的其他主体性假定也被改写。这意味着，我们正在进入一个“后人类时代”，其本质是“非人类中心主义”，最初发源于动物权利问题和环境生态问题的相关论战[③]，现如今成为人工智能时代的真实写照。19世纪，哲学家尼采（Nietzsche）发出“上帝已死”的世纪呐喊；21世纪，“人类将死”成为人工智能时代的世纪警言。可以认为，人工智能时代就是“后人类时代”。在这一新时代中，人主沉浮的局面被打破，“人类的主体地位不断衰落，人以前独霸主体资格的状态已经成为过去，代之而来的是由人、动物，甚至机器人共同享有的这么一个时代”[④]。

在作品创作方面，人工智能创作挑战人类创作，开启了后人类时代的作品创作新纪元。与此同时，人工智能创作对人类时代的著作权制度提出了新的问题，即人工智能创作物是否受著作权保护？质言之，人工智能创作物面临着财产权问题。如果说18世纪发生在英国的长达数十年的“书商之战”是人类时

---

① 参见倪阳：《人工智能时代的文学——评小冰〈阳光失去了玻璃窗〉》，载《书屋》，2018（8）；霍思伊：《或然世界：AI和艺术的短兵相接》，载《中国新闻周刊》，2019-07-22。

② 人类中心主义，正如莎士比亚在《哈姆雷特》中对人类的无上赞誉：人类是一件多么了不得的杰作！多么高贵的理性！多么伟大的力量！多么优美的仪表！多么文雅的举动！在行为上多么像一个天使！在智慧上多么像一个天神！宇宙的精华！万物的灵长！

③ 参见杨立新、朱呈义：《动物法律人格之否定——兼论动物之法律物格》，载《法学研究》，2004（5）；叶金：《非人类的生态权利》，载《道德与文明》，2000（1）。

④ 於兴中：《后人类时代的社会理论与科技乌托邦》，载《探索与争鸣》，19页，2018（4）。

代的“文学财产论战”，那么开始于20世纪70年代延续至今并将继续下去的关于人工智能创作物的著作权保护之争，可被称为后人类时代的“文学财产论战”。18世纪英国“文学财产论战”的场所，除了英格兰和苏格兰的各级法院，还包括当时的报纸、传单和小册子。同样的，关于人工智能创作物的“文学财产论战”也相当广泛，主要的讨论主体包括法院和学者。各方观点大体如下。

法院对人工智能创作物的文学财产权持否定意见。2019年“世界知识产权日”（4月26日）的前一天，北京互联网法院对“菲林律师事务所诉百度公司”一案作出判决，该案被称为“全国首例人工智能生成内容著作权案”。在该案中，原告在一个法律数据库产品上，以“电影”为关键词对北京法院1995年至2017年之间相关案件进行检索，该数据库系统自动生成了一份以图表数据为要素的分析报告。以该分析报告为基础，原告添加相应的文字解释，形成了涉案文章《影视娱乐行业司法大数据分析报告——电影卷·北京篇》。原告诉称被告未经许可在其经营的网站上发布涉案文章，侵犯了自己的著作权。法院认为，数据库软件自动生成的分析报告具有一定的独创性，但是根据现行法律规定，作品应由自然人创作完成，因此该报告不是著作权法意义上的作品；而原告添加的文字解释部分可以构成作品，享有著作权。① 无独有偶，与人工智能创作物版权密切相关的另一起非人类创作案，即“猴子自拍照案”（Naruto v. Slater），也被美国联邦法院驳回。联邦一审法院和二审法院均认定，根据现有法律规定只有人类创作的作品才可以授予版权。②

学术界对人工智能创作物的文学财产权的意见不统一，有支持的，也有反对的。反对方的论点和上述司法判决的一样，强调人工智能不是著作权法意义上的适格主体，所以人工智能创作物不能被授予版权；或主张作品独创性体现为作者的个性化表达，是作者精神意识的产物，因此非人的人工智能生成物不具有独创性；也有观点认为，人工智能的自动化创作并不需要经济激励，因此

---

① 参见北京互联网法院（2018）京0491民初239号民事判决书。

② See Naruto v. Slater，No. 3：15－cv－04324－WHO，2016 WL 362231；Naruto v. Slater，888 F. 3d 418（9th Cir. 2018）.

人工智能创作物无须著作权。[①] 支持方具体的论点大致有以下几种：一是人工智能生成内容目前已与人类作品高度相似，对于不知情的社会公众而言很难区分相应内容是机器创作的还是人类创作的，因此人工智能创作物在客观层面上已经达到了最低限度的创造性，具有可版权性；二是著作权法本身是一种激励机制，赋予人工智能创作物以财产权，能够激励人工智能创作技术领域的资本投资，刺激人工智能技术的发展和应用，进而促进整个人工智能产业的繁荣；三是虽然人工智能不是自然人主体，但是民事主体制度中的法人拟制，以及著作权法中的法人作品、孤儿作品等，都可以作为安排人工智能作品著作权的制度工具。[②]

人工智能“文学财产论”有可取之处，支持方的主要论点值得肯定。此外，笔者还要强调财产权对于人工智能创作物的传播和使用具有重要价值。中国《著作权法》第 1 条将立法宗旨表述为“鼓励有益于社会主义精神文明、物质文明建设的作品的创作和传播”。质言之，著作权作为一种激励机制，不仅要激励作品创作，还得激励作品传播；更有甚者，主张创造是人之天性无须激励，著作权法的制度功能就是为了促进作品的市场化。[③] 在新制度经济学（主要指“科斯定理”）看来，作为一种财产权制度，包含著作权在内的知识产权的最大意义是为智力成果的市场交易提供一个产权起点。这种理论观点，有大量历史经验的例证，其中最为人熟知的例子是弗莱明（Fleming）与青霉素的故事。1928 年，青霉素被英国科学家弗莱明首次提取出来，不过他放弃了专利申请，希望该项发明成果能够更大范围地造福于人类。但事与愿违，因为没有专利权可以保障制造商的生产投资利益，生产青霉素产品的厂家寥寥无几，一直到二战时期应战争之需青霉素才大范围地得到应用。可以认为，著作权法的一个重要使命就是为作品的市场化传播提供一个必要的制度环境。人工智能

① 参见王迁：《论人工智能生成的内容在著作权法中的定性》，载《法律科学》，2017（5）；龙文懋等：《作品创造性本质以及人工智能生成物的创造性问题研究》，载《电子知识产权》，2019（5）。

② 参见熊琦：《人工智能生成内容的著作权认定》，载《知识产权》，2017（3）；易继明：《人工智能创作物是作品吗?》，载《法律科学》，2017（5）；李伟民：《人工智能智力成果在著作权法的正确定性——与王迁教授商榷》，载《东方法学》，2018（3）。

③ 参见李琛：《论知识产权法的体系化》，第 2 章第 3 节，北京，北京大学出版社，2005。

创作物的交易和传播，其内在文学价值、信息价值的挖掘利用，都需要著作权为其提供一个市场化的产权起点。从这个意义上来讲，就算机器创作不需要著作权激励，人工智能作品市场化传播和产业化利用对著作权的需要，也可以在一定程度上证立人工智能“文学财产权”的存在价值。

关于人工智能“文学财产”的讨论是有益的，它加深了我们关于人工智能创作及其著作权法意义的认识。但是，本书认为现有的关于人工智能“文学财产”的争论仍然不够全面，也难谓深刻。我们需要回顾18世纪发生在英国的那场“文学财产论战”，转换思考方法和论证方式，以推动人工智能“文学财产”讨论的深入进行，从而对人工智能时代的合理使用制度作出科学解读。

(二) 合理使用制度在后人类时代“文学财产论战”中的作用

当前人工智能引发的“文学财产论战”与18世纪发生在英国的“文学财产论战”具有历史相似性，同为“文学财产论战”，但却有着不同的时代背景。人类时代“文学财产论战”的历史经验，对于后人类时代“文学财产论战”的持续深入具有重要的启示意义。200多年前，当时英国各界对于《安娜法令》保护期届满的作品是否存在普通法上的永久性财产权这一问题，展开了长达数十年的争论。诉诸英格兰和苏格兰两地法院的案子很多，但是核心的案例有两个，即1769年的“米勒诉泰勒案”(Millar v. Taylor)① 和1774年的“唐纳森诉贝克特案” (Donaldson v. Becket)②。两个案子的涉案作品均是汤普森(Thompson)的诗集《四季》(The Seasons)，因此后者被视为前者事实层面的上诉审。围绕这两个核心案件，英国18世纪的“文学财产论战”可大致分为两个阶段，前后两个阶段的文学财产论证方式是明显不同的。

1769年，英国王室法院审结“米勒诉泰勒案”，以3比1的多数作出了支持普通法上永久性文学财产权的判决，其中除了耶茨(Yates)法官反对之外，其他三位法官均为支持方。曼斯菲尔德(Mansfield)法官认为，作者永久性财产权的基础是朴素的公正理念，即作者付出了才智和劳动，因而获取经济利益是公正的；反之，否定财产权利，仍由他人不劳而获，则是不公正的。在赞

① Millar v. Taylor，(1769) 98 ER 201.

② Donaldson v. Becket，(1774) 17 Parliamentary History col. 953.

同曼斯菲尔德法官观点的同时，威尔斯（Willes）法官主张，赋予作者永久性财产权是一个国家鼓励创作、繁荣学术研究的明智之举。阿斯顿（Aston）法官则指出，永久版权的存在是因为作者应当对其脑力劳动成果享有权利。[①] 可见，三位法官的论点分别是：公正说、激励机制说和劳动财产权说（自然权利说）。因原告米勒去世，该案未进入上诉程序。贝克特伙同其他人从米勒后人手中购得《四季》版权，并依据米勒案判决阻止唐纳森的印刷行为，于是双方成诉。1774 年，英国上议院审结“唐纳森诉贝克特案”，以 22 比 11 的多数作出了反对普通法上永久文学财产权的判决。在该案审理时期，反对者主张永久性版权会导致知识垄断，而垄断在自由经济中是一种“必要的恶”。对此，永久性文学财产权的支持者着手改变自己的论证思路，即采取划分作品私人领域和公共领域的方式，限制版权的权利范围，以期消解关于永久性版权导致知识垄断的质疑，进而捍卫永久性版权的正当性。[②] 具体而言，支持者提出了以下两点：其一，主张把作品划分为内容（知识、思想、原理）和形式（体裁、风格、表达）两个领域，版权只涉及后者，社会公众可以自由利用前者，该主张后来发展为“思想/表达二分法”；其二，提出文学财产权仅限于作品的印刷权和重印权，禁止出版活动中的作品复制，社会公众可以基于其他用途而对作品进行复制，此种观点后来发展为合理使用制度。[③]

我们可以看到，18 世纪英国的“文学财产论战”中呈现出两种不同的论证方式：一种是在“米勒诉泰勒案”中所使用的论证方式，即把关注焦点放到了文学财产保护的本质特征和根据上；另一种是在“唐纳森诉贝克特案”中所使用的论证方式，即把注意力集中于若伦敦出版商会被授予一种永久性垄断将对图书交易所造成的结果上。18 世纪英国“文学财产论战”从第一阶段到第二阶段的深入讨论，意味着论证方式的转变，澳洲学者谢尔曼（Sherman）和英国学者本特利（Bently）将其总结为：从“先验性检验方式”转变为“结果

① Millar v. Taylor，(1769) 98 ER 252，221.

② Donaldson v. Becket，(1774) 17 Parliamentary History col. 998 - 1000.

③ 参见［澳］布拉德·谢尔曼、［英］莱昂内尔·本特利：《现代知识产权法的演进：英国的历程（1760—1911）》，金海军译，40 页，北京，北京大学出版社，2012；黄汇：《版权法上的公共领域研究》，12～13 页，西南政法大学 2009 年博士论文。

性或者前瞻性的推理方式”[①]。当前阶段的人工智能“文学财产论战”，一如 18 世纪“文学财产论战”的第一阶段，或以劳动财产学说和激励机制学说建构人工智能作品财产权的正当性基础，或从对机器人创作物的独创性考察和解释，演绎出人工智能作品财产权的合法性逻辑。尽管如此，法院和学界远未达成关于人工智能“文学财产”的共识。取经于 18 世纪“文学财产论战”的历史经验，人工智能“文学财产论战”有必要转向关注人工智能作品的私人领域和公共领域。版权“公共领域”理论研究的先驱者大卫·兰吉（David Lange）曾指出，“不应该确认任何新的专有性版权权利，除非与之相对应的公共领域也得到承认”[②]。不考虑公共领域的人工智能“文学财产论战”是注定不完整的。

可以认为，人工智能“文学财产权”的证立必须重视其公共领域的丰盈，而合理使用是版权公共领域的重要组成部分，“它使公共领域具有了动态丰富性”[③]。可以将版权看作“公私领域之间的调停人”[④]，公与私的划分存在于版权体系的不同层次中：第一层次，版权区分受保护作品和不受保护作品，后者包括不在保护期的作品、官方文件以及日历等除外作品、不具有法定独创性的作品等等；第二层次，版权在每一作品中划分受保护的表达和不受保护的思想；第三层次，版权在作品表达中再次区分表达的侵权使用和合理使用。不受版权保护的作品，作品中不受版权保护的思想，作品受保护内容的合理使用，一同组成了版权的公共领域。可能有观点认为，既然版权自身尚未证立，何谈版权的合理使用；“皮之不存，毛将焉附?”其实不然。在 18 世纪英国的“文学财产论战”中，包括合理使用在内的公共领域在文学财产权的诞生过程中，扮演着一个“助产士”的角色。公共领域的划定，消减了版权所带来的垄断之恶，进一步厚植了版权的正当性基础。在这个意义上，包括合理使用的公共领域是先于版权而存在的，或者说至少两者是同时诞生的。总而言之，人工智能

① ［澳］布拉德·谢尔曼，［英］莱昂内尔·本特利：《现代知识产权法的演进：英国的历程（1760—1911）》，金海军译，45 页，北京，北京大学出版社，2012。

② David Lange, “Recognizing the Public Domain”, *Law and Contemporary Problems*, Vol. 44, p. 150, 1981.

③ 黄汇：《版权法上的公共领域研究》，8 页，西南政法大学 2009 年博士论文。

④ ［美］马克·罗斯：《版权的起源》，杨明译，159 页，北京，商务印书馆，2018。

“文学财产论战”需要关注版权的公共领域，就本书的主旨而言，应该重视合理使用制度在论战中的作用。

因为篇幅有限，笔者在此仅就人工智能作品的合理使用问题谈两点意见：第一，人工智能作品合理使用的认定应趋于宽松。前文已述，著作权制度所要激励的对象包括作品创作和作品传播两个部分，而人工智能本身不需要作品创作的激励，需要激励的仅是作品的市场化传播。激励任务的减半意味着财产权激励水平的缩减。因此，扩大解释合理使用，限缩人工智能作品版权可以达到较为合理的激励水平。而且合理使用的扩大解释，可以为社会公众提供更多的作品使用机会，契合了洛克（Locke）劳动财产学说所提出的财产权获得条件之一，即应当给他人留下“足够的同样好的”东西①，这就进一步增加了人工智能“文学财产权”的合理性。第二，人工智能作品合理使用的认定要尽可能的客观化和具体化。学界应该加强对人工智能作品合理使用判断标准和规则的细化研究，使得人工智能作品的合理使用更加客观化和具体化，为潜在的作品使用人提供更加清晰明确的法律指引。而且合理使用的客观化、具体化研究，符合新自然法学派旗手富勒（Fuller）所提出的法律八大内在道德之一，即“法律的清晰性要求”（内容明确、边界清晰）②，这也将进一步增加人工智能“文学财产权”的正当性。

四、合理使用的时代变革：法律实施机制与计算法学的相融

（一）计算法学与合理使用规则的算法化

计算法学又被称为计算法律学（Computational Law）、法律计算学（Legal Computing），旨在通过计算机语言对法律条文进行形式化的表达，利用计算机技术分析法律现象和处理法律问题。计算法学主要包括三部分内容：一是法律的可视化表达，即通过引文建构图表来展示不同法律规范之间的内在联系；二是法律的实证分析，即借助计算机技术对不同判决之间、法律与判决之

① 参见［英］洛克：《政府论》（下篇），叶启芳、瞿菊农译，21页，北京，商务印书馆，2017。

② ［美］富勒：《法律的道德性》，郑戈译，75页，北京，商务印书馆，2005。

间的关系进行近乎全样本的数据分析；三是法律执行的算法化，即对法律条文进行数学建模，利用算法驱动计算机对法律和案件进行逻辑推理和分析。上述三个部分是互动循环的关系，也是互相支撑的关系。① 在人工智能时代，鉴于大数据的发展和算法的进化，计算法学迈入了新的发展时期；该时期的“新”主要体现在对法律问题的计算分析样本更全、成本更低、速率更快。因此，计算法律学的应用近年来逐渐扩展至各个部门法中，著作权法也不例外。

合理使用规则的算法化执行是版权实施算法化的一个缩影。关于合理使用的计算法学讨论和设想，最早是作为“通知—删除”规则算法化实施的一个附属问题出现的。② 网络服务商在版权实施过程中扮演非常重要的角色，其中一个重要的机制是“通知—删除”规则（Notice and Takedown，简称 N&TD）。在人工智能时代，算法重新定义了“通知—删除”的实施机制，即权利人利用网络爬虫程序搜索全网页面，将网页内容与自己的版权作品数据库进行比对，分析并标记出传播疑似侵权内容（与数据库中的作品相似且未经许可）的网站，然后自动向该网站发出删除通知。在实践中，许多版权权利人将该项搜索网络侵权行为进而向网络服务商发出移除通知的事务外包给第三方专门机构，由其开发的智能算法来执行版权人的“通知—删除”权利。根据加州伯克利大学研究人员的一份抽样调查报告，美国网络服务商所收到的侵权移除通知，有91.8%是来自第三方专门机构（其中43.9%是版权实施机构），而仅有7.5%是由权利人自己发出的③；依据另一份以色列学者的实证研究，以色列境内网络服务提供者所收到的侵权删除通知中，大约82%是由专门的权利实施服务机构发出的。④ 上述专业化的第三方权利实施机构，目前普遍采用人工智能算

① 参见赵精武、丁海俊：《论代码的可规制性：计算法律学基础与新发展》，载《互联网法律评论》，2016（1）。

② See Maayan Perel & Niva Elkin-Koren, “Accountability in Algorithmic Copyright Enforcement”, *Stanford Technology Law Review*, Vol. 19, 2016; Martin Husovec, “The Promises of Algorithmic Copyright Enforcement: Takedown or Staydown? Which Is Superior? And Why?”, *Columbia Journal of Law & the Arts*, Vol. 42, 2018.

③ See Jennifer M. Urban, Joe Karaganis & Brianna Schofield, “Notice and Takedown in everyday practice”, *UC Berkeley Public Law Research Paper* (No. 2755628, 2016). p. 84.

④ See Bar-Ziv, Sharon and Elkin-Koren, Niva, “Behind the Scenes of Online Copyright Enforcement: Empirical Evidence on Notice & Takedown”, *Connecticut Law Review*, Vol. 50, p. 365, 2018.

法来对网络上存在的疑似侵权内容发出自动化删除通知（Robo Notice）。[①]

然而，算法驱动的自动化删除通知的准确性堪忧。根据美国学者对Google公司2016年6个月内所收到的1.08亿侵权删除通知作的抽样调查，其中有51%的删除通知含有不准确信息[②]；根据以色列学者对Google公司侵权删除通知的抽样调查，只有34%的删除通知是真正涉及版权侵权的，而剩余的66%删除通知含有不准确信息，或具有诽谤和误导意图。[③] 随着移动互联网的发展，我们的版权消费渠道越来越依赖于拥有便捷传播渠道的网络服务商。如果网络服务商根据删除通知决定哪些作品可以传播和分享，哪些作品需要被过滤和移除，这就在一定程度上影响到社会公众是否能够接触到作品，以及能够接触到什么样的作品内容；这也意味着，版权人采用自动化的删除通知技术，将“通知—删除”规则从一个“版权救济机制”异化为一个“大规模地限制社会公众接触版权作品的市场策略”。值得注意的是，这些由算法自动化执行的删除通知中还涵盖着一定比例的合理使用情况，自动化且大批量的删除通知会剥夺社会大众对作品合理使用的权利。这种作品权利人与作品使用人之间的矛盾，在“Lenz v. Universal Music Corp.”案中得到了集中体现。

2007年，原告Lenz拍摄了一个29秒的家庭娱乐视频。该视频呈现的是她的两个孩子在歌手Prince的歌曲“Let's Go Crazy”伴奏下跳舞。视频录制之后，Stephanie Lenz将其上传至著名的视频分享网站YouTube。在接到歌曲“Let's Go Crazy”版权人环球唱片（Universal Music）公司发出的侵权删除通知之后，YouTube视频分享平台将上述视频删除，并将删除通知转给视频上传人Lenz。Lenz认为自己录制和上传分享视频的行为并不侵权，遂向YouTube视频分享平台发出恢复视频的反向通知，并向法院提起诉讼，诉称环球

① See Joe Karaganis & Jennifer Urban，The Rise of the Robo Notice，Communications of The ACM，Vol. 58，2015.

② 该项调查中51%的不准确删除通知包括：所主张内容不受版权保护（4.2%），删除通知的法律效力存在可争议的瑕疵（28.9%），删除通知可以以版权作品“合理使用”抗辩（7.3%），无法定位删除通知所主张的版权内容（10.6%）。See Joe Karaganis & Jennifer Urban，“The Rise of the Robo Notice”，*Communications of The ACM*，Vol. 58，pp. 29-30，2015.

③ See Bar-Ziv，Sharon and Elkin-Koren，Niva，“Behind the Scenes of Online Copyright Enforcement：Empirical Evidence on Notice & Takedown”，*Connecticut Law Review*，Vol. 50，pp. 359-360，2018.

唱片公司在未合理地考虑原告使用作品是否构成“合理使用”的情况下，就向网络服务商发出侵权删除通知，构成实质性虚假陈述，违反了《千禧年数字版权法》（DMCA）。2015年，美国联邦第九巡回法院对该案作出判决，其中有两点判决意见意义深远：（1）版权人针对某一疑似侵权内容向网络服务商发出侵权删除通知时，需要考虑该内容是否构成作品的合理使用；（2）在需要监控大量网络信息内容的情况下，版权人的以下做法符合“通知—删除”程序中对合理使用情况的注意义务，即在发出删除通知之前，版权人采用计算机程序初步审查疑似侵权内容是否构成合理使用，必要时附加人工复查。①

非常有意思的是，美国第九巡回法院2016年修改了自己2015年所作出的判决，其中最主要的修改就是将关于“将计算机算法引入合理使用判断”的文字全部删除，即上述第二点判决意见。之后，该案当事人向美国联邦最高法院申请调卷令（Certiorari），但被驳回。② 虽然美国联邦第九巡回法院撤回了自己关于算法执行合理使用规则的判决意见，但是这丝毫不减损其2015年判决的重要意义。概而言之，美国联邦第九巡回法院2015年的判决为学界提出了以下两个相互关联的问题：第一，借助不断进步的人工智能技术，著作权法的实施和执行逐渐呈现出自动化和批量化趋势，之前坚持“个案原则”（case by case）的作品合理使用判断机制应该如何应付自动化和大批量的合理使用判断需求？第二，面临上述问题，采用算法执行合理使用规则进而作出自动化和批量化的合理使用判断，是否为不切实际的空想？本书认为，采用算法执行合理使用规则虽有难点，但具有可行性，具体方案详见下文。

（二）算法执行合理使用规则的基本方案

在人工智能技术，特别是机器学习技术的进步后，人们可采用算法来将合理使用的法律语言编译为以代码为表现形式的计算机语言③，并附带涵纳以往

---

① See Lenz v. Universal Music Corp.，801 F. 3d 1126，1133，1135 - 1136（9th Cir. 2015）.

② See Lenz v. Universal Music Corp.，137 S. Ct. 416（2016）.

③ 关于法律代码化表达的一个代表性案例，是分析法学家霍菲尔德的学术遗产在人工智能时代的重生。霍菲尔德致力于提取“法律的最小公分母”，他将庞杂的法律条文和复杂的法律关系约分为八组基本的法律概念。在人工智能时代，霍菲尔德的基本法律概念可以转换为二进制语言和Unicode编码，以实现对海量案件的检索，实现智能化的机器法律推理乃至辅助个案裁判。参见纪格非、王约然：《霍菲尔德法律概念的原点及其逻辑展开》，载《北京联合大学学报（人文社会科学版）》，2018（4）。

案例、版权作品等数据库，使得智能系统自行计算作出是否为合理使用的决定，并以百分比形式输出合理使用成立的概率。[①] 与人工智能的技术实现手段一样，算法执行合理使用规则的技术手段也可大致分为两种，即“代码定义”和“机器学习”。当然这两种技术手段的分类是为了构建便于讨论的分析框架，而两种技术手段在实践中一般会交叉使用。

第一，合理使用算法化执行的代码定义路径。合理使用规则中的一些核心概念和规则可以用程序代码将其编译和识别出来。因篇幅有限，本书试举以下三个应用例：其一，对特定域名后缀的识别。不同性质的网页有着不同的域名后缀，也即可以根据域名后缀判断访问网站的性质。如域名后缀为“edu.”的网站一般是教育科研类的非商业性网站[②]；再如域名后缀包括“gov.”的网站通常为非营利性的政府网站[③]；另如域名后缀是“org.”的网站往往是公益性组织或协会的网站。[④] 如果网络爬虫识别出访问网站的域名包括上述“edu.”“gov”“org.”等字节，那么可以将该网站使用作品的目的和性质预判为非商业的教育目的和公务性质。其二，对网页商业广告的鉴别。互联网产业的盈利模式有别于传统的向用户直接收费，而通常是以用户流量为基础向第三方广告商间接收费。因此，判断网站是否是商业性地使用作品，一个有效的办法是看网站在使用作品的同时是否投放商业广告。那么在设计算法时，就可以安排“网络爬虫”识别作品使用网页是否投放商业广告，并据此预判该网站对作品的使用是否是商业性的。其三，对作品所使用内容进行数量上的计算。美国著作权法合理使用的第三个要素是考察作品被使用部分占整体作品的比重，比重越大则认定侵权使用的概率就越大。在设计算法时，可以安排“网络爬虫”抓取疑似未经授权的网页内容与权利人作品数据中的作品内容作查重比对，并计算出文字复制比。所得文字复制比越高，则认定侵权使用概率越大；反之，认定合理使用的概率越大。

---

① See Niva Elkin-Koren, “Fair Use by Design”, UCLA Law Review, Vol. 64, pp. 1093 - 1099, 2017.

② 如中南财经政法大学网站：http：//www. zuel. edu. cn。

③ 如中国政府网：http：//www. gov. cn。

④ 如中国消费者协会网站：http：//www. cca. org. cn。

第二，合理使用算法化实施的机器学习路径。该路径是指，采用算法分析已有的合理使用判例，学习法院有关合理使用认定的决策模型，总结合理使用在不同场景中成立的规律，并以此作为前提预判待决的合理使用问题。“人们之所以需要借助算法来解决问题，是因为需要借助认知模型将认知负担控制在合目的的范围内。”[①] 机器学习路径在合理使用领域是可行的，因为已经有学者通过对法院判例的实证研究证实了这样一个事实，即法院关于合理使用的判决结果是有规律可循的，存在着一定的决策模型。如有学者对美国联邦法院1978年至2005年之间的300余件合理使用案例进行了实证分析，指出在美国《版权法》第107条所规定的合理使用四要素中，第一个要素“作品使用的目的和性质”和第四个要素“作品使用对作品市场利益的影响”，是影响法院判决的最为重要的因素，且第四要素的影响力要比第一要素的更为显著[②]；也有学者通过对美国联邦法院1978年至2010年之间合理使用案例的实证分析，指出大致以1994年的Campbell案为界，法院关于合理使用的判决呈现出从“市场因素导向型模型”（Market-centered Paradigm）向“转换性使用模型”（Transformative Paradigm）转变[③]，也即第一要素相比于第四要素更为重要的趋势。还有很多类似的实证研究，都得出了合理使用判决有规律可循的结论。[④] 这表明算法可以从既往判例集中习得关于合理使用的决策模型，而且算法会比上述学者做得更好。因为鉴于人力成本和时间成本，学者所作的传统的实证分析大多是有限度的抽象调查，而算法可以较低的成本执行近乎全样本的实证分析，得出的数据模型也更为真实。2014年，中国裁判文书网正式开通并运营。根据《最高人民法院关于人民法院在互联网公布裁判文书的规定》，除法律有特殊规定以外，各级人民法院的生效裁判文书均需在中国裁判文书网上予以公示，这为机器学习提供了绝佳的数据资源。

---

① 蒋舸：《作为算法的法律》，载《清华法学》，66页，2019（1）。

② See Barton Beebe, “An Empirical Study of U. S. Copyright Fair Use Opinions, 1978—2005”, *University of Pennsylvania Law Review*, Vol. 156, 2008.

③ See Neil Weinstock Netanel, “Making Sense of Fair Use”, *Lewis & Clark Law Review*, Vol. 15, 2011.

④ See Pamela Samuelson, “Unbundling Fair Uses”, *Fordham Law Review*, Vol. 77, 2009; Matthew Sag, “Predicting Fair Use”, *Ohio State Law Journal*, Vol. 73, 2012.

需要注意的是，人工智能和人类智慧在合理使用规则实施机制中的不同作用及其相互关系。算法执行合理使用规则所作出的判断，不决定合理使用是否成立，而只是输出一个表示合理使用成立概率的百分比，最终决定是否成立合理使用还需要人的参与。正如美国联邦第九巡回法院在 Lenz 案中的主张，算法参与的合理使用规则实施机制是一个双层结构，即先由算法预判，后由人类复核。① 在这个双层结构中，算法起到一个筛选作用，旨在从大批量的合理使用待决案中过滤出重点，减轻后续人类复核的工作量。简而言之，在判断是否成立合理使用的决策过程中，算法判断是对人类判断的辅助而不是替代。在本书所主张的合理使用判断机制中，既不能采取“算法虚无主义”轻视算法的作用，也不能迷信“算法万能主义”夸大算法的作用。

需要说明的是，虽然算法化的合理使用判断机制是以自动化的删除通知和批量化的合理使用判断需求为产生背景的，网络环境中的版权人和网络服务商是其应用主体，但是算法化的合理使用判断机制的“用武之地”并不局限于此。如诉前的纠纷当事人，可以采用算法化的合理使用判断机制预判各自的胜算概率，如此则可以一定程度上促成诉前和解。再如法院也可以借助算法化的合理使用判断机制辅助裁判，减轻案件负累，提高工作效率。另外，采用算法对合理使用规则和案例进行挖掘分析，本身就是一种新型的法学研究方法。有学者将“计算法学”称为继“政法法学”“诠释法学”“社科法学”之后的第四代法学研究方法。② 计算法学在合理使用领域的应用，可对合理使用开展便利化的量化分析和低成本的实证研究，为合理使用制度的学术研究开阔新的视野。

---

① Lenz v. Universal Music Corp.，801 F. 3d 1126，1136（9th Cir. 2015）.

② 参见邓矜婷、张建悦：《计算法学：作为一种新的法学研究方法》，载《法学》，2019（4）。“政法法学—诠释法学—社科法学”这一法学流派演变最早由苏力教授提出。参见苏力：《也许正在发生——中国当代法学发展的一个概观》，载《比较法研究》，2001（3）。

第十二章

诸国合理使用制度比较研究

一、国外合理使用制度立法例概观

（一）英国

英国是合理使用制度的首倡者。英国法官在司法实践中所创制的合理使用规则，以立法文件的形式出现，始于1911年著作权法。以后该法经多次修改，合理使用又被分别规定在1956年著作权法和1988年著作权法之中。

英国现行法规定，合理使用与法定许可使用，“是可以实施而不侵犯著作权的行为”，凡法律对著作权作品未作具体说明的，合理使用适用于任何一类作品，但合理使用限于法律明确规定的情形，“不应被引申为规定于被任何作品之著作权所禁止之行为的范围”（《英国著作权法》第28条，以下只注第×条）。

合理使用的主要情形有：

1. 供个人使用进行的复制。为研究或私人学习之目的，可以对文学、戏剧、音乐或艺术作品进行复制使用。在这里，被使用作品是指文字作品，不包括录音制品和电影作品，私人使用限于个人或家庭以及与此同类的有限范围。同时，使用者可以自己复制，也可以由他人代为复制，但复制不得包括为公众

使用而专门设置的自动复制机进行的复制。（第 29 条）

2. 引用。对某一已发表作品或作品的表演进行批评或评论，在附加充分说明的条件下可以在使用者自己的作品中引用该作品。（第 30 条）

3. 时事报道中的使用。为了报道时事新闻，可以在报纸、杂志或其他刊物，或者在广播或电视广播中合理使用他人作品，但不包括照片。一般使用时都须注明出处，但用录音、影片、广播或电缆节目手段进行的时事报道无须附加说明。（第 30 条）

4. 附带使用。凡艺术作品、录音、电影、广播或电缆节目中附带采用著作权作品，不构成侵权。（第 31 条）

5. 教学活动中的复制。在教学或备课过程中，允许复制文学、戏剧、音乐或艺术作品，但复制须由任教者或受教者本人实施，且未采用影印方式。为上述目的施教与受教人员还可以采取复制录音、电影、广播节目等形式。因考试需要可以采取任何方式使用作品，但不包括主考者为表演作品而影印复制音乐作品。（第 32 条）

6. 教育活动中的汇编。供教育单位使用的汇编作品，可以收入已出版的文学、戏剧作品的短小片段，汇编作品应主要由不享有著作权作品的资料构成，且对收入的著作权作品作了充分说明，并符合收入作品的数量限制条件。（第 33 条）

7. 教育活动中的表演。以教育单位的老师和学生以及其他与该单位活动有直接联系者为观众，由教师或学生表演文学、戏剧或音乐作品，或是为教学目的而由其他人在教育单位进行上述表演，属于合理使用。此外，为教育目的而在教育单位为上述观众播放或放映录音、电影、广播等，适用上述规定。（第 34 条）

8. 教学活动中的录制。为本单位的教育目的，教育单位可以将广播或电缆节目录制下来或制作复制品。但是，著作权人对上述作品的许可使用方案得到确认或已具备条件，上述使用不复存在。（第 35 条）

9. 教学活动中的影印复制。为教学目的，教育单位可以从已出版的文学、戏剧或音乐作品中影印复制一些片段，复制篇幅每季度不得超过该作品的 1/10。但是，使用者知道或应该知道在一定程度上能够获得复制许可证时，上述

影印复制不得实施。（第 36 条）

10. 图书馆、档案馆的复制。政府所指定的图书馆、档案馆工作人员，依允许复制的指定条件，可以为进行研究或个人学习的人进行下列程序的复制：在一般情况下，可以复制期刊的一篇文章，或复制文学、戏剧、音乐作品出版物的一部分，在不知道著作权人姓名或无法找到著作权人的情况下，可以复制期刊上的文章或文学、戏剧、音乐作品出版物的全部或部分。此外，还可以因图书馆、档案馆作品保存与替代的需要，复制其永久收藏物的任何资料。（第 37～44 条）

11. 公共管理中的使用。为议会或司法程序的目的而使用作品，不侵犯著作权，因报道上述程序而使用作品，也在法律允许的范围内。（第 45 条）

12. 设计文件与模型。除艺术作品、打印字体设计的设计文件之外，根据特定设计文件制造物品或复制由此制造的物品，并不侵犯该设计文件的著作权；涉及上述物品复制件的流通、电影、广播等行为也不构成侵权。其中，“设计”是指针对物品形状、配置等方面设计（无论是内部还是外部）全部或部分，并非单纯指物品的表面装饰；“设计文件”是指任何针对该设计的记录，无论是图纸形式还是书面形式的描述、照片，或存储在计算机中的数据等。（第 51 条）

13. （实用）艺术作品设计图的权利用尽。在艺术作品自首次投入工业生产环节之后的 25 年后，该（实用）艺术作品的著作权即用尽（著作权人自己投入工业生产或许可他人生产），他人可以自由依据该（实用）艺术作品制造物品，也可以自由针对该制造的物品实施进一步的使用行为。（第 52 条）

14. 打印字体的使用。打印字体可以被视为一项艺术作品，但在正常的撰写、排版或印刷过程中使用字体；为前述用途而拥有特定物品；就上述用途所产生的材料任何有关的行为均不构成著作权侵权。但针对打印字体的艺术作品著作权保护仅 25 年，自首次投入工业生产环节之后的 25 年后，著作权人无法禁止他人针对该打印字体的艺术作品的任何使用行为。（第 54、55 条）

15. 作品电子格式复制件的转让。购买者为完成作品复制件转让而实施的就作品电子复制件的复制、改编以及相关行为，均不会被视为著作权侵权行为。在没有明示禁止条款（禁止作品复制件转让）的基础上，受让方也可以实施（上述）与转让方相同的行为。但是在作品电子复制件转让行为之外，（多余）的作品电子复制件将会被视为侵权复制件。（第 56 条）

＊＊＊杂项：文学、戏剧、音乐、艺术作品的著作权限制

16. 匿名或假名作品被推定允许的行为。在无法合理确定作者身份（合作作品的所有作者），或合理推定作品著作权终止、作者死后（合作作品的所有作者）已 50 年的情形中，任何针对该作品的使用行为不构成著作权侵权行为。

17. 对口述作品的记载或录制。为时事报道或广播、收入电视节目的需要，可以用书面或其他方式记载或录制口述作品，并用于上述目的，但讲述者声明禁止上述使用的除外。（第 58 条）

18. 对文学、戏剧、科学作品的摘取使用。允许摘取已出版文学、戏剧作品的合理部分公开朗读或背诵，并可以将这种朗读或背诵收入电视节目；允许复制发表于期刊上有关科学作品的内容提要，但使用人知道或应该知道著作权人拥有上述作品的许可使用方案时，则不得适用该项规定。（第 59、60 条）

19. 民歌的录制。为国家指定的档案管理机构馆藏的目的，就民间文学、音乐作品录制录音、表演，但应当满足下列条件：录制之时作品尚未发表且作品归属不明；录制行为不侵犯其他作品的著作权；不侵犯其他表演者的相关权。（第 61 条）

20. 对永久性陈列作品的使用。凡永久性处于公共场合或向公众开放之场所的建筑物以及雕塑、建筑模型、工艺美术作品等，可以对其绘制、拍照、录像、拍摄影片等。（第 62 条）

21. 广告的使用。为制作作品销售广告之目的，允许复制作品或公开发行其复制品。（第 63 条）

22. 艺术作品作者的后续创作。如果艺术作品的作者不是著作权所有者，那么出于后续创作另一作品的目的复制在先作品的行为不视为侵权。（第 64 条）

23. 建筑重建行为。建筑重建的行为并不侵犯在先建筑作品（含设计图）的著作权。（第 65 条）

＊＊＊杂项：录音、电影和电脑程序的著作权限制

24. 为慈善、福利事业目的而播放录音。为慈善、宗教、教育、福利事业而设立的非营利组织，可以播放有著作权的录音作品。但入场收费所得须全部

用于本组织之目的。(第 67 条)[①]

(二) 美国

美国是合理使用制度之集大成者，其相关立法技术与学说理论对其他国家产生了广泛的影响。美国自 1790 年引进《安娜法令》的“版权”概念，制定自己的著作权法以来，虽在普通法中普遍适用合理使用规则，但直至 1976 年修订著作权法时，才以立法形式对合理使用作了系统的规定。为参加《伯尔尼公约》，美国于 1987 年又重新对该法作了重要修订。应当注意的是，《美国著作权法》法典中的合理使用存在狭义、广义的分类：前者仅仅是合理使用四要素所涵盖的合理使用行为，采取“概括主义”的立法模式；后者则是出于价值原理、公共政策的使用行为，采取“列举主义”的立法模式。除上述差别之外，二者构成了《美国著作权法》中的权利限制制度。

1. 合理使用的一般（狭义）条款。合理使用的一般条款最近于 1992 年修改，在原本四要素基础之上增加了一个重要的补充：作品未发表的事实不会影响依据四要素标准判定为合理使用行为。[②] 一般条款表明，为了批评、评论、新闻报道、教学、学术研究等目的而合理使用有著作权的作品，包括用复制品或录音制品，或法律规定的任何其他方式来使用该作品，都不属于侵犯著作权。但是并非所有批评与评论、新闻报道、教学活动及学术研究都当然地构成合理使用，因为具体确定对一部作品的使用是否合理，还必须考虑下列因素：(a) 使用的性质和目的，包括这种使用是否有商业性质或者为了非营利的教育目的；(b) 享有著作权的作品的性质，不同类型作品的著作权利用方式不同，合理与否的界限也有区别；(c) 所使用的作品中，被使用部分与整个作品的比例是否失当，比例若失当则不能视为合理；(d) 有关的使用行为对作品的潜在市场价值有无重大不利影响，如果有这种影响，就不能视为合理（《美国著作权法》第 107 条，以下只注第×条）。下面分别加以评介。

(1) 批评与评论。其属于合理使用的传统范畴。作品批评和评论从总体上

---

① 关于英国合理使用制度的规定，参见 William Briggs，The Law of International Copyright，1986；世界知识产权组织编：《世界各国版权法概论》，北京，中国政法大学出版社，1990；《中外版权法规汇编》，北京，北京师范大学出版社，1993；等等。

② Fair Use of Unpublished Works，PL 102 - 492，October 24，1992，106 Stat 3145.

说不能替代所评论的作品，如果引用达到与原作传播同样知识的程度，该行为应视为对著作权的侵犯。法院认为对原作市场的损害，其原因不仅来自对原作精华内容和实质部分的复制，即取代原作市场；而且可能来自毁誉性的评论，即削弱原作市场。

（2）新闻报道。在新闻报道中使用有著作权作品一般被视为合理使用，但这种使用的要求与评论和批评的条件相同，即不能有商业性目的，而对原作构成损害。

（3）教学活动。只有非营利性的教学使用才是合理使用，它分为课堂使用与课外使用两种。1976 年美国国会立法报告的具体要求如下：(a) 关于书籍和期刊。允许老师因个人学术研究和教学活动需要而个别复制一本书中的一章，一份期刊报纸中的一篇文章、一篇短文或一首短诗，一本书或一份报刊中的一张图画、图表、卡通片等。允许因课堂教学需要而多额复制，但不得超过一人一份的限度。该种复制不得取代购买原版书籍和刊物，且不得由同一老师每学期以相同情形反复复制。(b) 关于音乐作品。允许因紧急演出需要而又无法购买所需作品，临时进行复制；老师因教学活动需要对作品进行非印刷方式的复制或摘录，学生为评论、排练作品的需要而对表演录音的个别复制；为听觉练习或考试需要而对教育团体或老师拥有的音乐录音的复制；等等。

（4）学术研究。立法报告认为，合理使用中的学术研究具有私人性质，且具非营利性目的，但是，营利性机构与学校或政府共同进行研究，其研究成果又为公众自由使用时，该行为可视为合理使用。

值得注意的是，合理使用通常只限于已发表作品；对于未发表作品，无论出于何种目的，都有可能侵害作者的“发表权”和“私人秘密权”。在美国，虽有个案显示了对未发表作品的合理使用①，但直至其 1992 年 10 月 24 日法（即第 102—492 号公法）才从立法上确立了此规则，该内容已被列入了美国著作权法第 106（A）条第 2 款。该款特别强调，“只要有关合理使用的调查是建立在对考虑上述要素基础上的，那么某作品未发表的事实本身并不能阻止它的进行”。这就是说，对未发表作品的使用，只要其符合上述合理性的一般标准，

---

① See Harry G. Henn, *Copyright Law*, 1988, p. 180.

也构成合理使用。

2. 合理使用的其他条款。包括图书馆和档案馆的复制，非营利性机构对录音制品的转移，非营利性的演出或展出，某些二次播送，临时性录制等（第108～112条）。下面试分述之。

（1）图书馆、档案馆的复制。首先，允许图书馆或档案馆，或者其在受雇范围内行事的任何雇员，复制一部作品的一份复制件或录音制品，或者发行这一复制件或录音制品，但其条件是：无谋取商业利益的目的；图书馆、档案馆收集的作品是向公众开放的，或者不仅供隶属于图书馆或档案馆的研究人员或其下属的机构的研究人员使用，而且供从事专业研究的其他人员使用；此外复制品有著作权标记。其次，允许为图书馆、档案馆自己保存与替代的需要，以原样形式复制作品的复制品和录音制品，其条件是：上述机构虽经努力仍无法以合理的价格购买一份未经使用的取代本。

（2）录音制品或计算机程序的转移。非营利的图书馆或教育机构可以将其合法拥有的录音制品以非营利的目的出租或出借；非营利性的教育机构可以将其合法拥有的计算机程序通过出租或出借等方式转让给另一非营利性的教育机构、学院及其职员或学生。

（3）非营利性演出或展出。主要包括：教学演出或展出，即非营利性教学机构在其教学活动中，可以由教师、学生演出或展出一部作品；教学或公务播送，即政府机构或非营利性教学机构，为教学或公务活动需要，可以在特定场所收听收看在播送过程中演出的一部非戏剧性文学或音乐作品或是展出一部作品；宗教演出或展出，即在宗教场所做礼拜时，可以演出非戏剧性文学或音乐作品，或具有宗教性质的音乐戏剧作品，或者展出一部作品；免费演出，即以向公众广播以外的方式演出非戏剧性文学或音乐作品，没有谋取商业利益的目的，不付给表演者、主办者组织任何报酬，也不向观众或听众收取入场费。

（4）转播。由政府机构或其他非营利组织而不是电缆系统所进行的转播，可以将演出或展出一部作品的初次播送转播到房客、住户等私人处。该转播必须出于非营利目的，且对转播接收者仅收取支付维修和管理转播服务的必要费用。

（5）临时性录制。播送机构为其本身播送服务或档案保存的需要，可以对演出或展出的某一播送节目制作一件复制品或录音制品，除专为存档目的外，上述复制品或录音制品必须在播送节目首次公开播放之日起 6 个月内销毁。此外，某一政府机构或其他非营利性机构为保存与自己使用的需要，也可以制作一定数量的复制品和录音制品，除专门为存档的之外，都必须在规定的日期内销毁。

此外，除上述公务播送的情形外，关于政府或司法使用，虽未在法律中明确规定，且有法院判例宣称"国家未经著作权所有人许可，将无特权使用有著作权作品"，但是美国版权局局长的报告和国会报告曾确认，"在立法或司法诉讼中复制他人作品可视为合理使用"，"在国会的听证或文件中使用出版物即为有著作权作品，其复制的篇幅、数量均为适当，而且作品本身又与立法问题有关，这种复制应属于合理使用的范围"①。

为适应数字技术发展的需要，美国国会于 1998 年 8 月通过了《数字千年著作权法》(The Digital Millennium Copyright Act，以下简称 DMCA)，该法案将世界知识产权组织（WIPO）1996 年 12 月公布的两项条约（《世界知识产权组织版权条约》以及《世界知识产权组织表演和录音制品条约》）的相关规定纳入美国著作权法，并试图解决因国际因特网蓬勃发展而引起的著作权法问题。DMCA 一共包含以下四项法案。

一是《WIPO 因特网条约的实施法案》（WIPO Copyright and Performances and Phonograms Treaties Implementation Act of 1998）。该法案含 5 项条款被吸收于现行《美国著作权法》法典第 1201 至 1205 条，重点规定了著作权合理使用与技术保护措施关系，也是 DMCA 法案中唯一设计作品合理使用的（子）法案。② 该法案配合 WIPO 两项条约③调整美国现行著作权法的框架，

---

① 关于美国合理使用制度的规定，可参见 William F. Patry，Fair Use Privilege in Copyright Law，1986；William Briggs，*The Law of International Copyright*，1986；世界知识产权组织编：《世界各国版权法概论》，北京，中国政法大学出版社，1990；《中外版权法规汇编》，北京，北京师范大学出版社，1993。

② 由于《WIPO 因特网条约的实施法案》中仅仅第 1201 条设计技术措施保护与合理使用的关系，故本文不再对第 1202 至 1205 条的相关内容作详细论述。

③ 《世界知识产权组织版权条约》（World Intellectual property Organization Copyright Treaty，WCT）；《世界知识产权组织表演和录音制品条约》（WIPO Performances and Phonograms Treaty，WPPT）简称《WIPO 表演和录音制品条约》，二者合称为"WIPO 因特网条约"。

禁止破坏他人为保护著作权而设置的技术措施，以及删除或修改他人用以表明作品与作者身份的著作权权利管理信息的行为。不仅如此，法案中同时明文禁止制造、输入和买卖主要设计或制造供破坏他人技术保护措施之用的装置。针对DMCA增加的技术措施，各界担心其成为不受限制的“超著作权”（Para-copyright）①。因此，立法者也对其施加了种种限制。第一，在第1201条a款1项的B至D目中建构了一项具有延续性的立法机制，让国会图书馆享有一种权力，让使用者在法定条件下合法规避技术措施；第二，在第1202条中，DMCA也专门规定了保护使用者隐私权的规定；第三，在第1203条b款1项中，禁止地方法院对言论自由与新闻评论加以限制，使DMCA符合宪法表达自由条款的规定；第四，国会制定了第1201条的c款1、2项，作为“保留条款”，保证著作权法中的相关权利、救济、限制或侵害著作权的抗辩，包括合理使用等，皆不因技术措施的相关规定而受影响，同时，任何技术、产品、服务、设备、组件或其零件，与其侵害著作权相关的替代责任或帮助侵权，也不因技术措施的相关规定而扩大或降低；第五，第1201条的d至k款还规定了8项反规避条款的法定例外，分别在非营利性图书馆、反向工程与未成年人保护等领域允许规避技术措施的行为。② 由此可见，在美国法规定的数字环境下，合理使用不再是直接提供作品的利用，而是授权破解，比如权利人可以预先将法律许可的合理使用的范围在电子契约中列出，如果图书馆的要约符合合理使用的要求，权利人就可以授权图书馆破解或提供破解手段，破解后就能免费使用作品。③

值得注意的是，受DMCA影响的《美国著作权法》在第1201条a款1项

① H. R. Rep. No. 105－551，pt. 2，105th Congress 2d Session（1998），p. 24.

② 17 U. S. C. A. § 1201条的d至k款规定了8项规避技术措施的例外：（d）非营利性图书馆、档案馆、教育机构对作品的使用；（e）执法、政府行为；（f）就合法获取计算机软件的反向工程行为；（g）就合法获取作品复制件加密技术的研究行为；（h）就为阻碍未成年人访问目的技术措施的规避行为；（i）就阻碍个人身份信息识别的技术措施的规避行为；（j）为必要计算机软件系统、网络的安全测试的规避行为；（k）公共传播技术、设备技术措施的规避（美国出于保护视频点播产业的需求，禁止在公共节目中使用接触、复制控制的技术措施，因此针对该类型节目技术措施的规避属法律允许的行为；但针对个人点播范畴内技术措施的规避行为（直接或间接规避）仍然受到著作权法的禁止）。

③ 参见肖燕：《美国〈数字千年著作权法〉及其对图书馆的影响》，载《大学图书馆学报》，2001（1）。

B至E目还规定了一项特殊的“行政机制”，针对“技术措施合理规避”条款适用特定期限的作品审查与分级机制。依据第1201条a款1项B至E目的规定，该特殊机制专门针对著作权技术保护措施阻碍原本属于合理使用等自由领域内的作品接触，而允许特定的技术措施合理规避行为；由《美国著作权法》授权美国国会图书馆（在与美国著作权注册管理局、商务部充分讨论基础上）开启作品类别的分级与审查，针对不同作品予以分级、归类并且向社会广泛公布，该“分级名单”以每个连续的3年为限。[①] 在该（3年）期限内，“分级名单”内作品接触控制技术措施的规避行为将受到著作权法的允许。[②] 而前述美国国会图书馆制定规避技术措施的作品“分级名单”所考虑的因素如下：（1）特定作品的可访问（接触）性；（2）访问（接触）主体是否存在非营利性的档案、保存、教育等目的；（3）接触控制的技术措施对于原本作品评论、新闻、教育、科研等产生的（消极）影响；（4）访问（接触）行为对于作品市场价值产生的影响；（5）类似于上述属美国国会图书馆所考虑的其他合理因素。值得注意的是，1201条a款1项E目强调，上述“行政机制”仅仅适用于第1201条a款规定的合理规避行为，无法作为第1201条其他项、目等规避行为的抗辩事由。此外，上述“行政机制”的5项考量因素与合理使用四要素存在诸多重合，该条款意在建立行政机制保障著作权法原本自由领域内的作品接触行为，但司法对于具体规避行为的合法性有最终审查的权力。

二是《网络著作权侵权责任限制法案》（Online Copyright Infringement Liability Limitation Act）。该法案被《美国著作权法》法典的第5章（著作权侵权责任部分）的第512条所吸收，主要是规定国际因特网服务提供者（ISP）在发生通过其线路侵害他人著作权事件时的责任问题。该法案免除单纯提供线路供使用者在网络上传输信息的ISP的责任，故该法案并不涉及作品的合理使用。

---

① Jacqueline D. Lipton，Solving The Digital Piracy Puzzle：*Disaggregating Fair Use From The Dmca's Anti-Device Provisions*，19 Harv. J. L. & Tech. 111，120 - 121（2005）.

② 依据最新的作品“分级名单”，被豁免的技术措施规避行为限于视听、文字作品、计算机软件三类作品类型，并且以实现相应的14种合理使用行为为限。See 37 C. F. R. § 201. 40：Exemptions to prohibition against circumvention（2018）.

三是《计算机维护竞争保障法案》(Computer Maintenance Competition Assurance Act)。为了确保被客户授权维修电脑的电脑维修公司，可以启动被维修客户电脑中有著作权的电脑软件进行维修工作而不会因此触犯法律。该法案最终被美国联邦法典第28类《联邦司法与司法程序》法典所吸收，已不属于美国著作权法范畴(《美国著作权法》属于美国联邦法典的第17类规定)。

四是《船体外观设计保护法案》(Vessel Hull Design Protection Act)。应当说明的是，《船体外观设计保护法案》颁布于1998年，但其调整的著作权客体并不仅仅限于"船体外观设计"。特别是美国立法机构于2008年在原《船体外观设计保护法案》规定的基础上扩大了权利保护客体的范围，将其作为美国著作权法中"独创性(实用物品)设计"保护(Original Design of a Useful Article)的单行法。该单行法位于《美国著作权法》法典的第13章，奉行工业版权的短保护期制度(自注册或公开之日起10年)，并拥有相对独立的权能设定以及侵权规定。并且，美国知识产权法拒绝给予该设计的"重叠保护"，在权利人申请获得外观设计专利的情况下，独创性设计的工业版权保护即自动终止。[①] 应当说明的是，美国合理使用的一般条款针对的是《美国著作权法》法典第1章第106条的独占性著作权权能的限制，那么"独创性(实用物品)设计"的著作权在原则上无法适用合理使用的一般条款。

(三) 欧盟

欧盟各成员国著作权法制度体系(英美法、大陆法)存在着根本性的差异。除作品著作人身权(精神权)立法的差异之外，著作权制度中作品与相关权(邻接权)客体的种类繁多，并且还涉及复杂的利益关系，难以在不同法律传统的著作权法制度中予以统一或协调。上述原因造成欧盟成员国难以制定和发布统一的"欧盟版权指令"，欧盟议会和理事会(欧盟的权威立法机构)只能在具体事项、问题层面表决通过专门指令，协调欧盟成员国内著作权法制度的调整。而依据欧盟立法的规定，欧盟议会和理事会表决通过的指令对各成员国具有约束效力。欧盟各成员国著作权合理使用制度同样由各具体的指令予以协调，例如欧盟的《计算机程序保护指令》《数据库保护指令》《信息社会版权

---

① 17 U.S.C.A. § 1329, Relation to design patent law.

指令》《数字单一市场版权指令》。依据各专门的“指令”，欧盟域内的著作权合理使用制度可作如下归纳。

一是《计算机程序保护指令》中的合理使用。欧盟议会和理事会在1991年颁布实施《计算机程序保护指令》，随后又在2009年进行了一定的修订。2009年的《计算机程序保护指令》即为欧盟现行有效的版本，在第2、3、4条分别规定了计算机程序权利人的法定权能，第5、6条则规定了合理使用（权利的例外）。

第5条　计算机程序权利的例外

1. 在没有具体合同条款的情况下，计算机软件的购买者依据（软件购买合同的目的）而实施必要的复制、运行、翻译、改编的行为（包括对软件必要的纠错行为），不应要求行为人得到软件权利人的授权。

2. 软件购买者有权就计算机程序制作必要的备份复制件，软件著作权人不得通过合同条款阻止该必要的行为。

3. 软件购买者有权在未经权利人授权的情况下，为了对计算机程序设计思想、原理等进行观察、研究或测试性能，而对软件实施任何必要的加载、显示、运行、传输或存储的行为。

第6条　软件的反编译行为

1. 为实现软件运行互操作性而获取必要的代码信息，实施复制、翻译软件代码的行为，则不需要权利人的授权，但需要满足以下条件：

（a）该行为由软件被许可使用的主体，或其他有权使用软件复制件的人，或通过被授权而代表他们的人所实施；

（b）为实现互操作性所必要的信息对于（a）项涉及的主体而言是无法获取的；

（c）这些反编译行为仅限于为实现互操作性所必需的软件代码部分。

2. 第1款规定的反编译行为不得属于以下情形：

（a）用于实现计算机程序的互操作性以外的目标；

（b）并非必要的情形而转交于他人实施软件的反编译行为；

（c）将反编译的软件信息用于开发、生产、销售与在先软件实质性相似的计算机程序，或用于其他侵犯软件著作权的行为。

3. 根据《伯尔尼公约》的规定，本条的规定不得不合理地损害权利人的合法著作权利益，不得阻碍著作权人对计算机程序的正常利用。[①]

二是《数据库保护指令》中的合理使用。在欧盟成员国内，数据库享有著作权保护的条件是具备一定的独创性，并且可以被视为一项汇编作品。尽管1996年颁布实施的《数据库保护指令》规定了欧盟成员国对于数据库权利保护的最低标准，但各成员国内著作权法对于具体数据库的保护程度存在差异，取决于作品独创性认定的高低，例如英国著作权法的独创性标准较低，主要作品能够体现创作者一定技能、劳动等即具备独创性；而德国通过一系列的判例表明，汇编作品只有超出一定技能、水平才可以具备独创性并受到著作权保护。欧盟《数据库保护指令》第6条集中规定了数据库的合理使用制度，各成员国的著作权法须作出如下明确规定。

1. 为了访问、正常使用数据库的内容所必需，数据库的合法用户可以实施相应的复制、改编、翻译、发行等行为，不需要数据库权利人的授权；如果合法用户被授权仅使用数据库的某一部分，则该规定仅适用于该部分。

2. 成员国可以选择对数据库保护的权利作出限制，但应当限于下列情况：(a) 就非电子数据库的私人目的而复制；(b) 用于教学或科学研究的唯一目的、用途，限于非商业目的并且需要指明数据库的来源；(c) 为履行行政、司法程序或保障公共安全的目的而使用数据库的情形。

3. 根据《伯尔尼公约》的规定，本条款的解释不得不合理地损害权利人的合法利益、与作者就作品正常的使用相冲突。[②]

三是《信息社会版权指令》中的合理使用。为了顺应计算机、数字化、网络等信息技术环境下作品著作权的保护需求，欧盟议会和理事会在2001年颁布实施《信息社会版权指令》。应当说明的是，相较于其他欧盟版权指令，《信息社会版权指令》规定的作品合理使用最为全面，并且对成员国内著作权法的相关修订产生了重要的影响。该指令的第2、3、4条规定了著作权与相关权的

---

① Directive 2009/24/EC of the European Parliament and of the Council of 23 April 2009 on the legal protection of computer programs.

② Directive 96/9/EC of the European Parliament and of the Council, of 11 March 1996 on the legal protection of databases.

基本权能，第 5 条（含 5 款）集中规定了作品的合理使用制度。

1. 临时复制行为。复制行为如果是暂时或偶然的，并且属于技术过程不可或缺的重要组成部分，其唯一目的是实现：(a) 中间人在为了确保作品在三方主体之间的网络传输，或 (b) 合法使用作品。行为人的复制行为应当被允许，但是该行为本身不得具有独立的经济意义。

2. 成员国可以规定作品复制权的例外，但应当限于下列情况：

(1) 除乐谱外，任何可以通过复印技术复制作品形成纸质（或类似）媒介的复制件，但权利人有权获得合理的报酬。

(2) 非出自直接、间接的商业目的，自然人为个人使用而复制作品，但权利人有权获得合理的报酬。

(3) 公共图书馆、博物馆、档案馆或教育机构所作出的具体的复制行为，该行为并不是为了直接或间接的经济或商业利益。

(4) 广播组织为了播出其广播，通过广播设备对作品制作临时的录音制品；并且可以在官方档案结构中保存这些录音作为特殊的记录材料。

(5) 为非商业目的在医院、监狱等的社会机构播放广播而实施制品的复制，但权利人有权获得合理的报酬。

3. 欧盟成员国在特殊情况下对作品的复制权、公众传播权的限制应当符合下列条件：

(1) 用于教学或科学研究的唯一目的，只要指明来源（包括作者姓名），除非不可能指明的情形，并且以非商业目的为限。

(2) 在残疾人特定的需求范围内，为残疾人的利益使用作品，限于非商业性质的目的。

(3) 除非作者明确表示保留相关的权利，为了新闻报道的目的，对已经发表的有关时事经济、政治、宗教的文章、广播以及其他受保护客体进行复制、向公众传播、向公众提供的行为，但应当指明作品来源和作者姓名（除非不可能指明的情形）。

(4) 为批评、评论等目的而引用已经合法发表的作品或其他受到著作权保护的客体，应当指明作品的来源（包括作者姓名），并且符合作品引用的通常惯例。

（5）为了公共安全或确保立法、行政、司法程序的正常进行，或为了对立法、行政、司法活动的正当报道，使用作品或邻接权的客体。

（6）为了新闻报道的目的使用公开的政治演说、讲座或类似作品或相关权客体的摘录片段，但应当指明包括作者姓名在内的作品来源信息。

（7）在宗教仪式、官方庆祝活动中使用作品或相关权的客体。

（8）使用永久性地存放于公众场所的作品，例如建筑或雕塑作品。

（9）在其他材料中偶然纳入作品或相关权客体的情形。

（10）为宣传展览或销售活动所必需，在广告中使用公开展览或销售的艺术作品，但不包括任何其他的商业用途。

（11）为讽刺、模仿或戏仿的目的使用作品或相关权的客体。

（12）为设备演示、修理而使用作品或相关权的客体。

（13）为重建建筑物而使用以建筑物形式体现的艺术作品或建筑物的图纸。

（14）为个人研究、学习的目的，通过公共图书馆、教育机构、博物馆、档案馆的设备，向公众中的个人传播、提供其收藏的作品或相关权的客体。

（15）在其他某些不太重要的情况下使用作品（类似于前述条款的情形），但前提是这些限制与例外已经存在于成员国的法律之中，并且没有影响成员国内商品和服务的自由流动，以及不影响本条规定的其他例外情形。

此外，《信息社会版权指令》第 5 条的第 5 款属于一项类似于《伯尔尼公约》的“三步检验法”的原则性规定：“指令”所规定著作权或相关权的例外和限制仅适用于某些特殊情况，这些特殊情况不得影响作品或相关权客体的正常利用，并且不得不合理地损害其权利人的合法利益。[①]

四是《数字单一市场版权指令》中的合理使用。在《数字单一市场版权指令》颁布之前，欧盟已经通过《计算机程序保护指令》《数据库保护指令》《信息社会版权指令》三项主要的版权指令，规定了完备的合理使用制度，但为了顺应数字化技术给作品著作权保护带来的新问题，欧盟议会和理事会在 2019 年 3 月颁布实施了《数字单一市场版权指令》，包括数字环境下作品的合理使

---

① Directive 2001/29/EC of the European Parliament and of the Council, of 22 May 2001 on the Harmonization of Certain Aspects of Copyright and Related rights in the Information society.

用、延伸性著作权集体管理、流媒体平台中的视听作品许可、视觉艺术作品的公有领域保留、在线内容分享服务商的特殊责任等内容。《数字单一市场版权指令》第二章中规定的作品合理使用包含如下情形。

1. 为科学研究的文本和数据挖掘

成员国应当针对《计算机程序保护指令》（2009/24/EC）、《数据库保护指令》（96/9/EC）、《信息社会版权指令》（2001/29/EC）所赋予的著作权权能规定一定的例外或限制，确保科研机构和文化遗产机构为科学研究目的进行文本和数据挖掘，对其合法获取的作品或相关权客体进行复制、摘要的行为；出于前款行为目的实现所需，行为人可以留存文本和数据挖掘作品的复制件或片段；本条规定的文本和数据挖掘对著作权的限制仅仅适用于著作权人为明确保留其著作权的情形之中，例如在开放网络空间内可自由获取的作品（视为权利人未作权利保留）。本条的规定仅限于以科学研究为目的。

2. 在数字和跨境教育活动中使用作品或相关权客体

成员国应允许以非商业目的，为教学活动而对作品或相关权客体进行数字化使用，但该使用需要满足：（a）在教育机构的场地、场所之内，或只有教育机构的学生、教学人员才能访问的数字网络环境中；（b）指明作品的来源，包括作者姓名。

基于本条规定使用作品或相关权客体的，应当给予权利人合理的报酬。

3. 文化遗产的保存

成员国应规定，文化遗产机构为保存文化遗产的目的，而对作品或相关权客体实施必要的复制行为，该复制行为可以通过任何格式、媒介并形成永久收藏的内容。

2019年3月26日，欧盟议会通过《单一数字市场版权指令》（Directive on Copyright in the Digital Singles Market）。该指令旨在通过将受保护内容日益增加的数字化和跨境使用纳入考虑，实现欧盟版权法的现代化。其中第3-6条新增了四项合理使用情形，具体包括以科学研究为目的的文本和数据挖掘；文本和数据挖掘的例外或限制；在数字和跨境教育活动中使用作品或其他内容；文化遗产的保存。

(四)德国

1837年《普鲁士著作权法》是德国第一部现代著作权法。现行法于1965年颁布,并分别于1974、1985、1990、1993、1997、2000、2006、2013、2017、2018年进行重要修订。德国著作权法详细列举规定了合理使用的各种情形,但其也在西方诸国中率先将静电复印、家庭录制排除在合理使用范围之外。依据《德国著作权法》2018年最新规定,其合理使用的具体情形如下。

1. 临时复制。出于数字传播的技术需要,在作品传播过程中产生的临时复制,该复制以满足第三方主体参与数字传播目的为限。(《德国著作权法》第44条a项,以下只注第×条)

2. 司法活动中的使用。为司法和公安活动的需要,法院、公安机关可以自己复制或允许他人复制有著作权的作品,包括肖像作品。在与复制相同的条件下,法律还允许将作品传播、公开展示或公开再现。(第45条)

3. 残疾人的复制。由于残疾而无法获得作品的人为非商业目的复制作品,应当受到允许;单独产生的个人复制件不用支付费用,而出于上述目的一定数量的复制、发行则应向作者提供合理的报酬,并且该费用只能通过相应的著作权管理协会收取。(第45条a项)

4. 宗教活动中的作品使用。限于宗教活动目的,允许将适量公开发表的文学、音乐、艺术作品或照片纳入一个相当数量的宗教汇编作品合集中,并且可以将该汇编作品向公众提供发行;但使用者必须在复制件中明确声明,该作品的使用目的限于宗教活动。(第46条)

5. 学校广播中的使用。为教育的目的,学校、师资培训机构以及其他青年教育机构可以录制单篇作品或经过转录制成的音像作品的复制品,并在学校范围内播放。所录制的视听制品只能用于教学并在本学年结束时消除。如果继续保留,则不属于合理使用,须向著作权人支付适当报酬。(第47条)

6. 对公开演说的使用。对于在公共集会或广播中发表的有关时事的演讲,报刊或其他以报道时事为主的新闻媒体可以复制、传播以及公开再现这类作品;对于在国家、地区或宗教组织的公开磋商中发表的讲演,也允许复制、传播和公开再现,但利用的讲演如出自以同一作者为主的演说集时除外。(第48条)

7. 对报纸文章和广播评论的使用。对于已由报纸或广播发表的关于时事或新闻的单篇评论、文章和资料，在文中没有保留权利声明的情况下，可以进行简短摘要并以概貌的方式复制、传播或公开再现。如果不是摘要利用，则属于法定许可使用，使用人应向作者支付适当报酬。（第49条）

8. 时事报道中的使用。在广播、电影或以报道时事为主的报刊中，因制作有关时事报道的需要，可以复制、传播和公开再现在报道过程中可被感觉到的作品。（第50条）

9. 引用。在目的规定范围内允许复制、传播和公开再现他人有著作权作品，其具体情形为：为说明内容而在独立的科学作品中采用已出版的单独作品；在独立的语言作品中引用已发表作品的片段；在独立的音乐作品中引用已出版的音乐作品片段。（第51条）

10. 公开再现。凡非商业性演出，对参加者不收费，对表演者不付酬；在社会福利、慈善事业以及学校举办的活动中，根据其社会或教育目的仅有一定范围的人员参加，就可免除付酬义务。如果活动为第三者商业目的服务，则不可适用该条规定。此外，在礼拜仪式、教堂的宗教节目或宗教团体活动中，允许公开再现已出版的作品，但举办人应付给作者适当的报酬。“公开再现”的上述条款，是著作权法中少有的因合理使用而适当付酬的条款。（第52条）

11. 个人使用或其他自用的复制。个人复制的目的，限于为科研自用或是编制自己的档案的需要，或是为了自己了解时事。在这种情况下，允许个人制作和让人制作作品的零星复制品，涉及已出版作品的小片段或报刊上发表的部分稿件，或是作品脱销至少两年以上的，也允许个人制作或让人制作零星复制品。此外，为了其他内部使用的目的，包括在非商业性的教学活动或国家考试以及教学考试中，允许以适当的数量复制或让人复制印刷物小部分或报刊上发表的单独稿件。法律规定，除手抄复制外，一本书或一份期刊都不得完整地复制，供个人或内部使用的复制品不得传播和用于公共交流；个人使用或其他内部使用均不得以视听制品的形式对该作品的公开朗诵、表演或其他演奏进行录制，也不得将艺术品的设计图付诸实施和复制建筑作品。上述复制如采用静电复印或录音录像复制，则使用人员有付酬义务，即通过支付复印设备或录制设备价款中附加版税的办法，间接支付著作权使用费。（第53条）

12. 广播组织的临时复制。有权播放作品的广播组织可以用自己的设备复制该作品并在电台上进行一次性使用，此种录制品应在首次播放使用后1个月内销毁。但具有特殊文献价值的录制可存放于官方档案馆，在这种情况下，应立即通知作者。（第55条）

13. 数据库作品的复制。出于对数据库作品的正常使用而产生的复制、改编行为受到法律允许。（第55条a项）

14. 商业企业进行的复制和公开再现。为了展示和修理音像录制设备或广播接收设备的目的，商业企业可以录制并公开播放已录制和已播放的作品，但此种录制品必须立即销毁。（第56条）

15. 对附属作品的使用。与被复制、传播、公开再现的主要作品附在一起并被视为次要的附属作品，可以一并复制、传播和公开再现。（第57条）

16. 对目录图像的使用。公开展示的或用来公开展示或拍卖，并由举办者为说明展览或拍卖而编辑成目录的造型艺术作品，即目录图像，可被复制或传播。（第58条）

17. 对永久置放于公共场所的作品的使用。位于公共道路街道或场所的作品，可通过绘画或雕刻、拍照或摄影的方式被复制、传播和公开再现。对于建筑作品的上述使用仅限于其外形。（第59条）

18. 肖像与肖像作品的使用。委托制作的肖像可以通过摄影进行复制，而肖像摄影作品则允许以摄影以外的方式复制。肖像复制品可由肖像作品所有者或肖像者本人或家属免费传播。（第60条）

＊＊＊版权补偿金制度下的合理使用①

19. 教学使用。教育机构为了满足课堂教学目的可以复制、发行或向社会公众传播含有已出版作品（文章、期刊等文字作品）的15%以内作为其授课的教材，该作品的使用需要以非商业性目的为限，通常限于老师、考官与学生之间的教学、考试活动；教育机构涵盖基础教育学校、大学、职业教育或培训等教育机构。（第60条a项）

---

① 前述《德国著作权法》第53条的个人使用以及第60条a至f项规定了7项合理使用行为，使用者必须为其作品使用行为向相关的著作权集体管理机构支付一定的版权补偿金。

20. 多媒体教学使用。制作教学所需的多媒体课件可以复制、发行或向社会公众传播含有10%以内已出版的作品（图片、音乐等作品），并且该作品的发行需要以非商业性目的为限。（第60条b项）

21. 科学研究。为非商业研究的目的，可以向科研团体复制、提供15%以内的在先作品；如果是个人研究，该比例可以提高至75%。但该使用不得将他人公开朗诵、表演或呈现的作品记录在视频或音频媒介上，并随后向公众提供该录制品。（第60条c项）

22. 文本与数据挖掘。出于非商业性的目的，为了能够自动分析科学研究的大量作品（原始资料），应允许：(1) 自动和系统地复制原始资料，以便规范化、结构化地创建与分析科研所需的资料库；(2) 为便于第三人监测科学研究的质量或集体的科研活动，可以向该第三人或研究团体的成员提供相应的资料库。研究工作完成后，应删除原始资料库和复制品，除保存于特定图书、档案馆之外不得再向其他公众开放。（第60条d项）

23. 公共图书馆的复制。公共图书馆可以出于非商业性（包括直接与间接）的目的，从其馆藏或展览中复制作品，以实现其提供作品索引、编目、保存、修复以及格式转化等服务；受到图书馆用户的请求可以向其私人设备上复制、传输作品10%以内的部分。（第60条e项）

24. 公共档案馆的复制。公共档案馆可以参照公共图书馆的相关规定复制作品，或依申请向相应的社会成员提供特定作品的部分内容（10%以内）。但任何个人在提交档案馆之后应将相应的作品资料予以删除、销毁。（第60条f项）

此外，德国著作权法对合理使用作出“禁止改动”和“标明出处”两项规定，以保护作者的人身权利。一般来说，允许使用作品，不得擅自改动。但是，下列情况不属于禁止之列：根据使用目的的要求，允许将作品翻译或是改变演奏乐器或转变成其他声调或音区的改动；对于造型艺术作品和摄影作品允许改变作品尺寸和因复制手段而带来的改动；为教堂、课堂而使用的汇编作品，除允许前述改动外，根据宗教和教学活动需要，还可以对语言作品进行改动，但这种改动须征得作者或其后裔同意。该法还规定，对于复制作品或作品一部分，都必须标明出处，如复制整篇语言作品或整部音乐作品，除了作者以外还应标明出版者，并说明是否对该作品作出压缩或改动。如公开再现作品的，则应按照习惯要求明确标明出处，如果报纸文章和广播评论被复制、播放或公开再现，在标明出处时除了应提及作者外，还应标明原出处的报纸和广播组织。[①]

（五）法国

《法国著作权法》于1793年颁布，在其后施行的两百多年中，虽历经多次修订，但变动不大。现行法有两大部分：在1957年，法国颁布了《文学、艺术产权法》，基本上是法国判例法的法典化结果；之后又在1985年制定了《关于著作权和表演者、音像制品制作者、视听传播业的权利的法律》，作为前者的修订和补充。法国现行著作权法包括1992年通过的《知识产权法典》之“文学、艺术产权”部分（下称“文学、艺术产权法”），另外还包括分别于1994年和1995年通过的两个修正案。法国是少数征收录制版税的西方国家之一，其关于合理使用的规定比较简略，主要集中在文学、艺术产权法第L122－5条，其具体内容如下。

1. 私人表演。指仅在家庭范围内进行的私人无偿表演。法国把保护表演权置于突出位置，在历史上它率先立法保护表演权，然后才立法保护一般著作权。因此，私人表演被列为合理使用的第一种情形。（《法国著作权法》第L122－5条第1款，以下只注第×条）

2. 私人复制。复制必须出于复制者本人使用的需要，为集体使用而复制，不属于合理使用。法律强调在私人复制中，禁止“复制品的使用目的与原作的目的相同”。凡制作油画、雕塑、照片和电影等作品的复制品与原作品的创作目的相同，该类作品的复制均在禁止之列。但法律允许对上述作品进行部分复制。已有法院判例确认私人复制可采取现代复制技术，但出于商业目的的复制除外。（第L122－5条第2款）

3. 摘引。允许在评论、论述、教学和情报作品中进行分析和简短引用，即在自己的作品中可以摘用他人作品的部分段落，但要指出作者姓名、材料来

---

① 关于德国合理使用制度的规定，可参见 William Briggs, The Law of International Copyright, 1986；世界知识产权组织编：《世界各国版权法概论》，北京，中国政法大学出版社，1990；《中外版权法规汇编》，北京，北京师范大学出版社，1993。

源。文学作品的引用必须适度。艺术作品的整体复制引用也受到禁止，就合理使用而言，对艺术作品只能作小规格的部分复制，且使用限于解释和评论。（第 L122－5 条第 3 款）

4. 新闻评论。允许对他人有著作权的作品作简短摘要，以用于报刊评论。为了给读者提供充分的信息，使用人可以将同一主题的不同文章摘录、组合并加以说明、批评和评论。（第 L122－5 条第 3 款）

5. 公开演说和官方文件。凡在政治、行政、司法或学术性会议上以及群众集会、官方仪式上发表的演说，报纸、无线电广播可以全文或部分地作时事报道传播。对于法律、法令和司法判决，虽然法律未作出合理使用的规定，但上述的官方文件本质作用在于向一般公众传播，因此法官准许自由使用。（第 L122－5 条第 3 款）

6. 模仿、讽刺与漫画。法律允许在符合有关体裁规律的条件下，在模仿、讽刺与漫画作品中使用他人有著作权的作品。模仿等创作形式不是严格意义上的改编，虽对原作品有某种程度的借鉴，但不像改编作品与原作品有共同一致之处，故法律允许对原作品进行符合条件的模仿、讽刺或漫画创作。这些条件是：上述创作形式与原作品能够严格区分开来，不能诋毁原作品或使公众对该作品感到厌恶等。（第 L122－5 条第 4 款）

7. 进入电子数据库内容的必要行为。法律规定在作品发表后，作者不得禁止按合同规定的使用需要及限度进入电子数据库内容的必要行为。（第 L122－5 条第 5 款）

8. 临时复制行为。指出于数字传播技术的需要，为实现作品数字传播过程所必需的作品临时复制行为。（第 L122－5 条第 6 款）

9. 残疾人的复制。为实现残疾人私人表演、复制的合理使用行为，一定的团体可以通过公共图书馆、档案馆、博物馆等机构复制相应的作品，保障残疾人获取特定作品的权利。该行为需要与著作权人进行充分协商，也可以委托著作权集体管理组织进行。（第 L122－5 条第 7 款）

10. 公共服务机构的复制。指公共图书馆、档案馆、博物馆以非商业性的目的，为了保存版本，或满足私人科学研究的活动复制作品的行为。（第 L122－5 条第 8 款）

11. 美术作品的使用。通过印刷、视听或其他网络媒体在明确标识作者身份的前提下，为了建立特定美术、图形、雕塑、建筑等作品与相关作品信息的关系，而复制作品部分或全部内容。(第 L122－5 条第 9 款)

12. 文本与数据挖掘。出于非商业性的公共研究目的，复制与科学文献相关的文本和数据。在研究活动结束时，需要依据其他法令规定的程序保存制作的文本和数据与文件。(第 L122－5 条第 10 款)

13. 对永久置放于公共场所的作品的使用。由自然人制作并永久放置于公共道路上的建筑、雕塑作品，可以非商业性的目的复制、传播。(第 L122－5 条第 11 款)

此外，该法第 L122－6－1 条还特别对软件作品的合理使用问题作出规定。该条款规定，第 L122－6 条 1) 和 2) 所列的两种行为，即以任何手段及以任何形式，全部或部分地对软件永久或暂时的复制行为；以及软件的翻译、改编、整理或任何其他形式的改动及由此产生软件的复制行为，包括修正错误，如系软件合法使用人按其用途使用该软件所必需，则无须征得作者许可。但作者可以通过合同保留修正错误的权利及确定软件合法使用人按其用途使用软件所必须进行上述行为应符合的条件的权利。[①]

(六) 日本

1899 年日本制定了第一部著作权法，施行了七十余年后，于 1971 年被一个全新的“著作权法”所代替。在国际交往日益频繁与现代传播技术不断发展的新形势下，这部全新的“著作权法”经常处于“变动”的过程之中，从 1971 年生效以后历经多次修订。现行法令有合理使用的详尽条款。日本著作权学者认为，关于合理使用的立法定义，已为著作权法第 1 条所肯定，该条款所称“注意公正使用文化成果”，即指合理使用。[②] 2018 年最新版《日本著作权法》在第 5 章第 30 条至第 49 条，规定了作品合理使用的若干情形。

---

① 关于法国合理使用制度的规定，可参见 William Briggs，The Law of International Copyright，1986；世界知识产权组织编：《世界各国版权法概论》，北京，中国政法大学出版社，1990；《中外版权法规汇编》，北京，北京师范大学出版社，1993；黄晖译：《法国知识产权法典 (法律部分)》，北京，商务印书馆，1999。

② 参见 [日] 广南：《日本的著作权法》，载《国外法学》，1984 (3)。

1. 个人复制。凡是供个人或家庭以及与此同类的有限范围内使用，允许使用者复制诸如书籍、电影、乐谱等各种作品。但个人复制不包括公众使用而专门设置的自动复制机器。（《日本著作权法》第 30 条第 1 款，以下只注第×条）

2. 附随对象作品的使用。通过摄影、录音或录像方式创作的作品，如此类物体或声音难以与目标物体分开，可以伴随创作而实施有关的复制、改编行为。（第 30 条第 2 款）

3. 孤儿作品裁定程序中的使用。作者身份不明但依据第 67、68、69 条申请行政、司法裁定孤儿作品，并申请使用许可的过程中可以在必要的范围内使用该作品。（第 30 条第 3 款）

4. 技术开发、实验的使用。为技术开发或实用化的实验的必要，通过录音、录像的方式使用已发表的作品。（第 30 条第 4 款）

5. 图书馆复制。公共图书馆作为非营利性机构，可以复制图书馆保存的图书、记录或其他资料。其适用的具体条件是：为使用者调查研究用而复制已发表作品，一般为作品的部分，但发行经过一段时间的期刊上登载的单篇作品则为全部，限一人一份。（第 31 条）

6. 引用。对已发表作品的引用必须符合公正的惯例。在报道、评论、研究中引用，其目的也必须在正当的范围内。此外，报纸、杂志或其他刊物，对于国家或地方的公共团体机关以让公众知晓为目的而编写并在其作品名义下发表的宣传资料、调查统计资料、报告书等，可作为解说材料转载。但是，该类作品声明表示禁止的，则不得引用。（第 32 条）

7. 教学用教材的复制。凡学校或其他非营利性的教育机关的任教者可在认定的范围内复制已发表的作品，如在自己的课堂上散布教学材料。此种复制应考虑作品的种类、用途以及复制的数量和状况，须提前通知著作权人并向文化厅的有关部门支付一定数量的补偿金；文化厅需要官方公布被使用作品的信息。（第 33 条）

8. 学校教育节目的广播。为学校教育目的在必要限度内，可以依据学校教育法令规定的课程标准，在学校的广播或有线广播节目中播放已经发表的作品；在接收这种节目的广播信号的同时，在广播区域通过自动公共传播网络传播已发表的作品；在用于广播节目或有线广播节目的教材中刊登已发表的作品。依照前款规定开展工作的人必须通知作者，并向版权所有者支付合理的补偿金。（第 34 条）

9. 学校及其他教育机关的复制。在非营利性的学校及其他教育机构担任教育之责的人及听课的人，为在教学过程中在必要限度内可以复制、传播已发表的作品。但是复制作品的种类、用途、数量、状况等，不得不当侵害著作权人利益。（第 35 条）

10. 试题复制。为了入学考试或其他资格、技能考核的需要，在认定的范围内可以复制已发表的作品作为考试或考核的题目。如以营利为目的而进行复制，则不在合理使用之列，使用人必须向著作权人支付相当于一般使用费数额的补偿金。（第 36 条）

11. 盲文复制。盲文图书馆或其他盲人服务机构用凸点盲文符号，可对已发表的作品复制或进行录音，以供盲人使用。（第 37 条）

12. 非营利性演出。凡不以营利为目的，不收取听众、观众的费用，且不向表演者付费的各种演出，可以使用已发表的作品。上述规定适用于非营利性有线广播，以及使用其他接收装置进行传播的情形。（第 38 条）

13. 时事评论的转载。对于报纸或杂志发表的有关政治、经济或社会性的时事评论，其他刊物可以转载，有关广播组织可以广播。但已声明禁止转载使用的不在此限。（第 39 条）

14. 政治性演说以及有关陈述的使用。对于公开进行的政治性演说以及在审判程序中所作的陈述，除将同一作者的演说和陈述进行编辑使用外，可用任何方式使用，包括刊载、广播等。（第 40 条）

15. 时事报道中的使用。为时事报道的目的，在正当的范围内，通过摄影、电影、广播或其他方法报道时事事件时，对于构成该事件的作品或在该事件所见所闻的作品，可以进行复制并在报道中使用。（第 41 条）

16. 公务活动中的复制。出于立法、司法、行政目的，需要将作品作为内部资料使用时，允许复制相关作品。但是，按照该作品的种类、用途以及复制的数量和状况使著作权人遭到损害的，则不得适用。（第 42 条）

17. 补充性的翻译、改编规定。在前述 16 种合理使用行为中，为了满足

行为的最终目的，行为人在必要时可以翻译、改编被使用的作品。（第 43 条）

18. 广播组织的临时录制。广播事业者为了自己的广播或有线广播的需要，在不损害著作权人播放权的情况下，可对他人已广播的作品进行临时性录制。上述制作的录音录像，其保存期自制作之日（或者自制作的录音录像进行广播使用之日起）不得超过 6 个月。（第 44 条）

19. 艺术作品原件所有者的展览。艺术、摄影作品原件的所有人或被其授权的人可以公开展示作品原件。但艺术作品的原件如果属永久性地固定在街道、公园、建筑物的外墙或其他户外场所，则不适用前款规定。（第 45 条）

20. 对公开陈列的美术作品的复制。对永久置于街道、公园及其他向一般公众开放的户外场所的美术作品或建筑作品，允许他人通过油画、绘画、雕刻、摄影或其他艺术工艺手段复制。但是，如果增加雕刻物、采用建筑手段复制建筑作品，为永久陈列公共场所而进行复制或为销售美术作品的复制品进行复制等，不属于合理使用。（第 46 条）

21. 伴随参展美术作品的复制。公开展览美术作品和未发表摄影作品的专有权利属于作者及其他著作权人。合法取得上述权利而公开展览该作品的人，可以在向观众介绍或解说这些作品的小册子里刊载上述作品。（第 47 条）

22. 计算机程序复制品所有人的复制。计算机程序复制品的所有人，为自己在电子计算机上使用该程序时，可在认定的必要限度内进行复制或改编。但是，该所有人明知其取得计算机程序复制品系侵权制品时，其二次复制或改编不能视为合理使用。（第 47 条第 3 款）

23. 为电子设备保养、维修等的临时复制。在计算机无线传输、公共传输、计算机存储等设备的保养、维修过程中，为防止设备中作品的复制件损坏而临时复制作品。（第 47 条第 4 款）

24. 为防止自动公众传播障碍的复制。从事作品自动公众传播行业的主体，为了防止自动公众传播障碍可以复制其传播的作品，限于以下情形：为防止自动公众传播设备故障导致作品传播缓慢而复制作品；为防止自动公众传播设备故障导致作品原复制件灭失而复制作品。（第 47 条第 5 款）

25. 为检索作品传播信号源的复制。从事作品自动公众传播行业的主体，为了搜集、整理并提供作品传播人的信息；为传播作品提供必要的检索信息，

可以将传播信号源、相关信息与作品一并复制在一起，以便作品信息的识别。（第47条第6款）

26. 信息解析的复制。以电子计算机信息解析为目的，对众多作品的语言、声音、影像以及其他要素的信息，在进行比较、分类、统计的解析过程中复制作品。（第47条第7款）

27. 计算机内存的临时复制。为便于高效处理计算机信息，在作品传播过程中发生于计算机内存设备中的作品复制。（第47条第8款）

日本著作权法还规定，使用人须按照复制或使用的状况，以认定的合理方法与程度注明被使用作品的出处，除在复制或使用过程中作者姓名已经明了或为不署名作品外，还要注明作者的姓名。此外，各种合理使用情形，均不得损害作者的人格权和其他财产权利。[①]

（七）俄罗斯

俄罗斯最早于1828年颁布了第一部与著作权有关的法律《出版审查法》，承认作者对于其作品的权利是一种可以交易的财产权，以后该法历经多次修订。1911年，俄罗斯以当时的《德国著作权法》为楷模，制定了具有先进性的新的著作权法。1917年十月革命后，苏维埃政府废除了包括著作权法在内的一切法律，并于1925年颁布了自己的《著作权法纲要》。俄罗斯联邦即根据1928年修订的《著作权法纲要》制定了著作权法，一直实施到1962年。1961年，苏联颁布了《苏联及各加盟共和国民法纲要》，其第四编为“著作权”编。俄罗斯联邦据此制定并于1964年公布了《俄罗斯联邦民法典》，其第四编为“著作权”编。苏联解体后，俄罗斯联邦于1993年正式颁布了一部新型的现代化著作权法，即《俄罗斯联邦著作权和邻接权法》。

合理使用制度的规定在1964年《俄罗斯联邦民法典·著作权编》与1993年新著作权法中有很大差异：新法大大缩小了自由使用作品的范围，使合理使用真正界定在“合理”的限度之内。

---

① 关于日本合理使用制度的规定，可参见 William Briggs，The Law of International Copyright，1986；《日本著作权法》，台北，台视文化公司，1989；世界知识产权组织编：《世界各国版权法概论》，北京，中国政法大学出版社，1990；《中外版权法规汇编》，北京，北京师范大学出版社，1993。

1964年《俄罗斯联邦民法典》规定合理使用的范围相当广泛，主要有以下内容。

1. 利用他人已发表的作品，以创作新的具有独创性的作品。但是有两种改编不属于合理使用：一是将叙述体作品改编成戏剧作品或电影作品，或者相反；二是将戏剧作品改编成电影剧本，或者相反。(1964年《俄罗斯联邦民法典》第492条第1款，以下只注第×条)

2. 在学术著作、评论文章、教学用书和政治教育实物中，转载个别已发表的科学、文学、艺术作品和这些作品的片段。同时，只有在出版目的限定的范围内，允许摘引原著；而以别的方式摘引原著，限于一个作者作品中的总数不得超过一页。(第492条第2款)

3. 通过期刊、电影、广播电视报道已经发表的文学、艺术和科学作品，包括用书评、简介、概述和其他新闻纪录形式来报道作品的发表。(第492条第3款)

4. 通过电影、无线电广播、电视播放公开发表的演说、报告和已发表的文学、艺术和科学作品。电台、电视台从演出现场直播公开演出的作品，也视作对这些作品的复制。(第492条第4款)

5. 在报纸上转载公开发表的演说、报告和已经发表的文学、艺术和科学作品的原稿及译文。(第492条第5款)

6. 用其他任何方法临摹和复制陈列在自由参观的公开场所的造型艺术作品。这里所讲的公开场所不包括展览会和博物馆，复制方法不包括机械拓印。(第492条第6款)

7. 为了科研、教学、教育之用，翻印已出版的作品，但不能获取利润。(第492条第7款)

8. 为了盲人使用而用盲文出版已发表的作品。(第492条第8款)

9. 为满足个人需要而使用作品。允许个人复制或以其他方式使用他人已发表的作品，以满足自己的需要。(第493条)

1993年新著作权法将合理使用分为个人使用与一般使用两类，具体规定如下。

1. 为了个人目的而复制的作品。允许纯为了个人的目的而复制已正当发表的作品。但个人复制不包括：以楼层和类似设施的形式复制建筑艺术作品；复制数据库或者其中主要部分；复制计算机程序；影印复制图书（全部）和乐谱词。（1993 年《俄罗斯联邦著作权和邻接权法》第 18 条，以下只注第×条）

2. 评论与新闻中的摘用。为科学、研究、政论、批评与新闻之用的目的，可以以原文和译文的形式摘录已正当发表的作品，但篇幅与摘录的目的相符，其中包括以报刊概述的形式转载报纸和杂志文章的段落。（第 19 条第 1 款第 1 项）

3. 教学性质的使用。允许在教学性质的出版物、广播电视节目、录音录像制品中，作为说明问题的例证资料而使用已正当发表的作品及其片段；篇幅与既定目的相符。（第 19 条第 1 款第 2 项）

4. 转载。凡在报纸或杂志上正当发表的有关当前经济、政治、社会和宗教问题的文章或无线播放的此类性质的作品，允许其他报纸转载、无线电播放或电缆公开传播，但作者特意禁止这样转载或播放的除外。（第 19 条第 1 款第 3 项）

5. 对政治演说、宣言、报告的使用。对于公开发表的政治演说、宣言、报告及其他类似作品，报纸、无线电台或电缆节目可以转载或公开传播，但篇幅须与新闻报道的目的相符，且作者保留在文集中发表这些作品的权利。（第 19 条第 1 款第 4 项）

6. 时事报道中的复制和传播。允许通过摄影、无线电播放或电缆公开传播，在时事综述中复制或公开传播在这样的事件中所见、所闻的作品，但篇幅与新闻报道的目的相符，且作者保留在文集中发表这些作品的权利。（第 19 条第 1 款第 5 项）

7. 公益演出。社会公共服务机构如教育、医疗等的工作人员可以就已经发行的作品进行表演以及现场直播其表演。（第 19 条第 1 款第 6 项）

8. 临时复制。作品数字传播过程中属计算机内存中的复制行为。（第 19 条第 1 款第 7 项）

9. 为盲人非营业性复制。未经作者或其他所有人同意以非营利性目的，由盲人和视障人士以特殊格式使用的合法出版作品，以及复制和发行此类作品的复制件，可以不支付作品使用报酬，但应当指明作者的姓名以及作品来源。图书馆可以提供以特殊格式制作的盲人和视障人士作品，供个人免费使用，或通过信息和电信网络提供访问渠道。特殊格式清单，通过信息和电信网络访问以特殊格式创建的作品复制件的图书馆清单以及授予此类访问权的程序，由俄罗斯联邦政府确定。任何进一步的复制或以不同形式向公众提供仅供盲人和视障人士使用的作品的复制件是不允许的。本款的规定不适用于以特殊格式使用的作品，也不适用于主要由音乐作品构成的录音制品。(第 19 条第 2、3 款)

10. 公益教育机构的复制。允许公益性的图书馆、档案馆等教育机构非营利性地影印复制一份作品，但必须指明作品的作者姓名及所引用资料的出处。适用的具体情形有：一是图书馆、档案馆为其修葺、替换遗失或损坏的作品样本而进行的影印复制；二是图书馆、档案馆根据自然人的需要为教学与研究之用，对文集、报刊发表的单篇文章和小篇幅作品以及文学作品的短小片段而进行的影印复制；三是教育机关为课堂教学需要，对文集报刊发表的单篇文章和小篇幅作品以及文学作品的短小片段而进行的影印复制。(第 20 条)

11. 对永久性陈列作品的复制与播放。对永久设置于自由参观公共场地的建筑艺术作品、摄影作品、造型艺术作品，允许进行复制与播放，但作品的造型形象不应是此类复制、播放的主对象，且不得用于商业目的。(第 21 条)

12. 自由公开表演。在举行官方正式仪式和宗教仪式及葬礼仪式时，可以自由而公开表演音乐作品，但篇幅应与此类仪式的性质相符。(第 22 条)

13. 诉讼活动中的复制。为实施诉讼程序的需要，可以复制篇幅与此种目的相符的有关作品。(第 23 条)

14. 广播组织的录制。无线电播放组织因制作自己播放的节目的需要，可以对他人的作品作短期使用的录制。除所录制作品的作者同意延长保留期限的外，该录制品应在制成后 6 个月以内销毁。如此种录制品纯属纪实性质，则可不经作者同意而收藏于官方档案馆。(第 24 条)

15. 计算机程序的自由使用。自由使用涉及两种情形：(1) 计算机程序或数据库复制中的合法持有人，为了发挥上述作品或其复制件的功能和使用需要，对计算机程序或数据库进行修改，以及在计算机存储器中记录、保存或纠正错误等；或是在具备法律规定的条件下，如遇有计算机程序或数据库原件遗失、销毁以及不再适用等情况，允许制作计算机程序或数据库的副件。(2) 在具备法律限定的条件下，允许计算机程序复制件的合法占有人自己或委托人对上述作品的复制件进行复制，并将目标码改变为源文本（限改变计算机程序），但这种改变须出于该合法占有人独立拟制的计算机与被改变的计算机程序相互配合使用的需要。(第 25 条)①

二、中国区域合理使用制度立法例通说

(一) 中国大陆合理使用制度的历史与现状

中华人民共和国成立后，国家着手建立新的著作权保护制度，但由于诸多条件的限制，在相当长的一段时间内，我国没有颁布一部单行的著作权法，有关著作权的规定多散见于一些行政性文件之中。1950 年 9 月，全国出版工作会议通过《关于改进和发展出版工作的决议》，对版权问题作了原则规定，强调保护作者的合法权益。1957 年，文化部起草了《保护出版物著作权暂行规定》，明确指出，凡在我国境内出版的出版物，不论著作人国籍如何，均承认著作权的存在，但并没有将其作为一项民事权利给予法律保护，因此亦无合理使用的有关规定。

1978 年以后，全国工作重点转移到经济建设上来，为了发展文化科学事业，有关部门开始进行著作权立法的准备工作。1985 年，文化部颁布《图书、期刊版权保护试行条例》（以下简称《试行条例》）以及《图书、期刊版权保护试行条例实施细则》，作为著作权保护的行政规章，其中含有合理使用制度的有关规定。

《试行条例》将合理使用分为两类，分别规定了不同的适用条件：

第一类，使用他人已经发表的作品，可以不经著作权所有人的同意，不向其支付报酬，但应该说明作者姓名、作品名称和出处，并尊重作者的精神权利。其具体情形如下：

1. 为了个人学习或科学研究，摘录复制或翻译，供本人使用。

---

① 关于俄罗斯合理使用制度的规定，可参见 William Briggs，The Law of international Copyright，1986；世界知识产权组织编：《世界各国版权法概论》，北京，中国政法大学出版社，1990；《中外版权法规汇编》，北京，北京师范大学出版社，1993；焦广田译：《俄罗斯联邦著作权和邻接权法》，载《著作权》，1995（2、3）。

2. 为了评论或说明某个问题，在作品中适当引用。

3. 为了新闻报道，在报纸、广播节目、电视节目或新闻纪录片中使用。

4. 为了科学研究、学校教学，摘录、复制、翻译或改编，而不在市场上出售或借此营利。所谓“供本单位内部使用”，指供一个机关、一所学校、一个研究所、一个工厂、一家公司等独立经济核算单位内部使用，而不是供一个系统内部使用。

5. 图书馆档案馆资料或文献中心，为了借阅存盘或为专业人员提供专业资料，复制本馆或本中心收藏的作品，而不在市场上出售或借此营利。

6. 县以下的专业艺术表演团体和其他单位为观众免费演出中。

7. 群众文化馆或艺术馆为非营利的目的复制，供业余艺术团体免费演出，而不在市场上出售或借此营利。

8. 为宣传推广而公开陈列。

第二类，使用他人已经发表的作品，可以不经著作权所有人的同意，不向其支付报酬，但事先应征得作者有无修改的意见，说明作者姓名、作品名称和出处，并尊重作者的精神权利。其具体情况如下：

1. 编入、改编或翻译成学校教材、广播教材或业余教育教材。在这里，“学校教材、广播教材或业余教育教材”限于：由教育部或国务院其他各部委及各省、自治区、直辖市教育行政机构根据教育部或国务院其他各部委制订的教学大纲组织编写的学校教材；由国务院各部委的教育部门为提高本部门职工科学文化水平组织编写的广播电视教材；由教育部及各省、自治区、直辖市教育行政机构为扫盲或为农村教育而组织编写的扫盲课本和各种农村教材；由部队军级及军级以上的政治和军队训练部门为部队政治文化教育和军事技术训练组织编写的教材。未经著作权所有人的同意，任何单位和个人不得编写出版上述教材的习题答案。

2. 报纸转摘，广播电台电视台播放。该条所指的“报纸”限于以报道国内外政治、经济、文化、社会等方面新闻为主的中央和地方各级党委和政府的机关报，政协和各民主党派等中央机关报，中国日报，经济日报，解放军报和各种军报，以及向文化部申请并得到批准的其他报纸。此类报纸转摘小说、诗歌、戏剧、乐谱、报告文学等文艺作品，仍需征求著作权所有人同意并向其支付报酬。经国务院有关部委批准，专门承担对外宣传任务的外文期刊按“报纸”对待。各种文艺报、市场信息报等专业性报纸按“期刊”对待，使用他人作品要按规定支付报酬。

3. 汉语作品翻译或改编成国内少数民族语言作品。

4. 改成盲文作品。

在上述四种情况下，使用已发表的作品，如果以出版物的形式使用，应向原作者赠送样本；如果以播送形式使用，应向原作者赠送广播或电视节目单。

在新中国著作权法制建设的历史上，《试行条例》第一次以法律文件的形式规定了合理使用制度，适合于当时的实际情况，有一定的实际意义，但它也存在明显的不足之处：第一，合理使用的范围过于宽泛。例如，将他人的作品编入或改编成教材，在立法例中一般适用法定许可，不宜无偿使用；此外，对于无论是个人复制，还是图书馆复制，均无数量上的限制。第二，合理使用的规定过于粗疏。例如，对学校教学的合理使用，未对“学校”作出界定，但从相关条款中可以看出，“学校”似乎不包括广播电视学校、函授学校等，显然不妥。第三，合理使用的作品限于图书期刊上发表的文字作品，因此对国际上通行的合理使用情形，如公共场所陈列艺术品的临摹、绘画、摄影、录像，公众集会上讲话的刊登播放，以及诸如表演、录音录像、电影广播节目等均未能作出规定。

1990 年 9 月 7 日，《中华人民共和国著作权法》正式颁布，并于 1991 年 6 月 1 日开始施行。这是一部充分体现中国特色，又兼具国际著作权保护原则的法律。该法第 22 条规定了合理使用的具体方式：

1. 为个人学习、研究或者欣赏，使用他人已经发表的作品；

2. 为介绍、评论某一作品或者说明某一问题，在作品中适当引用他人已经发表的作品；

3. 为报道时事新闻，在报纸、期刊、广播电视节目或新闻纪录影片中引用已经发表的作品；

4. 报纸、期刊、广播电台、电视台刊登或者播放其他报纸、期刊、广播电台、电视台已经发表社论、评论员文章；

5. 报纸、期刊、广播电台、电视台刊登或者播放在公众集会上发表的讲话，但作者声明不许刊登、播放的除外；

6. 为学校课堂教学或者科学研究，翻译或者少量复制已经发表的作品，供教学或者科研人员使用，但不得出版发行；

7. 国家机关为执行公务使用已经发表的作品；

8. 图书馆、档案馆、纪念馆、博物馆、美术馆等为陈列或者保存版本的需要，复制本馆收藏的作品；

9. 免费表演已经发表的作品；

10. 对设置或者陈列在室外公共场所的艺术作品进行临摹、绘画、摄影、录像；

11. 将已经发表的汉族文字作品翻译成少数民族文字作品在国内出版发行；

12. 将已经发表的作品改成盲文出版。

1991 年 6 月 1 日开始实施的《中华人民共和国著作权法》，与专利法、商标法一起构成了我国知识产权保护体系。在此后的十年中，著作权法对保护著作权人和相关权利人的合法利益，激发其创作积极性，促进经济、科技的发展和文化、艺术的繁荣，发挥了积极作用。但是，随着社会主义市场经济体制的建立和我国加入一些国际版权条约以及高新技术的迅猛发展，特别是我国加入世界贸易组织的需要，修改著作权法成为大势所趋。

2001 年 10 月 27 日第九届全国人民代表大会常务委员会第二十四次会议通过《全国人民代表大会常务委员会关于修改〈中华人民共和国著作权法〉的决定》。修正后的合理使用条款规定，在下列情况下使用作品，可以不经著作权人许可，不向其支付报酬，但应当指明作者姓名、作品名称，并且不得侵犯著作权人依照本法享有的其他权利：

1. 为个人学习、研究或者欣赏，使用他人已经发表的作品；

2. 为介绍、评论某一作品或者说明某一问题，在作品中适当引用他人已经发表的作品；

3. 为报道时事新闻，在报纸、期刊、广播电台、电视台等媒体中不可避免地再现或者引用已经发表的作品；

4. 报纸、期刊、广播电台、电视台等媒体刊登或者播放其他报纸、期刊、广播电台、电视台等媒体已经发表的关于政治、经济、宗教问题的时事性文章，但作者声明不许刊登、播放的除外；

5. 报纸、期刊、广播电台、电视台等媒体刊登或者播放在公众集会上发表的讲话，但作者声明不许刊登、播放的除外；

6. 为学校课堂教学或者科学研究，翻译或者少量复制已经发表的作品，供教学或者科研人员使用，但不得出版发行；

7. 国家机关为执行公务在合理范围内使用已经发表的作品；

8. 图书馆、档案馆、纪念馆、博物馆、美术馆等为陈列或者保存版本的需要，复制本馆收藏的作品；

9. 免费表演已经发表的作品，该表演未向公众收取费用，也未向表演者支付报酬；

10. 对设置或者陈列在室外公共场所的艺术作品进行临摹、绘画、摄影、录像；

11. 将中国公民、法人或者其他组织已经发表的以汉语言文字创作的作品翻译成少数民族语言文字作品在国内出版发行；

12. 将已经发表的作品改成盲文出版。

上述规定适用于对出版者、表演者、录音录像制作者、广播电台、电视台的权利的限制。

2013 年修订后的《著作权法实施条例》第 20 条界定了已经发表的作品的含义：著作权法所称已经发表的作品，是指著作权人自行或者许可他人公之于众的作品。第 21 条规定了著作权合理使用的限制条件：依照著作权法有关规定，使用可以不经著作权人许可的已经发表的作品的，不得影响该作品的正常使用，也不得不合理地损害著作权人的合法利益。

《伯尔尼公约》区分不同情况，规定了不完全相同的具体规则，但均以“合理”作为限制著作权、允许自由使用的基础。《知识产权协定》第 13 条基本上照抄了《伯尔尼公约》第 9 条第（2）款的规定，要求各成员将对著作权的限制或例外仅适用于某些特定的情况，而且不能与有关作品的正常使用相冲突，也不能不合理地损害权利人的合法权益。中国著作权法基本上遵循了前述“原则”，在第 22 条、第 39 条、第 42 条、第 43 条等条款中规定了对不同作品项下著作权权利的限制。尽管不同行业、不同领域对关系自身利益的条款与规则还存在这样或那样的意见，但从总体上说，这种限制或例外并非毫无道理，而且此次著作权法修改已经表明，中国正在逐步缩小或减少对著作权的限制。需要说明的是，我国于2010年对《著作权法》进行了第二次修订。由于本次修订主要旨在回应世界贸易组织的裁决，未及对合理使用制度作出改动。关于《著作权法》第三次修正案有关合理使用修订的动议，将在第十二章专题评述。

（二）中国台湾地区合理使用制度的历史与现状

台湾地区现行的2003年“著作权法”，共117条。[①] 国民党“政府”于1928年首次制定了自己的“著作权法”，尔后，在1949年、1969年先后两次进行修订。进入20世纪下半叶以来，为适应现代传播技术的发展的需要，又于1985年、1992年、1993年、1998年、2001年、2003年进行了重大修改。

台湾地区“著作权法”在1985年以前虽多次修订，但其内容与当时立法趋势多有不符，因此遭到社会各界的诸多批评。台湾地区学者杨崇森指出，该“法”自实施以来，其间虽多次修正，但仍失之陈旧简陋，若干规定已不合当前社会需要。加以近年来台湾出版界盗版、翻印或剽窃他人作品的案件时有所闻，更充分暴露了“著作权法”的缺陷。[②] 贺德芬教授认为，台湾地区“著作权法”以19世纪日本版权条例为蓝本，粗疏、简陋、老旧，沿用近六十年。而这六十年，又是政治、经济、社会以及科技、思想变迁都最剧烈的时代，其难以鼓励创作，规范文化产品的市场。[③] 著作权“立法”落后，著作权司法保护不力，引起了台湾地区著作权界及国际舆论的强烈反响。各界人士纷纷要求台湾当局尽快修订“著作权法”，以消除著作权法制的诸多漏洞。为此，台湾地区专门成立了“著作权法”修正小组，进行了长达数年的法案修正工作。

1985年“著作权法”力图追寻世界著作权立法新的潮流，改变“旧法”简陋、陈旧之状况。例如，补充规定著作权的“立法”宗旨，强调协调著作权人与社会公共利益；采取国际通行的著作权自动保护原则，摒弃“注册保护”

---

① 参见 http：//www. copyrightnote. org/statute. htm。

② 参见杨崇森：《著作权之保护》，2页，台北，正中书局，1977。

③ 参见贺德芬：《著作权面面观》，4页，台北，幼狮文化事业公司，1987。

的落后做法；拓展著作权的保护对象，采取概括主义的“立法”方法来应变未来作品的出现，并把权利的客体由过去的“文字之译作”、“美术之创作”、“乐谱剧本”扩充到包括计算机软件在内的各种作品共计17种；扩大了著作权人的财产权利内容，由过去的3项权利增加到10项权利，即重制权、公开口述权、公开播送权、公开上映权、公开演奏权、公开展示权、改编权、翻译权、出租权和改作权。值得指出的是，该“法”遵循总则的“立法”宗旨，扩大了合理使用的范围。具体情况如下：

1. 节选他人作品，以编辑教育部审定的教科书；或以节录方式引用他人作品，供自己作品参证注释；或为学术研究复制他人作品，专供自己使用。

2. 计算机软件合法持有人，为配合其使用机器的需要而修改软件，或因备用存盘需要而复制其软件。但经修改或复制的软件，限于该持有人自行使用。

3. 已发行的作品，可为盲人以点字重制。此外，经当局许可设立的以增进盲人福利为目的的机构，可录音已发行的作品，专供盲人使用。

4. 凡当局办理的各种考试、公立或私立学校入学考试，均可重制或节录已发行的作品，供试题使用。

5. 供公众使用的图书馆、博物馆、历史馆、科学馆、艺术馆等，基于下列情况之一的，可以就其收藏的作品重制：应阅览人的要求，供个人研究使用，可以影印已发行的作品的一部分或刊载于期刊的整篇作品，但以每人一份为限；基于保存资料的必要；应同性质机构的要求，对于后两者情形的重制，以该作品绝版或无法购得为限。

台湾地区1985年“著作权法”的规定关于合理使用的规定，主要涉及教学使用、慈善使用、私人使用、图书馆使用，集中表现为对复制权的限制。尽管上述规定与1964年“著作权法”相关规定相比较而言，有较大进步，但就其所列举合理使用的具体情形来说，与世界立法通例和最新发展仍有一定距离。因此，台湾地区1992年“著作权法”又作了较大修改，在第44条到第66条用了较多条款规定了著作权的合理使用，除对1985年“著作权法”的相关规定作了改动修订外，还作了如下重要补充：

一是参照美国立法例，提出判断合理使用的具体标准：（1）利用之目的及性质，包括系为商业目的或非营利教育目的；(2) 作品之性质；(3) 所利用之质量及其在整个作品中所占的比例；(4) 利用结果对作品潜在市场及现在价值之影响。

二是采用域外立法通例，规定了适用合理使用情形的若干条件，对若干合理使用之情形，如公务使用、教学使用、图书馆使用、新闻报道使用等，要求在利用他人作品时，均应注明出处。除不具名作品或作者不明者外，凡作者的姓名或名称，都应以合理方式注明。

三是为适应现代传播技术的发展的需要，该“法”又于1993年、1998年、2001年、2003年、2006年进行了重大修改。2006年“著作权法”规定了比较宽泛的合理使用范围，其具体情形如下：

1. 当局或地方机关，因“立法”或“行政”目的所需，认为有必要将他人著作列为内部参考资料时，在合理范围内，得重制他人之著作。但依该著作之种类、用途及其重制物之数量、方法，有害于著作财产权人之利益者，不在此限。(第44条)

2. 专为司法程序使用之必要，在合理范围内，得重制他人之著作。但依该著作之种类、用途及其重制物之数量、方法，有害于著作财产权人之利益者，不在此限。(第45条)

3. 依法设立之各级学校及其担任教学之人，为学校授课需要，在合理范围内，得重制他人公开发表之著作。但依该著作之种类、用途及其重制物之数量、方法，有害于著作财产权人之利益者，不在此限。(第46条)

4. 为编制依法令应经教育行政机关审定之教科用书，或教育行政机关编制教科用书者，在合理范围内，得重制、改作或编辑他人已公开发表之著作。前项规定，编制附随于该教科用书且专供教学之人教学用之辅助用品，准用之。但以由该教科用书编制者编制为限。依法设立之各级学校或教育机构，为教育目的之必要，在合理范围内，得公开播送他人已公开发表之著作。前三项情形，利用人应将利用情形通知著作财产权人并支付使用报酬。使用报酬率，由主管机关定之。(台湾地区著作权专家章忠信先生称之为教科书之合理使用。)(第47条)

5. 供公众使用之图书馆、博物馆、历史馆、科学馆、艺术馆或其他文教机构，于下列情形之一，得就其收藏之著作重制之：(1) 阅览人供个人研究之要求，重制已公开发表著作之一部分，或期刊或已公开发表之研讨会论文集之单篇著作，每人以一份为限。(2) 基于保存资料之必要者。(3) 就绝版或难以购得之著作，应同性质机构之要求者。(第 48 条)

6. 当局或地方机关、依法设立之教育机构或供公众使用之图书馆，得重制下列已公开发表之著作所附之摘要：(1) 依“学位授予法”撰写之硕士、博士论文，著作人已取得学位者。(2) 刊载于期刊中之学术论文。(3) 已公开发表之研讨会论文集或研究报告。(第 48—1 条)

7. 以广播、摄影、录像、报纸、网络或其他方法为时事报导者，在报导之必要范围内，得利用其报导过程中所接触之著作。(第 49 条)

8. 以当局或地方机关或公法人名义公开发表之著作，在合理范围内，得重制、公开播送或公开传输。(第 50 条)

9. 供个人或家庭为非营利之目的，在合理范围内，得利用图书馆及非供公众使用之机器重制已公开发表之著作。(第 51 条)

10. 为报导、评论、教学、研究或其他正当目的之必要，在合理范围内，得引用已公开发表之著作。(第 52 条)

11. 当局或地方机关、非营利机构或团体、依法立案之各级学校，为专供视觉障碍者、学习障碍者、听觉障碍者或其他感知著作有困难之障碍者使用之目的，得以翻译、点子（盲文的字）、录音、数位转换（计算机数字化）、口述影像、附加手语或其他方式利用已公开发表之著作。依前二项规定制作之著作重制物，得于前二项所定障碍者，当局或地方政府机关、非营利机构或团体、依法备案之各级学校之间散布或公开传输。(第 53 条)

12. 当局或地方机关、依法设立之各级学校或教育机构办理之各种考试，得重制已公开发表之著作，供为试题之用。但已公开发表之著作如为试题者，不适用之。(第 54 条)

13. 非以营利为目的，未对观众或听众直接或间接收取任何费用，且未对表演人支付报酬者，得于活动中公开口述、公开播送、公开上映或公开演出他人已公开发表之著作。(第 55 条)

14. 广播或电视，为播送之目的，得以自己之设备录音或录像该著作。但以其播送业经著作财产权人之授权或合于本法规定者为限。前项录制物除经著作权专责机关核准保存于指定之处所外，应于录音或录像后 6 个月内销毁之。（台湾地区著作权专家称之为广播之暂时性的录制。）（第 56 条）

15. 为加强收视效能，得以依法令设立之社区共同天线同时转播依法设立无线电视台播送之著作，不得变更其形式或内容。（第 56—1 条）

16. 美术著作或摄影著作原件或合法重制物之所有人或经其同意之人，得公开展示该著作原件或合法重制物。前项公开展示之人，为向参观人解说著作，得于说明书内重制该著作。（第 57 条）

17. 于街道、公园、建筑物之外壁或其他向公众开放之户外场所长期展示之美术著作或建筑著作，除下列情形外，得以任何方法利用之：（1）以建筑方式重制建筑物。（2）以雕塑方式重制雕塑物。（3）为于本条规定之场所长期展示目的所为之重制。（4）专门以贩卖美术著作重制物为目的所为之重制。（第 58 条）

18. 合法计算机程序著作重制物之所有人得因配合其所使用机器之需要，修改其程序，或因备用存盘之需要重制其程序，但限于该所有人自行使用。前项所有人因灭失以外之事由，丧失原重制物之所有权者，除经著作财产权人同意外，应将其修改或重制之程序销毁之。（第 59 条）

19. 在台湾管辖区域内取得著作原件或其合法重制物所有权之人，得以移转所有权之方式散布之。（第 59—1 条）

20. 著作原件或合法著作重制物之所有人，得出租该原件或重制物。但录音及计算机程序著作，不适用之。附含于货物、机器或设备之计算机程序著作重制物，随同货物、机器或设备合法出租且非该项出租之主要标的物者，不适用前项但书之规定。（第 60 条）

21. 刊载于报纸、杂志或网络上有关政治、经济或社会上时事问题之论述，得由其他报纸、杂志转载或由广播或电视公开播送，或于网络公开传输。但经注明不许转载、公开播送或公开传输者，不在此限。（第 61 条）

22. 政治或宗教上之公开演说、裁判程序及当局或地方机关之公开陈述，任何人得利用之。但专就特定人之演说或陈述，编辑成编辑著作者，应经著作财产权人之同意。（第 62 条）

23. “著作权法”第63条规定了合理使用的翻译、改作与散布。即依“著作权法”第44条、第45条、第48条第1款、第48条之1至第50条、第52条至第55条、第61条及第62条规定得利用他人著作者，得翻译该著作。依第46条及第51条规定得利用他人著作者，得改作该著作。依第46条至第50条、第52条至第54条、第57条第2项、第58条、第61条及第62条规定利用他人著作者，得散布该著作。(第63条)

24. 依“著作权法”第44条至第47条、第48条之1至第50条、第52条、第53条、第55条、第57条、第58条、第60条至第63条规定利用他人著作者，应明示其出处。前项明示出处，就著作人之姓名或名称，除不具名著作或著作人不明者外，应以合理之方式为之。(第64条)

25. 著作之合理使用，不构成著作财产权之侵害。著作之利用是否合于第44条至第63条规定或其他合理使用之情形，应审酌一切情状，尤应注意下列事项，以为判断之标准：(1) 利用之目的及性质，包括系为商业目的或非营利教育目的。(2) 著作之性质。(3) 所利用之质量及其在整个著作所占之比例。(4) 利用结果对著作潜在市场与现在价值之影响。著作权人团体与利用人团体就著作之合理使用范围达成协议者，得为前项判断之参考。前项协议过程中，得咨询著作权专责机关之意见。(第65条)

26. 第44条至第63条及第65条规定，对著作人之著作人格权不生影响。

台湾地区“著作权法”中的合理使用的范围比较广泛，且个别条款含有支付使用报酬或其营业须取得授权许可之规定。纵观合理使用制度的全貌，上述规定顺应了世界著作权立法的趋势。(第66条)

(三) 中国香港地区著作权法与合理使用制度

香港地区现行法律的基本模式来自英国，但由于香港地区的特殊历史背景，在长达一百多年的法律发展过程中，又融合了香港地区自身的特点，从而建立了以英国法律为基础而又适应香港社会的需要的法律体系。根据《中华人民共和国香港特别行政区基本法》第8条的规定：香港地区原有法律，即普通法、衡平法、条例、附属立法和习惯法，除同本法相抵触或经香港特别行政区的立法机关作出修改者外，予以保留。

在香港地区，1972年之前适用的是1911年《英国著作权法》。自1972年后至1997年香港回归祖国前，香港地区著作权法由三部分组成：香港地区立法局的制定法，即1972年《版权条例》；英国议会制定并适用于香港地区的法律，即1972年《版权（香港）宪令》、1956年英国著作权法；英国加入并适用于香港地区的著作权国际公约，即《伯尔尼公约》、《世界版权条约》等。上述著作权法，即1972年香港地区的《版权条例》及其适用的1956年《英国著作权法》随着香港主权回归，终结其历史使命。这就是说，1956年《英国著作权法》及其相关制度不能在1997年后的香港地区继续实施；1972年香港地区《版权条例》是为适应《英国著作权法》在香港地区实施而制定，也失去了其存在基础。此外，国际著作权制度的新发展，特别是世界贸易组织《与贸易有关的知识产权协定》对香港地区著作权保护体制提出新的要求。因此，香港地区必须建立一个独立的、符合本土化要求与国际化标准的著作权制度。为了适应这一变化，香港地区于1990年成立知识产权署，附设法律改革委员会，就包括著作权法在内的知识产权制度的修订与完善开展工作。1993年年底，香港地区法律改革委员会完成《版权法律的改革报告书》。1997年6月26日，香港地区政府制定《版权条例》，并自工商司以宪报公告指定的日期起实施。

1972年香港地区《版权条例》适用1956年《英国著作权法》，规定了合理使用的各种类型：(1) 为了个人学习、研究的目的而复制他人的作品，不包括为娱乐目的的个人使用；(2) 为了报道时事，在报纸、杂志、广播或电视节目中合理使用他人作品；(3) 通过绘画、雕刻、摄影或编入影片、电视等方式复制陈列于公共场所的艺术作品；(4) 公开朗诵作品的某些部分；(5) 基于法律诉讼程序的需要而复制某些作品；公共图书馆为留存资料而复制他人作品；(6) 广播组织为其使用目的而对作品进行短暂录制。

上述合理使用主要涉及复制权、表演权、广播权、展览权等，属于传统的自由而无偿利用作品的类别。1972年《版权条例》所沿用的《英国著作权法》，已于1988年作出重要修订。鉴于1997年以后，英国法例及制度不能继续实施，香港地区知识产权署法律修改委员会于1991年就合理使用制度的修改提出建议，包括：(1) 小组委员会建议对合理使用无须作出法律定义，亦不赞成在法例中作出商业性研究和非商业性研究的复杂分类；(2) 小组委员会多数成员认为，为个人学习、研究目的的合理使用，应适用于一切有著作权的作品；并建议取消对因批评、评论、报道目的而合理使用作品的限制；(3) 小组委员会主张新法案采用 1988 年《英国著作权法》关于教育目的的使用、图书馆的使用等有关条款；(4) 小组委员会多数成员认为，应将合理复制的适用范围，延及出版版本的专有权；(5) 小组委员会认为所谓向营利性的自动复印机发放许可证的办法，即征收复印版税以维护著作权人的利益的规定是不可行的；(6) 小组委员会支持向空白录音带的使用者征收录制版税，但不同意对设备强制征收。① 上述建议多为 1997 年《版权条例》所采纳。1997 年香港地区《版权条例》从第 37 条至第 88 条规定了对著作权作品的合理使用：

其中，《版权条例》第 37 条属引言条文规定了：(1) 本分部的条文指明某些在尽管有版权存在的情况下仍可就版权作品而作出的作为；该等条文只关乎侵犯版权的问题而不影响限制作出任何该等指明作为的任何其他权利或义务。(2) 凡本分部规定某项作为不属侵犯版权，或可作出该作为而不侵犯版权，而没有特别提及某类别的版权作品，则有关作为并不属侵犯任何类别的作品的版权。(3) 在决定本分部指明的作为是否可在尽管有版权存在的情况下就版权作品而作出时，基本考虑因素是该项作为并不与版权拥有人对作品的正常利用有所抵触，以及该项作为并没有不合理地损害版权拥有人的合法权益。(4) 不得从凭借本分部可予作出而不属侵犯版权的任何作为的描述，而推论受任何类别作品的版权所限制的作为的范围。(5) 本分部各条条文的解释互相独立，故某作为并不属于某条文的范围，并不表示另一条文不涵盖该作为。除 37 条之外，《版权条例》第三部分的其他条款则具体规定了作品的合理使用（以下简称“第×条”）：

1. 供研究及私人学习的复制。为研究或私人学习的目的，可以对任何类型的作品进行复制使用。在这里，使用者限于个人的有限范围，其合理复制行为和其他人的需求无涉。此外，在计算机程序中将低层次语言表达转化为高层次语言表达，以及转变过程中附带复制该程序，均不能适用该项条款。（第 38 条）

---

① See The law Reform Commission of Hongkong，Copyright Subcommittee：Reform of the Law Relating to Copyright，1991，pp. 211 - 213.

2. 引用。对某一已发表的作品或作品的表演进行批评或评论，在附加充分说明的条件下可以在使用者自己的作品中引用该作品。(第 39 条)

3. 时事报道中的使用。为报道时事新闻，可在各类新闻媒体上合理使用他人的作品，一般使用都应附加说明，但是用录音、电影、广播或有线传播节目手段进行的时事报道则无须附加说明。(第 39 条)

4. 附带使用。凡艺术作品、录音、电影、广播或有线传播节目中附带使用他人作品，不构成侵权；属于附带使用的作品，如向公众发行、复制及传播亦不构成侵权。但是，将音乐作品或伴随音乐而讲、唱的文字附带入另一作品或是录音、电影、广播、有线传播节目中，不视为合理使用。(第 40 条)

5. 阅读障碍人士的使用。任何阅读残障人士可就文学作品、戏剧作品、音乐作品或艺术作品的部分或全部，由其本人或任何人代他制作一份该原版文本的便于阅读文本以供其个人使用，并不属侵犯该作品的版权，而就已发表版本而言，此举亦不属侵犯其排印编排的版权。(第 40a 至 f 条)

6. 教学活动中的复制。在教学或备课过程中，允许复制文学、戏剧、音乐或艺术作品，但复制须由任教者或受教者本人实施，且未采用影印方式。为上述目的，施教与受教人员还可采取制作形式复制录音、电影、广播或有线传播节目等。因考试需要可以采取任何方式使用作品，但不包括主考者因供考生表演作品而影印复制音乐作品。上述任何复制品虽按该条规定制作，但其后有人将该复制品进行交易的（包括出售、出租或为出售、出租之要约或展示），该对象应视为侵权复制品。(第 41 条)

7. 教育活动中的汇编。供教育单位使用的汇编作品，可以收入已出版的文学、戏剧作品的短小片段。汇编作品应主要由不享有著作权作品的资料构成，且对收入的著作权作品作了充分说明，并符合收入作品的数量限制条件。(第 42 条)

8. 教学活动中的表演和播放。以教育单位的教师和学生以及其他与该单位活动有直接联系者为观众，由教师和学生表演文学、戏剧或音乐作品，或是为教学目的而由其他人在教学单位进行上述表演，属于合理使用。此外，为教育目的而在教育单位为上述观众播放或放映录音、电影、广播等，适用上述规定。(第 43 条)

9. 教学活动中的录制。为教育目的，教育单位在附加充分说明的情况下，可以将任何广播或有线传播节目录制下来或制作复制品。但是版权所有人对上述作品的许可使用方案得到确认，且该录制人已知或应知这一事实时，则不能适用这一条款。此外，上述任何录制及其复制品虽按该条规定制作，但其后有人将有关复制品进行交易的，该对象应视为侵权复制品。(第 44 条)

10. 教学活动中的影印复制。为教学目的，教育单位可从已出版文学、戏剧或音乐作品中影印复制一些片段，复制篇幅每季度不得超过该作品的 1/10。但是，使用者知道或应当知道在一定程度上能够获得复制许可证时，上述影印复制不可实施。如前述条款相同，上述复制品不得用作交易，否则以侵权论。(第 45 条)

11. 图书馆、档案馆的复制。凡香港地区政府工商司所指定的图书馆、档案馆负责人员，以允许复制的指定条件，可以进行下列情形的复制：一是为从事研究或私人学习的人而复制任何期刊的一篇文章，或复制文学、戏剧音乐作品出版物的一部分，复制品限于一份，获取该复制品的人须支付必要的成本款项；二是为其他图书馆的需要而复制期刊内的文章或文字、戏剧、音乐作品的出版物以及录音、电影等，但图书馆长知道或应当知道授权制作该类复制品的权利人的姓名（或名称）、地址时，则不适用这一规定；三是因图书馆、档案馆作品保存与替代的需要，复制其永久收藏物的任何资料；四是对有可能因出售或输出而流失香港地区但在文化或历史方面具有重要意义的物品，可制作该物品的复制品和将该复制品放在图书馆或档案馆。(第 46—53 条)

12. 公共管理中的使用。为议会程序、司法程序以及法定调查程序的目的而使用作品，不侵犯著作权。因报道上述程序而使用作品或向公众发放、提供载有他人作品的法定调查文本，也在法律允许的范围内，在公务过程中传送给政府的作品，政府可以复制并向公众发放或提供该复制品。(第 54—59 页)

13. 计算机程序的使用。计算机程序的合法使用者为其合法用途，并在法律限定的条件下，可以复制计算机程序的备用复制品、解编计算机程序、复制或改编计算机程序等。(第 60、61 条)

14. 字体的使用。对于构成艺术作品的字体，仅为一般打字、作文、排版或印刷过程中使用，或为上述用途而保管有关物品或实施如此使用字型而产生的材料相关之行为，不构成侵权；凡基于上述字体设计或改装而产生的物品进入市场后达 25 年的，任何人为制作此种物品的目的可以复制该字体所构成的艺术作品或实施有关行为。（第 62、63 条）

15. 电子形式作品的使用。电子形式作品复制品的买受人，根据购买条款（约定或法律规定），可以为使用目的而复制、改编该作品或制作改编作品的复制品。（第 64 条）

16. 因向公众提供作品而复制。在向公众提供作品的情形中，为便于公众观看或聆听该作品而复制其复制品，不构成侵权。但该复制不得影响作品的正常利用，并且不妨碍著作权所有人的合法权益。（第 65 条）

17. 其他使用。包括基于著作权期限届满或作者死亡的假设而对匿名作品、假名作品的使用；为时事报道或广播、收入电视节目的需要而对口述作品的记载或录制；摘取已出版的文学、戏剧作品的合理部分而公开朗读或背诵；复制发表于期刊上有关科学作品的内容提要；为指定机构存盘的需要而对表演的民歌进行录制；对处于公共地方或向公众开放场所的永久性陈列作品进行绘制、拍照、录像、拍摄影片等；为制作艺术作品销售广告的目的而复制作品或公开发行该复制品，同一作者为创作艺术作品的需要而复制在先创作而著作权属于他人的作品；为重建建筑物的目的而使用该建筑作品或与该建筑有关的图形作品；基于著作权期限届满或创作者死亡的假设而对创作者身份无法确认的影片进行使用；为慈善、福利、宗教目的而播放录音作品；为广播或有线传播节目的需要而附带进行录制；为监管和控制广播或有线传播节目而进行录制，为方便私人及家庭观看、聆听广播或有线传播节目而复制；将电视广播或有线传播节目的部分影像拍成照片供私人及家庭使用；免费公开放映或播放广播或有线传播节目；收听和实时再传送没有作出更改的有线传播节目服务的广播；提供附有字幕的广播或有线广播节目的复制品；受指定的机构为存盘而录制广播或有限传播节目；等等。

1997 年香港地区《版权条例》从第 204 条至第 261 条规定了对邻接权表演及唱片的合理使用：

（1）因批评、评论或时事报道而使用。

（2）在录音、广播、影片及有线传播节目中附带使用。

(3) 为教学或考试的目的使用。

(4) 在教育机构为教学目的播放录音、影片、广播或者有线传播节目。

(5) 教学机构因制作广播及有线传播节目而使用。

(6) 图书馆、档案馆因物品的文化及历史意义而使用。

(7) 立法程序、司法程序及法定调查程序中的使用。

(8) 对公众查阅的公共记录材料的复制。

(9) 买受人对所购电子形式录制品出于使用目的而复制。

(10) 因向公众提供表演而进行某种复制。

(11) 为时事报道或收入广播、有线传播节目而使用口述文字的录制品。

(12) 为存盘需要而将民歌的表演制作成录制品。

(13) 为慈善、福利事业等目的而播放录音。

(14) 为广播或有线传播节目而附带的制作录制品。

(15) 为监管或控制广播及有线传播节目而录制。

(16) 因免费公开播放广播或有线传播节目而使用。

(17) 接受或再传送有线传播节目服务的广播。

(18) 提供附有字幕的广播或有线传播节目的复制品。

(19) 为存盘制作广播或有线传播节目的记录。

香港地区法关于合理使用的条款，基于著作权作品与邻接权表演及唱片的分类逐项加以规定，内容多有重复，表述有失简练。但是合理使用制度适用范围宽泛，规定细密而颇具操作价值，这一特点较之其他法域相关制度而言是十分突出的。

(四) 中国澳门地区著作权法与合理使用制度

在中国法律制度史上，澳门地区有着极其特殊的历史地位。1999 年澳门回归祖国，《中华人民共和国澳门特别行政区基本法》第 8 条规定：澳门地区原有的法律、法令、行政法规和其他规范性文件，除同本法相抵触或经澳门特别行政区的立法机关或其他有关机关依照法定程序作出修改者外，予以保留。由于历史的原因，澳门地区的社会制度总体上是以葡萄牙的社会制度为模式，法律制度也是如此。尽管澳门回归祖国之后根据《澳门特别行政区基本法》的规定，对其原来的法律进行了一些修订，但总体上依然是以葡萄牙法律为其制度模式。在法律结构、法律体系、法律渊源、法律语言以及法律操作诸方面，都具有明显的葡国特征。

澳门地区 1999 年 10 月 1 日之前的著作权法，即是效力延伸至澳门地区的 1966 年葡萄牙著作权法。为适应加入《日内瓦公约》及批准《伯尔尼公约》新文本的需要，葡萄牙于 1966 年对 1927 年著作权法作出重大修改，制定了一个“与国际法规相协调”的“新的替代性法律”[①]。该法于 1972 年经葡国议会批准延伸至澳门地区使用。1985 年，澳门地区立法会通过第 4/85/M 号法律，旨在进一步保护权利人免受非法复制音像作品的侵害。但由于缺乏必要的配套法律机制，该法规收效不大。[②] 1999 年 10 月 1 日前的澳门地区著作权法（即葡萄牙著作权法，下同）共分 5 章，计 214 条。该法在题为“自由使用”一节中，对自由而无偿使用他人作品的情形进行了规定：

1. 在报纸上转载公众场合发表的讲话及已经发表的演讲，但要注明演讲者姓名、标示演讲时间及地点。

2. 在报纸摘要转发某个虽非公众场合但允许新闻人物参加的讨论会发言，但发言人明确表示“不得转载”的除外。

3. 学生对大学教师讲义和讲授内容得以使用，但不能公开发表。上述作品如果不使用于学生，须得到作者本人的许可。

4. 演奏官方采用的爱国歌曲，或在宗教活动中演奏宗教作品，以及在教学活动中演唱与教学内容有关的作品。

5. 为评论、批评或教学需要，在自己的作品中摘录引用他人的作品。使用者应当将摘引内容与自己的创作内容区别开来，并注明被引用作者的姓名，且摘引的作品段落不能达到对原作品造成不利影响的程度。

6. 用于教学活动的文选、歌曲选，可以从他人的文学作品、音乐作品中摘引，但须按上款规定进行。如有不符，作者有权要求支付报酬。

7. 未经作者同意，不得以开展评论或进行注释而复制他人作品。但是在

---

① Ministerio Da Educacao Nacuonal Dureccal Geraldo Ensunoedas Belas-Artes: Decre-to-Lei No. 46980.

② 参见韦柏伦：《澳门的知识产权法》，载《法学家》，1996（2）。

撰写的评论、注释中注明他人作品章、节、页码，并且该作品单独发表，则不构成侵权。

8. 作者在书本或印刷物上转载自己在报刊上发表的与他人论战的文章或信件是，可以转载论战对手的相关文章。对方亦有同等的权利。

9. 对书信提供类似作品的保护，而不论书信的著作权是否到期。但对于官方信函，在不含有保密内容并能给人以文学、艺术、历史知识的条件下，得自由引用。

10. 报纸期刊等新闻媒体对于同类报刊上发表的经济、政治或宗教的时事性文章可以自由转载，但著作权人有反对转载的保留声明除外。此外，凡纯属新闻性质并在报刊上发表的时事消息通讯报道，均可自由转载。

1999 年 10 月 1 日生效的澳门地区新著作权法及其相关法规取代原来的著作权法律法规施行于澳门地区（参见现行澳门地区《著作权法》第 222 条废止的相关规定和第 223 条开始生效的相关规定）。澳门地区现行的著作权法共 6 编 223 条，其在第二编第二章（供私人使用及自由使用）规定了著作权的合理使用，相关条文为第 60 条至第 66 条。

第 60 条规定了供私人使用之自由：（1）受保护作品可自由供私人使用，但另有规定者除外。（2）下列者尤属私人使用之范围：1）专供复制作品之人自用而进行之复制；2）戏剧作品、戏剧音乐作品或电影作品之表演、文学作品之朗诵、音乐作品之演奏及其他对已发表或出版之作品进行传播之方式，只要非以谋利为目的及非在开放于公众之地点内进行。

第 61 条规定了自由使用，即下列使用无须经作者同意，亦属合法：（1）为提供信息之目的，由大众传播媒介以摘录或摘要方式复制不属第 5 条第 1 款所指类别之公开进行之演说、简短演说及专题研讨；（2）定期选辑定期刊物之内容，将之撮要成集；（3）以任何方式固定、复制及公开传播某些作品之若干部分，只要为达到时事报道之目的而将有关部分加插在时事报道内属合理者；（4）全部或部分复制某一已出版或发表之作品，只要此复制系由公共图书馆、非具商业性质之文献中心或学术机构进行，且并非为公众而进行复制，而仅限于为有关机构本身活动所需者；（5）在学校内进行部分复制，只要此复制系专为该等学校之教学用途而进行，且无营利目的；（6）在作品本身内引述或加插他人任何类别之作品或作品摘要，以支持本人之理论或作为批评、讨论或教学目的之用；(7) 在本身供教学用之作品内加插他人之简短作品或他人作品之若干部分；(8) 在本地区之官方活动中及在宗教活动中演奏音乐作品或文学音乐作品，只要演奏者之演奏属无偿且如公众可欣赏该演奏亦属免费欣赏者；(9) 对时事文章，以及对讨论经济、政治或宗教之文章进行复制，但仅以有关复制未被明确保留者为限；(10) 以摄影、录像、拍摄电影或其他类似之方式将安放在公众地方之艺术作品进行固定；(11) 专以科学、教育或人文之利益为目的而使用非供交易之作品；(12) 法院及本地区其他官方机关在对执行其公共职务属切实必要之限度内所进行之使用。

第 62 条规定了受保护作品供私人使用及被自有使用时的限制及要求：(1) 某受保护作品供私人使用及被自由使用时，不得妨碍该作品之一般经营，亦不得以无合理解释之方式损害作者之正当利益。(2) 进行上条所指之自由使用时应同时：1) 尽可能指出作者之身份及作品之名称；2) 属上条 d 项之情况时（即图书馆复制使用——笔者注），由进行复制之实体给予作者一项按衡平原则定出之报酬。(3) 按照上条规定被复制或引用之作品，不应与使用该作品之人本身之作品相混淆，且复制或引用之范围亦不得太广而导致该被复制或引用之作品所产生之利益受损害。(4) 将第 61 条第 1 项及第 9 项所指之作品汇集成卷之权利，仅属作者所有。

第 63 条规定了评论、注释及讨论：(1) 未经作者许可，不得以对他人作品进行评论或为他人作品作注释为借口而复制他人作品，但得在以单行本出版之评论或注释本身单纯引述他人作品中之某些章、段或页之内容。(2) 如作者将其曾在报章或杂志上刊出之文章、书信或其他辩论性文章复制成书或小册子，则亦可将与其立场相反之文章进行复制，而持相反立场之作者亦拥有相同之权利，即使前者已出版有关文章亦然。

第 64 条规定了教师之讲课：(1) 教师之讲课仅在经本人许可后方可出版，即使有关讲课系以记叙形式出版且由出版人负个人责任者亦然。(2) 如无特别指明，获许可出版之讲课视为仅可供学生使用。

第 65 条规定了为失明人士而进行之使用：(1) 在非谋利之情况下，可透过布莱叶盲字（Braille）系统或为失明人士而设之其他系统对已出版之作品进行复制或任何形式之使用。(2) 失明人士有权以任何方法将上条所指之讲课进行固定，以供自己专用。

第 66 条规定了法定改动权：就某作品之使用具有无须经作者事先同意之法定使用权者，即有权透过翻译或其他形式改动作品，但仅以对所获准之使用属必要者为限。

澳门地区著作权法关于合理使用制度的规定，远胜于原葡萄牙法延伸于澳门地区的相关规定，其条文分类清楚，规范内容明确，具可操作性，这与国际立法潮流相吻合。该制度既具有特别行政区法律的自身特色，又具有现代著作权法的基本品性。

三、中外合理使用制度立法例分析

著作权是当今国际经济、文化领域关注的焦点问题，也是知识经济时代的主要制度基础。可以认为，经济全球化与知识革命的出现给当代著作权制度带来了深刻的影响。世界各国的著作权制度建设，在复杂的国际背景中表现了鲜明的时代性特征和强烈的本土性需求。进入后 TRIPS 时代以来，许多国家已经并且多次修改其著作权法。其中，合理使用问题依然是各国著作权修法的一个重要领域。在此，笔者试以我国现行著作权法为主要线索，以一些起主要国家相关立法为参照资料，对合理使用基本类型的修改与完善作一些比较分析。

1. 个人使用

个人使用是合理使用制度的基本构成。为保证个人因学习、研究的需要而利用他人作品，各国立法普遍就此对著作权进行了必要限制。个人使用条款的立法难点，主要在于个人使用范围的界定。我国《著作权法》将个人使用的目的界定为“为个人学习、研究或欣赏”，即非商业性目的而使用他人已发表的作品。关于个人使用应具备两个条件：一是限于使用者本人（包括家庭）自己使用，二是限于不以营利为目的使用。两者必须同时具备方为合理。为保护著作权人的出租权，即使是非商业性目的的出借，因超出本人使用的范围，法律也应予禁止。关于个人使用条款的规定，有两点值得思考：第一，因“个人欣赏”目的无偿而自由利用他人作品的情形，似可排除在个人使用的范围之外。

对此，《英国著作权法》第29条、《德国著作权法》第53条，将个人使用的目的限定为“为个人学习、研究”的目的。第二，应对个人使用中的作品利用方式有所限制，不宜作出个人可以采取任何使用方式的笼统规定。《法国著作权法》第41条，将个人使用限制为“私人表演”或“私人复制”；《俄罗斯著作权法》第18条，在允许个人复制的一般性规定的基础上，设定若干排除领域的例外事项。笔者认为，参照多数国家的立法例，个人使用的条款可作出如下限定，即：“为个人学习、研究，使用他人已经发表的作品。但该条款不适用于：将公开朗诵、表演或放映的作品录制成音像载体；以建筑方式或类似设施形式复制建筑艺术作品；复制计算机软件，但因备用存盘需要除外。”

2. 新闻报道使用

新闻报道使用是为合理使用，为各国立法之通例。包括新闻自由在内的表现自由，是一项宪法性权利，其法律价值位阶应高于作为私人财产权的著作权。新闻报道使用条款的立法要义，关键在于限定性使用条件，即“为新闻报道所需要方可使用作品”。我国《著作权法》第22条第1款第3项规定为“为报道时事新闻，在报纸、期刊、广播、电视节目或者新闻纪录影片中引用已经发表的作品”。但该项规定失之笼统，有将新闻报道中涉及的作品扩大到对象本身即是报道某一时事的作品（如纪实性、新闻性电影作品）之嫌。[①]《伯尔尼公约》第10条之2将新闻报道的使用，限定为“在事件过程中看到或听到的文学艺术作品，且符合报道目的的正常需要范围内”。多数国家依据公约作了明确规定。例如，《日本著作权法》第41条将其表述为：“对于构成该事件的作品或者在该事件中所见所闻的作品”，可以进行复制并在报道中使用。《法国著作权法》第50条则规定为，因时事报道的需要，“可复制、传播和公开再现在报道过程中可被感觉到的作品”。为消除我国著作权法与国际规范的差距，1991年《著作权法实施条例》第28条特别作了限制性的补充规定。因此，笔者当时建议新闻报道使用条款可修改为：“为报道时事新闻，报纸、期刊、广

① 世界知识产权组织“关于中国著作权法与《伯尔尼公约》和《罗马公约》不完全协调和需要阐明的条款”的报告，指出了该项条款与国际公约的差距。参见许超：《关于修改现行著作权法与国际规范的初步想法（之四）》，载《著作权》，1995（2）。

播电视或者新闻纪录片在报道的必要范围内利用其报道过程中所接触的已经发表的作品”。现行《著作权法》第22条第1款第3项将新闻报道使用界定为：“为报道时事新闻，在报纸、期刊、广播电台、电视台等媒体中不可避免地再现或者引用已经发表的作品”。其在1990年《著作权法》规定的基础上进一步限定了新闻报道使用的条件，即：新闻报道使用必须是“不可避免”的使用。实际上这一限定和笔者当时建议的修改意见在实质意义上是相同的。新修订的著作权法在新闻报道使用上向国际通行的做法迈进了一步，具有重大意义。

3. 转载或转播使用

转载、转播使用是为新闻传播之必要，在大多数国家立法例中都列入了合理使用范畴。较之新闻报道使用不同，对转载、转播使用，法律往往规定了更为严格的限制性条件。根据《伯尔尼公约》第10条之2的规定，诸如报纸、期刊、广播电视、电视台等新闻媒介转载或转播其他新闻媒介的作品有三个条件：一是限于经济、政治或宗教的时事性文章，以及具有同类性质的广播作品；二是限于该文章或广播作品无保留复制权与播放权的声明，即不反对他人转载或转播；三是在任何情况下，均须指出作品的出处，否则由有关保护国立法决定其应负的法律责任。《伯尔尼公约》成员国大都作了类似规定，如《德国著作权法》第49条、《俄罗斯著作权法》第19条、《意大利著作权法》第65条等规定即是如此。我国1990年著作权法将转载或转播的作品界定为已经发表的社论、评论员文章，有超出《伯尔尼公约》限定的政治、经济或宗教作品范围之虞，且无作者反对转载或转播的保留条款。鉴于1991年著作权法的规定与国际公约存在这一差距，笔者当时建议，转载或转播使用的条款应进行如下修订：“报纸、期刊、广播电台、电视台刊登或者播放其他报纸、期刊、广播电台、电视台已经发表的有关政治、经济、宗教的时事性作品，但著作权人声明不得转载或转播的除外。”现行的《著作权法》第22条第1款第4项规定为：“报纸、期刊、广播电台、电视台等媒体刊登或者播放其他报纸、期刊、广播电台、电视台等媒体已经发表的关于政治、经济、宗教问题的时事性文章，但作者声明不许刊登、播放的除外”。笔者当时根据著作权国际立法的原则精神和大多数国家著作权立法的通行做法提出了修订建议。现行著作权法的修订顺应了相关立法的趋势，也照顾到我国的国情，应该是一个进步。

4. 科学研究使用

科学研究使用，在整个知识产权领域都是一种基于权利限制所产生的合理使用。问题在于，这里的科学研究不应是商业活动的组成部分，而应是“学术的”、“教学的”、“非营利的”。这一界定是合理使用立法的要点。我国著作权法允许科学研究中对著作权作品的翻译或少量复制使用，但对其使用目的和条件未能作出明确的规定。专利法严格限制商业性科学研究对专利的利用，著作权法可采取类似的规定。一般来说，学术研究机构、非营利的教学组织所进行的研究活动，应属于合理使用的范围。营利性实体即使是出于研究需要而使用他人的有著作权的作品，也因这种研究往往与经营活动有关而不能视为合理使用，因为这有损于作品的潜在市场。同时，学术研究使用应遵循下列条件：须为本人使用，既只能为相关科研人员自己使用；须为内部使用，不得将其出版发行；须为无侵害使用，既不得影响作品的正常使用，也不得无故损害著作权人的合法权益。我国著作权法将课堂教学使用与学术研究使用一并规定，似有可斟酌之处。由于两者使用范围不同，可考虑将学术研究使用作专款规定如下：“为学术研究，翻译或者少量复制已经发表的作品，供科研人员使用，但不得出版发行，损害著作权人的合法权益”。

5. 教学使用

教学活动的合理使用，受到各国著作权法的普遍关注，以此作为著作权限制的主要内容加以规定。《英国著作权法》第 32 条至第 36 条，分别规定了教学活动中的“复制”、“汇编”、“表演”、“录制”、“影印复制”等情形，《美国著作权法》对在教学活动中的使用也分别规定了复制使用（第 107 条）和演出使用（第 110 条）；而《法国著作权法》第 47 条规定了“为教育目的的播放”，第 52 条规定了“学校举办活动中的表演”，第 53 条规定了“教学活动中的复制”。相形之下，我国著作权法规定的教学使用，仅限于翻译和复制。尽管非商业目的的其他使用方式，如免费表演、免费播放的条款，也可以适用于教学活动领域，但参照国外立法例的成功经验，似以集中规定为宜。此外，对于学校课堂教学必须强调其非商业目的。国外立法例对于商业目的的教学活动，一概排除在合理使用的范围之外。结合我国的实际情况，对于特殊教育中的有关活动，如盲人教育、残疾人教育等，从人道主义原则出发，则可规定比较广泛的使用范围，即包括复制、翻译、表演、播送等方式，且不必规定复制数量的限制。笔者认为，教学使用的条款可作如下修改：“为非营利性的教学目的，播放、表演、翻译或者少量复制已经发表的作品，供教学人员在课堂教学中使用，但不得公开再现，不得影响作品的正常使用，损害著作权人的合法权益”。

6. 公务使用

该项使用属于公共管理活动中的使用，因此国外立法例将使用人限制为与公共管理活动有关的国家机构。关于国家机关的范围，其指向不一，皆由本国国情所定，并无立法优劣之分。就此而言，有的限于司法机关，如《德国著作权法》第45条规定为法院、仲裁法院和公安机关；有的则包括立法、司法机关，如《英国著作权法》第45条规定，准予为议会或司法程序的使用；也有的则延及立法、司法和行政机关，如《日本著作权法》第42条规定的公务使用泛指“出于审判程序和立法或行政目的”，但强调使用作品须作为内部资料。为了避免引起歧义，我国著作权法不宜采用“国家机关”的笼统说法，可将其界定为“立法、司法或行政机关”。同时，为避免“使用”方式的一般性规定，宜将使用方式限制为复制与翻译，而不应包括表演、改编、整理等其他使用方法。有鉴于此，公务使用的情形可作如下表述：“立法、司法或行政机关，为执行公务复制、翻译他人作品作为内部资料，但不影响作品的正常使用，损害著作权人的合法权益”。

7. 图书馆使用

图书馆使用是为公共利益需要而设定的一种合理使用，这在著作权国际公约和各国著作权立法中都有反映，其条款大致相同而差异不多。我国著作权法允许图书馆、档案馆、博物馆、美术馆为存列或者保存版本的需要而复制有著作权的作品。该类使用应具备以下条件：复制的作品限于本馆收藏的作品或已经合法提供给公众的作品；复制的数量必须出于保存（存盘复制）与替代（损毁替代复制）需要，不得销售与出租；复制不得与作品的正常使用发生冲突，但不得损害著作权人的合法权益。在图书馆合理使用的情形中，多数国家除规定保存与替代复制外，还允许向阅览人提供有限制的复制品，如《美国著作权法》第108条、《英国著作权法》第37～41条、《日本著作权法》第31条、《俄罗斯著作权法》第20条都有类似规定。因此，我国关于图书馆使用的条款须作进一步修订完善："图书馆、档案馆、纪念馆、博物馆、美术馆或其他供公众使用的文化教育机构，在下列情况下，复制其收藏的作品：（1）为阅览人个人学习、研究的要求，复制已发表作品的一部分或期刊中的单篇作品，每人以一份为限；（2）为其保存资料或替换损毁、遗失作品样本的需要；（3）为同类性质的机构保存与替换的需要，复制绝版或难以购得的作品"。

8. 免费表演

在立法例上，各国著作权法对免费表演都有所规定，但同时附有较为严格的限制性条件。我国1991年著作权法规定的"免费表演已经发表的作品"，因其语焉不详，缺乏限制条件，曾遭到诸多批评。德国著作权法专家阿·迪兹认为，"无论从哪个角度，特别是从《伯尔尼公约》第13条第1款的角度看，是否符合公约的精神，都是值得怀疑的"[①]。国外立法例关于免费表演的规定有两层含义：（1）表演是指演奏乐曲、上演剧作本、朗诵诗词等直接或者借助技术设备以声音、表情、动作公开再现作品；（2）免费是指上述表演既不对表演者付酬，也不对听众收费。《英国著作权法》第34条、《美国著作权法》第110条、《德国著作权法》第52条、《日本著作权法》第39条都对免费表演作了严格的规定。不少国家强调此类表演不得以营利为目的，包括直接和间接的营利目的。在若干判例中，诸如公司、企业为宣传商品而举行的"免费"演出，旅店、饭店为招徕顾客而"免费"演奏音乐作品，即使不向观（听）众收费，也都被排除在合理使用的范围之外。鉴于上述情况，我国《著作权法实施条例》第30条规定了免费表演的必要条件，以此作为1990年著作权法的重要补充。现行著作权法将免费表演界定为"免费表演已经发表的作品，该表演未向公众收取费用，也未向表演者支付报酬"，比1990年著作权法有了较大的进步。但是仍然未排除诸如公司、企业为宣传商品而举行的"免费"演出，旅店、饭店为招徕顾客而"免费"演奏音乐作品等情形，不符合合理使用制度精神，使合理使用的范围失之过宽，不利于著作权人利益的周到保护。因此，该条款可考虑修改为："不以营利为目的，在不向听众、观众直接或间接收取费用，也不向表演者支付报酬的条件下，在公益活动中表演已经发表的作品"。

---

① 转引自许超：《迪兹博士论中国著作权法及著作权法实施条例》，载《著作权》，1991（4）。

9. 公共场所陈列作品的使用

对永久设置于公共场所的艺术作品进行自由而无偿的临摹、绘画、摄影、录像，是各国合理使用制度的立法通例。我国1990年著作权法第22条第1款第10项、现行著作权法第22条第1款第10项、《英国著作权法》第62条、《法国著作权法》第59条、《日本著作权法》第46条、《俄罗斯著作权法》第21条都作了此类规定。至于将室外艺术作品复制或录制之后，对其可否进行商业性使用，该项商业性使用，是否仍在“合理”的范围之内，我国著作权法及一些国家相关法律均无直接的答案。但是，日本、俄罗斯等国的著作权法不允许将公共场所陈列作品的复制品用为营利目的。这一规定，在我国修改该项条款时可资借鉴。为此，笔者建议，该项合理使用情况可作如下表述：“对设置或陈列在室外公共场所的艺术作品进行临摹、绘画、摄影、录像，但将其复制品用于营利目的的除外”。

10. 对汉族文字作品的翻译使用

对汉族文字作品的翻译使用，是中国独有的合理使用类型。我国1990年《著作权法》关于“将已经发表的汉族文字作品翻译成少数民族文字在国内出版发行”的规定，实际上是对翻译权的一定程度的限制，其立法本意在于促进国内少数民族教育、文化和科技事业的发展。该项条款为各国立法例所仅见。为此，1991年《著作权法实施条例》第31条确认，上述有关规定“仅适用于原作品为汉族文字的作品”。《实施国际著作权条约的规定》第10条进一步作出补充：“将外国人已经发表的以汉族文字创作的作品，翻译成少数民族文字出版发行的，应当事先取得著作权人的授权。”现行著作权法第22条第1款第11项规定：“将中国公民、法人或者其他组织已经发表的以汉语言文字创作的作品翻译成少数民族语言文字作品在国内出版发行”，实际上是把1990年著作权法、1991年著作权法实施条例、1992年《实施国际著作权条约的规定》三者的相关规定加以整合，是最具“中国特色”且符合本土需求的合理使用条款。

11. 免费广播

免费广播曾是我国立法规定的合理使用，但其与著作权国际公约明显不符，在学术界存有争议。我国1990年著作权法第43条规定：“广播电台、电视台非营利性播放已经出版的录音制品，可以不经著作权人、表演者、录音制作者许可，不向其支付报酬。”该条规定即是这里所说的“免费广播”，也有教材称之为“法定免费使用”。多数学者认为，该条规定的内容属于合理使用的范围[①]；也有个别学者持反对意见，认为不能“以‘自由使用’来归纳”[②]。两种意见都不无道理。从条款的基本内容来看，具有合理使用中的“既无须取得许可，又无须支付报酬”这一基本特征；从立法技术和原则来看，该项条款置于“著作权限制”章节之外，与合理使用的“合理性”原则未必相符。诚然，“免费广播”的条款，是基于我国广播电视事业的实际情况而设定，但著作权界普遍认为，这一规定与《伯尔尼公约》存在明显冲突，国外立法例均无此种规定。因此，笔者建议：除教学活动中的免费广播，可包含在教学使用的情形中外，其他形式的免费广播都应予禁止。我国现行著作权法第 43 条规定：“广播电台、电视台播放已经出版的录音制品，可以不经著作权人许可，但应当支付报酬。当事人另有约定的除外。具体办法由国务院规定。”由此可以认为，播放录音制品已从以往合理使用范畴的“免费广播”改变为法定许可使用意义上的“有偿广播”。这是我国著作权立法的一个进步。

① 参见沈仁干：《关于著作权的限制》，载《中华人民共和国著作权法讲析》，207 页，北京，中国国际广播出版社，1991。

② 郑成思：《版权公约、版权保护与版权贸易》，125 页，北京，中国人民大学出版社，1992。

第十三章

著作权法修改草案中的合理使用制度

一、著作权法第三次修改的时代背景：国际化潮流与本土化要求

在知识产权法律体系中，著作权法可以说是法律关系最为复杂、法律内容最为丰富、法律变动最为频繁的一部法律。因此，已经启动的《中华人民共和国著作权法》（以下简称《著作权法》）第三次修改的任务既重要又艰巨。受国家版权局委托，中国社会科学院知识产权研究中心、中国人民大学知识产权研究中心、中南财经政法大学知识产权研究中心分别起草并如期提交了专家建议稿。2012 年 3 月，国家版权局完成并公布了《中华人民共和国著作权法（修改草案）》。

《著作权法》自 1990 年颁行以来，迄今为止修改过两次。作为立法活动的微调机制，法律修改旨在在“不伤动法律体系整体结构、不根本改变法律体系基本框架和原则的前提下，赋予法律时代的精神和现实的活力”①。回顾我国著作权法的修改状况，我们可以概括出以下两个特点：

1. 修法进程缓慢

《著作权法》自问世以来，分别于 2001 年和 2010 年进行了修改，每次间

① 李林：《立法理论与制度》，218 页，北京，中国法制出版社，2005。

隔达10年左右，未能与著作权法变动的国际潮流保持同步。从20世纪末到本世纪初，随着现代传播技术的发展和著作权保护国际公约、双边协定的形成，各国著作权法修改活动频繁。在美国，立法部门对著作权法修改十分关注，自《数字千年著作权法》出台之后、进入本世纪以来，几乎每年都有新的修正案提交国会，其中重要的有2005年《家庭娱乐与著作权法案》、2004年《著作权版税分配改革法案》、2004年《残疾人教育促进法案》等。在法国，“文学、艺术产权”章是1992年《法国知识产权法典》的重要组成部分，在随后的二十年间，法国依据欧洲联盟1996年关于数据库、2001年关于追续权、2001年关于信息社会版权、2004年关于知识产权执法等诸多指令以及世界贸易组织的《与贸易有关的知识产权协定》（以下简称《知识产权协定》）、世界知识产权组织的“因特网条约”[①] 适时进行修改，进入新世纪之后已四次修改著作权法，其中重要的有2009年的《关于在互联网上传播和保护创作》、《文学和艺术产权刑事保护》两部。[②]《日本著作权法》自1976年颁布至2009年止，为回应科技、经济、社会的发展变化，已经进行了大大小小的26次修改。《韩国著作权法》制定于1957年，先后进行过18次修改，其中2006年和2009年完成了两次重要修改。相对于发达国家的著作权法修改活动，我国的著作权法修改相对滞后，修法进程缓慢。

2. *修法动因相对被动*

我国著作权法经历了从“被动型调整”到“主动性安排”的过程。1990年我国制定了《著作权法》，然而并未参加国际著作权保护体系。随着我国对外开放的发展，双边、多边著作权冲突不时发生。基于1992年《中华人民共和国政府与美利坚合众国政府关于保护知识产权的谅解备忘录》，我国在来不及修改《著作权法》的情况下颁布《实施国际著作权条约的规定》，以保护外国作品著作权人的合法权益。此后的两次著作权法修改均与世界贸易组织有关：第一次修改（2001年）是基于加入世界贸易组织的直接需要，

---

① “因特网条约”是学术界关于《世界知识产权组织版权条约》和《世界知识产权组织表演和录音制品条约》的统称。

② 参见《十二国著作权法》，51页，北京，清华大学出版社，2011。

根据《知识产权协定》的要求全面修改《著作权法》；第二次修改（2010年）是为了履行世界贸易组织关于中美知识产权争端的裁定，针对有关“依法禁止出版、传播的作品不受著作权法保护”的具体条款作出的修改。概言之，在过去的二十多年间，我国《著作权法》的制定及修改以《知识产权协定》等国际公约为标准，其动因主要来自世界贸易组织的要求和国际社会的压力。

我国著作权法的第三次修改，置身于经济全球化的国际背景，放眼于网络技术革命的时代背景，立足于文化大发展大繁荣的中国场景，其立法指导思想兼具国际视野与本土情怀。新世纪前后，发达国家对本国的著作权法都做了大量的修改。从一方面来说，这是由于版权产业已经成为发达国家国内的支柱产业之一，在全球化的今天，著作权法成为了维持发达国家及其企业经济命脉的重要制度保障；从另一方面来说，版权产业中的许多企业已经成为著作权保护立法的代言人和既得利益者，其通过游说立法机关和运动国际组织等手段来推进著作权立法。我国《著作权法》的第三次修改，正是在这种一体化、国际化的潮流中进行的。本次草案旨在使我国的著作权法与著作权公约主要是“因特网公约”保持一致，从而履行国际公约所规定的国际义务。理所当然，本次草案亦考虑了我国经济、科技与文化的发展水平，没有盲目借鉴发达国家标准，而是谨慎地配合我国版权产业的发展阶段与特点来进行制度设计。因此，在国际化层面，草案达到了国际公约的最低标准，同时借鉴了发达国家相关的立法经验。应该强调的是，我国《著作权法》的第三次修改，固然是适应国际规则变化的需要，但更多是立足本土国情做出的主动性安排。根据世界知识产权组织提供的数据，我国版权产业的贡献率已经占国内生产总值的近7%。① 可以说，版权产业正逐步成为国民经济的重要组成部分，并成为我国经济发展方式转变的重要途径。与此同时，全球化程度的深化和发达国家文化影响力的扩张，使得外来文化产品的输入对我国的文化市场形成极大冲击。为维护本国文化安全，增强文化软实力，促进文化大发展大繁荣，必须为文化创新活动、文

---

① 参见《我国版权相关产业对国民经济的贡献已占国内生产总值的近7%》，见http://news.xinhuanet.com/politics/2011-04/20/c_121327882.htm，2012-05-04。

化产品贸易和文化产业成长提供有力且完善的法律保障。因此，本次著作权法修改必须立足中国国情、体现中国特色、解决中国问题。

二、合理使用立法的技术路径：概括主义加列举主义

关于合理使用的规范设计，有两种立法体例：一是列举主义的立法方法。即具体列举可以免除著作权侵权责任的作品使用方式，这一立法体例也被称为“法定例外”。相关立法文件所指的“限制和例外”，即可以免除侵权责任的“合理使用”。二是概括主义加列举主义的立法方法。合理使用的类型化列举来自法律的明文规定，其优点是相关使用行为符合法条所列各项要件，即可直接适用法律，明确且易于操作。但其缺点是过于死板，法官没有自由裁量空间，若遇有社会环境改变或技术创新发展致使法律出现不敷适用之时，只能由立法机关以修法方式予以变更和完善。因此，有必要采用概括主义的立法方式，提供一定的法律解释空间，即规定合理使用的一般判断标准，依靠法官据此审查个案事实以作出是否属于合理使用的认定。概括主义加列举主义的立法办法，将一定程度的法律解释自由与明文规定的法律适用情形很好地结合起来，有可取之处。

在著作权国际公约中，《伯尔尼公约》第 9 条第 1 款规定：“本联盟成员国法律有权允许在某些特殊情况下复制上述作品，只要这种复制不致损害作品的正常使用也不致无故危害作者的合法利益。”此规定是基于复制行为所提出的“三步检验法”，即对作品的引用：（1）不得妨碍著作权人对其作品的正常使用；（2）不得对著作权人的合法利益造成不合理的损害；（3）不得超过使用目的必要范围。此外，《伯尔尼公约》第 9 条第 2 款、第 10 条，还规定了“特殊情形的复制”、“引用作品”、“为教育目的利用作品”、“复制报刊或广播上的文章”、“报道时事时使用作品”等合理使用情形。[①] 可以认为，《伯尔尼公约》主张缔约国兼采概括式加列举式的规定。《保护表演者、录音制品录制者和广播组织罗马公约》第 15 条第 1 款规定任何缔约国可以在其国内法中，对表演者权、

---

① 参见汤宗舜：《知识产权的国际保护》，101～106 页，北京，人民法院出版社，1999。

录音录像制作者权、广播组织权的保护作出例外规定，包括：（1）私人使用；（2）在时事报道中少量引用；（3）某广播组织为了自己的广播节目利用自己的设备暂时录制；（4）仅用于教学和科学研究之目的。《罗马公约》仅列出了邻接权合理使用的四种类型，而对何种范围或情形的使用可以主张邻接权限制则未作规定。但是，根据该公约第15条第2款的规定，有关著作权限制的合理使用标准，可以类推适用于邻接权领域。《知识产权协定》在名为“限制和例外”的第13条中规定，“各成员对专有权作出的任何限制或例外规定仅限于某些特殊情况，且与作品的正常利用不相冲突，也不得无理损害权利持有人的合法权益”。这一规定从文字上几乎与《伯尔尼公约》的相关表述完全相同，但不同的是，后者仅限于复制行为，而前者则涵盖所有作品利用行为。《知识产权协定》的合理使用条款，以后又为世界知识产权组织的《版权条约》、《表演和录音制品条约》所接受。[①]

在立法例中，英国和美国是两种不同体例的代表。英国是合理使用制度的首倡者。其现行法规定，凡法律对著作权作品未作出具体说明的，合理使用适用于任何一类作品，但限于法律明确规定的情形。一般认为，合理使用“是可以实施而不侵犯著作权的行为”，既无须征得著作权人同意，又无须向其支付报酬，是对著作权限制最为严重的一种制度。因此立法者主张，必须作出列举式规定，不能由法官自由裁量而作扩大解释。英国著作权法关于合理使用的制度设计，乃是根据不同作品的类型来规定不同的判定要件。其在总则和分则中分别规定“使用著作权作品的例外”。总则根据使用作品的情形，规定了诸如“临时复制”、“个人研究和学习”、“批评、评价与新闻报道”以及“著作权作品的附随性使用”等；分则根据使用作品的范围和方法，规定了诸如“为视觉障碍者”、“以教育为目的”、“图书馆和档案馆使用”、“公共管理的目的”、“计算机软件的例外”和“数据库的例外”等。上述合理使用的适用条件不尽相同。目前，多数国家（如德国、法国、日本、俄罗斯等）著作权法循英国立法例。

美国是合理使用制度集大成者，采用了概括主义加列举主义的立法方法。

---

① 参见孔祥俊：《WTO知识产权协定及其国内适用》，125页，北京，法律出版社，2002。

自1841年Story法官提出著名的“合理使用三要素”以来，经过一个多世纪司法实践的深化总结，这一“合理性”界定规则成为1976年著作权法中合理使用判定的“四要件”①。该国著作权法规定了诸如“批评与评论”、“新闻报道”、“教学活动”、“学术研究”等合理使用情形。但是，上述使用作品的行为，并不当然构成侵犯著作权的例外。著作权法要求，具体确定对作品的使用是否合理，必须考察“使用的性质和目的”、“作品的性质”、“被使用部分在整个作品中的比例”以及“使用行为对作品潜在市场或现在价值的影响”。目前，虽然只有少数国家或地区（如菲律宾、新加坡、以色列以及我国台湾地区）著作权法采用了美国立法例，但是这种概括主义加列举主义的做法，得到国际上众多著作权法学者的称道。②

三、合理使用修法方向：引入“判断要件”与重构“适用范畴”

西方国家的合理使用制度虽然立法模式不尽相同，但都经过了从司法判例到成文立法的漫长过程，其基本判定标准在长期锤炼后能够满足社会对“合理性”界定的需求。相比之下，我国著作权法缺乏本土法律文化的支撑，在借鉴过程中也未能完全实现对相关判定标准的消化吸收，这就导致我国的合理使用制度缺乏法律传统和司法判例的支撑，其列举式规定既无法避免法官审判实践中的分歧，也无法应对新技术带来的新问题。因此。我国著作权法应在列举主义立法的基础上，加入概括主义的判定要件。具体说来，第三次修改的合理使用制度应着力考虑以下两个问题：

1. 引入“三步检验法”的判断要件

合理使用适用规则是著作权法中难以把握的重要问题，它不仅为学术界、

---

① Lloyd L. Weinred, “Fair's Fair: A Comment on the Fair Use Doctrine”, *Harvard Law Review*, Vol. 103, 1990.

② 参见 L. Ray Patterson, Stanley W. Lindberg, *The Nature of Copyright: A Law of User's Right*, The University of Georgia Press, 1991；［日］胜本正晃：《权利的合理使用》，载日本《独协法学》，1977-10-22；杨崇森：《著作权法论丛》，台北，华欣文化事业中心，1983；郑成思：《版权法》，北京，中国人民大学出版社，1990。

司法界和实务界长期关注和争议，也成为我国著作权法第三次修改的重点和难点。大多数观点认为，我国著作权法可以《伯尔尼公约》第 9 条第 1 款为蓝本，将《著作权法实施条例》第 21 条规定的“三步检验法”提升到法律中来。“建立合理使用制度的一般条款，其主要依据在于它能够回应社会生活中作品使用的复杂情形，既可防止具体条款中过宽的规定对权利保护的侵蚀，又提供了涵盖平衡的开放式框架以使法律可在具体个案中进行利益格局的衡量”①。也有学者认为，合理使用一般条款的立法模式并非不存在问题。《美国著作权法》第 107 条规定了合理使用应考虑的四种因素，即以概括主义的立法模式对长期司法实践经验进行了归纳和总结，这不能不说是合理使用制度过程的一大进步。但是，学者对此仍有批评意见：一是合理使用规则在要素构成方面并不是绝对的，Story 法官的“三要素”见解或第 107 条的“四要件”规定难以概全，“合理使用与侵权使用并无不变之规”，在司法判例中可以找到多种识别标准。② 二是合理使用规则在立法技术方面并不是完美的，成文法的规定试图消除普通法上的不确定性，并且联邦最高法院对该规则作过多次权威性解释，但结果是一般规则虽然适应了社会生活中作品使用的复杂情形，但同时带来了法律适用中的不确定性。③

引入概括主义立法模式，即在列举式规定基础之上增加一般性判断规则，其必要性和可行性可从立法指导思想和司法技术方法两个层面来认识。在大陆法系传统中，著作权人的财产权利，通常采用开放式的法律表述，即在权利类型清单之外规定“应当由著作权人享有的其他权利”。与权利保护的开放性不同，其权利限制是封闭性的，即合理使用限于列举规定的具体情形。列举主义的立法模式难以适应传播技术的发展，难以适应复杂现实生活的需要，许多国家试图解决这一问题。增列合理使用类型的清单，是一种可行的立法选择，但

---

① 梁志文：《我国著作权法上未发表作品的合理使用及其立法模式》，载《法学》，2008 (3)。

② 参见［日］胜本正晃：《权利的公平使用》，载日本《独协法学》，1977－10－27；［日］播磨良承等：《有关作品合理使用之研究》，载日本《判例日报》，No. 342，1976－11－23。

③ See L loyd L. Weinred，“Fair's Fair：A Comment on the Fair Use Doctrine”，*Harvard Law Review*，Vol. 103，1990；Gideon Parchomovsky. Kevin A. Goldman，Fair Use Harbors，93 Va. L. Rew. 2007.

并非最好的选择。概括主义加列举主义的立法模式，改变了权利限制的封闭状态，在法定情形之外为著作权作品使用打开一扇责任豁免的窗户，从而与权利保护的开放性保持一致，达到了保护私有权利与促进知识传播的利益平衡这一立法目标。此外，就法律适用而言，合理使用的一般性规则不是单独或孤立地发挥作用①，而应是在列举式规定的基础上发挥着统一性判定或补充性解释的功能，具言之表现在以下两个方面：一是明确考量标准。对合理使用类型的罗列而缺乏一般标准的判断，将导致司法实践中的认识分歧。例如，我国著作权法合理使用第 1 项的“个人学习、研究或者欣赏”之规定，被许多盗版网站广泛引用为“免责条款”。究竟何谓个人，何谓研究与欣赏，在实践中如果不通过统一的立法标准进行解释，根本无法将合理使用与商业性或消费性的使用区分开来；第 4 项所称“政治、经济、宗教问题的时事性文章”，仅列举了适用合理使用的作品类型，却没有严格限定利用方式，不加严格限定的转载与摘编会损害著作权人的利益；第 6 项规定了教学与研究中的“少量复制”，但以何种标准来判定“少量”，司法界至今也没有形成一个明确的考量标准。判定标准的缺乏，直接导致的是合理使用具体规则适用的不确定。概言之，合理使用一般性规则的确定，有助于建立和统一各类作品使用行为的司法裁判标准。二是补充适用解释。列举式规定难以穷尽所有合理使用情形，特别是在新技术条件下不敷现实需要，因此现代著作权法在开列权利限制类型清单时，多在法定类型之外增补规定“其他情形”。这种“开放式”的法律表述，必须限制在确定性的解释范围之外，即依照“三步检验法”对法定例外作出说明，不能任意扩张“使用者特权”。

2. 重构合理使用的适用范畴

关于合理使用行为类型，各国立法或多或少并不相同，但主要包括尊重表达自由的合理使用、保护公共利益的合理使用、维持司法活动的合理使用、促进后续创作的合理使用、维护弱势群体文化发展的合理使用等。我国

① 荷兰海牙地区法院于 2005 年运用“三步检验法”直接裁定案件。该案涉及新闻审查部门为能够通过电子形式进行内部交流，未经授权而扫描、复制了新闻文章，并供检索和存档，法院拒绝考虑荷兰著作权法第 15 条规定的具体规则而直接适用“三步检验法”，这一做法遭到了学者的批评。参见梁志文：《著作权合理使用的类型化》，载《华东政法大学学报》，2012（3）。

《著作权法》第22条列举了12种合理使用行为，既有条款漏列而不敷使用的情形，也有条款过时而不宜使用的状况，因此第三次修改草案，在法律技术层面主要涉及补充、删除和变更。[①] 所谓法律补充，是指以完整性、适用性为目的，对现行法律规范的缺项进行增补和完善的法律修改；所谓法律删除，是指以完整性、适当性为目的，对法律规范中不合时宜、不必要的内容及有关形式加以删节的法律修改；所谓法律变更，是指以合理性、科学性为目的，对法律规范的内容、结构、文字等进行变动的法律修改。现分述之：

（1）合理使用条款的补充。补充条款有两种情况：一是将实施条例和司法解释中的有关规定提升到法律之中。例如，《计算机软件保护条例》第17条规定："为了学习和研究软件内含的设计思想和原理，通过安装、显示、传输或者存储软件等方式使用软件的，可以不经软件著作权人许可，不向其支付报酬。"这是作为反向工程的合理使用。二是直接增列合理使用条款。例如，在修改草案中可以考虑增加规定"为讽刺、幽默、模仿目的而在作品中适当引用他人已发表的作品"。这就是美国、法国、西班牙、巴西等国规定的"滑稽模仿"中的合理使用。三是对现行合理使用条款进行补充规定。例如"课堂教学或者科学研究"中的合理使用，不以翻译或少量复制类型为限，可以包括摄制、录制等使用行为；适当"引用"中的合理使用，补充引用他人已发表作品的限定条件，即引用部分不能构成被引用作品的主要部分或者实质部分；"转载或转播"中的合理使用，可在报纸、期刊、广播电台、电视台等传统媒体之外，增加信息网络这一新兴媒体。

（2）合理使用条款的删除。法律删除包括整个条款内容的删除和条款中个别文字的删除。就我国著作权法修改而言，合理使用制度主要涉及相关条款中的文字删除。例如，"个人使用"中的合理使用，原有规定包括"学习、研究或者欣赏"。鉴于大多数国家的做法，应将"个人使用"限定于学习和研究目的，不包括欣赏和娱乐。

（3）合理使用条款的变更。法律变更主要涉及著作权法合理使用条款与

---

① 参见李林：《立法理论与制度》，227页，北京，中国法制出版社，2005。

《信息网络传播权保护条例》中权利限制条款的整合。诸如，介绍评论作品、时事新闻报道、教学研究、转载转播、公务使用等，有关信息网络传播权限制的条款应纳入著作权合理使用类型之中，即合理使用的具体条款应适用于信息网络传播行为。

四、合理使用修改建议稿

第××条　在下列情况下使用作品，可以不经著作权人许可，不向其支付报酬，但应当指明作者姓名、作品名称、作品出处，并且不得侵犯著作权人依照本法享有的其他权利。

说明：合理使用的总括条款。与现行著作权法条款同。旨在规定合理使用的基本内涵及适用条件

（一）为个人学习、研究，使用他人已经发表的作品；

说明：个人使用条款。现行著作权法修正条款。个人使用的目的限于学习、研究，不包括欣赏和娱乐；且使用方式不应限于复制，还包括翻译、表演等；但录制音像载体、复制计算机软件，不属于个人使用范围。

（二）为介绍、评论某一作品或者说明某一问题，在作品中适当引用他人已经发表的作品，引用部分不得构成原作品的主要部分或者实质部分；

说明：适当引用条款。现行著作权法修正条款。对适当引用的“适当性”作明确规定，即引用部分不得构成引用作品的主要部分或实质部分。

（三）以讽刺、幽默或者模仿的目的，在作品中使用他人已经发表的作品，但不得与原作品发生混淆；

说明：“滑稽模仿”条款。著作权法新增条款。滑稽模仿是一种利用原作创作新作的传统文学形式。与适当引用不同，其适当条件不在于引用的数量或者实质内容，而在于不得与原作混淆或在市场上取代原作。

（四）为报道时事新闻，在报纸、期刊、广播电台、电视台、网络等媒体中不可避免地再现或者引用他人已经发表的作品；

说明：新闻报道条款。现行著作权法修正条款。报刊、广播、电视是传统媒体，网络作为新兴全球性信息媒体，被称为“第四媒体”。新闻报道的合理

使用应包括作为主体的网络。

（五）报纸、期刊、广播电台、电视台、网络等媒体刊登或者播放其他报纸、期刊、广播电台、电视台、网络等媒体已经发表的关于政治、经济、宗教等问题的时事性文章，但作者声明不许刊登、播放的除外；

说明：转载、转播条款。现行著作权法修正条款。合理使用主体增加网络媒体，其理由与上项同；转载、转播限于时事性文章，但其内容包括但不限定是政治、经济、宗教问题。

（六）报纸、期刊、广播电台、电视台、网络等媒体刊登或者播放在公众集会上发表的讲话，但作者声明不得刊登、播放的除外；

说明：公开讲话的刊登、播放条款。现行著作权法修正条款。增加网络媒体的规定，其理由与前项同。

（七）为学校课堂教学或者科学研究，以翻译或者少量复制等方式使用已经发表的作品，供教学或者科研人员使用，但不得损害著作权人的经济利益或者潜在的市场利益；

说明：教学或科学研究条款。现行著作权法修正条款。以课堂教学、科学研究为目的使用，并不限于翻译和复制，可参照欧盟、英国的做法，对使用方式作开放式规定；同时，这种使用限于非营利性目的，即增加不得损害著作权人合法利益的规定。

（八）国家机关为执行公务在合理范围内使用已经发表的作品，但不得影响原作品的正常使用；

说明：公务使用条款。现行著作权法修正条款。公务使用的国家机关包括立法、司法、行政机关，其执行公务的使用，不得对原作品的正常使用造成损害。

（九）图书馆、档案馆、纪念馆、博物馆、美术馆等为本馆或者同类机构陈列或者保存版本需要，复制本馆搜藏的作品或者应本馆服务对象个人学习研究的需要，少量复制本馆收藏的作品；

说明：图书馆使用条款。现行著作权法修正条款。图书馆的合理使用，主要是保存和替代，且不论是本馆或者同类机构。参照美、英、日、俄等国做法，可允许图书馆向阅览人提供有限的作品复制件。

（十）不以营利为目的，免费表演已经发表的作品，该表演未向公众收取费用，也未向表演者支付报酬；

说明：免费表演权。现行著作权法修正条款。免费表演的合理使用，除强调不向观（听）众收费、不向表演者付费外，还应规定不得以营利为目的，包括直接或者间接的营利目的，如为招徕顾客而免费演奏音乐作品等。

（十一）对设置或者陈列在室外公共场所的艺术作品进行临摹、绘画、摄影、录像，但不得以营利为目的，且不得以与该作品的相同方式设置或者陈列；

说明：公共场所陈列作品的使用条款。现行著作权法修正条款。参照日、俄等国的做法，对公共场所艺术作品的使用有两个限定条款：一是不能以营利为目的，二是不能进行相同的复制、陈列等。

（十二）将中国自然人、法人或者其他组织已经发表的以汉语言文字创作的作品翻译成少数民族语言文字作品在国内出版发行；

说明：对汉语言文字作品翻译使用条款。与现行著作权法条款同。该条款是对翻译权的限制，其立法本意在于促进国内少数民族文化、科技、教育事业的发展。该条款不适用于外国人的汉语言文字作品。

（十三）将已经发表的作品改成盲文出版；

说明：盲文出版使用条款。与现行著作权法条款同。该条款旨在发展特殊教育，对弱势群体提供著作权利用优惠。

（十四）其他使用情形。

说明：合理使用开放性条款。著作权法新增条款。合理使用类型的开放性条款，与权利类型清单之外的兜底条款保持一致，实现保护专有权利与促进作品利用的利益平衡；同时为适应法官审理复杂条件需要，提供一定的法律解释空间。

以前款规定的方式使用作品，不得超出使用目的的必要范围，且不得影响著作权人对作品的正常使用，也不得对著作权人的合法利益造成不合理的损害。

说明：合理使用适用的限定条款。著作权法新增条款。合理使用的各种类型，除考虑相关条款所规定的适用条件外，还必须运用“三步检验法”进行

“合理性”判断。

前款规定适用于对出版者、表演者、录音录像制作者、广播电台、电视台的权利限制。

说明：合理使用的适用范围条款。与现行著作权法条款同。合理使用制度不仅适用于著作权，而且适用于邻接权。

主要参考文献

一、著作类

1. 陈朝璧．罗马法原理．上海：商务印书馆，1937.

2. 周枏．罗马法原论．北京：商务印书馆，1994.

3. 丘汉平．罗马法．上海：上海会文堂新记书局，1935.

4. 江平，米健．罗马法基础．北京：中国政法大学出版社，1987.

5. ［古罗马］查士丁尼．法学总论．北京：商务印书馆，1989.

6. ［意］彼德罗·彭梵得．罗马法教科书．北京：中国政法大学出版社，1992.

7. ［意］桑德罗·斯奇巴尼选编．民法大全选译·正义和法．北京：中国政法大学出版社，1992.

8. ［英］梅因．古代法．北京：商务印书馆，1984.

9. 吴传颐．法国德国和苏联的民法．南京：美吉印刷社，1948.

10. 佟柔等．民法概论．北京：中国人民大学出版社，1982.

11. 佟柔主编．中国民法学·民法总则．北京：中国人民公安大学出版社，1990.

12. 王利明等．民法新论．北京：中国政法大学出版社，1987.

13. 彭万林主编．民法学．北京：中国政法大学出版社，1994.

14. 史尚宽．民法总论．台北：正大印书馆，1979.

15. 钱明星．物权法原理．北京：北京大学出版社，1994.

16. 王家福主编．中国民法学·民法债权．北京：法律出版社，1991.

17. 王利明主编．民法·侵权行为法．北京：中国人民大学出版社，1993.

18. 董安生．民事法律行为．北京：中国人民大学出版社，1994.

19. 张新宝等编．新中国民法学研究综述．北京：中国社会科学出版社，1990.

20. 张友渔主编．中国大百科全书·法学．北京：中国大百科全书出版社，1984.

21. ［英］戴维·M·沃克主编．牛津法律大辞典．北京：光明日报出版社，1989.

22. 沈仁干等．版权法浅谈．北京：法律出版社，1982.

23. 联合国教科文组织编．版权基本知识．北京：中国对外翻译出版公司，1984.

24. 沈仁干编．国际版权手册．成都：四川人民出版社，1984.

25. 郑成思．信息、新型技术与知识产权．北京：中国人民大学出版社，1986.

26. 郑成思．版权公约、版权保护与版权贸易．北京：中国人民大学出版社，1992.

27. 郑成思．版权法．北京：中国人民大学出版社，1990.

28. 世界知识产权组织编．知识产权纵横谈．北京：世界知识出版社，1992.

29. 世界知识产权组织编．世界各国版权法概论．北京：中国政法大学出版社，1990.

30. 段瑞林．知识产权法概论．北京：光明日报出版社，1983.

31. 阙如生等主编．知识产权法教程．南京：南京大学出版社，1993.

32. 黄勤南主编．新编知识产权法教程．北京：中国政法大学出版社，1995.

33. 江平等主讲．中华人民共和国著作权法讲析．北京：中国国际广播出版社，1991.

34. 陈传夫编．著作权概论．武汉：武汉大学出版社，1993.

35. 本书编写组编．中外版权法规汇编．北京：北京师范大学出版社，1993.

36. 曹三明，何山主编．中国著作权手册．成都：四川教育出版社，1993.

37. 杨崇森．著作权之保护．台北：正中书局，1977.

38. 杨崇森．著作权法论丛．台北：华欣文化事业中心，1983.

39. 张静．著作权法评析．台北：水牛图书出版事业有限公司，1983.

40. 张静．新著作权法释论．台北：中华征信所企业公司，1988.

41. 贺德芬．著作权面面观．台北：幼狮文化事业公司，1987.

42. 萧雄淋．两岸著作权法之比较研究．台北：三民书局，1992.

43. 宋原放等．中国出版史．北京：中国书籍出版社，1991.

44. 谢灼华主编．中国图书和图书馆史．武汉：武汉大学出版社，1985.

45. 王鸣生．中国历史中的技术和科学．北京：中国人民大学出版社，1991.

46. 张国华主编．中国法律思想史新编．北京：北京大学出版社，1991.

47. 傅崐成等．美国大众传播法．台北：一二三资讯有限公司，1991.

48. 张隆栋主编．大众传播学总论．北京：中国人民大学出版社，1993.

49. ［美］威尔伯·施拉姆等．传播学概论．北京：新华出版社，1984.

50. ［荷］亨克·范·马尔塞文等．成文宪法的比较研究．北京：华夏出版社，1987.

51. ［英］约翰·弥尔顿．论出版自由．北京：商务印书馆，1958.

52. ［英］密尔．论自由．北京：商务印书馆，1959.

53. ［美］埃德加·博登海默．法理学——法哲学及其方法．上海：上海人民出版社，1992.

54.［古希腊］亚里士多德．政治学．北京：商务印书馆，1991.

55.［法］孟德斯鸠．论法的精神．北京：商务印书馆，1982.

56.［法］卢梭．社会契约论．北京：商务印书馆，1980.

57.［美］约翰·罗尔斯．正义论．北京：中国社会科学出版社，1988.

58.［美］金勇义．中国与西方的法律观念．沈阳：辽宁人民出版社，1989.

59. 王哲．西方政治法律学说史．北京：北京大学出版社，1988.

60. 沈宗灵．现代西方法律哲学．北京：法律出版社，1983.

61. 吕世伦．黑格尔法律思想研究．北京：中国人民公安大学出版社，1989.

62. 张中秋．中西法律文化比较研究．南京：南京大学出版社，1991.

63. 夏勇．人权概念起源．北京：中国政法大学出版社，1992.

64. 陈云生．权利相对论．北京：人民出版社，1994.

65. 刘作翔．法律文化论．西安：陕西人民出版社，1992.

66. 中国儒学与法律文化研究会编．儒学与法律文化．上海：复旦大学出版社，1992.

67. 乔克裕，黎晓平．法律价值论．北京：中国政法大学出版社，1991.

68.［美］波斯纳．法律之经济分析．台北：“商务印书馆”，1987.

69.［美］罗纳德·哈里·科斯．企业、市场与法律．上海：三联书店上海分店，1990.

70.［美］詹姆斯·布坎南．自由、市场与国家．上海：三联书店上海分店，1989.

71.［美］罗伯特·卡特、托马斯·尤伦．法和经济学．上海：三联书店上海分店，1991.

72.［美］H. 范里安．微观经济学：现代观点．上海：三联书店上海分店，1989.

73.［美］保罗·A·萨缪尔森．经济学．12 版．北京：中国发展出版社，1992.

74.［美］罗纳德·哈里·科斯等．财产权利和制度变迁．上海：三联书店上海分店，1994.

75. ［日］植草益．微观规则经济学．北京：中国发展出版社，1992.

76. ［英］J. M. 奥利弗．法律和经济．武汉：武汉大学出版社，1986.

77. 张乃根．经济学分析法学．上海：三联书店上海分店，1995.

78. 张乃根．当代西方法哲学重要流派．上海：复旦大学出版社，1993.

79. 张文显．当代西方法律哲学．北京：法律出版社，1983.

80. 张文显．当代西方法学思潮．沈阳：辽宁人民出版社，1987.

81. 顾培东．法学与经济学的探索．北京：中国人民公安大学出版社，1994.

82. 张和生．知识经济学．沈阳：辽宁人民出版社，1992.

83. 李林．立法理论与制度．北京：中国法制出版社，2005.

84.《十二国著作权法》翻译组译．十二国著作权法．北京：清华大学出版社，2011.

85. ［澳］布拉德·谢尔曼，［英］莱昂内尔·本特利．现代知识产权法的演进：英国的历程（1760—1911）．北京：北京大学出版社，2012.

86. ［美］马克·罗斯．版权的起源．北京：商务印书馆，2018.

87. ［澳］彼得·德霍斯．知识财产法哲学．北京：商务印书馆，2017.

88. ［美］富勒．法律的道德性．北京：商务印书馆，2017.

89. ［英］洛克．政府论（下篇）．北京：商务印书馆，2017.

90. ［日］松尾丰．人工智能狂潮．北京：机械工业出版社，2017.

91. L Ray Patterson，Stanley W Lindberg. The Nature of Copyright：A Law of User's Right. The University of Georgia Press，1991.

92. William F Patry. The Fair Use Privilege in Copyright Law. Washington D C：The Bureau of National Affairs，Inc，1986.

93. UNESCO And WIPO，Copyright Laws and Treaties of the World，1，2，3. Washington D C：The Bureau of National Affairs，Inc，1990.

94. Sam Ricketson. The Berne Convention for the Protection of Literary and Artistic Woks：1886—1986. London：Centre For Commercial Law Studies Queen Mary College，1988.

95. John S Lawrence, B Timberg. Fair Use and Free Inquiry: Copyright Law and the New Media, Ablex Publishing Co, 1980.

96. Hanry G Henn. Copyright Law. Practicing Law Institute, 1988.

97. Paul Goldstein. Copyright Principles: Law and Practice. Little, Broun and Company (Canada) Limited, 1989.

98. William Briggs. The Law of International Copyright. Fred Rothman Co, 1986.

99. Stephen M Stewart. International Copyrights and Neighboring Rights. Butterworth and Copublishers Ltd, 1983.

100. Edward W Ploman, L Clark Hamilton. Copyright: Intellectual Property in the Information Age. Routledge And Kegan Paul Ltd, 1980.

101. L Ray Patterson, Stanley W Lindberg. The Nature of Copyright: A Law of User's Right. The University of Georgia Press, 1991.

102. Tom M. Mitchell. Machine Learning (1st ed.). WCB/McGraw-Hill Company Inc., 1997.

二、论文类

1. 沈宗灵．法的价值、正义、利益．中外法学，1993（5）．

2. 江平．罗马法精神与当代中国立法．中国法学，1995（1）．

3. 严存生．公平、改革、法律．法律科学，1990（2）．

4. 俞荣根．自然法学说献疑．台湾研究，1990（1）．

5. 吕来明．从归属到利用——兼论所有权理论结构的更新．法学研究，1991（1）．

6. 沈宗灵．对霍尔菲尔德法律概念学说的比较研究．中国社会科学，1990（1）．

7. 文正邦．有关权利问题的发哲学思考．中国法学，1991（2）．

8. 王人博．近现代西方权利观念的演变．外国法学研究，1993（2）．

9. 徐国栋．民法基本原则研究．北京：中国社会科学院研究生院博士学位论文，1991.

10. 张新宝．隐私权研究．法学研究，1990（3）.

11. 方流芳．近代民法的个人权利本位思想及其文化背景．法律学习与研究，1988（6）.

12. 张守文．经济法学的法律经济学分析．法学研究，1995（1）.

13. 马贵翔．公正效率效益——当代刑事诉讼的三个基本价值目标．中外法学，1993（1）

14. 史文清，梅慎实．简述普通法著作权法系与大陆法著作权法系的哲学基础及其主要原则．青海社会科学，1991（3）.

15. 刘春田，刘波林．著作权的若干理论问题．法律学习与研究，1987（2）.

16. 曲辰．困扰古人的著作权纠纷．著作权，1993（2）.

17. 王清．中外版权思想、版权保护制度研究．武汉大学硕士学位论文，1991.

18. 袁逸．中国古代剽窃史论．著作权，1992（1）.

19. 李明山．在中国积极倡导版权的外国人——林乐知．著作权，1993（1）.

20. 曹新明．试析国际著作权公约中的国民待遇原则．法商研究，1995（1）.

21. 王光．言论出版自由权与著作权．当代法学，1992（2）.

22. 杜钢建．论表现自由的法律保障．中外法学，1995（2）.

23. 王利明．论人格权保护与论监督的相互关系．法学家，1994（5）.

24. 郑成思．“形式”、“内容”与版权保护范围．中国法学，1991（6）.

25. 童关．新闻与版权．新闻学刊，1987（2）.

26. 刘波林．作品使用授权合同刍议．著作权，1995（1）.

27. 焦广田．一部新型的现代化的俄罗斯著作权法．著作权，1995（2）.

28. 刘春田．关于著作权立法的几点意见．版权参考资料，1990（6）.

29. 许超．关于修改现行著作权法的初步想法（之四）．著作权，1995（2）.

30. 李贵方．新技术革命与著作权法．吉林大学学报，1985（6）.

31. 郑成思．伯尔尼公约与我国著作权法的权利限制．法律科学，1992（5）.

32. 韦之．试论著作权法中的合理使用．法律科学．1991（3）.

33. 陈昭宽．版权的限制．出版工作，1987（7）.

34. 史文清，陈毓江．版权“合理使用”法制问题探究．法学，1988（8）．

35. 王骅．关于作品的“合理使用”．中国出版，1993（10）．

36. ［日］阿部浩二．各国著作权法的异同及其原因．法学译丛，1992（1）．

37. ［美］E. W. 鲍曼，L·克拉克·汉密尔顿．现代版权概念和版权制度分析．外国法学研究，1988（3）．

38. ［英］杰利恩·达维斯．权利集体管理中的公共利益．版权参考资料，1990（2）．

39. ［日］广南．日本的著作权法．国外法学，1984（3）．

40. ［美］托马斯·埃默森．论当代社会人民的了解权．法学译丛，1979（2）．

41. ［日］片冈宽光．情报公开的有效性及其课题．法学译丛，1983（3）．

42. ［英］R. F. 沃尔等．版权与现代技术．国外法学，1984（6）．

43. ［荷］赫尔曼·柯恩·捷奥拉姆．合法与非法的复制．法学译丛，1987（5）．

44. ［英］伊冯·史密斯．录音录像技术对版权的挑战．法学译丛，1987（5）．

45. ［日］照男·土井．高技术时代的日本版权法．法学译丛，1988（1）．

46. ［日］古泽博．关于利用他人作品的著作权问题．（日本）独协法学，1977-10-22。

47. ［日］胜本正晃．权利的合理使用．（日本）独协法学，1977-10-22。

48. ［日］满田重昭．关于作品的“自由利用”．（日本）工业所有权法研究，1976（8）．

49. ［日］播磨良承，生驹正文．有关作品合理使用之研究．（日本）判例日报 No. 342，1976-11-23。

50. 梁志文．我国著作权法上未发表作品的合理使用及其立法模式．法学，2008（3）．

51. 梁志文．著作权合理使用的类型化．华东政法大学学报，2012（3）．

52. 熊琦．论著作权合理使用制度的适用范围．法学家，2011（1）．

53. 熊琦．软件著作权许可合同的合法性研究．法商研究，2011（6）．

54. 熊琦．论著作权技术措施的例外．知识产权，2010（6）．

55. 吴汉东．人工智能时代的制度安排与法律规制．法律科学，2017（5）．

56. 吴汉东．人工智能生成发明的专利法之问．当代法学，2019（4）.

57. 易继明．人工智能创作物是作品吗．法律科学，2017（5）.

58. 王迁．论人工智能生成的内容在著作权法中的定性．法律科学，2017（5）.

59. 张金平．人工智能作品合理使用困境及其解决．环球法律评论，2019（3）.

60. 於兴中．后人类时代的社会理论与科技乌托邦．探索与争鸣，2018（4）.

61. 蒋舸．作为算法的法律．清华法学，2019（1）.

62. 鲁楠．科技革命、法哲学与后人类境况．中国法律评论，2018（2）.

63. 赵精武等．论代码的可规制性：计算法律学基础与新发展．互联网法律评论，2016（1）.

64. 邓矜婷等．计算法学：作为一种新的法学研究方法．法学，2019（4）.

65. Pierre N Leva. "Toward a Fair Use Standard". Harvard Law Review, Vol. 103, 1990.

66. Lloyd L Weinreb. "Fair's Fair: A Comment on the Fair Use Doctrine." Harvard Law Review, Vol. 103, 1990.

67. Gideon Parchomovsky, Kevin A Goldman. "Fair Use Harbors". 93 Va. L. Rev., 2007.

68. Glynn S. Lunny Jr., The Death of Copyright: Digital Technology, private Copying, and the DMCA, 87 Val. L. Rer. (2001).

69. Deborah Tussey, UCITA, Copyright and Capture, 21 Cavdoio Arts & Ent. L. J. 319 (2003).

70. Arthur. L. Samuel. "Some Studies in Machine Learning Using the Game of Checkers". IBM Journal of Research and Development, Vol. 3, 1959.

71. Joe Karaganis & Jennifer Urban, "The Rise of the Robo Notice", Communications of The ACM, Vol. 58, 2015.

72. Amir H. Khoury, "Intellectual Property Rights for "Hubots": On the Legal Implications of Human-like Robots", Cardozo Arts & Entertainment Law Journal, Vol. 35, 2017.

73. Benjamin L. W. Sobel，"Artificial Intelligence's Fair Use Crisis"，Columbia Journal of Law & the Arts，Vol. 41，2017.

74. Matthew Sag，"Copyright and Copy-Reliant Technology"，Northwestern University Law Review，Vol. 103，2009.

75. Shlomit Yanisky-Ravid，"Generating Rembrandt：Artificial Intelligence，Copyright，and Accountability in the 3A Era"，Michigan State Law Review，Vol. 2017，2017.

76. David Lange，"Recognizing the Public Domain"，Law and Contemporary Problems，Vol. 44，1981.

77. Niva Elkin-Koren，"Fair Use by Design"，UCLA Law Review，Vol. 64，2017.

78. Barton Beebe，"An Empirical Study of U. S. Copyright Fair Use Opinions，1978—2005"，University of Pennsylvania Law Review，Vol. 156，2008.

79. Pamela Samuelson，"Unbundling Fair Uses"，Fordham Law Review，Vol. 77，2009.

80. Matthew Sag，"Predicting Fair Use"，Ohio State Law Journal，Vol. 73，2012.

图书在版编目（CIP）数据

著作权合理使用制度研究／吴汉东著．—4 版．—北京：中国人民大学出版社，2020.1
（中国当代法学家文库．吴汉东知识产权研究系列）
ISBN 978-7-300-27882-7

Ⅰ.①著… Ⅱ.①吴… Ⅲ.①著作权法-研究-中国 Ⅳ.①D923.414

中国版本图书馆 CIP 数据核字（2020）第 008149 号

首届全国优秀博士学位论文
司法部优秀科研成果一等奖
“十三五”国家重点出版物出版规划项目
中国当代法学家文库·吴汉东知识产权研究系列
著作权合理使用制度研究（第四版）
吴汉东　著
Zhuzuoquan Heli Shiyong Zhidu Yanjiu

出版发行	中国人民大学出版社		
社　　址	北京中关村大街 31 号	**邮政编码**	100080
电　　话	010－62511242（总编室）		010－62511770（质管部）
	010－82501766（邮购部）		010－62514148（门市部）
	010－62515195（发行公司）		010－62515275（盗版举报）
网　　址	http://www.crup.com.cn		
经　　销	新华书店		
印　　刷	北京联兴盛业印刷股份有限公司		
规　　格	170 mm×228 mm　16 开本	**版　　次**	2020 年 1 月第 4 版
印　　张	22.5 插页 4	**印　　次**	2021 年 4 月第 2 次印刷
字　　数	347 000	**定　　价**	148.00 元